Paul Sauer

ARNULF KLETT

Ein Leben für Stuttgart

Bleicher Verlag

Im Andenken an den Freund
Otto Kimmich (1919-2000)

Die Deutsche Bibliothek – CIP-Einheitsaufnahme

Sauer, Paul:
Arnulf Klett: ein Leben für Stuttgart /
Paul Sauer.
– 1. Aufl. – Gerlingen : Bleicher, 2001
ISBN 3-88350-668-0

Umschlag: Atelier Reichert, Stuttgart
Herstellung: fgb · freiburger graphische betriebe
www.fgb.de
ISBN 3-88350-668-0

Inhalt

Geleitwort von Oberbürgermeister Dr. Wolfgang Schuster

Viele Stuttgarter werden sich noch des 14. August 1974 erinnern, als über Rundfunk und Fernsehen die Nachricht vom plötzlichen Tode des Oberbürgermeisters Dr. Arnulf Klett verbreitet wurde. Den Bürgern und Bürgerinnen unserer Stadt ist er bis heute als markante Persönlichkeit und tatkräftiger Kommunalpolitiker in Erinnerung geblieben. Fast drei Jahrzehnte, eine ungewöhnlich lange Zeit, hat er die Geschicke der Landeshauptstadt Stuttgart verantwortlich mitgestaltet. Die Ära Klett, an deren Anfang die Beseitigung eines riesigen Trümmerberges stand, ist unverwechselbar durch Wiederaufbau und planerische Gestaltung mit der Gegenwart verbunden. Dass in der Rückschau manche Entscheidungen von damals heute auf Kritik stoßen, wird man unumwunden zugeben müssen. Es ist allerdings keine Stuttgarter Besonderheit, dass wichtige historische Bausubstanz, die den Zweiten Weltkrieg überstanden hat, später der modernen Planung zum Opfer fiel.

Dr. Arnulf Klett gehört zu den wenigen Oberbürgermeistern unseres Landes, die noch vor dem offiziellen Kriegsende 1945 von der französischen Besatzungsmacht eingesetzt, von den Amerikanern übernommen, 1946 von dem demokratisch legitimierten Gemeinderat im Amt bestätigt und dann dreimal in direkter Volkswahl mit dem Mandat des Oberbürgermeisters betraut wurden. Es war selbstverständlich, dass er sein Amt parteiungebunden ausübte. Dagegen entsprach es keineswegs der Regel, dass er bei den Wahlen nie von einer Partei direkt unterstützt wurde, sondern stets kraft seiner Persönlichkeit um Mehrheiten für seine Überzeugungen kämpfen musste. Mit über 29 Dienstjahren ist Dr. Arnulf Klett übrigens der bisher am längsten amtierende Stuttgarter Oberbürgermeister, seit unter König Wilhelm I. von Württemberg 1820 diese Amtsbezeichnung für den Stuttgarter Stadtvorstand geschaffen wurde.

Der Wiederaufbau seiner schwer zerstörten Heimatstadt war das vorrangige, ganz wesentliche Ziel Dr. Kletts. Darüber darf jedoch nicht vergessen werden, dass Oberbürgermeister Dr. Klett von Anfang an nicht an einen Wiederaufbau nur im architektonischen und stadtplanerischen Sinne dachte. Für ihn war nach den Jahren der nationalsozialistischen Diktatur ein neues demokratisches staatsbürgerliches Bewusstsein von grundsätzlicher Bedeutung. Nicht von ungefähr sprach er in seinem Rechenschaftsbericht über die ersten vier Nachkriegsjahre davon, dass die Grundvoraussetzungen des Aufbaus letztlich nicht im Materiellen, sondern im Geistigen zu suchen seien. Diese Worte des ersten Stuttgarter Nachkriegsoberbürgermeisters haben auch heute nichts von ihrer Aktualität verloren. Mehr noch: seine Aufbauleistungen sind für uns Verpflichtung, an der Fortentwicklung und dem inneren Aufbau unseres Gemeinwesens konsequent weiterzuarbeiten.

Ich begrüße es daher, dass aus der Feder des renommierten Landeshistorikers Professor Dr. Paul Sauer, des früheren Leiters des Stadtarchivs Stuttgart, eine anschauliche Darstellung des Lebens und Wirkens von Dr. Arnulf Klett vorliegt, die auch dessen Tätigkeit als Rechtsanwalt im Dritten Reich mit einschließt. Ein dramatischer Abschnitt Stuttgarter Stadtgeschichte, der von Not und Elend, aber auch von einem unerwarteten Wiederaufstieg gekennzeichnet war, wird in dieser Biographie neu betrachtet und bewertet. Nicht zuletzt deshalb wünsche ich diesem Buch, dass es über unsere Stadt hinaus auf reges Interesse stößt.

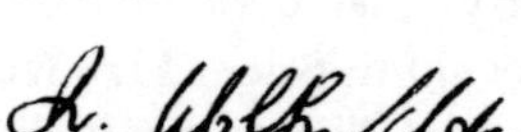

Dr. Wolfgang Schuster

Grußwort von Prof. Dr. Manfred Rommel

Die von dem renommierten Historiker Paul Sauer verfasste Biographie meines Vorgängers Dr. Arnulf Klett ist ein wertvolles Geschenk an die Landeshauptstadt und an das Land. Denn Arnulf Klett war ein aufrechter, bedeutender, origineller und gescheiter Mensch, der es wahrhaftig verdient hat, von der Landesgeschichte nicht vergessen zu werden. Ich war immer stolz darauf, sein Nachfolger zu sein. Mit der ihm eigenen Sorgfalt und Darstellungskraft zeichnet Professor Sauer ein zutreffendes Bild dieser legendären Persönlichkeit. Ihn konnte niemand kopieren. Als ich einmal in einer Rede einige seiner Formulierungen verwendete, sagte einer der Zuhörer: »Jetzt hend Se gesprochen fast wie der Klett!« Ich kannte Klett natürlich aus der Presse und aus meiner Zeit als Staatssekretär im Finanzministerium. Wir sind gut miteinander ausgekommen, zumal ich ihm immer in einigen Punkten Recht geben konnte. Er war klug und fleißig, eine in der Politik nicht ungefährliche Kombination. Als Rechtsanwalt neigte er dazu, sich auch mit Einzelfällen zu befassen, während ich als früherer Ministerialbeamter eher dazu tendierte, sie zu delegieren. Nicht nur als Volksfestredner musste ich mich gewaltig am Riemen reißen, um nicht allzu sehr abzufallen. Er hatte, wie es in der Biographie heißt, tatsächlich »den faustischen Drang, Großes zu leisten«. Und das hat er auch geschafft. Der Wiederaufbau Stuttgarts wäre ohne ihn nicht so nachhaltig und schnell gelungen. Dass seine Begeisterung für den Denkmalschutz sich in der schwierigen Aufbauphase in Grenzen hielt, das kann ich ihm lebhaft nachfühlen. Er war gradlinig, um Gerechtigkeit bemüht, bereits während der NS-Herrschaft, aber auch im Rathaus, auf Schwäbisch: Ein Mordskerle! 1963 bis 1965 war er Präsident des deutschen Städtetags. 1977 wollte er sich auf der Hauptversammlung in Stuttgart von seinen Kollegen aus den anderen Städten verabschieden, weil seine Amtszeit 1978 auslief. Doch 1974 war er gestorben. Ich wurde auf der Hauptversammlung 1977 zum Präsidenten gewählt. Der eine geht, der andere kommt. Das ist der Lauf der Welt.

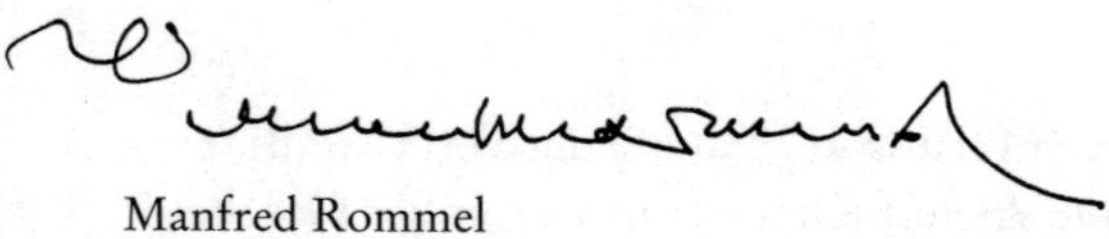

Manfred Rommel

Vorwort

Zu den Persönlichkeiten, die unser heutiges Stuttgart entscheidend geprägt haben, gehört Arnulf Klett (1905 – 1974). Nach der Besetzung der Stadt durch französische Streitkräfte wurde am 23. April 1945 der damals gerade 40-jährige Rechtsanwalt, ein mutiger Gegner des NS-Regimes, mit der Leitung der Stadtverwaltung betraut. Er übernahm ein schweres Amt. Die Stadt lag in Trümmern, Eisenbahn- und Straßenverkehr waren lahm gelegt, die einst blühende Wirtschaft gänzlich ruiniert. Die in der Stadt verbliebenen Einwohner hausten zu einem guten Teil in Kellern und halbzerstörten Häusern. Mit dem ihm eigenen Optimismus und seiner bewundernswerten Tatkraft machte er sich ans Werk. Er rief die Bürger auf, nicht länger in apathischer Untätigkeit zu verharren, sondern, allen Schwierigkeiten zum Trotz, einen Neubeginn zu wagen und zuversichtlich nach vorne zu schauen. Dieser Appell tat seine Wirkung, zumal der Oberbürgermeister mit gutem Beispiel voranging. Es gelang, Not und Elend wenigstens einigermaßen in Grenzen zu halten und die Voraussetzungen für den Wiederaufstieg der Stadt zu schaffen. Nach der Währungsreform im Juni 1948 setzte ein rasanter Wiederaufbau ein, der neben sehr viel Positivem auch negative Aspekte hatte und manche hoffnungsvollen Neuansätze der Nachkriegsnotzeit vor allem im geistig-kulturellen Bereich verschüttete.

Arnulf Klett blieb 29 Jahre lang Stuttgarts Oberbürgermeister. Einmal, 1946, wurde er durch den Gemeinderat, dreimal, 1948, 1954 und 1966, durch das Vertrauensvotum der Bürgerschaft in seinem Amt bestätigt. Die Stadt war gewissermaßen sein Leben. Ihr galt sein unermüdliches Schaffen. Dass die Bürde der vielen von ihm neben seinem Amt als Rathauschef bereitwillig übernommenen Aufgaben seine Kräfte überforderte, wollte er nicht wahrhaben. Tag für Tag kehrte er mit der gleichen ansteckend wirkenden Arbeitsfreude, ja Begeisterung, wie er selbst sagte, an seinen Schreibtisch im Rathaus zurück. Er bewahrte sich seinen jugendlichen Elan. Der körperliche Zusammenbruch im 70. Lebensjahr erfolgte jäh, unerwartet. Doch selbst jetzt meinte er lediglich eine maximal zweimonatige Ruhe- und Erholungspause nötig zu haben. Es kam anders. Am Nachmittag des 14. August 1974 erlag er während des ihm ärztlich dringend angeratenen Kuraufenthalts auf der Bühler Höhe bei Baden-Baden einem Herzversagen und einer Lungenembolie.

Meine Arbeit beruht wesentlich auf den im Stadtarchiv Stuttgart verwahrten einschlägigen Unterlagen. Zu erwähnen sind vor allem die Nachlass Arnulf Klett, die umfangreiche Pressedokumentation über den langjährigen Oberbürgermeister sowie die Chronik der Stadt Stuttgart. Im Landeskirchlichen Archiv in Stuttgart sah ich die familiengeschichtlich sehr ergiebigen Personalakten von Pfarrer Theodor Klett, dem Vater Arnulf Kletts, ein. Wertvolle Dokumente aus Familienbesitz stellten mir Frau Dr. Corinne Klett in Kirchheim/Teck, Frau Nicole Klett-Stoll in Alpirsbach, Frau Lieselotte Klett in Stuttgart-Neugereut sowie ihr Sohn, Herr Dr. Alexander Klett, und ihre Tochter, Frau Bettina Klett, zur Verfügung. Dafür bin ich sehr dankbar. Ohne diese Materialien hätte ich über die Kinder-, Jugend- und Studienjahre, aber auch über den Widerstand des Rechtsanwalts Arnulf Klett gegen das verbrecherische NS-Regime ein nur sehr fragmentarisches Bild geben können.

Herzlich zu danken habe ich für vielfältige Unterstützung und weiterführende Hinweise meinen Kolleginnen und Kollegen im Stadtarchiv Stuttgart, meiner früheren Dienststelle. Hier nenne ich besonders Frau Margret Krause, meine langjährige Sekretärin, Frau Vera Dentler, Frau Dr. Christa Mack und Frau Ingeborg Schüler sowie Herrn Dr. Kuno Drollinger, Herrn Dr. Roland Müller und Herrn Heinz H. Poker.

Paul Sauer
Tamm, im Januar 2001

Elternhaus, Kinder-, Jugend- und Studienjahre

Ein willensstarker, eigenwilliger Vater

Arnulf Klett entstammt einer altwürttembergischen evangelischen Handwerker- und Bauernfamilie. Sein Urgroßvater, der Schuhmachermeister Johann Andreas Klett, war in dem kleinen Dorf Oßweil, heute einem Stadtteil von Ludwigsburg, ansässig. Johann Andreas hat wohl über ein bescheidenes Vermögen verfügt; zudem scheint er ein geistig aufgeschlossener Mann gewesen zu sein, ermöglichte er doch dem am 16. Juni 1828 geborenen Sohn August Eduard Ferdinand eine Lehrerausbildung und damit einen begrenzten sozialen Aufstieg. August Eduard Ferdinand begann seine Berufslaufbahn als Dorfschullehrer. Von 1853 bis 1857 unterrichtete er an der Schule in Stetten im Remstal und 1858 in Ottendorf (Stadt Gaildorf, Lkr. Schwäbisch Hall). Dort schloss er die Ehe mit der gleichaltrigen, aus Spöck bei Karlsruhe gebürtigen Rosine Elisabeth Maier. Bald darauf wechselte er nach Olnhausen im Landkreis Heilbronn. Die Arbeit an Landschulen befriedigte ihn aber nicht. Intensiv bildete er sich weiter. 1868 gelang ihm als Mittelschullehrer der Sprung in die königlich württembergische Haupt- und Residenzstadt Stuttgart. In Stuttgart fühlte er sich offenbar bald zu Hause. Das reiche geistige und kulturelle Leben der aufstrebenden Stadt dürfte ihm und seiner Frau, die leider schon 1873 starb, manche Anregung geboten haben. Seinen Beruf als Mittelschullehrer übte er trotz eines Herzleidens bis in die neunziger Jahre aus. Am 9. Mai 1899 starb er.[1]

Der Sohn Theodor Gottlieb Klett, geboren am 19. März 1861 in Olnhausen, besuchte von 1868 bis 1878 das Königliche Gymnasium in Stuttgart, das heutige Eberhard-Ludwigs-Gymnasium, und stu-

dierte anschließend von 1878 bis 1882 im Tübinger Stift evangelische Theologie. Nach seiner Ordination in Stuttgart am 18. September 1882 wurde er als Vikar zunächst dem über 81-jährigen Dekan Bührer in Waiblingen beigegeben. Seine Gaben und Kenntnisse bezeichnete eine Beurteilung als »ziemlich gut«. Er beschäftige sich, so hieß es in der Beurteilung weiter, mit wissenschaftlicher und praktischer Theologie, Ethik und Erziehungswissenschaft, spiele »ziemlich fertig« Klavier, auch Harmonium und Orgel ohne Pedal. Auf alle Leistungen in Kirche und Schule bereite er sich sorgsam vor, er scheine nicht gerade leicht zu arbeiten. Seine Stimme sei mehr hell als kräftig, aber ausreichend. Der Seelsorge widme er sich mit Eifer und Liebe, mit der Heiligen Schrift beschäftige er sich gewissenhaft. Sein Verhalten sei streng geordnet, dienstbereit, anspruchslos, anständig. Er gebe sich herzlich und offen und sei ein zuverlässiger und strebsamer Charakter, im Haus ein lieber Genosse. Seine Gesundheit sei »gut, nicht eben kräftig«. Sein Gesuch, 1883 an einem vierteljährlichen Turnlehrerkurs teilnehmen zu dürfen, wurde abgelehnt.[2]
Auf Waiblingen folgten 1883/84 mehrere kurze Vikariats- und Pfarrverweserstationen in Blaufelden, Metzingen und Reinsbronn. Am 30. Juli 1884 wurde Theodor Klett die Pfarrstelle in Schainbach, Dekanat Blaufelden, übertragen und am 1. September 1885 wurde er zum Pfarrer in Wurmberg, Oberamt Knittlingen (Maulbronn), ernannt.[3] Leider war Wurmberg nicht der Ort, der den Vorstellungen des jungen Geistlichen entsprach. Das Dorf, zu dem als Filial der Weiler Neubärental gehörte, war im Dreißigjährigen Krieg schlimm verwüstet worden. Deshalb hatte die württembergische Regierung einen Teil der Gemarkung Waldensern geschenkt, die hier die Siedlung Lucerne gründeten (genannt nach Lucerne im Val de Lucerne in Piemont). 1717 ließen sich außerdem auf der Gemeindemarkung zwölf aus dem österreichischen Bärental (an der Bera in Hohenzollern) vertriebene reformierte Familien nieder und errichteten den Weiler Neubärental. Die Bewohner von Lucerne und Neubärental bildeten eine eigene reformierte Kirchengemeinde, bis sie sich 1823 auf obrigkeitlichen Befehl der evangelisch-lutherischen Kirchengemeinde Wurmberg anschlossen.[4] In den achtziger Jahren des 19. Jahrhunderts erlangte nur noch ein Teil der Einwohner seinen Lebensunterhalt in der Land-

wirtschaft. Viele Männer waren im nahen Pforzheim als »Bijouteriearbeiter« oder Bauhandwerker beschäftigt. Auch boten auf der Gemeindemarkung mehrere Steinbrüche, in denen Steine für den Straßenbau (Hauptmuschelkalk) bzw. Bau- und Werksteine (Buntsandstein) gebrochen wurden, sowie eine Ziegelei eine größere Zahl von Arbeitsplätzen.[5]

Theodor Klett trat seine erste ständige Pfarrstelle mit hohen idealistischen Erwartungen an. Seine seelsorgerische Aufgabe sah er darin, die ihm anvertraute Gemeinde mit christlichem Geist zu erfüllen und streng über Moral und Sitte zu wachen. Leider ließen Zucht und Ordnung vor allem bei der Jugend sehr zu wünschen übrig.[6] Hier behutsam und mit Einfühlungsvermögen auf eine Besserung der sittlichen Verhältnisse hinzuwirken und sich einzelner »verirrter Schafe« anzunehmen, war nicht die Sache des jungen Pfarrers. Mit alttestamentarischem Eifer geißelte er zum Teil von der Kanzel herab sittliche Verfehlungen und unkirchliches Verhalten. Rasch brachte er so viele Gemeindeglieder gegen sich auf. Der Schultheiß und Landtagsabgeordnete Kaelber wurde zu seinem Intimfeind. Der Streit zwischen dem geistlichen und dem weltlichen Gemeindevorsteher begann die Öffentlichkeit zu beschäftigen. Klett bemühte sich um eine Versetzung. Der zuständige Knittlinger Dekan stellte 1890 in einer Beurteilung fest, der Wurmberger Pfarrer sei in seinem Amt gewissenhaft und eifrig, doch habe er durch »seinen allzu gesetzlichen Eifer und Mangel an Takt und Nachgiebigkeit nach und nach eine Missstimmung gegen sich hervorgerufen«, die eine Versetzung wünschenswert erscheinen lasse. In einem anderen Bericht bezeichnete der Dekan Klett als »eine juristisch und polizeilich angelegte Natur«, die auch das Rathaus stark gegen sich eingenommen habe. Allerdings war nach seiner Meinung das »Rathaus« an dem zerrütteten Verhältnis mitschuldig.

Wenn Theodor Klett auf eine baldige Versetzung drängte – im März 1889 beispielsweise bewarb er sich um die Stelle eines zweiten akademisch gebildeten Hauptlehrers »am zweiten Komplex der städtischen Mittelschule in Stuttgart« –, dann hatte dies noch einen anderen Grund. Der junge Theologe war musikalisch hoch begabt und tat alles, um sich im Gesang weiterzubilden. 1890 wirkte er aktiv beim Neujahrsfest des Stuttgarter Liederkranzes mit.[7] Er nahm bei Professor Ernst Koch in Stuttgart Unterricht, »um den Kirchen- und Oratoriengesang gründlich kennen zu lernen«. Professor Koch attestierte im September 1890 seinem »eine sehr schöne, umfangreiche, kräftige Tenorstimme« besitzenden Schüler »vorzügliche Begabung und Fleiß«. Im Oktober 1890 bewarb sich Klett um die Pfarrstelle in Weilheim, Dekanat Tübingen, wobei er darauf hinwies, dass ihm diese Stelle die Möglichkeit gäbe, bei den Tübinger Oratorienaufführungen mitzuwirken. Doch auch diese Bewerbung blieb unberücksichtigt. Klett litt darunter, dass er sein musikalisches Talent nicht besser nutzen konnte. Später half er sich dadurch, dass er seiner Gemeinde sonntags vor der Predigt einen Solochoral sang oder dass er, als er Pfarrer in Hengen und dann in Frickenhausen war, nach der Erinnerung seines Sohnes einfach hin und wieder die Predigt ausfallen ließ, damit er nach Ulm fahren und im dortigen Münster die Solopartie eines Bach-Oratoriums singen konnte. Gern und viel sang er zu Hause, so nach dem Morgenchoral mit Vorliebe Loewe-Balladen. Sein zweiter Gesangslehrer war übrigens Professor Feuerlein in Stuttgart, ein Original, das die Stimme des Schülers durch recht seltsame Atemübungen zu kräftigen suchte.[8]

Die Situation Theodor Kletts in Wurmberg wurde zunehmend schwieriger. Ein Großteil der Bürger war gegen ihn eingenommen und betrieb seine Versetzung. Doch auch er selbst hätte die Gemeinde lieber heute als morgen verlassen. Nach mehreren vergeblichen Bewerbungen um erledigte Pfarreien 1890/91 (Rohr bei Stuttgart, Stuttgart-Gablenberg und Mittelstadt am Kocher) äußerte er mit bitterem Unterton, er hoffe, dass ihm wenigstens in einigen Jahren eine Stelle übertragen werde, wie sie einem Geistlichen zukomme, der seine ganze Kraft und Gesundheit für die Erhaltung religiösen und sittlichen Lebens einzusetzen bereit sei. Endlich am 29. Dezember 1891 wurde er zum Pfarrer in Hengen, Dekanat Urach, ernannt.[9]

Die Arbeiterwohngemeinde Wurmberg zählte rund 1 200 Einwohner. Die Gemeinde Hengen auf der Uracher Alb, Sitz eines Forstamts, war kaum halb so groß (1900 513 Einwohner). Die meisten der beinahe ausnahmslos evangelischen Bewohner ernährten sich mehr schlecht als recht von der wenig ertragreichen Landwirtschaft.[10] Sie besaßen eine enge Bindung an die Kirche. Der Pietismus hatte hier wie in anderen Orten des Oberamts Urach eine starke Stellung. Zudem war das Dorf klein, die Bewohner hatten sich ihre traditionelle Lebensweise bewahrt, und die geistliche wie die weltliche Obrigkeit genossen Ansehen. Man hätte deshalb annehmen können, dass Klett in Hengen die ihm gemäße Wirkungsstätte gefunden habe. Leider war dem nicht so. Der über 700 m hoch gelegene Ort besaß ein raues Klima und war fernab größerer städtischer Zentren. Theodor Klett neigte zur Bronchitis. Er fürchtete um seine Stimme. Auch vermisste er den Kontakt zu Menschen mit vielseitigen Interessen. Er strebte ein größeres, möglichst städtisches Pfarramt in einer milderen Gegend an, suchte einen Lebenskreis, der ihm Anregungen gab und in dem er insbesondere auch sein musikalisches Talent pflegen und entfalten konnte. Nach kaum zwei Jahren wollte er den Albort wieder verlassen. Indes fanden seine Bewerbungen bei der Kirchenleitung kein Gehör. Sein vergebliches Gesuch um Übertragung der zweiten Pfarrstelle an der Stuttgarter Friedenskirche vom 6. Juni 1894 begründete er damit, dass er den größten Teil seiner Jugend in der württembergischen Landeshauptstadt verbracht habe, daher mit den dortigen Verhältnissen, auch mit der Arbeiterbevölkerung, vertraut sei. Dekan Lang in Urach bescheinigte Klett, dass er und seine künftige Frau eher für die Stadt, namentlich für eine größere Stadt, als fürs Land taugten. Seinen redlichen Eifer erkannte der Dekan uneingeschränkt an. Freilich, so ergänzte er, könne dieser Eifer mitunter auch zum Übereifer werden. An »Fleiß und Studium« des Hengener Pfarrers hatte er nichts zu bemängeln. Auch bescheinigte er ihm eine hervorragende musikalische Begabung, eine gute Allgemeinbildung sowie ein tadelloses sittliches Verhalten. Weniger gefiel ihm, dass Klett zwar in seinen dogmatischen Ansichten freisinnig, hingegen »in kirchenregimentlichen Fragen gesetzlich streng, bisweilen etwas schroff« war.[11]

Auch in der Folgezeit bewarb sich Theodor Klett unentwegt weiter. Viele Pfarrstellen fand er attraktiv. Allein, er erhielt ausschließlich negative Bescheide. Vielleicht war dies auch der Grund, weshalb er im Juli 1898 das Königliche Konsistorium in Stuttgart, das gegen ihn eine Ordnungsstrafe verhängt hatte, scharf kritisierte, es eine nicht

mehr in die Zeit passende Einrichtung nannte, und weshalb er auf die weit fortschrittlicheren Verhältnisse in der katholischen Kirche hinwies, in der es eine solche staatliche Kirchenbehörde nicht mehr gebe. Mit dieser mutigen und nicht unberechtigten Kritik machte er sich freilich bei der Kirchenleitung keine Freunde.
Auch in Hengen erregte der strenge Wächter über Moral und Sittlichkeit und über kirchliches Wohlverhalten immer wieder Anstoß. 1895 beanstandete der Uracher Dekan seine mangelnde »evangelische Milde und pastorale Weisheit«. Immerhin zeigte er sich sehr erleichtert darüber, dass seit einigen Wochen in Hengen Friede zwischen Pfarrer und Gemeinde herrsche. Im April 1897 hatte der Hengener Kirchengemeinderat an den Leistungen und dem Lebenswandel des Ortsgeistlichen nichts auszusetzen. Seine Predigten wurden gerne

Kirche und Pfarrhaus in Hengen um 1905.

gehört und waren gut besucht. Dagegen hatte der Pfarrer in der Vergangenheit die Kinder mitunter »zu scharf angefasst«, außerdem hatte er in seinen Predigten, wenn er strafen musste, manchmal zu derbe Ausdrücke gebraucht. All dies, stellte der Kirchengemeinderat fest, habe sich neuerdings »geändert und gemildert«. In der Seelsorge und in der Armenfürsorge tue er seine Pflicht.

Theodor Klett war Junggeselle. Sein »Hauswesen« besorgte eine Haushälterin. Indes sah Klett im ledigen Stand keineswegs die ihm gemäße Lebensform. Erste Heiratspläne zerschlugen sich. Allem Anschein nach war der junge Theologe recht wählerisch und stellte an seine künftige Lebensgefährtin hohe Ansprüche. Vor allem wollte er offenbar nicht unter seinem Stand heiraten. Im Sommer 1894 ersuchte er seine kirchlichen Oberen um die Ausstellung der üblichen Heiratserlaubnisurkunde. Seine Braut war Charlotte Freiin von Seckendorff-Aberdar aus München, Angehörige eines bekannten Adelsgeschlechts. Warum es dann doch noch kurz vor der Hochzeit zur Auflösung der Verlobung kam, wissen wir nicht. Klett war jedenfalls darüber sehr betroffen und betrieb nunmehr einige Zeit hektisch seine Versetzung. Er überschwemmte Stuttgart geradezu mit Bewerbungsgesuchen.

Die Auseinandersetzung mit dem Konsistorium und die immer wieder aufflackernden Streitigkeiten mit der Gemeinde legten sich Klett aufs Gemüt. Anfang 1899 erklärte Kirchengemeinderat Griesinger, Pfarrer Klett sei allerdings in seinen Predigten scharf, anerkennen müsse man aber, dass er von Eifer um das Beste der Gemeinde erfüllt sei. Lediglich ein Dutzend unkirchlicher Bürger betreibe gegen ihn eine systematische Agitation. Indes sah Theodor Klett keinen Ausweg aus der Misere, in der er steckte. Er meldete sich krank. Seine kirchlichen Vorgesetzten sprachen von hochgradiger psychischer Erregtheit, in der er sich seit längerer Zeit befinde, er selbst bezeichnete seine Krankheit als Herzleiden. Seiner Bitte, ihm einen Hilfsgeistlichen beizugeben, wurde stattgegeben. Er erhielt zunächst für drei, schließlich für sechs Monate einen Vikar. Am 31. Januar 1899 musste er sich dem Spruch des Konsistoriums beugen, eine Taufe vorzunehmen, die er zuvor verweigert hatte, weil der Taufpate der Christenlehre nicht »angewohnt« hatte. Im Juli 1899 übernahm er wieder in vollem Umfang die Amtsgeschäfte. In einem Bericht vom September jenes Jahres urteilte das Bezirksschulinspektorat recht günstig über Klett. Es hob seinen Mut hervor, Schäden im Gemeindeleben aufzudecken und ihnen »entgegenzutreten«, ebenso sein Bestreben, durch sein dienstliches Verhalten die Würde des Amtes zu wahren. Weniger positiv bewertete es die »Ironie und Satire«, mit denen er die Bauern behandle, die ihm widersprächen. Zu neuen Klagen sei es aber seit Frühjahr 1898 nicht mehr gekommen.

Am 5. Dezember 1899 heiratete der nunmehr beinahe 39-Jährige die nur geringfügig jüngere Maria Auguste Helferich (geboren am 8. Mai 1862 in Mommenheim/Rheinhessen), Tochter des Pfarrers und Kirchenrats Franz Joseph Helferich in Beedenkirchen und dessen zweiter Frau, der aus Weinsberg stammenden Sophie Friederike Beyttenmiller. Die Hochzeit, zumindest aber die standesamtliche Trauung, fand in Urach statt.

Franz Joseph Helferich (1806 – 1881) war eine bedeutende Persönlichkeit. Als Sohn eines Lehrers in Viernheim im Ried (Hessen) geboren, besuchte er zunächst die Universität Heidelberg und studierte dann in Würzburg und im Bischöflichen Seminar Mainz katholische Theologie. 1829 wurde er vom Bischof von Limburg zum Priester geweiht, und seit 1832 wirkte er als Pfarrer in Holzhausen bei Homburg vor der Höhe. Durch seine intensive Beschäftigung mit der Bibel gewann er wie dereinst Luther die Erkenntnis, dass der Sünder allein aus Gnade gerechtfertigt werde. Nachdem ihn die katholische Kirche seines Amtes enthoben hatte, trat er mit 48 Mitgliedern seiner Gemeinde zur evangelisch-lutherischen Konfession über und wurde evangelischer Geistlicher. Obwohl er, der Konvertit, stets nur kleine kärglich besoldete Pfarrstellen erhielt, erlangte er als Prediger und Seelsorger einen hohen Bekanntheitsgrad. Selbst aus weit entfernten Gegenden strömten Menschen zu seinen Gottesdiensten. Eine rege Aktivität entfaltete er in der äußeren wie in der inneren Mission. Entscheidende Impulse gab er der Rettungshausbewegung in Hessen. 1852 wurde auf seine Initiative für verwahrloste Kinder das Rettungshaus Jugenheim gegründet. Auch als religiöser Schriftsteller trat er hervor. 1879, zwei Jahre vor seinem Tod, verlieh ihm die hessen-darmstädtische evangelische Kirchenleitung den Titel eines Kirchenrats.[12]

Theodor Gottlieb und Maria Auguste Klett, geb. Helferich.

Maria Auguste Helferich, das jüngste Kind ihrer Eltern, soll wegen ihrer »fröhlichen, sonnigen Gemütsart« der Liebling ihres Vaters gewesen sein. 1881, nach dem Tod des Vaters, kam die 19-Jährige zur weiteren Ausbildung zunächst zu einer Tante nach Tübingen, und sie fand dann in der Familie des Oberbibliothekars Dr. Klüpfel, gleichfalls in der württembergischen Universitätsstadt am Neckar, ein neues Zuhause. Nach dem Tod der Pflegeeltern Klüpfel, die sie zuletzt aufopfernd gepflegt hatte, trat sie 1894 als Gehilfin in das Sanatorium ihres »Pflegebruders« Sanitätsrat Dr. Richard Klüpfel in Urach ein. Dort bot sich ihr im Dienst am hilfsbedürftigen Nächsten ein reiches Betätigungsfeld. Sie wurde der gute Geist des Hauses. Hier lernte sie auch Pfarrer Klett kennen.[13]

Mit seiner Frau hatte Theodor Klett eine Glückswahl getroffen. Maria Auguste war eine lebenserfahrene, gebildete und überaus arbeitsame Frau. Sie trat sicher auf, war dabei aber zurückhaltend. Ihre vornehme Erscheinung – sie legte Wert auf geschmackvolle städtische Kleidung – machte auf die ländliche Bevölkerung Eindruck. In Urach hatte sie bei manchen Bürgern Anstoß erregt, weil sie beim Sport gelegentlich Hosen getragen hatte – für die damalige Zeit eine Provokation. In Hengen hat sie dies wohl kaum gewagt.[14] Als Pfarrerstochter waren ihr die beruflichen Sorgen und Nöte ihres Mannes vertraut. Sie nahm an seiner Arbeit Anteil, stand ihm zur Seite, erledigte Sekretariatsaufgaben im Pfarramt und kümmerte sich um kranke und Not leidende Gemeindeglieder. Haus und Garten galt ihre besondere Aufmerksamkeit, selbst vor Arbeiten wie dem Ofenrußen scheute sie sich nicht, wie wir aus ihren Briefen erfahren. Der seitherige Junggeselle gewöhnte sich rasch an die ordnende Hand einer tüchtigen Hausfrau. Die Ehe hatte günstige Auswirkungen auf Theodor Klett. Er kam offenbar jetzt mit seiner Gemeinde besser zurecht. Die Kanzel benützte er nicht mehr so häufig wie früher als sittenrichterliches Tribunal. Auch die Jugend behandelte er nachsichtiger, zeigte für kindliche Streiche und aufmüpfiges Verhalten mehr Verständnis. Neben dem Pfarramt pflegte er seine vielseitigen Interessen – die kleine Gemeinde gab ihm die Möglichkeit dazu. Neben dem Gesang beschäftigte er sich mit der Vorgeschichte seiner schwäbischen Heimat, mit Astronomie und sogar ein wenig mit Astrologie. Auch die Naturheilkunde gehörte zu seinen Hobbies.[15] Der als groß und hager geschilderte Mann hatte einen langen gelblichen herunterhängenden Schnurrbart mit borstigem Haar. Gewöhnlich trug er einen Havelock mit langem Kragen, der bis über die Arme reichte, und auf dem Kopf einen breiten Schlapphut. Seine derben genagelten Stiefel ähnelten dem Schuhwerk der Bauern seiner Gemeinde; sie waren auf den steinigen Albwegen unerlässlich. Die moderne Technik faszinierte ihn, wie dies später auch bei seinem Sohn der Fall war. Bereits 1898 besaß er eine Schreibmaschine. Kaum glaublich ist es, dass er sich schon um die Jahrhundertwende ein Auto zulegte, einen mit einem Verdeck versehenen Opel, den er mit einer auf den Motor aufgebauten selbstkonstruierten Kühlvorrichtung versah. Es war ein fauchendes und

stinkendes Gefährt. Die konservativen Amtsbrüder schüttelten den Kopf – für sie undenkbar: ein Pfarrer mit solch einem neuartigen, unheimlichen Vehikel. Sie blieben weiterhin bei Schusters Rappen, hielten sich allenfalls ein Reitpferd oder eine einspännige leichte Reisekutsche. Das Klett'sche Auto, das allerdings auch öfters unterwegs den Dienst versagte und dann mit Pferden abgeschleppt werden musste, war das erste Kraftfahrzeug in Urach und Umgebung. Gerne stellte sich Klett mit seinem Opel, begleitet von zwei prächtigen schottischen Schäferhunden, im gastfreundlichen Haus von Dr. Klüpfel in Urach ein. Häufig gab er dort Konzerte. Er sang und seine Frau Maria Auguste begleitete ihn auf dem Klavier. Die Hunde kamen während dieser Zeit ins »Blockhaus«, einen Holzschuppen mit Bastelraum. Den Hengenern, mehr noch den Bewohnern anderer Orte, fuhr der Schrecken in die Glieder, wenn sich das Auto von Pfarrer Klett mit ohrenbetäubendem Getöse ankündigte. Freilich, solch ein Gefährt steigerte die Mobilität seines Besitzers erheblich. Stuttgart, Tübingen oder Ulm mit ihrem reichen musikalischen Leben waren jetzt ohne allzu großen Zeitaufwand erreichbar. Da Theodor Klett auch schon früh die Freuden des Skifahrens entdeckte und im Winter die schneebedeckten Hänge Hengens auf den damals noch kaum bekannten Gleitbrettern hinuntersauste, glaubten viele seiner Pfarrkinder, er habe den Teufel im Leib.[16]
Indes setzte die geschwächte Gesundheit Kletts Aktivitäten Grenzen. Ein ärztliches Attest konstatierte im März 1901 eine Verschlimmerung des Herzleidens. Theodor Klett musste sich in den folgenden Jahren mehreren Kuren unterziehen und sich zeitweilig durch einen Vikar vertreten lassen. Lange schien es, als bleibe seine spät eingegangene Ehe kinderlos. Die Freude war daher umso größer, als im Herbst 1904 Anzeichen für eine Schwangerschaft der schon 42-jährigen Maria Auguste Klett sprachen. Freilich waren bei der nicht mehr jungen werdenden Mutter Komplikationen zu befürchten. Maria Auguste Klett begab sich deshalb rechtzeitig in ärztliche Obhut nach Stuttgart. Theodor Klett sorgte sich sehr um die geliebte Frau. Brieflich und telefonisch blieben die Ehegatten in engem Kontakt. Erstaunlich ist übrigens, wie selbstverständlich beide schon die Möglichkeiten des neuen Kommunikationsmittels Telefon nutzten. Sie führten lange

Ferngespräche miteinander. Maria Auguste gab sich zuversichtlich. Sie beruhigte ihren Mann und riet ihm von einer Reise nach Stuttgart ab. Ein solcher überstürzter Kurzbesuch, äußerte sie, bringe seinen gedrängten Arbeitsplan durcheinander und belaste ihn seelisch, ohne dass er ihr helfen könnte. Ein vermutlich homöopathisches Mittel, das er ihr zugesandt hatte, nahm sie willig ein. Etwa seit dem 20. März 1905 befand sich Maria Auguste in Stuttgart. Noch Anfang April hatte sich nichts getan. Am 4. April schrieb sie ihrem besorgten Mann, sie fühle sich den Umständen entsprechend wohl, außerdem befinde sie sich, was die medizinische Betreuung angehe, in den besten Händen. Die Oberhebamme habe nach einer Untersuchung am heutigen Morgen gemeint, dass bei der Niederkunft schwerlich Komplikationen zu erwarten seien. Von Herzen wünsche sie, dass Theodor seinen Gesangspart bei dem bevorstehenden Konzert – wohl in Urach – bravourös meistere. Keinesfalls dürfe er »zappelig« sein.[17]

Am 8. April 1905 schenkte Maria Auguste Klett einem gesunden Jungen, Arnulf Theodor, das Leben.[18] Der nachmalige Oberbürgermeister hat es zeitlebens als besonderen Glücksumstand betrachtet, dass Stuttgart seine Geburtsstadt war. In seiner humorvollen Art kommentierte er dies einmal so: »Zum Zweck meiner Geburt hat mich meine Mutter nach Stuttgart gebracht.«[19]

Endlich 1909, nach 18-jährigem Wirken in Hengen, hatte Pfarrer Theodor Klett mit seiner Bewerbung um eine Pfarrei in einem »milderen Klima« Erfolg. Es wurde ihm die Pfarrstelle in Frickenhausen im Dekanat Nürtingen übertragen. Frickenhausen, etwa 20 km nordwestlich von Hengen, lag im fruchtbaren Albvorland im Steinach- oder Neuffener Tal. Dem rund 1 200 Einwohner zählenden evangelischen Pfarrdorf gab damals noch weithin die Landwirtschaft das Gepräge. Die Gemarkung umfasste 656 Hektar, davon 177 Hektar Wald. Der Obstbau wurde mit beachtlichem Erfolg betrieben. Die Blüte der zahlreichen Kirsch- und Apfelbäume verwandelte im Frühjahr den Ort in ein kleines Paradies. Entwickelt waren auch der Ackerbau und die Viehzucht. Außerdem hatte hier schon vor längerer Zeit die Imkerei Fuß gefasst. Wie in anderen Gegenden Altwürttembergs mit Realteilung herrschten landwirtschaftliche Klein- und Zwergbetriebe vor. Viele Männer waren daher auf einen Nebenerwerb angewie-

sen, so beim Straßenbau oder bei Waldarbeiten. Zudem betätigten sich zahlreiche Frauen, um das kärgliche Familieneinkommen etwas aufzubessern, während des Winters im Spitzenklöppeln.
Die im Jahr 1900 eröffnete 9 km lange so genannte Tälesbahn, die Neuffen mit Nürtingen verband, hatte die Verkehrssituation von Frickenhausen entscheidend verbessert. Das Dorf besaß seitdem einen Bahnhof. Dies war einmal dem landwirtschaftlichen Absatz sehr förderlich, beispielsweise dem starken Milchversand, vor allem aber bewirkte dies mittelfristig tief greifende wirtschaftliche und soziale Veränderungen. 1909 war der Strukturwandel bereits in vollem Gang. Mehrere Industriebetriebe hatten sich im Dorf niedergelassen, so die mechanische Buntweberei von Robert Melchior, die Korbwaren- und Korbmöbelfabrik von P. Hohl, die Schuhfabrik von Heinrich Bacher, die Dampfziegelei Mayer & Co. sowie eine Sägemühle. Diese Gewerbebetriebe beschäftigten rund 200 Arbeitskräfte (150 allein die Firma Melchior). Zudem arbeitete eine größere Zahl Frickenhausener Einwohner in Nürtinger Industrieunternehmen.[20]
Kirchlicher Filialort von Frickenhausen war das Dorf Tischardt, das 1900 431 Einwohner zählte und mit 137 Hektar über eine ungewöhnlich kleine Gemarkung verfügte. Die wirtschaftlichen und sozialen Verhältnisse unterschieden sich kaum von denen des Mutterorts. Die Nürtinger Strickerei G.H. Heusel hatte hier einen Filialbetrieb errichtet.[21]
Pfarrer Klett begrüßte es sehr, dass er nicht länger dem rauen Klima der Albhochfläche ausgesetzt war, wo er unter chronischer Bronchitis gelitten hatte. Freilich Frickenhausen mit Tischardt forderte ihn als Geistlichen ungleich mehr als das kleine Hengen. Er hatte die dreifache Zahl von Gemeindegliedern zu betreuen. Auch hatte in beiden Orten linkes politisches Gedankengut Eingang gefunden. Nicht wenige Einwohner sympathisierten mit der Sozialdemokratie, etliche hatten sich ihr angeschlossen. Ähnlich wie in Wurmberg stand ein Teil der Bürgerschaft der Kirche recht kritisch gegenüber. Für Theodor Klett kein Grund, in Fragen der kirchlichen Ordnung, insbesondere in der Kirchenzucht, eine gewisse Zurückhaltung zu üben. Im Gegenteil. Er pochte auf das strenge Festhalten an den hergebrachten christlichen Sitten und Bräuchen. Gemeindeglieder, die dagegen

verstießen, rügte er streng. Wegen der zu erwartenden Sonntagsentheiligung untersagte er 1910 eine Samstagshochzeit. Dadurch verärgerte er nicht wenige Einwohner. Harte Urteile des Pfarrers in der Öffentlichkeit über sittliche Verfehlungen oder auch nur über unkirchliches Verhalten von Gemeindegliedern riefen 1913 Schultheiß Feucht, der sich selbst durch Äußerungen aus dem Pfarrhaus verletzt fühlte, auf den Plan. In einer Eingabe an das Konsistorium in Stuttgart ersuchte eine größere Zahl von Bürgern um die Versetzung des Pfarrers. Dieser, so beschwerten sie sich, halte sich in seinen Predigten nicht an das Evangelium, sondern nehme Sonntag für Sonntag auf der Kanzel die ihm missfallenden politischen und kommunalen Verhältnisse aufs Korn und verletze dadurch die Gefühle vieler Gemeindegenossen. Er attackiere eine bestimmte politische Partei – ohne Zweifel die Sozialdemokratie – und wende sich vor allem gegen die Arbeiterschaft. Deshalb bleibe der größte Teil der Männer dem sonntäglichen Gottesdienst fern. Eine schwangere junge Frau habe er beim Brautgespräch wegen ihres leichtfertigen Lebenswandels scharf getadelt. Selbst bei Grabreden werde er oft ausfällig. Anstoß errege ferner, dass er sich als Arzt betätige. So wolle er ein junges Mädchen untersuchen, das an einer Wanderniere leide.
Die Auseinandersetzungen zwischen Pfarrer und einem Teil der Einwohnerschaft in Frickenhausen und Tischardt blieben nicht »im Dorf«. Im November 1913 berichtete die *Esslinger Volkszeitung* über sie. Dekan Hönes in Nürtingen nahm Klett in Schutz. Er wies auf die schlechte körperliche und seelische Verfassung des 52-Jährigen hin. – Sein Herzleiden hatte sich offenbar weiter verschlimmert. Auch erwähnte er, dass Pfarrer Klett in seiner Gemeinde keineswegs bloß Widersacher habe, im Gegenteil, viele Gemeindeglieder stünden ihm vorbehaltlos zur Seite, hätten sogar eine Unterschriftenaktion als Antwort auf die Unterschriftensammlung seiner Gegner organisiert. Die Verleumdungskampagne gegen Pfarrer Klett, dem es im Übrigen gelungen sei, sich zu rechtfertigen, gehe von den Sozialdemokraten aus und werde von Männern getragen, die nie die Kirche besuchten. Klett sei redlich bemüht, das Wohl der Gemeinde zu fördern und schädliche Einflüsse von ihr fern zu halten. Freilich, auch Dekan Hönes konnte bei allem Wohlwollen für seinen Amtsbruder dessen

Schwächen nicht verschweigen. Es fehle Klett, so schrieb er, an der nötigen Klugheit und Vorsicht. Bei der Bekämpfung unchristlicher und unsittlicher Bestrebungen steigere er sich in einen Eifer hinein, der an Fanatismus grenze. Auch habe er sich als Anhänger der Homöopathie sämtliche Ärzte zu Feinden gemacht. Neben den Sozialdemokraten gehöre auch Fabrikant Hohl und dessen Freund Oberlehrer Staiger zu seinen Gegnern. Wenn er sich mit Schultheiß Feucht von Frickenhausen und Schultheiß Ganther von Tischardt nicht verstehe, so vor allem deshalb, weil beide Männer dem Alkohol im Übermaß zusprächen.

Anfang 1914 litt Theodor Klett an Herzbeschwerden. Er musste sich krankheitsbedingt mehrere Monate durch einen Vikar vertreten lassen. Nach Ausbruch des Ersten Weltkriegs engagierte er sich seelsorgerisch und sozial in vorbildlicher Weise. Trotzdem gelang es ihm nicht, die in der Gemeinde gegen ihn bestehenden starken Vorbehalte zu überwinden. Das geistliche Polizeiregiment, das er namentlich gegenüber der jungen Generation praktizierte, rief immer wieder neue Spannungen und Streitereien in der Gemeinde hervor. Seiner zerrütteten Gesundheit schadete dies sehr. Aber er vermochte nicht über seinen Schatten zu springen. Dass dann im März 1922 plötzlich seine Frau starb, traf ihn hart. Indes, allein bleiben wollte er nicht. Schon am 28. November desselben Jahres heiratete er in Stuttgart die 46-jährige Klara Emma Schüle, die Tochter des verstorbenen Besigheimer Oberamtspflegers Jakob Schüle. Obwohl auch die zweite Frau besänftigend auf ihn einzuwirken versuchte, wie dies mit einigem Erfolg schon die erste Frau getan hatte, blieb er der strenge schulmeisterliche Pfarrherr, der die Konfirmanden wie die Christenlehrpflichtigen unnachsichtig zur Räson brachte und jede sittliche Verfehlung eines Gemeindeglieds geißelte. Klagen und Beschwerden über ihn blieben alltäglich. Seine Pensionierung 1925 dürfte daher in Frickenhausen und Tischardt mit einer gewissen Erleichterung zur Kenntnis genommen worden sein.[22]

Theodor Klett erwarb in Herrenberg ein Haus und zog mit seiner Frau dorthin. Doch schon 1931 verkaufte er dieses Haus wieder, das sich trotz eines Darlehens der Landeskirche als große finanzielle Belastung erwiesen hatte, und siedelte nach Stuttgart über, dessen Bürgerrecht er schon am 5. Juni 1923 erhalten hatte. Am 18. April 1942 starb er dort. Seine zweite Frau überlebte ihn um 22 Jahre; sie starb am 2. Juni 1964 in einem Altenheim in Winterbach (Rems-Murr-Kreis).[23]

Kinder- und Jugendjahre

Seine ersten Lebensjahre verbrachte Arnulf Klett im Albdorf Hengen. Vermutlich behielt er an den kleinen Ort und an dessen Bewohner nur recht bruchstückhafte Erinnerungen. Anders war es in Frickenhausen. Schon den Umzug dorthin erlebte der aufgeweckte Junge bewusst, und bald fühlte er sich in dem wirtschaftlich aufstrebenden Dorf, das aber noch immer von der bäuerlichen Lebenswelt geprägt war, zu Hause. Feld und Wald hatten es ihm angetan, und er fand Kontakte zu gleichaltrigen Kindern, aber auch zu Erwachsenen. Sorgen und Nöte des kleinbäuerlichen Alltags wurden ihm vertraut, in gleicher Weise aber auch die Welt des Arbeiters.
Arnulf Klett blieb das einzige Kind seiner Eltern. Diese näherten sich den Fünfzig und waren für den lebhaften Jungen schon etwas alt. Doch scheint es bei der Erziehung keine größeren Probleme gegeben zu haben. Die Mutter nahm sich sehr ihres Buben an, freute sich, dass er sich gesund entwickelte, munter in die Welt schaute und sich schon früh im Sprechen übte.
Seine Liebe zur Musik veranlasste Theodor Klett immer wieder nach Stuttgart zu fahren und dort einige Tage zu verbringen, so auch Anfang Oktober 1906. Seine mit dem kleinen Arnulf in Hengen zurückgebliebene Frau gönnte ihm diese Art von Ausspannung gerne. Die Ehegatten blieben brieflich und telefonisch miteinander in Verbindung. Am 7. Oktober erkundigte sich Maria Auguste, wie es Theodor im Theater gefallen habe, und sie äußerte sich erfreut darüber, dass er jetzt wieder einmal »in Musik schwelgen könne«. Sie selbst hatte, wie sie dem Gatten schrieb, dem inzwischen 18 Monate alten »Goldbuben« »alle netten Silcherle«, also sämtliche schönen Silcher-Lieder, vorgesungen und gespielt. Voll Stolz berichtete sie, dass Arnulf jeden Tag »netter und drolliger« werde. Sie habe mit ihrem Söhn-

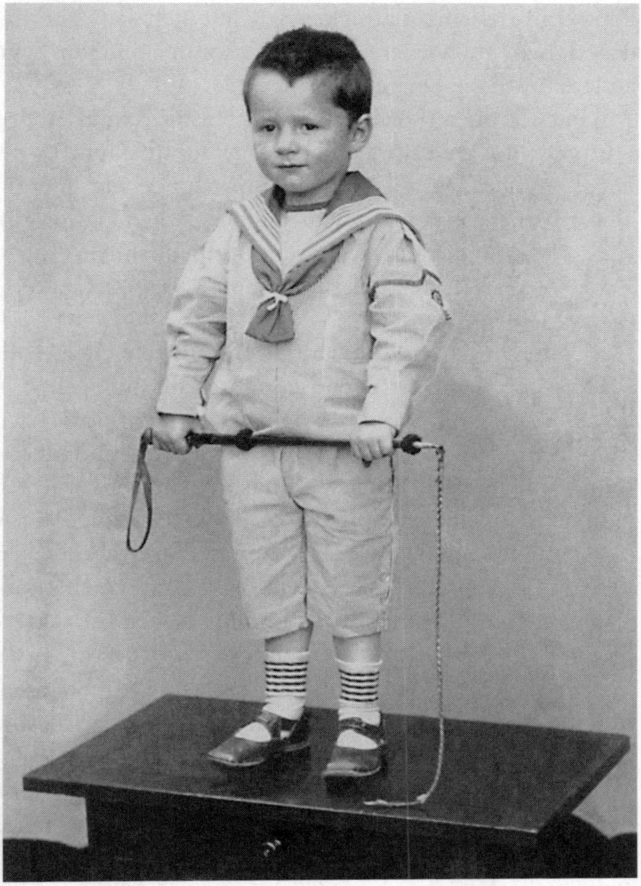

Der dreijährige Arnulf.

chen einen Spaziergang in den Wald unternommen, und dieser habe sie dabei aufs Beste unterhalten. Im Pfarrhaus steige Arnulf flott und doch wieder vorsichtig die Treppe hinauf. Den Papa vermisse er sehr. Hätte dieser am Samstag angerufen, wie sie gehofft habe, hätte Arnulf sicher freudig »Papa« ins Telefon gerufen. Ein knappes Jahr später, im August 1907, vermochte sich der kleine Junge mit dem wiederum in Stuttgart befindlichen Vater ein wenig am Telefon zu unterhalten. Jetzt wünschte er, obwohl er noch nicht schreiben konnte, dem

Papa ein Brieflein zu schicken, tröstete sich dann aber schnell damit, dass dieser bald wieder nach Hause komme und ihm Schokolade und andere köstliche Dinge mitbringe.[24]

Anfang Oktober 1909 fuhr die Mutter mit Arnulf zu Freunden nach Stuttgart, um sich dort etliche Tage aufzuhalten. Der Vater wollte nachkommen. Der viereinhalbjährige Junge war überglücklich über all das Neue, das er in der württembergischen Haupt- und Residenzstadt zu sehen bekam: elektrische Straßenbahnen, Autos in größerer Zahl, im Garten der Bekannten eine Doppelschaukel und anderes mehr.[25]

Der Vater ließ dem Sohn nur wenig durchgehen, sollte doch der Pfarrersbub der Dorfjugend ein gutes Beispiel geben, sich tadellos benehmen, damit man ihm, dem Vater, nicht vorwerfen konnte, er übe ein strenges Regiment gegenüber den Schulkindern und den bereits konfirmierten Burschen und Mädchen aus, zeige sich aber gegenüber dem eigenen Sprössling allzu nachgiebig. Wir wissen nicht, ob Arnulf nicht hin und wieder aufmuckte. Unwahrscheinlich ist dies nicht. Insgesamt aber hat er sich wohl dem erzieherischen Eifer des Vaters gefügt, ohne dass er dadurch in seiner Charakterbildung verbogen wurde. Manches hatte er vom Vater geerbt, so den Fleiß, die Willensstärke, die Zähigkeit, die Zielstrebigkeit, die Liebe zur Musik und die Begeisterung für die moderne Technik, insbesondere für das Auto. Dagegen hatte er Vorbehalte gegen die pastorale Strenge des Vaters in puncto Zucht und Ordnung. Auch dachte er offenbar nie daran, beruflich in die väterlichen Fußstapfen zu treten. Zu größeren Spannungen zum Elternhaus scheint es bei ihm selbst in der Zeit der Pubertät nicht gekommen zu sein. Arnulf Klett sprach später von seinem Vater stets mit Respekt.[26]

Ein körperliches Übel haftete dem sonst gesunden Jungen zeitlebens an. Seine Handflächen von den Fingerspitzen bis zu den Handwurzeln, ebenso seine Füße waren mit einer gelben harten Hornhaut überwachsen. Er musste Hände und Füße, da die »Hautdrüsen« fehlten, sooft er sie wusch, eincremen, weil sonst diese Hornhaut »riss und schrundete«. Er nannte dies eine Plage seit seiner Geburt.[27] Die körperliche Beweglichkeit des Buben und dann des jungen Burschen beeinträchtigte sie nicht.

Im Hengener und dann im Frickenhausener Pfarrhaus erlebte Arnulf Klett eine behütete Jugend. Die Eltern erzogen ihn im Geist eines weltoffenen Christentums. Sie legten Wert darauf, dass er schon früh lernte, selbständig zu denken und eigenverantwortlich zu handeln. Sie vermittelten ihm Freude an der Musik und an allem Schönen, weckten in ihm die Liebe zur Natur, förderten seine intellektuelle Begabung, hielten ihn zu einer gesunden, seine körperlichen und seelischen Kräfte stärkenden Lebensweise an. Im Bemühen, ihm Freude zu bereiten, erfüllten sie gerne ihnen billig erscheinende Wünsche. Ihre Vermögens- und Einkommensverhältnisse gestatteten dies. An Weihnachten erhielt er, wie seine Wunschzettel »an das liebe Christkind im Himmel« verraten, für die damalige Zeit verhältnismäßig teure Geschenke. Schon als kleiner Bub besaß er eine Eisenbahn, die er im Lauf der Zeit stetig weiter ausbaute. In seinen Weihnachtswünschen spiegelten sich seine Interessen insbesondere für die moderne Technik wider. Als ABC-Schütze stand der Christbaum naturgemäß obenan. Dann aber wünschte er sich eine Trompete mit Klappen, einige [Eisenbahn-]Schienen sowie eine Lokomotive, schließlich auch »Gutsle« (Weihnachtsgebäck). In einem der folgenden Jahre findet sich auf einem mit farbigen Bildern illustrierten, goldumrandeten Christkind-Wunschzettel, ausgestellt auf die Spielwarenfirma G. Mayer, Königlicher Hoflieferant, Stuttgart, Sporerstraße 2, eine Liste begehrenswerter Dinge: für die Eisenbahn eine zentrale Weichen- sowie eine automatische Läuteanlage, eine Schaffnerlaterne mit Tasche, eine Druckmaschine, eine große Einsteighalle, eine Dampflokomotive mit Pfeife, außerdem ein Wasserwerk oder eine Drahtseilbahn, eine Pfeife mit Liederheft, ein Markenalbum, Holz und Vorlagen für Laubsägearbeiten, schließlich eine kleine Büchermappe.
Schon als Zehnjähriger besaß er ein Fahrrad. Da der Vater ein großer Hundefreund war, gehörten für ihn Hunde zu seinen ständigen Begleitern.[28]
Es war wohl die ehrgeizige Mutter, die dem noch nicht Sechsjährigen das Alphabet beibrachte. Jedenfalls erfreute er den Vater mit einem ungelenken handschriftlichen Glückwunsch zu dessen 50. Geburtstag am 19. März 1911. Dem Glückwunsch war ein Alphabet in Großbuchstaben vorangestellt. Die unbeschwerte Kindheit in der Obhut

der Mutter endete unmittelbar nach diesem Geburtstag des Vaters mit dem Eintritt in die Schule. Zum 51. Geburtstag am 19. März 1912 gratulierte übrigens Arnulf dem Vater mit dem Lied »Befiehl du deine Wege«. Er hatte seinen Glückwunsch auf ein goldumrandetes Blumen-Schmuckblatt geschrieben. Stolz bewahrte die Mutter seinen ersten selbständig an sie geschriebenen Brief in ihrem Fotoalbum auf. In ihm berichtete er der für kurze Zeit verreisten Mutter vor allem über eine längere Wanderung mit dem Vater nach Linsenhofen.[29]

Arnulf Klett besuchte sehr wahrscheinlich nie die Schule in Frickenhausen. Bereits als Sechsjährigen schickten ihn die Eltern in die nahe Oberamtsstadt Nürtingen. Dort absolvierte er die dreijährige Elementarschule (Vorschulklasse), anschließend zwischen 1914 und 1921, also in der Zeit des Ersten Weltkriegs und in den ersten Nachkriegsjahren, das Realprogymnasium. Bereits im Frühsommer 1913 hatte sich Theodor Klett um die Aufnahme des Sohnes in das Realprogymnasium bemüht. Die Ministerialabteilung für die höheren Schulen hatte aber

Arnulf Klett im Kreis seiner Nürtinger Schulkameraden 1916.

den Antrag mit der Begründung abgelehnt, mit seinen acht Jahren sei Arnulf dafür noch zu jung. Da Nürtingen mit der Tälesbahn leicht erreichbar war, dürfte der Pfarrersbub Fahrschüler gewesen sein. Seinen Frickenhausener Altersgenossen blieb er dennoch nicht fremd. Sie waren seine Spielkameraden. Außerdem besuchte er mit ihnen nicht nur den Zuhörer- und Konfirmandenunterricht des Vaters bis zur Konfirmation 1919, sondern er schloss mit etlichen auch Freundschaften, die die Jugendzeit überdauerten.

Die SPD-Politikerin Anna Haag (1888 – 1982), die 1946 der Verfassunggebenden Landesversammlung und von 1946 bis 1950 dem Ersten Landtag von Württemberg-Baden sowie 1945/46 auch dem Gemeindebeirat der Stadt Stuttgart angehörte, erinnerte sich noch im Alter an den Schüler Arnulf Klett. Ihr Mann Albert unterrichtete von 1919 bis 1927 am Nürtinger Realprogymnasium, danach an Schulen in Stuttgart. Zum 65. Geburtstag am 8. April 1970 schrieb sie dem nunmehrigen Oberbürgermeister Dr. Arnulf Klett: »Wie oft – fast täglich – habe ich Sie als rotblonden Buben – wenn Sie zur Schule gingen – an unserer Wohnung in der Steingrabenstraße in Nürtingen vorbeistolzieren sehen! Ich habe oft gelächelt. Mein lieber Mann, der wohl für eine Weile Ihr Mathematiklehrer gewesen ist, erzählte mir gelegentlich von einem Gespräch, das Ihre Mutter einmal mit ihm über ihren Sohn Arnulf geführt habe. Ja sie war stolz auf ihren Sohn ...«[31] Und bei anderer Gelegenheit wusste Anna Haag zu berichten, dass Arnulf ein glänzender Schüler gewesen sei und insbesondere in Mathematik Hervorragendes geleistet habe. Ihr Mann habe ihn oft gelobt. Bemerkenswert fand sie, dass »der Bub schon denselben würdigen Gang wie später der Oberbürgermeister hatte«. Die Pfarrfrau Maria Auguste Klett habe von ihrem Sohn dereinst Großes erwartet. Einmal habe sie im Gespräch mit dem Ehepaar Haag und sicher mit Blick auf die bedrückenden politischen, wirtschaftlichen und sozialen Verhältnisse des besiegten Deutschlands nach 1918 geäußert: »Der Arnulf wird ganz g'wiss einmal Deutschland retten.« Diese Prophezeiung der stolzen Mutter habe sich zwar nicht erfüllt, aber, meinte Anna Haag, ein Retter sei Arnulf Klett später dennoch geworden, und zwar nach dem schrecklichen Zweiten Weltkrieg der Retter Stuttgarts.[32] Arnulf Klett war in der Tat ein sehr guter Schüler.

Er erhielt in Nürtingen Jahr für Jahr Belobigungen und zweite bzw. erste Preise für ausgezeichnete Leistungen.[33]
In Nürtingen und Frickenhausen verbrachte Arnulf Klett die schweren Jahre des Ersten Weltkriegs. Bei Kriegsausbruch neun Jahre alt, bei Kriegsende dreizehneinhalb Jahre alt, erlebte er diese Zeit schon sehr bewusst. Unter Lebensmittelmangel hatte man auf dem Land weniger als in der Stadt zu leiden, und dies galt selbst für Familien, die nicht in der Landwirtschaft tätig waren. Die vielen Todesnachrichten aus dem Feld ließen in einem Dorf, in dem jeder jeden kannte, niemand unberührt. Zu den bedrückendsten Amtsobliegenheiten eines Gemeindepfarrers wie des Vaters von Arnulf Klett gehörte es, den Hinterbliebenen von Gefallenen beizustehen, ihnen Trost zuzusprechen, ihre materielle Not zu lindern, ebenso Trauer- und Gedenkgottesdienste zu halten. Der Pfarrerssohn lernte so schon früh Jammer und Elend des Krieges kennen. Der patriotischen Einstellung des Vaters, der im Oktober 1917 mit dem Charlottenkreuz ausgezeichnet wurde, entsprach es, dass er auch einen aktiven Part bei der vormilitärischen Ausbildung der noch nicht wehrpflichtigen jungen Burschen übernahm. Ein um 1913/14 entstandenes Foto zeigt Pfarrer Klett mit der im Stil der deutschen Kolonialtruppen uniformierten Frickenhausener Pfadfindergruppe. Auch Arnulf Klett gehörte dieser Mannschaft an. Er war einer der Jüngsten. Pfarrer Theodor Klett hatte wohl bald nach seinem Amtsantritt in Frickenhausen einen christlichen »Jünglings- und Pfadfinderverein« gegründet, um der sozialdemokratisch orientierten »Freien Jugendorganisation« beim Werben um die Jugendlichen nicht länger das Feld allein zu überlassen.[34]
Im Frühjahr 1919, wenige Monate nach dem Ende des Ersten Weltkriegs, wurde Arnulf Klett konfirmiert. Im Reich und im Land hatte sich die Republik etabliert. Die politischen Verhältnisse waren noch sehr verworren, die wirtschaftliche Situation desolat. Allenthalben herrschten Mangel und Not. Dennoch ließen sich die Menschen nicht unterkriegen. Die Ergebnisse der Wahlen zur Württembergischen Verfassunggebenden Landesversammlung und zur Deutschen Nationalversammlung im Januar 1919 stimmten hoffnungsvoll. Der Weg zu einer demokratischen Staats- und Gesellschaftsordnung war eingeschlagen.[35]

Arnulf Klett als Konfirmand mit seinen Eltern.

Anfang der zwanziger Jahre konnte man die Hochschulreife in Nürtingen noch nicht erwerben.[36] Deshalb wechselte Arnulf Klett 1921 an das Stuttgarter Realgymnasium, das 1926 den Namen Dillmann-Realgymnasium erhielt. Dieses Gymnasium besaß einen ausgezeichneten Ruf. Der spätere Verleger Max Hettler, Angehöriger des Abiturientenjahrgangs 1925, also zwei Jahre jünger als Arnulf Klett, urteilte 1958 im Rückblick über seine alte Schule: »Die Verbindung von einer alten und zwei neuen Sprachen [Latein, Französisch und Englisch], von Naturwissenschaften und Mathematik, die erfreulich starke Betonung der Leibesübungen, vor allem aber eine Schar vorzüglicher Lehrer machten in der Tat aus dem Stuttgarter Realgymnasium, aus dieser patentierten Erfindung des großen Pädagogen Dillmann, eine ganz erstklassige und vielleicht einmalige Lehranstalt.« Besonderes Lob zollte Hettler Oberstudiendirektor Robert Lang, 1913 bis 1927 Leiter des Realgymnasiums. Er nannte Lang, der an der Technischen Hochschule Stuttgart Vorlesungen hielt, einen grundgescheiten Physiker: »Ich verdanke ihm die erhebendsten Stunden, die

ich im Realgymnasium erleben durfte.« Lang, dem das Amt des Oberstudiendirektors eine schwere Bürde war, sei freilich ein herber, etwas verschlossener und vielleicht gehemmter Mann gewesen. Der Zeichenlehrer, Professor Josef Rist, der Spitzweg unter den Lehrern, sei von allen Schülern geliebt worden. Er sei ein kunstbegeisterter, herzensguter Mensch gewesen. Religion und Philosophie habe Professor Paul Blind gegeben, Latein Oberpräzeptor Julius Bazlen. Die »Mathematik-Dioskuren« seien die Professoren Öhler und Decker gewesen. Professor Holl, der Neusprachler (Englisch und Französisch) habe seinen Schülern mehr Literatur als Sprachen vermittelt. Chemie habe Professor Dr. Endriss unterrichtet, Professor Dr. Pfleiderer alte deutsche Literatur. Alle diese Lehrer hätten den Schülern sehr viel gegeben: »Gaben des Geistes und Gaben des Herzens.« Ihnen sei es mehr um die Vermittlung von Lebensklugheit als um das Eintrichtern von Wissen gegangen.[37]
Leider war es um die Gesundheit der Eltern Arnulfs nicht zum Besten bestellt. Ende Februar 1919 musste sich die Mutter im Bethesda-Krankenhaus in Stuttgart einer Operation unterziehen, Ende September 1919 in demselben Krankenhaus der Vater. Wir wissen nicht, um welche Art medizinischer Eingriffe es sich handelte. Beide Ehegatten waren herzleidend, doch sie gaben sich zuversichtlich. Der noch kaum dem Kindesalter entwachsene Sohn bedurfte ihrer. Maria Auguste Klett bedeuteten, wie die von ihr erhaltenen Briefe bezeugen, ihre Ehe und Familie alles. Sie sorgte sich in gleicher Weise um den Gatten wie um den Sohn. Als sich Theodor Klett Anfang Mai 1921 kurze Zeit in Stuttgart aufhielt, um Arnulf, der gerade vom Nürtinger Realprogymnasium an das Stuttgarter Realgymnasium gewechselt hatte, das Einleben in der württembergischen Landeshauptstadt zu erleichtern, ihm vor allem bei der Zimmersuche behilflich zu sein, ermahnte sie ihn: »Mute dir doch ja nicht zu viel zu, damit du dich etwas wenigstens erholst.« Außerdem hielt sie ihn über die Frickenhausener Kirchengemeinde auf dem Laufenden. So berichtete sie, dass sie schwer kranke Gemeindeglieder besucht habe.[38]
Indes war ihre geschwächte Gesundheit den vielfältigen Belastungen, die ihr Familie, ein stets gastfreundliches Pfarrhaus und das engagierte Mitwirken in einer großen Kirchengemeinde auferlegten, nicht

mehr gewachsen. Hinzu kamen wahrscheinlich die Schwierigkeiten, die ihr Mann nicht ohne eigenes Verschulden in seiner Gemeinde hatte und unter denen auch sie litt. Am 18. März 1922 raffte sie ein jäher Tod hinweg. An ihrem Sarg rühmte ein befreundeter Geistlicher ihre Liebe und ihren aufopfernden Dienst an Gesunden, Kranken und Armen sowie ganz besonders an der heranwachsenden weiblichen Jugend. »Ihr Herz und Haus«, so fuhr er fort, »war weitgehender Freundschaft geöffnet. Vielen ist die Entschlafene eine Erzieherin und Führerin zu Tüchtigkeit und Pflichttreue im Leben geworden, und die in ihrem Hause den Geist der Liebe und Dienefreudigkeit haben lernen dürfen, werden ihr zeitlebens Dankbarkeit bewahren. Der Dienst für andere hat ihre Kraft verzehrt. Ein schweres Herzleiden, das durch viele schmerzliche Erfahrungen und Aufregungen der letzten Zeit sehr verschlimmert wurde, setzte ihrem Leben ein frühes Ziel…«[39] Maria Auguste Klett wurde von Frickenhausen nach Stuttgart übergeführt und dort auf dem Pragfriedhof beigesetzt.[40]

Für den knapp 17-jährigen Arnulf war der Tod der Mutter ein schwerer Schicksalsschlag. Er verlor den Menschen, der ihm am nächsten gestanden, der ihn wie kein anderer liebevoll umsorgt, sein Heranwachsen mit beglückter Freude verfolgt hatte, der stets für ihn da gewesen war und der alles getan hatte, die in ihm angelegten Gaben des Geistes und des Gemüts zur Entfaltung zu bringen. Es scheint, dass die Stiefmutter bald das Vertrauen und den Respekt Arnulfs gewann. Freilich, eine gewisse Distanz blieb. Das Elternhaus wurde ihm zunehmend fremder. Dies hing allerdings auch damit zusammen, dass er gewöhnlich nur noch während der Schulferien dorthin kam.

Obwohl Arnulf Klett lediglich von 1921 bis 1923, also zwei Jahre, das Stuttgarter Realgymnasium besuchte, wirkte die Schule dennoch stark prägend. Er war zeitlebens stolz darauf, dieser renommierten Lehranstalt angehört zu haben, und er pflegte bis zu seinem Tod freundschaftliche Kontakte zu seinen ehemaligen Schulkameraden. 1973 feierte er zusammen mit ihnen den 50. Jahrestag des Abiturs. Die Vorbereitungen zu diesem Fest hatten er und sein einstiger Schulkamerad Diplom-Ingenieur Curt Schif übernommen.[41]

Studium und Referendarzeit

Warum sich Arnulf Klett entschloss, Rechtswissenschaft zu studieren, lässt sich nicht sagen. Möglicherweise fasste er diesen Entschluss schon früh. Vielleicht bestärkte ihn sein Vater darin, war dieser doch, wie wir gehört haben, ein streitbarer Mann, der Auseinandersetzungen mit Andersdenkenden, so vor allem mit so genannten lauen Christen und Kirchenkritikern, nicht scheute. Jedenfalls immatrikulierte er sich im Wintersemester 1923/24 an der Rechtswissenschaftlichen Fakultät der Universität Tübingen. Gleichzeitig schloss er sich, wenig zur Freude des Vaters, der Studentenverbindung »Igel« an. Dem konservativen, allerdings auch im Ruhestand sozial engagierten Pfarrer Klett missfiel überhaupt, dass sich der Sohn damals politisch eher »linksgerichtet« gab. Einmal kam es zu einer heftigen Auseinandersetzung zwischen den beiden, die die um Familienharmonie bemühte Stiefmutter Arnulfs indes rasch beendete.[42]

Die desolaten politischen Verhältnisse im Spätherbst 1923, als der wirtschaftliche Amoklauf der Inflation endlich gestoppt werden konnte, veranlassten Arnulf Klett, sich freiwillig zu einer kurzzeitigen militärischen Ausbildung bei der Reichswehr zu melden. Vom 15. November bis 20. Dezember 1923 tat er als »Jäger« bei der 12. (Maschinengewehr-)Kompanie des 13. (Württembergischen) Infanterieregiments Dienst. Bei seiner Entlassung erteilte ihm der stellvertretende Kompanieführer im Führungszeugnis die Note »sehr gut«. Ein Foto, das den Jäger Klett im Kreis seiner Kameraden in Uniform zeigt, hat sich erhalten.[43]

Arnulf Klett fand Gefallen am geselligen studentischen Leben in Tübingen. In seiner Verbindung fühlte er sich rasch zu Hause. Gerne nahm er an den Veranstaltungen des »Igels« teil. Seine Bundesbrüder bewunderten seine ungewöhnliche körperliche Gewandtheit. Der Vater, ein Autoenthusiast, hatte Verständnis dafür, dass Arnulf schnelle Motorräder fuhr. Er verhalf ihm zum Kauf eines solchen Vehikels, und jetzt befand sich der junge Mann, übrigens in späteren Jahren ein passionierter Porschefahrer, in seinem Element. Er sprang auf das damals üblicherweise angeschobene Motorrad in der »Grätsche« auf, so dass der Beifahrer ruhig sitzen bleiben konnte. Nur wenige andere

Freiwilliger in der Reichswehr 1923: 12. (Maschinengewehr-)Kompanie des 13. (Württembergischen) Infanterieregiments. (A.K. stehend, vierter von links.)

Motorradfahrer ahmten dieses nicht einfache Anfahrmanöver nach. Wenn Arnulf Klett mit seinem fauchenden und knatternden fahrbaren Untersatz in Herrenberg, seit 1925 der Wohnsitz seiner Eltern, erschien, dann erregte er nicht bloß bei Kindern und Jugendlichen Aufsehen.[44]

Sein Jurastudium nahm er zumindest in den ersten Semestern nicht zu ernst. Die verschiedensten Wissensgebiete interessierten ihn. Die Universität bot die einmalige Chance, diese Interessen zu befriedigen. Manche Stunde widmete er sich der Musik, namentlich dem Klavierspiel. Hier brachte er es im Lauf der Zeit zu beachtlicher Fertigkeit. Der spätere baden-württembergische Justizminister Dr. Wolfgang Haußmann, in dessen Haus in der Hohenzollernstraße er in den ersten Monaten nach Kriegsende 1945 oft kam und immer wieder die dort Anwesenden mit seinem Klavierspiel erfreute, zeigte sich von dem begabten und begeisterten Pianisten tief beeindruckt. Arnulf Klett betätigte sich auch gerne als Laienschauspieler. Noch nach Jahrzehnten erinnerte man sich in Herrenberg daran, dass er als Student an dem Thoma-Stück »Die kleinen Verwandten«, einer Aufführung des Schwäbischen Albvereins, Ortsgruppe Herrenberg, mitgewirkt hatte. Sehr förderlich nicht nur für das Fachstudium waren die Semester an der Universität München. Da Arnulf Klett wirtschaftlich vom Elternhaus abhängig war, musste er sehen, dass er sich baldmöglichst die für das Abschlussexamen erforderlichen Kenntnisse aneignete. An konsequentes Arbeiten gewöhnt, gelang ihm dies auch. Im Mai 1927 legte er in Tübingen die Erste Höhere Justizprüfung ab: »Gesamtzeugnis III a unten (befriedigend)«. Dies war zwar keine Spitzennote, sie reichte aber aus, um in den Referendardienst übernommen zu werden. Das Referendariat konnte er teils am Amtsgericht Herrenberg, teils an Stuttgarter Gerichten ableisten. Im Mai 1930 absolvierte er in Stuttgart die Zweite Höhere Justizdienstprüfung, übrigens mit derselben Zeugnisnote wie die Erste. Während seiner Referendarzeit schaffte er es auch, die Dissertation, mit der er schon während des Studiums begonnen hatte, abzuschließen und die Doktorprüfung abzulegen. Der Titel seiner 1928 von der Rechts- und Wirtschaftswissenschaftlichen Fakultät der Eberhard-Karls-Universität in Tübingen angenommenen Arbeit lautete: »Diebstahl und Unterschlagung unter Berücksichtigung sämtlicher Entwürfe (Vorentwurf 1909 bis Entwurf 1927).« Er widmete die Dissertation »seinem väterlichen Freunde Hermann Cuhorst, Erstem Staatsanwalt in Stuttgart, als Zeichen der Dankbarkeit und Verehrung«.[45]

Ein mutiger Rechtsanwalt

Anfänge im Beruf

1930 ließ sich Arnulf Klett als Rechtsanwalt in Stuttgart nieder. Der berufliche Anfang in der Zeit der Weltwirtschaftskrise, von der auch Württemberg zunehmend stärker betroffen wurde, war nicht leicht. Immerhin gelang es dem jungen Rechtsanwalt, nach vielen Jahren der finanziellen Abhängigkeit vom Elternhaus, sich eine einigermaßen gesicherte wirtschaftliche Existenz aufzubauen. Einem Kollegen, dem späteren Sängerbundspräsidenten Franz Weiß, der ihn nach dem Stand der Geschäfte fragte, erwiderte er: »Ha, i könnt no ebbes meh nemma.«[1]

Er wollte damit sagen, dass er beruflich noch nicht voll ausgelastet sei. Dies änderte sich mit dem wachsenden Bekanntheitsgrad seines Rechtsanwaltsbüros.

Am 17. Juli 1934 heiratete er die fünf Jahre jüngere Gertrud Melanie Mebold (geboren am 6. August 1910), die Tochter des verstorbenen Eisenbahnoberschaffners Karl Friedrich Mebold und der Beate Mebold geborene Imle. Das junge Paar kannte sich schon länger. Vermutlich hatten wirtschaftliche Gründe die Eheschließung verzögert. Am 30. Oktober 1934 schenkte Gertrud Melanie einem Jungen, Roderich, das Leben. In dem von Arnulf Klett erworbenen Haus Werastraße 60 fand die Familie ein Domizil. Auch die Eltern Theodor und Klara Emma Klett wohnten zumindest während der letzten Lebensjahre des Vaters Theodor dort.[2]

Das Brautpaar Arnulf und Gertrud Melanie Klett geb. Mebold 1934.

Gegner des NS-Regimes

Arnulf Klett stand von Anfang an der nationalsozialistischen Bewegung kritisch gegenüber. Die Machtübernahme Hitlers in Deutschland 1933 erfüllte ihn mit großer Sorge. Der sofort einsetzende Terror gegen politische Gegner, die Missachtung von Recht und Menschenwürde sowie die Schaffung eines gigantischen Polizeiapparats, der nicht nur jeden oppositionellen Protest, sondern überhaupt jede freiheitliche Regung zu ersticken vermochte, empörten ihn. Er war nicht bereit, dem Verhängnis seinen Lauf zu lassen und sich, wie es ein Großteil der Deutschen tat, mit dem Regime zu arrangieren. In politischen Prozessen verteidigte er Widersacher des nationalsozialistischen Führerstaats. Als skandalös empfand er die gewaltsame »Gleichschaltung« der Presse. Nachdem das Regime schon in den ersten Monaten seiner Herrschaft die nicht-nationalsozialistischen Parteizeitungen verboten hatte, machte es gegen die bürgerliche Presse Front. Dabei begnügte es sich aber nicht mit Strafen oder zeitweiligen Verboten, wenn Blätter Beiträge veröffentlichten, die ihm nicht genehm waren. Nein, es nutzte alle Möglichkeiten, die bürgerliche Presse ganz in seine Hand zu bekommen. In Württemberg wurden die Verleger gezwungen, ihre Firmen in GmbHs umzuwandeln, und dem NS-Gauverlag, in dem der Gauleiter Wilhelm Murr der maßgebende Mann war, die Mehrheit der Anteile zu überlassen, meist ohne jegliche finanzielle Entschädigung. Bei diesem üblen Spiel, in dem jede Art hilfreicher Rechtsbeugung angewandt wurde, taten sich der Gaupressewart und Geschäftsführer des NS-Gauverlags Dr. Otto Weiß und der Gauschulungsleiter Dr. Eugen Klett[3] besonders hervor.
Hatte die NS-Presse vor 1933 nur ein publizistisches Winkeldasein gefristet, so beherrschte sie nun die Zeitungslandschaft Württembergs.[4] Rechtsanwalt Dr. Arnulf Klett protestierte in einer Denkschrift gegen die rechtswidrige Gleichschaltung der württembergischen Presse. Im Auge hatte er hierbei vor allem die Verleger der *Alb-Neckar-Zeitung* in Metzingen, Gustav und Erich Köllreutter, deren Interessen er gegen die Machtgelüste des NS-Gauverlags und gegen die schlimmen Übergriffe des in Metzingen wohnhaften NS-Aktivisten Dr. Eugen Klett verteidigte. Seine Denkschrift erregte Aufsehen. Gau-

leiter Reichsstatthalter Murr und andere NS-Größen des Landes sahen in ihm einen ihrer schärfsten Widersacher im bürgerlichen Lager. Ein nationalsozialistischer Jurist nannte ihn gar den »bestgehassten Mann der Gauleitung Württemberg«.[5] Sein mutiges Aufbegehren gegen NS-Willkür und Gewalt hatte er schwer zu büßen. Zusammen mit den Brüdern Köllreutter wurde er im November 1933 verhaftet und einen Monat im Konzentrationslager auf dem Heuberg festgehalten. Nach seiner Freilassung am 10. Dezember 1933 hatte er sich sofort bei der Politischen Polizei in Stuttgart zu melden.[6] Während der Haft hatte er den Eltern mitzuteilen, dass er gut behandelt werde. Er tat dies befehlsgemäß in dem Brief vom 1. Dezember 1933. Doch er wäre nicht Klett gewesen, hätte er nicht den NS-Staat bei dieser Gelegenheit als Zerrbild eines gerechten Staats verhöhnt. Er formulierte dies so geschickt, dass ihm der Zensor des Lagers nichts anhaben konnte. »Die Wahrheit und Gerechtigkeit«, so schrieb er, »die der nationalsozialistische Staat in seiner *obersten* Leitung unbedingt will«, bestimme auch sein und seiner Freunde »ganzes Wollen und Handeln«. Außenstehenden sei schwer verständlich, warum sie trotz solchen Strebens verhaftet worden seien. Sie selbst hätten dies inzwischen eingesehen. »Der gemeinsame Aufenthalt hier oben«, d.h. die ideologische Schulung im Konzentrationslager Heuberg, werde »eine *Bärenstärke* zu unserem ferneren Handeln, zu unserem Kampf für Wahrheit, Sauberkeit und Gerechtigkeit *im nationalsozialistischen Staat* verleihen.« »Hier oben schätzt man uns schon richtig ein. Vom Herrn Lagerkommandanten abwärts bis zum jüngsten SA-Mann und Hilfspolizisten behandelt uns jedermann mit besonderem Entgegenkommen und großer Liebenswürdigkeit. Körperlich, d.h. äußerlich, klagen wir natürlich nicht. [Ich] grüße euch herzlich. Den Humor haben wir noch nicht verloren. Euer Arnulf.«[7]
Die KZ-Haft hatte den jungen Rechtsanwalt keineswegs eingeschüchtert. Trotz polizeilicher Überwachung und politischer Bespitzelung übte er weiterhin unerschrocken seinen Beruf aus. Aus rassischen oder religiösen Gründen Verfolgte sowie Gegner des Regimes konnten, wenn sie sich an ihn wandten, mit seinem Rat und seiner Hilfe rechnen. Sein nur wenig älterer Berufskollege, der FDP (DVP)-Politiker Dr. Wolfgang Haußmann, attestierte Klett, dass er als Rechtsanwalt

während der Hitlerzeit keine Furcht gekannt habe. Seine liebsten Mandanten seien Verfolgte und Benachteiligte des Regimes gewesen.[8] Im Sommer 1935 äußerte Klett in einem Verfahren vor dem Amtsgericht Schwäbisch Gmünd, er sei 1933, als er sich für einen alten Parteigenossen und dessen Bruder – Gustav und Erich Köllreutter[9] – eingesetzt habe, versehentlich in Schutzhaft genommen worden. Das Württembergische Politische Landespolizeiamt hielt diese Feststellung, »insbesondere in Verbindung mit einem schwebenden Rechtsstreit« für »durchaus unzulässig und unzutreffend«. Es ließ Dr. Klett am 30. August 1935 wissen: »Die im Jahr 1933 gegen Sie verhängte Schutzhaft bestand völlig zu Recht. Von der Einleitung weiterer Maßnahmen gegen Sie, besonders von der abermaligen Verhängung einer Schutzhaft habe ich dieses Mal abgesehen. Sollten Sie jedoch wiederum derartige Äußerungen abgeben, so haben Sie eine längere Schutzhaft zu gewärtigen.«[10]

Indes machte Arnulf Klett auch jetzt aus seinem Herzen keine Mördergrube. 1936 äußerte er sich sehr kritisch über das Verhalten der Richter der Strafkammer des Landgerichts Ellwangen, weil diese in einem Verfahren SA-Leute – das Delikt ist nicht bekannt – freigesprochen hatten. Klett hatte als Anwalt des Nebenklägers Revision beim Reichsgericht in Leipzig beantragt und dort die Aufhebung des Urteils sowie eine Verhandlung des Falls vor dem Landgericht Stuttgart erreicht. Die Ellwanger Richter fühlten sich beleidigt und stellten gegen Klett Strafantrag. Der Präsident der Rechtsanwaltskammer Stuttgart vermochte schließlich die Sache mit einer Ehrenerklärung Kletts für die Ellwanger Richter aus der Welt zu schaffen.[11]

Mit seiner Gegnerschaft gegen das NS-Regime stand Arnulf Klett nicht allein. Sein alter Vater dachte ähnlich, wie dessen letzte Betreuerin viele Jahre später bezeugte.[12] Die ganze Familie hing der Bekennenden Kirche an und bezog deshalb im Kirchenkampf eindeutig Partei gegen die NS-Machthaber. Die Teilnahme am sonntäglichen Gottesdienst und der persönliche Kontakt zu bekenntnistreuen Geistlichen waren für sie selbstverständlich.[13] Seit etwa 1936 beteiligte sich Arnulf Klett, wie er nach Kriegsende aussagte, aktiv an regimefeindlichen Gruppierungen, und er half darüber hinaus, solche zu organisieren. Fachvorträge hielt er im Alldeutschen Verband, bis dieser um 1938

wegen der antinationalsozialistischen Einstellung der meisten seiner Mitglieder von den Machthabern aufgelöst wurde.[14] Er schloss sich dem Widerstandskreis um den Schriftsteller Dr. Rudolf Pechel (1882 – 1961) in Berlin und dem um Geheimrat Hermann Römer in Stuttgart an. Wenige Monate, nachdem dem NS-Schriftsteller Veit Bürkle (bürgerlicher Name: Karl Heinrich Bischoff) für sein Buch *Bis zur Heimkehr im Sommer* am 10. November 1937 von Ministerpräsident Christian Mergenthaler der Schwäbische Schillerpreis verliehen worden war, gelang es Klett, aus privatrechtlichen Gründen ein Verbot für eben dieses preisgekrönte Buch durchzusetzen[15] – ein im totalitären Führerstaat erstaunlicher juristischer Sieg und zugleich ein nicht zu widerlegender Nachweis für blamable nationalsozialistische Praktiken im kulturellen Bereich.
Dem Stuttgarter Fabrikanten Hans-Joachim Schmidtgen blieb seine erste Begegnung mit Arnulf Klett während des Zweiten Weltkriegs unvergesslich. In dem Unternehmen Schmidtgens wurden kriegswichtige Arzneimittel hergestellt, und es erhielt, um die Produktion zu steigern, auch jüdische Arbeitskräfte zugewiesen. Eines Tages verschwand einer dieser Arbeiter. Etwa vierzehn Tage später erschien in der Fabrik ein Rechtsanwalt Klett. Er stellte sich als Offizialverteidiger des jungen Juden vor, der auf dem Bahnhof (vermutlich Hauptbahnhof) festgenommen worden war und bat Schmidtgen eindringlich, doch um Himmels willen etwas Positives über den Festgenommenen zu sagen, denn »die [die NS-Machthaber] machet dem Ma doch sonscht den Kopf ronder«, und voll Zorn ergänzte er: »In der Schweiz, nur 200 Kilometer von hier, wäre er sicher.« Scharf fixierte er den ihm bisher unbekannten Fabrikanten: »Wenn Sie ein Lump sind, dann zeigen Sie mich jetzt an. Wenn Sie ein anständiger Mann sind, dann geben Sie mir Ihre Hand.« Schmidtgen, tief beeindruckt von der Zivilcourage Kletts, zögerte nicht und reichte ihm die Hand. Dies war der Beginn einer lebenslangen Freundschaft.[16]
Nach Kriegsbeginn 1939 erweiterte sich das berufliche Betätigungsfeld von Arnulf Klett. Er hatte nunmehr zusätzlich die Verteidigung von Soldaten vor Kriegsgerichten zu übernehmen, und er tat dies bereitwillig. Leider sind die Unterlagen über seine Rechtsanwaltspraxis im Krieg sehr fragmentarisch. Die Akten der Gerichte, soweit sie sich

Der junge Rechtsanwalt.

überhaupt erhalten haben, sind weit verstreut. Hinzu kommt, dass die Klett'sche Anwaltskanzlei am 12. September 1944 bei einem verheerenden Fliegerangriff auf Stuttgart total vernichtet wurde und am 19. Oktober 1944 auch ein Zweigbüro, nachdem das Wohnhaus in der Werastraße schon im Juli 1944 durch Bomben beschädigt worden war.[17] Der spätere württembergische Landesbischof Erich Eichele bewunderte den Mut des jungen Rechtsanwalts. Als Standortpfarrer in Stuttgart, dem auch die Seelsorge im Militärgefängnis übertragen war, begegnete ihm bei seinen Besuchen von Soldaten in diesem Gefängnis während der Kriegsjahre immer wieder Arnulf Klett. Er schreibt: Klett »gehörte zu den wenigen Juristen, die bereit waren, die Verteidigung der von den Kriegsgerichten wegen ›Zersetzung der Wehrkraft‹ Angeklagten zu übernehmen und damit verbunden, akute Gefährdung seiner eigenen Person auf sich zu nehmen«.[18]
Die Verteidigung von Soldaten in Kriegsgerichtsprozessen nahm Klett nicht nur an verschiedenen Orten in Deutschland, sondern auch in den von deutschen Truppen besetzten Gebieten wahr. So hielt er sich zu diesem Zweck zweimal je vier Tage in Paris und im März 1944 in Minsk auf. In Minsk verteidigte er einen Hauptmann der Flakartillerie in einem Wehrkraftzersetzungsverfahren.[19] Möglicherweise war es dieser Hauptmann, den er vor der Vollstreckung der Todesstrafe bewahrte. Nach einer Mitteilung von Paul Nägele vom 26. August 1974 schrieb der von Klett gerettete Offizier nach dem Krieg unter dem Pseudonym Willo Wenger (eigentlich Götz Kraft von Oeffen) das Buch *Fern und ewig leuchtet Frieden*, in dessen Vorwort es über den Rechtsanwalt Klett heißt: »Es waren sein Scharfsinn, seine Zähigkeit und seine juristischen Kenntnisse, welche zu Stande brachten, dass das über mich verhängte Todesurteil nicht vollstreckt wurde.«[20]
Gegen Heinz Eschwege, der nach Kriegsende beim Aufbau des Rundfunks und des Theaters in Stuttgart eine bedeutsame Rolle spielte und später eine Praxis für Stimm–, Sprach- und Atemtherapie betrieb, wurde 1944 als Wehrmachtsangehörigen vor dem Kriegsgericht Anklage wegen Rundfunkverbrechen, Zersetzung der Wehrkraft und Vorbereitung des Hochverrats erhoben. Auf alle diese Delikte stand die Todesstrafe. Zunächst war Eschwege sehr verärgert darüber, dass Klett, den er mit der Verteidigung beauftragt hatte, trotz dringender

Bitten nichts unternahm, und er wollte ihm das Mandat entziehen. Allerdings hatte er schon bei der Einlieferung ins Gefängnis gehört, dass Klett mit Arbeit völlig überlastet sei, weil »alle Häftlinge« – und es waren nicht wenige – nur ihn als Verteidiger haben wollten. Arnulf Klett hatte sich als Jurist und unerschrockener Vertreter von Recht und Menschlichkeit einen ausgezeichneten Ruf erworben. Und auch im Fall Eschwege bereitete er die Verteidigung sorgsam vor. Bei der ersten Unterredung erlangte er durch seine Höflichkeit und seine Offenheit rasch das Vertrauen seines Klienten. Er forderte diesen auf, ihm in allem die Wahrheit zu sagen, nur so könne er ihm helfen. Gegenüber dem Gericht taktierte er sehr geschickt. Wiederholt erreichte er eine Verschiebung der Verhandlungstermine. In seinen Schriftsätzen zweifelte er die Zuständigkeit des Kriegsgerichts überhaupt an, da die Delikte, die Eschwege zur Last gelegt wurden, in eine Zeit fielen, in der sein Klient noch gar nicht Soldat gewesen sei. Indes stellte sich die zivile Gerichtsinstanz auf den Standpunkt, das Kriegsgericht müsse wissen, was es zu tun habe, da Eschwege jetzt Wehrmachtsangehöriger sei. Klett setzte bewusst auf Zeitgewinn. Nachdem schließlich das Kriegsgericht für eindeutig zuständig erklärt worden war, »zerpflückte« er die verschiedenen Anklagepunkte, wobei er Widersprüche in Zeugenaussagen nachwies und Aussagen zugunsten des Angeklagten sehr stark gewichtete. Die Anschuldigungen Wehrkraftzersetzung und Vorbereitung des Hochverrats mussten fallen gelassen werden. Übrig blieb das Delikt »Rundfunkverbrechen«, das freilich immer noch für ein Todesurteil ausreichte. Jetzt schaltete sich der für das Kriegsgericht zuständige General, offensichtlich kein Anhänger des NS-Regimes, ein. Er wies den übereifrigen Kriegsgerichtsrat, der die Verhaftung Eschweges veranlasst hatte, in seine Schranken und hob den Haftbefehl auf. Dabei soll er erklärt haben: »Wegen einem solchen Dreck lasse ich keinen Landser hinrichten. Stellt den Mann ab an die Front.« Durch Beziehungen erreichte Eschwege sogar, dass ihm die Frontbewährung erspart blieb und er zu einer Heimatdienststelle versetzt wurde.[21]

Nach der Freilassung seines Klienten kam Klett in dessen Wohnung, die sich in der Nähe seines eigenen Hauses befand. Beide unterhielten sich über den Prozess vor dem Kriegsgericht und über die Konse-

quenzen, die aus dem unerwartet günstigen Ausgang zu ziehen waren. Eschwege wurde jetzt zur Gewissheit, dass Klett ebenfalls »ein Gegner dieses Krieges und des Regimes« war und mit Gleichgesinnten in Verbindung stand. In den folgenden Monaten hörten sie, zum Teil gemeinsam, ausländische Sender, und sie »kamen überein, alle Vorkommnisse in der Stadt [Stuttgart], soweit sie mit Kriegshandlungen und Verteidigungsvorbereitungen zusammenhingen, auszuwerten und für den entscheidenden Augenblick bereitzuhalten«.[22]
Frau und Sohn hatte Arnulf Klett nach Freudenstadt »aufs Land« geschickt, damit sie einigermaßen vor dem Bombenkrieg sicher waren. Beide litten unter der Trennung. Der Sohn Roderich äußerte an seinem zehnten Geburtstag im Oktober 1944 den Wunsch, den er auch später wiederholte, der Krieg möge doch endlich aufhören, und die Flieger sollten nicht mehr kommen.[23]
Im Herbst 1943 wurde der Versicherungsangestellte Erwin Neff in Stuttgart durch einen falschen Freund, der in Wirklichkeit ein Spitzel der Geheimen Staatspolizei, der Gestapo, war, beim Reichssicherheitshauptamt in Berlin denunziert. Bei der Wohnungsdurchsuchung fand die Gestapo Aufzeichnungen und Denkschriften extrem regimefeindlichen Inhalts sowie ein Notizbuch mit den Anschriften seiner Freunde. Er wurde verhaftet. Die gegen ihn erhobene Anklage lautete auf Wehrkraftzersetzung und Vergehen gegen das Heimtückegesetz. Der zuständige Gestapobeamte bezweifelte, dass Neff »richtig im Kopf« sei. Noch nie sei es ihm vorgekommen, dass jemand einen Stapel hochverräterischer Schriften in seinem Schreibtisch ganz offen aufbewahre, so dass sie »einem sofort entgegenfallen.« Die Schwester des Verhafteten, Dr. Leni Heidemann, eine Ärztin, wusste um den psychisch labilen Zustand des fast tauben Bruders. Sie fürchtete, er werde im Gefängnis in kurzer Zeit elend zu Grunde gehen. Hinzu kam, dass Neff an Tuberkulose erkrankt war. Mit Hilfe einer Kollegin vom Gesundheitsamt erreichte Leni Heidemann, dass der Bruder für haftunfähig erklärt und aus dem Gestapogefängnis in eine Gefangenenzelle des Katharinenhospitals übergeführt wurde. Doch wie konnte sie ihn vor einem Gerichtsverfahren bewahren, an dessen Ende die Todesstrafe oder im günstigsten Fall KZ-Haft stand, die für ihn gleichermaßen den Tod bedeutete? Der ihr empfohlene Rechts-

Gertrud Melanie Klett als junge Frau.

anwalt Dr. Arnulf Klett bestätigte ihr, in welch hoffnungsloser Lage sich ihr Bruder befand. Den einzig gangbaren Weg sah er darin, Neff als »schwer krank hinzustellen« und dadurch Zeit zu gewinnen.[24] Juristisch war seiner Ansicht nach überhaupt nichts zu machen. Er könne, wenn er sich einschalte, nur Schaden anrichten. Doch Klett beließ es nicht bei diesem Rat. Er versicherte Leni Heidemann: »Ich werde immer für Sie da sein.« Und er war es auch.[25] Mit Hilfe eines menschlich denkenden und einfühlsamen Gestapobeamten konnte Leni Heidemann nach der Zerstörung der Gefangenenzelle im Katharinenhospital bei einem Fliegerangriff den Bruder nach erneuter kurzer Gefängnishaft in die Psychiatrische Klinik im Bürgerhospital bringen. »Irgendwie hat der Mann ja einen Vogel«, meinte der Gestapobeamte. Er werde auf alle Fälle von dieser Klinik ein psychiatrisches Gutachten über ihn einholen. Leni Heidemann fiel es wie Schuppen von den Augen: In der Diagnose »Verminderte Zurechnungsfähigkeit« lag möglicherweise die Rettung des Bruders.[26] Rechtsanwalt Klett bestärkte sie darin. Allerdings, erklärte er ihr, unbedingt erforderlich ist ein Attest über die volle Unzurechnungsfähigkeit: Paragraph 51,1 des Strafgesetzbuchs. Der Paragraph 51,2, die beschränkte Unzurechnungsfähigkeit, reicht nicht aus. Das Sondergericht lässt bei der Zuerkennung beschränkter Unzurechnungsfähigkeit keine Milde walten. Es wird bei einem solchen Attest ein Todesurteil fällen, im günstigsten Fall aber KZ-Haft verhängen. Wenn Erwin Neff nach ärztlichem Urteil gänzlich unzurechnungsfähig ist, wird er in eine Heil- und Pflegeanstalt eingewiesen, und dort kann er bleiben, bis der »Wahnsinn«, d.h. die NS-Tyrannis, vorüber ist, was nicht mehr lange dauern kann.[27]

Im Frühjahr 1944 lag das psychiatrische Gutachten des Chefarztes der Psychiatrischen Klinik vor, ergänzt durch das Obergutachten eines emeritierten Medizinprofessors der Universität Tübingen, einer international anerkannten Kapazität auf dem Gebiet der Psychiatrie und zugleich eines Gegners des NS-Regimes. In beiden Gutachten wurde Erwin Neffs völlige Unzurechnungsfähigkeit eindeutig festgestellt.[28] Mehrere Monate schien es, als sei das Schlimmste durchgestanden. Doch im August 1944 forderte der Volksgerichtshof in Berlin Erwin Neff an. Die psychiatrischen Gutachten hatten dort offensichtlich ihren Zweck verfehlt. Leni Heidemann wusste, dass eine Überstellung an den Volksgerichtshof den sicheren Tod ihres Bruders bedeutete. Rechtsanwalt Klett riet zu einer letzten verzweifelten Aktion. Die Ärztin Heidemann sollte den Bruder transportunfähig machen. Die mutige Frau zögerte nicht, dies zu tun, und sie gewann für dieses höchst riskante Vorhaben ohne weiteres auch den Bruder, der lieber sofort sterben als sich der schrecklichen Tortur eines Schauprozesses vor dem Volksgerichtshof unterwerfen wollte. Leni Heidemann, die eine betreuende Schwester ins Vertrauen zog, löste durch Injektionen bei dem Bruder hohes Fieber aus, das für etliche Tage seinen Abtransport nach Berlin verhinderte. In der Zwischenzeit beschaffte sie sich über einen Kollegen eine Kultur Diphtheriebazillen, die sie dem Fieberkranken auf einem Butterbrot verabreichte. Die Diphtherie brach indes nicht aus. Möglicherweise war Erwin Neff durch die Fieberspritze gegen sie immun. Doch die übrigen Mittel, mit deren Hilfe ihn Leni Heidemann in einen wochenlang anhaltenden schwer kranken Zustand versetzte, wirkten. Der Volksgerichtshof forderte Neff noch dreimal an. Erfolglos. Die Stuttgarter Gestapo musste auf Grund ärztlicher Atteste jedes Mal seine gänzliche Transportunfähigkeit bescheinigen. Schließlich gab Berlin nach. Es verwies den Fall Neff an das Sondergericht Stuttgart. Dieses erkannte dank der sachlichen Behandlung durch einen politisch gemäßigten Rechtsanwalt auf völlige Unzurechnungsfähigkeit des Angeklagten und verfügte dessen dauernde Einweisung auf Staatskosten in eine Heil- und Pflegeanstalt. Die letzten Monate des Krieges verbrachte Erwin Neff in der Privatklinik Christophsbad in Göppingen.[29] Wenn der schwerster Delikte gegen das menschenverachtende NS-Regime Bezichtigte überlebte, dann hatte an seiner Rettung neben der Schwes-ter Rechtsanwalt Dr. Arnulf Klett einen entscheidenden Anteil.[30]

Es grenzt an ein Wunder, dass Arnulf Klett trotz seiner entschiedenen Gegnerschaft gegen die NS-Machthaber und seines furchtlosen Eintretens für gefährdete Gesinnungsgenossen sowie für politisch, rassisch und religiös Verfolgte des Regimes seinen Beruf lange Jahre ohne größere Behinderungen ausüben und die NS-Herrschaft unbeschadet überstehen konnte. Freilich, er befand sich in beständiger Gefahr. Beispielsweise soll ihn während der letzten Kriegsjahre einmal ein aus politischen Gründen zum Tod verurteilter Klient des Defätismus bezichtigt haben in der Hoffnung, dass man ihn bei einem gegen Klett anzustrengenden Gerichtsverfahren noch als Zeuge benötige und er so seine Hinrichtung hinauszögern könnte.[31]

Der schriftliche Niederschlag der beruflichen Aktivitäten Arnulf Kletts nach der Zerstörung seiner Anwaltskanzlei im September 1944 hat sich erhalten. Er dokumentiert, dass der engagierte Widersacher des Nationalsozialismus auch in der Schlussphase des Zweiten Weltkriegs sich unentwegt für Gerechtigkeit und Menschlichkeit einsetzte, und dies auch dann noch, als er am 6. November 1944 zur Feststellungsbehörde für Kriegsschäden bei der Stadtverwaltung Stuttgart dienstverpflichtet wurde und er außerdem dem Dienst im Volkssturm, Hitlers letztem unsinnigem Wehraufgebot, manche Stunde opfern musste. Bis spät in die Nacht und am Wochenende saß er am Schreibtisch, um Menschen zu helfen, die in gleicher Weise seinen juristischen wie seinen menschlichen Beistand erbaten. Auch jetzt noch vermochte er manchen »Politischen« vor einem schlimmen Schicksal zu bewahren. Dafür einige Beispiele.[32]

Ein 24-jähriger Sanitätsfeldwebel, der Gelegenheit erhalten hatte, sein Medizinstudium abzuschließen und in Tübingen unmittelbar vor dem Staatsexamen stand, wurde im Frühsommer 1944 von zwei Studentinnen wegen staatsfeindlicher Äußerungen, die er zwei Monate zuvor in ihrer Gegenwart im Tübinger Weinhaus Wagner getan hatte, angezeigt. Die Studentinnen behaupteten, der Feldwebel habe an einem siegreichen Ende des Krieges gezweifelt, sich für einen Erfolg der bevorstehenden Invasion der Westalliierten ausgesprochen, damit in Deutschland die Intelligenz wieder an die Spitze komme. Ferner habe er in Frage gestellt, dass der Führer, dessen politisch-militärische Fähigkeiten er nicht hoch eingeschätzt habe, noch eine Wende des Kriegsglücks zu Gunsten Deutschlands herbeiführen könne, zumal das Volk nicht mehr mitmache. Schließlich habe er Soldaten, die nicht wie er die Möglichkeit zum Studium genutzt hätten, sondern an der Front stünden, als dumm bezeichnet. Dies waren schwer wiegende Anschuldigungen. Sie trugen dem Feldwebel am 6. September 1944 ein Verfahren vor einem Feldkriegsgericht wegen »Zersetzung der Wehrkraft« ein. Überraschenderweise sprach das Gericht den Angeklagten frei. Entscheidend zu diesem Freispruch hatten die Argumente des Verteidigers Klett beigetragen. Dieser hatte mit Erfolg den Wahrheitsgehalt der Aussagen der beiden Studentinnen in Frage gestellt, auf den ungewöhnlich hohen Alkoholkonsum an jenem Abend hingewiesen, Entlastungszeugen beigebracht usw.

Im Oktober 1944 verteidigte Klett einen 19-jährigen Soldaten, der wegen Fahnenflucht angeklagt war. Er erreichte, dass der Angeklagte mit einer Bewährungsstrafe, die in einer Feldstrafgefangenenabteilung zu vollstrecken war, davonkam. Ein bereits 52-jähriger Schütze, von Beruf Musiklehrer, wurde wegen der Äußerung, Deutschland könne den Krieg nicht mehr gewinnen und der Feind werde schon wieder Ordnung schaffen, Ende 1944 vor ein Kriegsgericht gestellt. Rechtsanwalt Klett wies bei der Verhandlung eindrücklich auf die Nervenschwäche des Angeklagten hin. Das Urteil fiel vergleichsweise milde aus: sechs Monate Gefängnis. Allerdings sollte dem »Delinquenten« noch der Doktortitel aberkannt werden. Klett konnte darüber nur den Kopf schütteln. Im März 1945 äußerte er, die Universität München habe jetzt Wichtigeres zu tun.

Wegen »Feindbegünstigung«, d.h. wegen des Abhörens feindlicher Rundfunksender, wurde ein 56-jähriger Heidenheimer 1944 vom Oberlandesgericht Stuttgart zu zwei Jahren Zuchthaus verurteilt. Der Volksgerichtshof verdoppelte die Strafe des bereits seit November 1943 in Haft befindlichen Mannes. Das Gnadengesuch, das Klett vorlegte, erklärte der Volksgerichtshof für gegenstandslos. Im Februar 1945 starb der Gefangene im Zuchthaus Coswig/Anhalt an Herzschwäche.

Einer 37-jährigen Frau wurden wegen fortgesetzten Geschlechtsverkehrs mit einem französischen Kriegsgefangenen im Februar 1945 vom Amtsgericht Waiblingen sechs Monate Gefängnis zudiktiert. Rechtsanwalt Klett suchte für die Frau zunächst vier Monate Haftverschonung zu erreichen. Ob ihm dies gelang, lässt sich den Akten nicht entnehmen. Abgelehnt wurde am 8. Januar 1945 sein Gnadengesuch für einen selbständigen Gewerbetreibenden, der vom Sondergericht im September 1943 wegen »Verbrechen gegen die Volksschädlingsverordnung (Kriegswirtschaftsordnung)« zu drei Jahren Zuchthaus verurteilt worden war. Der Gewerbetreibende hatte die Höchstverkaufspreise für Holzpoliermittel, Wasch-, Reinigungspulver usw. teilweise beträchtlich überschritten und dadurch für sich Mehrerlöse erzielt.

In der Strafsache gegen einen Flieger, dem das Delikt Fahnenflucht zur Last gelegt wurde und der offenbar auch sonst einiges auf dem Kerbholz hatte, wurde Rechtsanwalt Klett zum Pflichtverteidiger bestellt. Leider wissen wir nicht, wie das Urteil des Kriegsgerichts ausfiel. Auch hier hat Klett das Menschenmögliche getan, um dem Angeklagten zu helfen. In einem anderen Fall von Fahnenflucht – es handelte sich um einen SS-Panzergrenadier – konnten Klett und sein Kollege Paul Braun durch geschickte Verteidigung statt der vom Anklagevertreter beantragten Todesstrafe bei der Kriegsgerichtsverhandlung am 24. November 1944 auf ein verhältnismäßig mildes Urteil hinwirken: drei Jahre Zuchthaus wegen unerlaubter Entfernung von der Truppe in drei Fällen. Die in Schwetzingen wohnhaften Eltern waren überglücklich, sie dankten den beiden Verteidigern herzlich.

Anfang August 1944 äußerte auf dem Militärflugplatz Göppingen ein Luftwaffenobergefreiter gegenüber Zivilbediensteten sein Bedauern darüber, dass das Attentat auf Hitler am 20. Juli 1944 gescheitert war. Er tadelte ferner die Partei (NSDAP) wegen ihrer ständigen Einmischung in militärische Angelegenheiten, prangerte ihre Aufpasser in der Wehrmacht an und sprach von einem militärischen Chaos auf dem italienischen Kriegsschauplatz – ein Eindruck, den er bei einer Dienstreise nach Italien bekommen hatte. Einige seiner Zuhörer zeigten ihn an. Um einem Verfahren vor dem Kriegsgericht zu entgehen, stiftete er einen Kameraden an, ihn aus der Untersuchungshaft zu befreien und ihm bei der Flucht in die Schweiz behilflich zu sein. Die Flucht misslang. Rechtsanwalt Klett wurde nunmehr die Pflichtverteidigung der beiden Soldaten in dem in Heilbronn stattfindenden Kriegsgerichtsverfahren übertragen. Doch tätig werden konnte er offenbar nicht, da der Hauptangeklagte bei einem Fluchtversuch während des Transports nach Heilbronn einen lebensgefährlichen Bauchschuss erhielt.

Dass man selbst bei korrektem Verhalten eine Anklage vor dem Kriegsgericht riskierte, erfuhr ein Flakunteroffizier im September 1944. Am 29. Juli 1944 musste er zusammen mit zwei anderen Unteroffizieren drei englische Flieger, die sich beim Abschuss ihres Flugzeugs mit dem Fallschirm hatten retten können, von den Polizeirevieren in Untertürkheim zum Regimentsgefechtsstand der Flakgruppe Stuttgart bringen. Dort wurden die Gefangenen, weil sie nur ungenügende Aussagen machten, vom Regimentskommandeur, einem Oberstleutnant, nicht nur übel misshandelt, sondern dieser forderte auch umstehende Soldaten und Zivilisten auf, »die Hunde totzuschlagen«, und er fügte hinzu, er sehe nichts. Die Folge waren neue schlimme Misshandlungen. Der Unteroffizier folgte aber der Anordnung des Oberstleutnants nicht, die Gefangenen während des Weitertransports zum zuständigen Fliegerhorst der Wut fanatischer Hitleranhänger in der Bevölkerung preiszugeben, sondern er brachte sie ohne Aufenthalt und damit ohne weitere Belästigung an ihren Bestimmungsort. Als deutscher Soldat, erklärte er, habe er es für seine selbstverständliche Pflicht gehalten, die ihm anvertrauten Kriegsgefangenen sicher durch die Stadt zu geleiten. Die dienstliche Meldung vom 3. September 1944, in der er über die Ausführung des ihm erteilten Auftrags berichtete, dabei aber auch die der Genfer Konvention Hohn sprechende Misshandlung der Kriegsgefangenen durch einen seiner militärischen Vorgesetzten nicht verschwieg, trug ihm eine Anzeige ein. Mit Hilfe von Rechtsanwalt Klett gelang es jedoch, eine Anklage vor dem Kriegsgericht zu vermeiden.

In eine beinahe hoffnungslose Situation brachte sich im September 1943 der im Ersten Weltkrieg schwer verwundete und durch eine Handverletzung dauernd behinderte, bereits 59-jährige Viehaufkäufer Benedikt Heinzelmann in Balingen. In einer Gastwirtschaft nannte er, provoziert durch einen schlecht beleumundeten Metzger R., die Nationalsozialisten Lumpen und eine Bande. Und er äußerte ferner: »Die Leute, die jetzt da sind, sind viel minder als die Juden. Seit die Juden nicht mehr da sind, hat man nichts mehr zu fressen. Wenn die Juden da wären, ginge es uns viel besser, die ganze Sache ist nichts mehr. Man hat die Juden aus ihren Häusern vertrieben, aber vielleicht treiben die Juden die Schuldigen auch einmal aus ihren Häusern heraus. Mit vollem Recht bombardieren sie unsere Städte! Es hat niemand einen Krieg gewollt! Der Engländer nicht, der Franzose nicht, der Russe nicht! Nur unsere Lumpen! Diese Bande! Man weiß ja gar nicht, wie man diese Kerle hinmachen muss. Ich werde nicht mehr Soldat, die mit den braunen Hemden, die sollen gehen. Wenn man nur auch alle alten Nazis hängen würde!«

Der Viehaufkäufer wurde angezeigt und verhaftet. Er gab zu, diese defätistischen Äußerungen getan zu haben. Lediglich die Bemerkung über die Bombardierung der deutschen Städte bestritt er.

Am 22. Juni 1944 verurteilte der Erste Senat des Oberlandesgerichts Stuttgart unter dem Vorsitz von Senatspräsident Cuhorst in Sigmaringen den Viehaufkäufer zu vier Jahren Zuchthaus und zu vier Jahren Ehrverlust. In der Urteilsbegründung hieß es: »Wer sich im schwersten Schicksalskampf des deutschen Volkes so verhält wie Heinzelmann hat eigentlich den Tod verdient. Der Senat hat aber entsprechend dem Antrag der Staatsanwaltschaft von der Verhängung der Todesstrafe abgesehen. Er erachtete eine Zuchthausstrafe von vier Jahren und Aberkennung der Ehrenrechte auf dieselbe Dauer für eine angemessene Strafe, weil eine Reihe von Milderungsgründen vorliegt: Heinzelmann ist im Ersten Weltkrieg in einem Jahr zweimal, das zweite Mal schwer verwundet worden, und er war schließlich noch Soldat, als er sich die linke Hand verletzte und den erlernten Beruf [Metzger] aufgeben musste. Geschäftssorgen am fraglichen Tag und etwas Alkohol haben dann die Grundlage geschaffen, dass der Ärger über das taktlose Gerede des wehrunwürdigen R. ihm, dem alten Soldaten des Ersten Weltkriegs gegenüber, sich in so verwerflicher Weise entlud.«

Verteidiger des Viehaufkäufers Heinzelmann war Arnulf Klett gewesen. Er hatte mit seiner geschickten Argumentation bestimmt wesentlichen Anteil daran, dass das Urteil nicht noch härter ausfiel. Indes hob der Oberreichsanwalt das ihm zu mild erscheinende Urteil auf. Der Fall Heinzelmann sollte vor dem Volksgerichtshof neu verhandelt werden. Heinzelmann wurde in die Untersuchungshaftanstalt Berlin-Plötzensee übergeführt. Auf die Bitte seiner Frau und seiner Tochter, einer Kriegerwitwe, wandte sich Klett im Februar 1945 an den mit ihm befreundeten Rechtsanwalt Dr. Carl Falck in Berlin mit dem Ersuchen, Heinzelmanns Verteidigung zu übernehmen. Da dieser beim Volksgerichtshof als Anwalt nicht zugelassen war, übernahm sein Bruder, Dr. Ernst Falck, der eine solche Zulassung besaß, bereitwillig die juristische Interessenvertretung des Angeklagten. Ein Fliegerangriff – es war wohl der Angriff vom 3. Februar 1945, bei dem der berüchtigte Präsident des Volksgerichtshofs, Roland Freisler, getötet wurde – vernichtete die Heinzelmann betreffenden Gerichtsakten. Bis zu ihrer teilweisen Rekonstruktion dauerte es geraume Zeit. Mitte März 1945 wartete jedenfalls der Angeklagte noch auf seinen

Prozess vor dem Volksgerichtshof. Klett hoffte, dass der Untergang der NS-Herrschaft, mit dem in allernächster Zeit zu rechnen war, Heinzelmann vor einer erneuten Verurteilung und einer eventuellen Todesstrafe bewahre. Dem war auch so. Am 24. April erlangte der Viehaufkäufer seine Freiheit zurück. Er machte sich sofort auf den weiten Heimweg nach Balingen. Sein Berliner Anwalt, den er nach seiner Freilassung noch kurz aufsuchte, um sich zu bedanken und gleichzeitig zu verabschieden, warnte ihn, sich durch die Berlin schon fast einschließenden russischen Kampfverbände durchzuschlagen. Er riet ihm, vorläufig in der Reichshauptstadt zu bleiben und hier das Ende der Kampfhandlungen abzuwarten. Vergeblich. Heinzelmann beharrte auf seinem Vorsatz. Der Anwalt behielt mit seiner Warnung Recht. Heinzelmann geriet buchstäblich zwischen die Fronten und kam um. Zu Hause langte er jedenfalls nie an. 1951 musste er für tot erklärt werden.[33]

Hoffnungsträger im Chaos der Niederlage 1945

Kampf gegen unsinnige Zerstörungen

Angesichts des Anfang 1945 der Agonie anheim gefallenen NS-Regimes war Arnulf Klett entschlossen, aktiven Widerstand zu leisten, wenn die Machthaber vor einer Besetzung Stuttgarts durch feindliche Truppen die gänzliche Zerstörung der Stadt nach der Taktik der verbrannten Erde verfügen sollten. In einem von Rechtsanwalt Dr. Wolfgang Haußmann gegründeten Widerstandskreis, der später unter dem Namen »Rettet-Stuttgart-Bewegung« bekannt wurde, fand er Gesinnungsgenossen: neben Dr. Wolfgang Haußmann selbst Staatsanwalt Dr. Heinrich Gauß, den Sohn des früheren Oberbürgermeisters Heinrich Gauß, den Polizeibeamten Karl Weber, den Arzt Dr. Eugen Winter, den Architekten Eugen Mertz, den Beauftragten des Bischöflichen Ordinariats Rottenburg bei der Stadt Stuttgart Dr. Helmut Kruse und andere.[1]
Da Oberbürgermeister Dr. Karl Strölin ein gemäßigter Vertreter des Regimes war und da er wiederholt bewiesen hatte, dass er sich mannhaft für Stuttgart und seine Bürger einsetzte, bemühte sich die Gruppe um Wolfgang Haußmann um Kontakt zu ihm. Frau Anni Goetz, langjährige Leiterin der Abteilung Frauenberufe beim Arbeitsamt Stuttgart, eine Gegnerin des Regimes, deren Vater ein Regimentskamerad Strölins im Ersten Weltkrieg gewesen war und deren Mutter mit der Mutter des Oberbürgermeisters in freundschaftlicher Verbindung stand, vermittelte für den 8. April ein Gespräch zwischen Strölin und dem diesem bis dahin nicht bekannt gewesenen Rechtsanwalt Klett. Sie hatte dem Oberbürgermeister in einem Telefongespräch dringend geraten, Männer, die zur Verhütung des Schlimmsten ent-

schlossen seien, zur Mitverantwortung heranzuziehen. Mit ihrem mutigen Rat hatte sie zunächst bei Strölin einen Zornesausbruch bewirkt. Er sei doch, hatte er sie angefahren, für die Stadt verantwortlich und könne sich nicht dazwischenreden lassen. Aber dann hatte er sich rasch gefasst und den Vorschlag von Frau Goetz akzeptiert.
Mit der ihm eigenen unerschrockenen Direktheit kam Klett bei der Unterredung sofort zur Sache. Er sprach von der großen Beunruhigung der Bevölkerung durch umlaufende Gerüchte, nach denen bei einer Annäherung feindlicher Truppen die Brücken gesprengt und die Versorgungsbetriebe lahm gelegt werden sollten. Strölin erwiderte, er habe volles Verständnis für die Sorgen der Menschen, und er teile sie. Von seiner Seite seien bereits Maßnahmen getroffen worden, solchen sinnlosen Zerstörungen vorzubeugen. Er ermöglichte sodann Klett, Informationsgespräche mit leitenden Männern der Stadtverwaltung zu führen. Die Verbindung zwischen Oberbürgermeister und Vertretern der Widerstandsgruppe, insbesondere zu Klett, blieb auch während der folgenden vierzehn Tage, in denen sich die Ereignisse überstürzten, bestehen. Strölin erörterte mit Klett bedeutsame Einzelfragen, so beispielsweise die Bekämpfung des Werwolfs, der nationalsozialistischen Partisanenorganisation, die in den vom Feind besetzten Gebieten Sabotageakte verüben sollte, oder das Problem, wie eine militärische Verteidigung der Stadt vereitelt werden könnte.[2] Klett wie Strölin hielten eine solche Verteidigung der Stadt gegen einen übermächtigen Feind für Wahnsinn. Unabhängig voneinander nahmen der Oberbürgermeister und die Gruppe um Wolfgang Haußmann und Arnulf Klett Verbindung zu den Alliierten auf, um ihnen die kampflose Übergabe der Stadt anzubieten. Dies zeigt, dass auf beiden Seiten ein gewisses Misstrauen nicht zu überwinden war. Freilich darf auch nicht übersehen werden, dass bei den zahlreichen fanatischen Hitler-Anhängern, die es noch immer gab, und bei den vielen getarnten Spitzeln des Regimes größte Vorsicht geboten war, wollte man der Verhaftung und einem grausamen Tod entgehen.[3]
Am 20. April war Stuttgart größtenteils von feindlichen Truppen eingeschlossen. Von Westen und Süden her stießen Einheiten der Ersten Französischen Armee »Rhin et Danube« auf die Stadt vor, von Norden her näherte sich die 100. US-Division Bad Cannstatt und den

anderen östlichen Stadtbezirken. Möhringen und Plieningen wurden am Abend des 20. April von den Franzosen besetzt. Ein Deutsch sprechender französischer Offzier versuchte, mit Strölin telefonisch über eine Übergabe der Stadt zu verhandeln. Doch dieser vermutete, dass man ihm von deutscher Seite eine Falle stelle, und erklärte sich für unzuständig. Der Kampfkommandant, Oberstleutnant Paul Marbach, mit dem Strölin den Anrufer verband, verweigerte eine Annahme des Gesprächs.[4] In der Nacht vom 20. auf den 21. April beschwor der Oberbürgermeister nochmals den Kampfkommandanten, die Brücken intakt zu lassen, eine Sprengung sei militärisch sinnlos – offenbar erfolglos. Von diesem Versuch unterrichtete er auch Klett.[5] Am frühen Morgen des 21. April standen die US-Truppen vor Bad Cannstatt. Der Kampfkommandant befahl nunmehr die Sprengung der Brücken. Unversehrt blieb lediglich der Berger Steg, über den die für Stuttgart lebensnotwendige Leitung der Landeswasserversorgung führte. Die deutschen Truppen zogen in Richtung Metzingen, Urach ab. Damit war der Stadt wenigstens ein verlustreicher Kampf in ihren Mauern erspart geblieben.[6]

Langsam drangen die Franzosen im Lauf des 21. April von Norden und von Süden auf das Stadtzentrum vor. Klett, Haußmann und Weber schreckte die Gefahr des feindlichen Feuers, dem sie sich aussetzten, nicht. Sie machten sich mit einem Personenkraftwagen zu einer Druckerei auf, um dort den Druck und die Vervielfältigung eines Aufrufs ihres Widerstandskreises in Auftrag zu geben. Doch ein französischer Panzer vereitelte ihr Unterfangen. Sie mussten unverrichteter Dinge umkehren. Bei der Rückfahrt des Wagens erlitt Wolfgang Haußmann eine Knieschussverletzung, die ihn für einige Zeit ans Bett fesselte.[7]

Am Morgen des 22. April 1945 übergab Oberbürgermeister Strölin im Gasthof zum Ritter in Degerloch die Stadt Stuttgart offiziell dem französischen General Schwartz.[8] Allein, Not und Elend eines verlorenen Krieges, den ein verbrecherisches Regime leichtfertig angezettelt hatte, waren noch lange nicht auf ihrem Tiefpunkt angelangt.

Ernennung zum Oberbürgermeister

Nach der Kapitulation der Stadt Stuttgart bestätigte General Schwartz Oberbürgermeister Strölin in seinem Amt. Er unterstellte ihm sogar noch die in der Stadt befindlichen staatlichen Polizeibehörden und erweiterte damit seine Kompetenzen. Der alte und der neue Oberbürgermeister nahm sofort die Arbeit wieder auf. Er ordnete Maßnahmen gegen Plünderungen und gegen mögliche Aktionen des Werwolfs an.[9] Aber schon am nächsten Tag, dem 23. April, mittags gegen 12 Uhr, erschien in der Villa Ruoff, Richard-Wagner-Straße 39, wo die leitenden Herren der Stadtverwaltung über die drängendsten Probleme Stuttgarts berieten, ein französischer Verbindungsoffizier und eröffnete ihm, dass er von seinem Amt zurückzutreten habe. Nach einer Anordnung des alliierten Oberkommandos dürfe keiner der seitherigen Oberbürgermeister auf seinem Posten verbleiben. Da Strölin jedoch in Stuttgart ausgeharrt, seine Amtsgeschäfte fortgeführt habe und nicht wie die meisten seiner Kollegen bei der Besetzung geflohen sei, dürfe er als Zeichen für seine besondere Wertschätzung durch die Besatzungsmacht seinen Nachfolger selbst bestimmen. Die Franzosen gaben ihm dafür zwei Stunden Zeit. Nun war guter Rat teuer. Strölin hatte zunächst seinen Stellvertreter Dr. Eduard Könekamp im Auge. Indes kam dieser nicht in Betracht, da er, wenn auch bloß nominell, der NSDAP angehört hatte. Dr. Carl Lautenschlager, das Stuttgarter Stadtoberhaupt bis 1933, an den Strölin sodann dachte, war zu alt und der Belastung durch eine Vielzahl schwieriger Aufgaben nicht mehr gewachsen.[10] Rechtsanwalt Klett hielt Strölin für den geeigneten Kandidaten. Aber Klett war nicht sofort erreichbar. Nach der Erinnerung von Heinz Eschwege rang er sich deshalb dazu durch, den Notar Franz Lau, später Leiter des Wohnungsamts Stuttgart (tödlich verunglückt an Weihnachten 1947), als seinen Nachfolger der Besatzungsmacht zu benennen, und er erlangte auch dessen Zustimmung.[11] Doch ehe er darüber mit den Franzosen sprechen konnte, erschien Klett. Strölin rückte von seinem Votum für Lau ab und entschied sich nunmehr endgültig für den Mann, der allen Verlockungen des NS-Regimes widerstanden hatte, nach 1933 unerschrocken für Gerechtigkeit und Menschenwürde eingetreten war und vor

Gericht zahlreiche Gegner des nationalsozialistischen Herrschaftssystems verteidigt hatte. Klett hatte am Vormittag zusammen mit dem befreundeten Staatsanwalt Dr. Gauß den Kommandeur der 3. algerischen Division, General Guillaume, aufgesucht und diesem eine Liste von möglichen Angehörigen des Werwolfs übergeben. Er hatte dabei auch Gelegenheit bekommen, General Schwartz, den französischen Militärgouverneur, zu sprechen. Dieser hatte die beiden Deutschen über die politische Einstellung von Strölin befragt, und Klett hatte sich über den Oberbürgermeister sehr anerkennend geäußert. Ihm, so hatte er erklärt, traue er es zu, die Verwaltung Stuttgarts während einer Übergangszeit zu leiten. Allein, zu diesem Zeitpunkt hatten sich die Verhältnisse bereits grundlegend verändert. Eine weitere Amtstätigkeit Strölins stand nicht mehr zur Diskussion. Während sich Klett noch bei General Schwartz aufgehalten hatte, war er davon unterrichtet worden, dass ihn Strölin dringend suche. Mit einem französischen Jeep war er eilends in die Richard-Wagner-Straße gebracht worden, wo er dann nach kurzer Bedenkzeit seiner Nominierung als Oberbürgermeister zustimmte. Gegen 14 Uhr kamen mehrere französische Offiziere, an ihrer Spitze Colonel Mercadier, der nachmalige französische Stadtkommandant von Stuttgart. Sie schienen mit der Benennung Kletts durchaus einverstanden zu sein, vor allem nachdem sie sich in einer Art Verhör davon überzeugt hatten, dass der Rechtsanwalt politisch unbelastet war. Ehe sie sich entfernten, befahlen sie dem Oberbürgermeister-Kandidaten, in der Richard-Wagner-Straße 39 zu bleiben. Drei Stunden später, gegen 17 Uhr, kehrten sie zurück und übergaben Klett in Gegenwart des städtischen Dolmetschers, Josef Hall, der bei ihm ausgeharrt hatte – Strölin war sogleich, nachdem er den Franzosen seinen Vorschlag unterbreitet hatte, weggegangen – einen Zettel, auf dem zu lesen stand, dass er zum Oberbürgermeister der Stadt Stuttgart ernannt sei.[12] Übrigens wäre Dr. Helmut Kruse, der Beauftragte des Bischöflichen Ordinariats Rottenburg bei der Stadt Stuttgart, nicht ungern Chef der Stuttgarter Stadtverwaltung geworden. Er hatte den Franzosen direkt sein Interesse an diesem Posten mitgeteilt, war aber von vornherein daran gescheitert, dass er bei Strölin keine Unterstützung fand.[13]

Arnulf Klett hat später seinen Entschluss, das Amt des Oberbürger-

meisters zu übernehmen, nach dem Ende des Zweiten Weltkriegs wahrhaftig kein »Schleckhafen«, wie dies 1970 in einem Brief der Heilbronner Altoberbürgermeister Paul Meyle formulierte, »aus dem Gefühl der Verantwortung gegenüber einer wegen ihres Fleißes und ihrer unermüdlichen Ausdauer berühmten Bevölkerung« begründet.[14]
Bereits einen Tag nach der Ernennung Kletts zu seinem Nachfolger wurde Karl Strölin in seinem Büro von amerikanischer Militärpolizei in »automatischen Arrest« genommen. Er verbrachte drei Jahre in Gefängnissen und in Internierungslagern und kam erst im Mai 1948 wieder auf freien Fuß.[15]
Am Morgen des 24. April nahm Arnulf Klett seine Amtsgeschäfte auf. Eine erste dienstliche Unterkunft fand er im Entbindungsheim Sophie Mayer, Schönleinstraße 11. An der Tür seines Arbeitszimmers konnte man noch lesen: »1 Kind, 1 Bett.« Im Zimmer selbst stand noch die Wickelkommode.[16]
Dass ein Mann, der über keinerlei Verwaltungserfahrungen verfügte, sich als Oberbürgermeister anfänglich schwer tat, liegt auf der Hand. Hinzu kam die Extremsituation einer weithin zerstörten Stadt nach einem verlorenen Krieg. Klett war deshalb auf ein erfahrenes, effektiv arbeitendes Team von leitenden Mitarbeitern angewiesen. Dies sah auch die Besatzungsmacht ein. Deshalb blieben, obwohl sie Mitglieder der NSDAP gewesen waren, der Referent für allgemeine Verwaltung, Personal und Organisation, Dr. Eduard Könekamp, und der Rechts- und Kulturreferent, Dr. Ernst Waidelich, sowie drei weitere Referenten der »Notverwaltung Strölins« auf ihren Posten. Klett nahm aber, um einen deutlichen Neuanfang zu markieren, sieben Mitglieder der Widerstandsgruppe um Wolfgang Haußmann in seinen Stab auf. So wurde der Architekt Eugen Mertz ehrenamtlicher Wiederaufbaureferent, Finanzgerichtspräsident Alfons Wetter Finanzreferent und der ehemalige Polizeibeamte Karl Weber Leiter der Polizei.[17]
Angesichts der extremen Notlage der Stadt legte Oberbürgermeister Klett größten Wert auf eine effektiv arbeitende Verwaltung. Experimente, gleichgültig welcher Art, erschienen ihm verantwortungslos. Drei Tage nach der Übernahme seines Amtes, am 26. April 1945, dankte er bei einer Referentenbesprechung seinem Vorgänger und dessen Mitarbeitern ausdrücklich dafür, dass sie in der Endphase des Krieges

das schlimmste Unheil von der Stadt abgewendet hätten und auf ihrem Posten verblieben seien. Mit der Besetzung Stuttgarts, fuhr er fort, hätten sich die Verhältnisse gänzlich verändert. Niemals habe die Verwaltung vor einer derart schwierigen Situation wie der jetzigen gestanden. Es komme ihm nunmehr vor allem darauf an, »aus der gegenwärtigen Übergangszeit möglichst rasch herauszukommen und der Bevölkerung zu zeigen, dass sie wieder eine Führung hat, die sich nicht nur bemüht, für sie nach Möglichkeit zu sorgen, sondern die auch auf verschiedenen Gebieten schon einiges erreicht hat. Unsere Mitbürger müssen spüren, dass hier Männer am Werk sind, die mit allen Kräften bestrebt sind, geordnete Verhältnisse herbeizuführen.«[18]
Am 12. Mai wandte sich der neue Oberbürgermeister in einem Aufruf an die städtischen Arbeiter, Angestellten und Beamten. Ihn habe, so ließ er die »Mitarbeiter« wissen, bei der Übernahme der Leitung der Stadtverwaltung ausschließlich der Gedanke geleitet, »dass unsere durch den Krieg so schwer heimgesuchte und durch seinen verhängnisvollen Ausgang in neue Leiden gestürzte Heimatstadt und ihre Bevölkerung nicht dem völligen Chaos anheim fallen darf«. Sein schwieriges und verantwortungsvolles Amt vermöge er aber nur zu führen, wenn er sich auf seine Mitarbeiterschaft verlassen könne. Die Stadtverwaltung sei »als einzige öffentliche Behörde in Stuttgart im Augenblick der Katastrophe auf dem Posten geblieben«. Die Bevölkerung erwarte deshalb von ihr »erst recht in der Zukunft vollen und freudigen Einsatz«. »Das in uns gesetzte Vertrauen darf nicht enttäuscht werden. Die Wiederherstellung und Erhaltung der öffentlichen Ordnung, der Wiederaufbau unserer Stadt und ihres wirtschaftlichen und öffentlichen Lebens fordern unsere ganze Kraft.« Der Oberbürgermeister ließ keinen Zweifel, dass die Militärregierung uneingeschränkte Weisungsbefugnis habe und dass nur durch eine »gedeihliche Zusammenarbeit« mit ihr die Stadt voranzubringen sei. Er appellierte an die Mitarbeiter, »gegenüber den Offizieren der Besatzungsmacht vor allem in den Räumen der Stadt selbst eine höfliche und korrekte Haltung« einzunehmen.[19]
Am 14. Mai 1945 stellte er sich in seiner ersten öffentlichen Verlautbarung den Stuttgartern vor. Er bat um ihr Vertrauen und forderte sie zu engagierter Unterstützung auf: »Ich bin Schwabe von Geburt und

habe vor einigen Wochen das Schwabenalter erreicht. Ich bin immer ein Mann der Tat gewesen. In meinem Beruf als Rechtsanwalt habe ich immer wieder gegen Übergriffe des nationalsozialistischen Systems anzukämpfen gehabt. Ich bin deshalb in Schutzhaft gewesen. Wie ich in diesen Fällen das Vertrauen meiner Auftraggeber gerechtfertigt habe, so bitte ich auch jetzt um das Vertrauen aller meiner Mitbürger. Ich brauche es für die unter den schwierigsten Umständen übernommene Aufgabe, die Grundlagen für die Verwaltung und den Wiederaufbau der gemeindlichen Einrichtung, für Ernährung, Verkehr und Arbeit zu schaffen und als Treuhänder der aufbauwilligen Einwohnerschaft bei der Besatzungsbehörde zu wirken.
Ich bedarf der Mitarbeit aller, die sich nicht unmöglich gemacht haben! Unsere Aufgabe ist dabei nicht, große Politik zu machen, sondern in dem uns gesteckten Rahmen an den Aufbau zu gehen.
Trotz dem Los, das jeden von uns betroffen hat, kann nur die Verständigung der Gerechtigkeit zum Durchbruch verhelfen und verhindern, dass wir in den Strudel des persönlichen Untergangs unseres bisherigen Zwingherren hineingezogen werden. Das Schwabenvolk will leben und arbeiten, um wieder geachtet in der menschlichen Gemeinschaft dazustehen.
Stuttgarter! Denkt an die Zeit, wo unsere Anstrengungen das Schwabenland fast zu einem beneideten Paradies gemacht haben. Wir wollen nicht den letzten Rest davon verlieren, sondern uns Schritt für Schritt wieder hinaufarbeiten. Unsere Arbeit gilt nicht mehr der Vernichtung, sondern dem Aufbau. Helft mit!«[20]

Unter französischer Besatzungsherrschaft

Stuttgart bekam wie andere Städte, die von französischen Truppen besetzt wurden, das Ausgeliefertsein an eine feindliche Militärmacht hart zu verspüren. Die Manneszucht der französischen Einheiten ließ sehr zu wünschen übrig. Übergriffe und Schikanen, Plünderungen und Repressalien waren in den ersten Wochen alltäglich. Der Einwohnerschaft wurde untersagt, das Stadtgebiet zu verlassen. Jeglicher Verkehr mit Fahrzeugen einschließlich Fahrrädern war verboten. Frauen und Männer mussten einen vom Oberbürgermeister ausgestellten und von der Militärregierung abgezeichneten Personalausweis stets bei sich tragen. An allen bewohnten Häusern waren »in gut lesbarer Schrift und sehr sichtbar« Verzeichnisse der Bewohner mit den Geburtsdaten anzubringen. Die Stadt hatte dafür zu sorgen, dass die Straßen raschestens vom Trümmerschutt frei gemacht wurden und dass die Straßenbahnen wieder verkehren konnten. Jeden Vormittag musste sich Oberbürgermeister Klett beim Militärgouverneur melden und dessen Weisungen entgegennehmen. Die offizielle Amtssprache war Französisch. Die Bevölkerung hatte französische Generale und Dienstwagen, die mit dem Zeichen der Generale versehen waren, zu grüßen, die Männer durch Hutabnehmen. Die Nichtbefolgung dieses demütigenden Befehls zog eine kollektive Geldstrafe oder eine persönliche Bestrafung nach sich. Beim Hissen der Trikolore morgens und bei ihrem Einholen hatte die Einwohnerschaft Ehrenbezeugungen zu erweisen durch Stehenbleiben mit Blickrichtung zur Fahne und die Männer außerdem durch Abnahme der Kopfbedeckung. Bereits von den Amerikanern entlassene deutsche Kriegsgefangene nahmen die französischen Militärbehörden aufs Neue in Gewahrsam. Die Lebensmittelrationen wurden auf 1 046, dann auf 970 Kalorien täglich gesenkt. Obwohl die Beschaffung von Nahrungsmitteln große Schwierigkeiten bereitete, wäre ein höherer Zuteilungssatz möglich gewesen. Ein Befehl der Ersten Französischen Armee jedoch beschränkte die Versorgung auf diese Minimalration mit der Begründung, sie entspräche der Kalorienmenge, die die französische Bevölkerung unter deutscher Besatzung bekommen habe.[21]

Oberbürgermeister Klett sah sich in der Tat als Treuhänder der Bevölkerung. Er trat den französischen Offizieren unerschrocken gegenüber. Seine täglichen Rapporte beim Stadtkommandanten nutzte er dazu, um die ständigen Übergriffe französischer Soldaten zur Sprache zu bringen. Dieser zeigte sich äußerlich wenig beeindruckt und wies auf deutsche Übergriffe während des Zweiten Weltkriegs in Frankreich hin. Dennoch wurden nach und nach die schlimmsten Übelstände abgestellt.[22]

Ein amerikanischer Verbindungsoffizier, der schon kurz nach der Besetzung nach Stuttgart kam, bewunderte Kletts Mut. Bereits bei der ersten Begegnung gewann er den Eindruck, dass dieser Mann trotz seiner sanftblickenden Augen »zu kämpfen wusste«. Er schloss dies aus »seinem viereckigen Kinn und dem kurzen eigensinnigen Nacken«. In Weilimdorf war in der Nacht des 29. April ein algerischer Soldat erschossen worden. Die Besatzungsmacht lastete seinen Tod den Deutschen an. Sofort wurden zwanzig angesehene Bürger dieses Stadtbezirks verhaftet; sie sollten als Geiseln erschossen werden. General Schwartz beraumte eine Art Tribunal an, vor dem Klett und sein Polizeichef zu erscheinen hatten. Nach der Schilderung des US-Offiziers, der zu der Verhandlung als Beobachter geladen war, stellte Klett als erfahrener Strafverteidiger mit scharfsinnigen Argumenten die Mordtheorie der Franzosen in Frage. Er äußerte u.a. den Verdacht, der sich schon bald als zutreffend bestätigte, dass der Soldat aus Eifersucht von seinen Kameraden umgebracht worden war, und wies außerdem auf die Haager Landkriegsordnung hin, die Geiselerschießungen verbietet. General Schwartz als oberster Gerichtsherr wurde unsicher. Als selbstherrlicher Sieger soll er den Oberbürgermeister angeherrscht haben: »Ihre Theorien interessieren den Gerichtshof nicht. Der Stadt wird eine Buße von einer Million Mark auferlegt.« Die Weilimdorfer Geiseln blieben am Leben, mussten aber in ihrer Mehrheit zehn Wochen im Gefängnis ausharren, ehe sie wieder freigelassen wurden. Dabei hatte sich der wahre Sachverhalt im Mordfall des algerischen Soldaten rasch feststellen lassen. Es spricht vieles dafür, dass das mannhafte Auftreten Kletts den Weilimdorfer Geiseln das Leben rettete.[23]

Oberbürgermeister Klett setzte sich – teilweise mit Erfolg – auch für andere Stuttgarter Bürger ein, die die französische Besatzungsmacht ihrer Freiheit beraubt hatte. Anlässlich seines 65. Geburtstags am 8. April 1970 schrieb ihm Diplomkaufmann Hellmut Hugendubel: »Bei Kriegsende verhalfen Sie mir, dass ich aus dem seltsamen Lager in Böblingen, wo damals 1 000 bis 1 500 Stuttgarter unter Bewachung der Marokkaner hinmarschierten, nach einer Woche wieder nach Hause durfte. Dankbar denke ich an Ihre befreiende Hilfe in dieser Lebensepisode ...«[24]

Nachdem im Juni 1945 feststand, dass die Franzosen in Bälde die von ihnen besetzten Gebietsteile Nordwürttembergs den Amerikanern überlassen mussten, holten sie aus den von ihnen zu räumenden Stadt- und Landkreisen heraus, was sie irgendwie zum Wiederaufbau ihres Landes brauchen konnten. Aus den Fabriken schafften sie Maschinen und Rohstoffe weg, aus den Schulen Lehrmittel und Apparate, aus den Krankenhäusern Betten, Operations- und Röntgeneinrichtungen, aus Baugeschäften Baumaschinen und Baumaterialien. Am 22. Juni ordnete die französische Militärregierung für die Stadt Stuttgart an, dass jede deutsche Familie einen vollständigen Herrenanzug, ein Hemd mit Kragen, eine Unterhose, zwei Taschentücher, ein Paar Socken, eine Krawatte und ein Paar Schuhe abzuliefern hatte. Dass solche Maßnahmen in einer Stadt, deren Bewohner durch den Luftkrieg einen erheblichen Teil ihrer persönlichen Habe verloren hatten, große Erbitterung auslösten, liegt auf der Hand.[25] Oberbürgermeister und Stadtverwaltung waren gegenüber solchen Willküraktionen der Besatzungsmacht machtlos. Kein Wunder, wenn noch nach Jahren Gerüchte über eine Rückkehr der französischen Besatzer in Stuttgart Angst und Schrecken auslösten und zunächst selbst von Oberbürgermeister Klett und seiner Verwaltung ernst genommen wurden.[26]

Mitwirkung bei der Schaffung einer württembergischen Landesverwaltung

Um sich in Württemberg den entscheidenden politischen Einfluss zu sichern, suchten die Franzosen durch die Bildung einer Landesverwaltung vollendete Tatsachen zu schaffen. Schon wenige Wochen nach der Besetzung beauftragten sie Oberbürgermeister Klett, geeignete Persönlichkeiten namhaft zu machen. Klett unternahm in der ersten Maihälfte verschiedene Reisen durch das Land. So suchte er den früheren Justizminister Josef Beyerle in Hohenstadt (Ostalbkreis) und den ehemaligen Wirtschaftsminister Dr. Reinhold Maier in Schwäbisch Gmünd auf, um sie für den Eintritt in die geplante Landesverwaltung zu gewinnen. In Stuttgart, im Haus von Dr. Wolfgang Haußmann, fanden am 16. und 17. Mai in Anwesenheit der beiden ehemaligen Minister und verschiedener anderer Persönlichkeiten, unter ihnen Wilhelm Keil und Dr. Richard Schmid, eingehende Beratungen über die Bildung einer vorläufigen württembergischen Regierung statt. Beyerle ließ sich von den Klett'schen Argumenten überzeugen. Reinhold Maier dagegen lehnte, möglicherweise unter dem Einfluss amerikanischer Kreise, die Beteiligung an einer Landesverwaltung mit der Begründung ab, er halte schon im Hinblick auf die noch ungeklärte Abgrenzung der Besatzungszonen eine solche Institution zum gegenwärtigen Zeitpunkt für verfrüht. Die von Beyerle in den beiden folgenden Tagen unternommenen Versuche, ihn doch noch umzustimmen, blieben erfolglos.

Am 21. Mai überreichte Klett der französischen Militärregierung seinen »Vorschlag für eine Landesverwaltung«. Der Vorschlag sah vor, den Posten des Chefs der Landesverwaltung mit dem Amt des Stuttgarter Oberbürgermeisters zu verbinden. Chef-Referent der Landesverwaltung sollte Dr. Wolfgang Haußmann werden. Namen wurden auch für die Leiter der einzelnen Ressorts (Justiz, Inneres, Kultur, Finanzen, Wirtschaft) genannt. Der Landesverwaltung wollte Klett ein 16- bis 24-köpfiges Beratergremium zur Seite stellen, in dem »alle wichtigen Berufe und Industrien« Württembergs vertreten sein sollten. Für den Fall, dass sich eine Personalunion zwischen dem Amt des Stuttgarter Oberbürgermeisters und dem des Chefs der Landesverwaltung nicht als zweckmäßig erwies, wurde in dem Vorschlag gefordert, dem Stuttgarter Stadtoberhaupt bei der Behandlung aller wichtigen Kommunalfragen ein entscheidendes Mitspracherecht einzuräumen.[27]

Wir wissen nicht, wie Klett auf den Gedanken einer Personalunion zwischen Stadt- und Landesverwaltung kam. Trotz seines ausgeprägten Selbstbewusstseins kannte er durchaus seine Grenzen und ließ sich von keinem maßlosen Ehrgeiz betören. Möglicherweise glaubte er, dass die einigermaßen intakt gebliebene städtische Verwaltung den Aufbau einer Landesverwaltung erleichterte. Eine solche Personalunion war indes nicht im Sinne der Franzosen. Sie hatten von Klett offenbar lediglich erwartet, dass er politisch integre, in Verwaltungsangelegenheiten erfahrene Persönlichkeiten benenne, die an die Spitze einer solchen, allerdings mit recht beschränkten Kompetenzen ausgestatteten Landesverwaltung treten könnten. Sie akzeptierten die Männer, mit denen er erfolgreich verhandelt hatte, und sie suchten auf anderem Wege weitere geeignete Persönlichkeiten zu gewinnen, doch sein »Vorschlag für eine Landesverwaltung« passte nicht in ihr Konzept. Die schließlich am 13. Juni von ihnen ins Leben gerufene, in neun Ressorts gegliederte Landesverwaltung hatte zwar in Stuttgart ihren Sitz, war aber von der Stadtverwaltung völlig getrennt. Im Gegensatz zu Letzterer führte sie ein kaum beachtetes Schattendasein, bis sie drei Monate später, im September 1945, mit der Gründung des US-Besatzungslandes Württemberg-Baden ihr Ende fand.[28]

Unter amerikanischer Besatzungsherrschaft

Am 8. Juli 1945 löste die US-Besatzungsmacht die französische in Stuttgart ab. In der Stadt herrschte darüber allgemein Erleichterung. Bereits einen Monat zuvor hatte Oberbürgermeister Klett dem in Stuttgart aufgewachsenen amerikanischen Offizier William Sailer gegenüber geäußert, dass er sich von den Amerikanern viel für den raschen Wiederaufbau verspreche. Sailer fand angesichts der bedrängenden Probleme, mit denen sich die Stadtverwaltung konfrontiert sah, den Optimismus des Oberbürgermeisters und seiner Mitarbeiter ermutigend.[29] Indes erfüllten sich die zuversichtlichen Erwartungen, die mit dem Besatzungswechsel verbunden waren, nicht. Auch die Amerikaner gebärdeten sich zunächst als strenge Besatzer. Ihre Befehls- und Weisungsbefugnisse waren umfassend. Die städtischen Behörden blieben bei allen Maßnahmen, die sie trafen, einer unnachsichtigen Kontrolle unterworfen. Immerhin – und dies war ein großer Fortschritt – gab es keine Übergriffe, keine Willkürhandlungen und auch keine Ausplünderungsaktionen bei Firmen und Privatpersonen mehr.[30]
Im September 1945 bestand die US-Militärregierung für den Stadtkreis Stuttgart aus 64 Mann, unter ihnen 32 Offiziere. Ihr Aufbau orientierte sich an der Organisation der Stadtverwaltung. Jedem Amt waren ein oder mehrere Offiziere zugeordnet. Täglich fanden Gespräche zwischen Militärregierungsoffizieren und Amtsleitern statt. Allwöchentlich war ein ausführlicher Tätigkeitsbericht vorzulegen. Ein enges Zusammenwirken zwischen Militärregierung und Stadt-

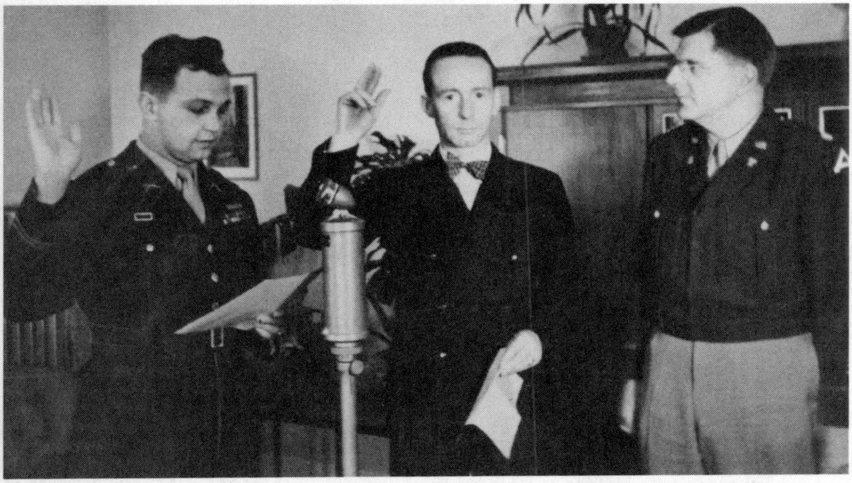

Vereidigung von Oberbürgermeister Dr. Klett durch den Chef der US-Militärregierung für den Stadtkreis Stuttgart, Oberstleutnant Jackson. Rechts Major Norton.

verwaltung lag aber auch im deutschen Interesse. Es fehlte nicht nur an Nahrungsmitteln, Brennmaterialien usw., es fehlte namentlich auch an Transportmitteln. Chef der Stuttgarter Militärregierung war der 32-jährige aktive Panzeroffizier, Oberstleutnant Charles W. Jackson, sein Stellvertreter der 51-jährige Major Edwin A. Norton, im Zivilberuf Geschäftsführer einer Eis- und Kohlengesellschaft. Beide Männer zusammen bildeten ein ideales Gespann. Der schneidige Jackson verstand es, knappe und präzise Anordnungen zu erteilen, die Deutschen zu effektiver Arbeit anzuspornen. Norton hingegen war der Koordinator hinter den Kulissen, in vorbildlicher Weise organisierte er die gesamte Bürotätigkeit der Militärregierung. Jackson wie Norton und die übrigen Angehörigen der Stuttgarter Militärregierung legten größten Wert auf eine reibungslos funktionierende, leistungsfähige Verwaltung. Dies war auch das Bestreben Kletts und seiner engsten Mitarbeiter. Insofern zogen Amerikaner und Deutsche an einem Strang.[31]

Der Oberbürgermeister war alles andere als ein Erfüllungsgehilfe der Besatzungsmacht. Er vertrat nachdrücklich die Interessen der Bevöl-

kerung, und dies ohne Rücksicht auf die eigene Person. Wiederholt musste er Entscheidungen vor den Amerikanern verteidigen, sich rechtfertigen. Dies ersparte ihm Angriffe, Beschimpfungen und Denunziationen von Unzufriedenen nicht. Immer wieder bekam er den Vorwurf zu hören, er und seine Mitarbeiter stünden nicht hin, katzbuckelten sogar vor der Besatzungsmacht.[32] Dennoch ließ er sich nicht unterkriegen. Er war verantwortungsfreudig, entschied rasch und verlor selbst in schwierigen Situationen nie seinen Optimismus. Die Aufgabe, die er übernommen hatte, forderte ihn, erfüllte ihn. Er war zutiefst davon durchdrungen, dass sich der Einsatz lohnte. Hier konnte er helfen, gestalten, trotz aller Mühsal einen Weg in die Zukunft weisen. Nach dem Zeugnis von Peter Claessens, dem Dolmetscher des US-Stadtkommandanten, der später der langjährige Übersetzer Kletts ins Englische war, vermochte der »unermüdliche Schaffer« seine Mitarbeiter wie kaum ein anderer zu motivieren. Obwohl sehr sensibel und auch verletzlich, habe er, »der vollendete schwäbische Gentleman«, nie andere bloßgestellt, nie jemand vor dritten blamiert.[33]
Der Direktor der Militärregierung Württemberg-Baden, Oberst William W. Dawson, wie der Stuttgarter Stadtkommandant Jackson erkannten rasch die Tüchtigkeit und die persönliche Integrität Kletts. Sie nahmen ihn gegen Verleumdungen und böswillige Angriffe in Schutz. Bei der feierlichen Vereidigung des Oberbürgermeisters am 8. Oktober 1945 gab Oberstleutnant Jackson dieser hohen Wertschätzung in seiner Ansprache Ausdruck.[34]

Im Kampf gegen Not und Elend

Bei Kriegsende lebten in Stuttgart 266 027 Menschen. 15 142 Einwohner waren gefallen oder in der Gefangenschaft gestorben, rund 4 500 Einwohner (3 618 Deutsche, 770 Ausländer, 89 Ortsfremde, 85 Vermisste) waren bei den insgesamt 53 Fliegerangriffen getötet worden. Mehr als 1 000 jüdische Bürger hatten durch Gewaltmaßnahmen des NS-Regimes einen schrecklichen Tod erlitten. Nach einer Übersicht der Vereinigung der Verfolgten des Naziregimes (VVN) hatten 985 Männer und 501 Frauen im Widerstand gegen den Nationalsozialismus ihr Leben verloren.[35] Die Stadt war weithin zerstört. Etwa 5 Millionen Kubikmeter Schutt- und Trümmermassen bedeckten Straßen und Plätze. Von den 63 000 Gebäuden im Stadtgebiet waren 14 370 oder rund 23 Prozent total zerstört und weitere 9 620 Gebäude oder 15,3 Prozent so schwer beschädigt, dass sie größtenteils nicht mehr benutzbar waren. Lediglich etwa 6 200 Gebäude, rund 10 Prozent, waren völlig intakt geblieben oder hatten allenfalls unwesentliche Schäden erlitten.[36] Von 15 über den Neckar führenden Brücken waren 13 zerstört.[37] Die Innenstadt bot den Anblick einer wild zerklüfteten Mondlandschaft: ausgebrannte Gebäuderuinen, in sich zusammengestürzte Häuser, die Straßen jetzt Trampelpfade zwischen Schuttbergen, verschüttete Kellereingänge mit Kreidekreuzen für die Toten und Vermissten, dazwischen noch bewohnbare Winkel. Zerbombt und ausgebrannt waren auch das Rathaus, die Stifts-, die St. Leonhards- und die Hospitalkirche, das Alte und das Neue Schloss. Die Menschen, die zwischen den Trümmern herumirrten oder die darangingen, sich kümmerliche Notwohnungen herzurichten, wirkten niedergeschlagen, apathisch. Der seelische Trümmerberg, den NS-Herrschaft und Krieg hinterlassen hatten, war eher höher und sicherlich schwieriger abzutragen als der materielle.

Einem Wunder glich es, dass sich in dieser Trümmerwüste bereits wieder neues Leben regte, erste zaghafte Ansätze für einen Wiederaufbau sichtbar waren. Auf Befehl der französischen Besatzungsmacht wurden die Hauptstraßen vom Schutt befreit. Seit dem 13. Mai verkehrten wieder die ersten Straßenbahnen. Am 1. Juni öffneten die Banken und die kleinen Betriebe mit weniger als zwölf Beschäftigten.[38] Am 23. Juni wurde im Siebzig-Minuten-Takt der Vorort-Eisenbahnverkehr zwischen Stuttgart und Ludwigsburg wieder aufgenommen. Die erste Nummer des von der Stadtverwaltung herausgegebenen Nachrichtenblatts der Militärregierung für den Stadtkreis Stuttgart erschien am 1. Juni. Zwei Tage darauf ging Radio Stuttgart, »ein Sender der Militärregierung« auf Sendung.[39]

Zu Recht sah Oberbürgermeister Klett, der damals mit einem Zeitraum von 25 Jahren für den Wiederaufbau rechnete,[40] seine erste und wichtigste Aufgabe darin, »Initiative und Fleiß« seiner Stuttgarter neu zu wecken.[41] Die Bewältigung von drei Problemen stand vornean: die

Sicherung von »Wohnung, Ernährung und Beheizung«.[42] Daneben gab es eine Vielzahl anderer bedrängender Probleme. Sorge bereitete Oberbürgermeister Klett der starke Andrang von evakuierten Stuttgartern, die jetzt nach Kriegsende rasch wieder nach Hause zurückkehren wollten. Dabei herrschte in der Stadt extreme Wohnungsnot. Selbst ein Großteil der hier verbliebenen Bürger lebte in halbzerstörten Häusern, in Kellern oder in Bunkern. Ende Juni verfügte der Oberbürgermeister, dass dem Wohnungsamt sämtliche ungenutzten oder nicht voll belegten Räume zu melden waren. Wer dieser Anordnung nicht nachkam, hatte mit strenger Bestrafung zu rechnen. Gleichzeitig forderte Klett die Bevölkerung auf, aus eigener Kraft, mit eigenen Mitteln und mit eigenen Materialien leichter beschädigte Gebäude, vor allem Wohngebäude, wieder in Stand zu setzen, um mehr Wohn- und Arbeitsräume zu gewinnen und eine weitere Zerstörung nutzbarer Räume durch Witterungseinflüsse zu verhindern. Die besondere Genehmigung für derartige Reparaturarbeiten war bis auf weiteres nicht erforderlich.

Einige Monate später wies er die Polizei an, von einer Beschlagnahme von Baumaterialien, die durch Privatinitiative von auswärts beschafft würden, abzusehen. Der Stadtverwaltung könne es nur erwünscht sein, »wenn neben amtlichen Kontingenten Baustoffe aus anderen Quellen nach Stuttgart hineinsickerten«.[43] Im Sommer hatte Oberbürgermeister Klett die Militärregierung um die Zuweisung von Baumaterialien wie Dachziegeln, Gips, Zement, Kalk, Glas und insbesondere um die Zuteilung von Kohle sowie von Treibstoff gebeten. Doch er fand kein Gehör. Am 11. August erließ er eine Zuzugssperre, um den starken Rückkehrer- und Zuwandererstrom in geordnete Bahnen zu lenken. Damals strömten wöchentlich bis zu 10 000 Wohnraumbewerber in die Stadt.[44] Doch verfehlte diese Zuzugssperre ihren Zweck. Selbst im November/Dezember 1945, also im Frühwinter, kamen Woche für Woche 2 000 Menschen in die Stadt zurück.[45] Die Situation im Bereich des Wohnungswesens nahm katastrophale Ausmaße an. Bis zum 1. Februar 1946 stieg die Zahl der Einwohner Stuttgarts auf 373 933, sie erhöhte sich also innerhalb von neun Monaten um rund 100 000. Am 1. Oktober 1946 zählte die Stadt 406 256 Einwohner. Die Zahl der Wohnungen hatte jedoch von Kriegsende 1945

Oberbürgermeister Dr. Klett und sein Sohn Roderich bei der Trümmerräumung vor dem ausgebombten Hotel Marquardt am Schlossplatz (am 30. September 1945). In der Mitte Architekt Eugen Mertz.

bis zum 1. Oktober 1946 lediglich von 64 720 auf 69 631, die der Wohnräume von 194 160 auf 210 520 zugenommen.[46]

Die Trümmerbeseitigung erklärte Oberbürgermeister Klett zu einer Ehrenpflicht der Bürgerschaft. Im September 1945 erschienen er und seine Mitarbeiter an einem Sonntagnachmittag zum »Schippen«. Sie wollten damit ein Beispiel geben. Dass entlassene »Pgs« (Parteigenossen), ehemalige Mitglieder der NSDAP, zu solchen Arbeitseinsätzen herangezogen wurden, hielt er für selbstverständlich. Er riet vor allem den »Pgs«, die eine solche Tätigkeit als demütigend empfanden, ihren Widerwillen zu überwinden. »Es ist keine Schande«, erklärte er, »sondern eine moralische Verpflichtung, ja sogar eine Ehre, wenn man am Wiederaufbau unserer einst so schönen Stadt mitarbeiten darf, auch wenn dies durch Handarbeit geschieht.«[47]

Schon bald nach der Besetzung konnte die Stadt wieder notdürftig mit elektrischem Strom versorgt werden. Dies war mit Hilfe der Wasserkraftwerke möglich – Kohle stand wegen des gelähmten Bahn- und Schiffsverkehrs auf Rhein und Neckar 1945 nicht zur Verfügung –. Anfang September 1945 unterrichtete Klett die Bevölkerung über Stromengpässe vor allem im bevorstehenden Winter, und er rief zu äußerster Sparsamkeit auf.[48]

Große Sorge bereitete dem Oberbürgermeister der Mangel an Lebensmitteln und an Gütern des täglichen Bedarfs. Vor allem bei Nahrungsmitteln war die Stadt auf die Zulieferungen aus ländlichen Gebieten angewiesen. Bereits am 8. Mai 1945 beauftragte er den kurz zuvor aus dem Gefängnis freigekommenen NS-Gegner Eugen Grimminger, die in Württemberg und Hohenzollern vorhandenen Bestände sämtlicher für die Ernährung bestimmten landwirtschaftlichen Erzeugnisse zu erfassen. Die landwirtschaftlichen genossenschaftlichen Organisationen und der Handel sollten Grimminger dabei unterstützen. Diesem oblag schließlich die Überwachung der Geschäftsführung des Landesverbands landwirtschaftlicher Genossenschaften und seiner Geschäftsanstalten.[49] Ein solcher vom Stuttgarter Oberbürgermeister verfügter, für ganz Württemberg und Hohenzollern gültiger Auftrag kommt beinahe einer unzulässigen Amtsanmaßung gleich. Er ist vielleicht damit zu erklären, dass sich Klett damals, als ihn die Franzosen in Sachen württembergischer Landesverwaltung zu Rate zogen, mit einer landesweiten Zuständigkeit ausgestattet glaubte. Andererseits freilich hielt er es für seine Pflicht, die Versorgung der Not leidenden Bevölkerung mit Lebensmitteln sicherzustellen, nachdem es keine Landesregierung mehr gab, die dies hätte tun können.

Ein nicht geringer Teil landwirtschaftlicher und gewerblicher Erzeugnisse wurde durch den aufblühenden Schwarzen Markt der Bewirtschaftung und damit den hungernden Menschen entzogen. Klett und seine Mitarbeiter kämpften gegen dieses ungesetzliche Geschäftemachen an, vermochten aber nur wenig dagegen auszurichten. Bereits im Sommer 1945 forderte der Oberbürgermeister die Militärregierung auf, schärfere Maßnahmen gegen den Schwarzen Markt zu ergreifen.[50]

Arnulf Klett war trotz allem zuversichtlich, dass zumindest mittelfristig die gegenwärtig chaotische Extremsituation überwunden werden könne. Deshalb sollte sich seine Arbeit keineswegs im Tagesgeschäft erschöpfen. Es galt, eine tragfähige Konzeption für den Wiederaufbau der Stadt zu entwickeln. Schon im Mai 1945 erteilte er der Arbeitsgruppe »Stadtplanung und Verkehr« der Technischen Hochschule Stuttgart einen generellen Auftrag zur Beratung und Mitarbeit bei der Aufbauplanung. Bei der Stadtverwaltung gab es für Wiederaufbau und Stadtplanung, wie schon erwähnt, ein besonderes Referat; es war dem Architekten Eugen Mertz übertragen.[51] Bis im Bereich »Wiederaufbau« freilich erste richtungweisende Planungen vorgelegt werden konnten, bedurfte es längerer intensiver Arbeit.

Probleme der Stadtverwaltung

Arnulf Klett hat rückblickend seine Anfänge als Chef der Stadtverwaltung eine Art Sprung ins kalte Wasser genannt: »Zum ersten Mal in meinem Leben habe ich mich eingehend mit Verwaltungsfragen beschäftigen müssen, die mir bis dahin praktisch unbekannt waren, und da, wie sich bald zeigen sollte, alle Präzedenzfälle vollkommen versagten, blieb mir mit meinen Mitarbeitern nichts anderes übrig, als aufgeschlossenen Herzens mutig den Problemen entgegenzugehen und einfach aus der Not heraus irgend eine Lösung zu finden.«[52] Ganz ähnlich schildert viele Jahre später Eugen Boxler, den Klett Ende April 1945 zum Leiter der Stuttgarter Kriminalpolizei ernannte, die Situation. Boxler stellte bei seinem Dienstantritt fest, dass er ganz von vorne anfangen musste. Es gab »weder Beamte noch Diensträume noch Personalakten der Gesetzesübertreter. Letztere sowohl als auch alle erkenntnisdienstlichen Sammlungen (Fingerabdrucksammlung etc.) hatte die Papiermühle der Firma Scheufelen in Oberlenningen verschlungen. Auch war von der früheren hervorragenden technischen Ausstattung nichts mehr da und Ersatz erst nach einiger Zeit möglich. Morde, Vergewaltigungen, Plünderungen und viele andere Verbrechen waren mein tägliches Brot (in den ersten sechs Wochen allein 27 Mordfälle). Ja, es gab schon interessante Perspektiven aus [!] jener Zeit.«[53]

Angesichts der chaotischen Verhältnisse setzte Klett auf die Kontinuität der Verwaltung. Entlassen werden sollten nur Mitarbeiterinnen und Mitarbeiter, die als aktive Nationalsozialisten hervorgetreten oder denen gar Vergehen nachzuweisen waren. Am 5. Juni 1945 errichtete er eine Kommission für die politische Überprüfung, die er sich direkt unterstellte und deren Vorsitz er Verwaltungsdirektor Vogler vom Liegenschaftsamt übertrug.[54] Solange die Franzosen in Stuttgart das Sagen hatten, blieb es bei der von ihm befürworteten großzügigen Entnazifizierung. Dies änderte sich mit dem Übergang der Stadt an die Amerikaner. Diese bestanden auf einer rigorosen politischen Säuberung der öffentlichen Verwaltung. Kein ehemaliges Mitglied der NSDAP sollte im Dienst verbleiben. Oberbürgermeister Klett hielt ein solches Vorgehen für maßlos überzogen und für ungerecht. Zudem lähmte es seiner Ansicht nach die Verwaltung. Er suchte die Entlassung von »Pgs« zu verhindern, die gesinnungsmäßig keine Nationalsozialisten gewesen waren. Am 24. Juli 1945 legte er der Militärregierung eine Denkschrift »zur Reinigung des Beamtenkörpers der Stadtverwaltung« vor. Doch die Amerikaner zeigten sich von seinen Argumenten unbeeindruckt, so auch von seinem Hinweis auf das bereits Geschehene und auf die Folgen einer Säuberung, die schätzungsweise 95 Prozent der städtischen Beamten betreffe. Selbst die Bitten der beiden obersten Repräsentanten der evangelischen und der katholischen Kirche in Württemberg, Landesbischof Theophil Wurm und Bischof Joannes Baptista Sproll, die notwendige politische Säuberung der Verwaltung nicht zu weit zu treiben, waren erfolglos. Die US-Militärregierung beharrte unnachsichtig auf ihren Forderungen.[55] Die Folge waren Massenentlassungen. Am 22. September berichtete Oberstleutnant Jackson im Radio, die Entnazifizierung der Stadtverwaltung sei beinahe abgeschlossen. Bisher habe es 2 532 Entlassungen gegeben. Im Dezember 1945 befand sich kein Referent und kein Amtsleiter aus der Zeit vor der Besetzung der Stadt durch die Franzosen mehr im Dienst. Bereits am 30. Juli 1945 waren der stellvertretende Oberbürgermeister Dr. Eduard Könekamp, der

Rechtsreferent Dr. Ernst Waidelich und der Technische Referent Walter Stöckle von ihren Posten entfernt worden. Dass die Verwaltung dennoch funktionsfähig blieb, ist dem Engagement der Männer und Frauen um Oberbürgermeister Klett zu verdanken, die alles taten, um qualifizierten Ersatz zu beschaffen sowie motivierte und befähigte Mitarbeiterinnen und Mitarbeiter für höhere Posten zu schulen. Ein Glücksfall war es, dass sich profilierte demokratische Politiker bereitfanden, führende Positionen zu übernehmen. So stellte sich Dr. Wolfgang Haußmann, einer der Gründer der DVP/FDP und späterer langjähriger baden-württembergischer Justizminister, im Sommer 1945 für den Posten des stellvertretenden Oberbürgermeisters – ehrenamtlich – zur Verfügung.[56]

Schon im Sommer 1945 entschloss sich die US-Regierung, ihre Militärpräsenz in Deutschland zu vermindern. Die Deutschen sollten – zunächst im kommunalen Bereich – die uneingeschränkte Verantwortung für ihre Angelegenheiten übernehmen, sie sollten Demokratie praktizieren. Am 5. Oktober 1945 wurden den US-Militärregierungen auf Stadt- und Landesebene mit Wirkung vom 15. November direkte Eingriffe in die deutsche Verwaltung untersagt. Die Besatzungsbehörden hatten sich von jetzt an mit Überwachungsaufgaben zu begnügen. In Stuttgart wurde diese grundsätzliche Wende der US-Besatzungspolitik, die einen drastischen Personalabbau bei den Militärregierungsbehörden zur Folge hatte, mit geringer Verspätung am 15. Dezember 1945 vollzogen. Die Stadtverwaltung erhielt künftig ihre Weisungen nicht mehr von den Amerikanern, sondern von der Regierung des im September 1945 gegründeten US-Besatzungslandes Württemberg-Baden.[57]

Appelle zur aktiven Mitarbeit an die Bevölkerung

Wenn die schlimmste Not allmählich überwunden werden sollte, dann konnte dies nur im Zusammenwirken von Bürgerschaft und Stadtverwaltung geschehen. Jeder Einwohner, gleichgültig ob Mann oder Frau, hatte mit anzupacken, sich nach Kräften am Aufbau seiner Stadt zu beteiligen. Am 29. Mai 1945 wandte sich Oberbürgermeister Klett in einem Aufruf an die »Stuttgarter«: »Sinnloser Widerstand eines Systems, dessen Träger nie Arbeit geleistet haben, hat unsere schöne Stadt weitgehend in einen Trümmerhaufen verwandelt. Ihrem Aufbau gilt die Hauptsorge aller anständigen Einwohner. Der Fortgang des Aufbaus hängt weitgehend von eigenem Einsatz und eigener Initiative ab. Beseitigt deshalb Schutt und Trümmer in eurer Umgebung nach Möglichkeit selbst. Füllt Vertiefungen in euren Gärten und Grundstücken aus und rettet beim Aufräumen alle irgendwie verwendbaren Materialien wie Ziegel, Steine, Metall und Holz. Ich bin überzeugt, dass durch Selbsthilfe auch bei bescheidenen Mitteln in harter Arbeit viel geschafft werden kann, und [ich] weiß, dass gerade die Stuttgarter mit den altbekannten Schwabentugenden, Fleiß und Zähigkeit, an die Arbeit gehen und damit öffentliche Gemeinschaftsarbeit erleichtern werden.«[58]

Der Aufruf wurde zunächst durch Maueranschlag verbreitet, konnte dann aber kurz darauf auch in Nummer 1 des *Nachrichtenblatts der Militärregierung für den Stadtkreis Stuttgart* veröffentlicht werden, dessen Herausgabe eine Gemeinschaftsaktion von Dr. Helmut Cron und Dr. Arnulf Klett ermöglicht hatte.[59]

Am 14. August appellierte Oberbürgermeister Klett in einer Rundfunkansprache an die Stuttgarter, »einig und zu allen Opfern für das allgemeine Wohl bereit vorbehaltlos zusammenzustehen, keine Arbeit zu scheuen, sondern ihren Stolz einzusetzen, die heimatliche Tradition mit schwäbischem Fleiß neu erstehen zu lassen. Sehen wir nicht zurück auf die Zeit der sinnlosen Zerstörung der fleißigen und treuen Arbeit unserer Vorfahren, lassen wir uns nicht unterkriegen durch die Lethargie, die uns nach dem Willen der früheren Machthaber am Wiederaufbau und am Weiterleben ohne ihre Knechtschaft hätte hindern sollen.« Dr. Klett mahnte am Schluss seiner Ansprache: keine »üble Gerüchtemacherei«, keine »parteimäßige Spaltung«, vielmehr vorbehaltlose Mitarbeit an der Gestaltung der Zukunft.[60]

In der Tat machten damals die Lethargie weiter Bevölkerungskreise, das Fehlen jeden Willens zum Wiederaufbau den verantwortlichen Männern und Frauen in den Großstädten wie in den Landkreisen arge Sorgen. Als Gründe für dieses apathische Sich-Treiben-Lassen wurden genannt: die schlechte Versorgungslage, die weithin ungerechtfertigten Massenentlassungen aus politischen Gründen, die Kürzung oder Streichung der Kriegsrenten, weil die Besatzungsmacht glaubte, auf solche Weise den Deutschen den Militarismus austreiben zu können. In Stuttgart kursierte der böse Spruch: »Lieber Ami, gib uns was zu essen, sonst können wir unseren Führer nicht vergessen!«[61]

Die Not des Krieges und der Nachkriegszeit, erklärte Oberbürgermeister Klett am 5. September 1945 in einem im *Nachrichtenblatt* veröffentlichten Aufruf, seien einzig und allein vom NS-Regime verursacht worden. Die Militärregierung und die Stadtverwaltung trügen daran keine Schuld. Der Naziterror müsse als Mahnung dienen, Intrigenwirtschaft und Denunziantenunwesen zu begraben. Die von den Amerikanern damals noch vertretene These von der Kollektivschuld des deutschen Volkes an den ungeheuerlichen Verbrechen des Hitler-Regimes lehnte Klett ab.[62]

In der Tat beunruhigte den Oberbürgermeister die schlechte Stimmung in der Bevölkerung. Das von Dr. Wilhelm Arntz geleitete städtische Presse- und Nachrichtenamt ließ ihm darüber ständig Berichte zukommen. So erfuhr er, dass die Stuttgarter den Eindruck hatten, die Amerikaner legten überhaupt keinen gesteigerten Wert auf ein schnelles Aufblühen der Wirtschaft. Die Besatzungsregierung unterstütze nur dann einen Industriezweig, wenn dieser für sie arbeite. Ein Unzufriedener äußerte, die »Befreier« wollten lediglich das besiegte Deutschland ausbeuten. Er habe den Maßnahmen der Militärregierung zugestimmt, alle Nationalsozialisten aus führenden Positionen zu entfernen, denn sie seien schlimmer als der »Führer« selbst gewesen. Aber die jetzt praktizierte politische Säuberung gehe entschieden zu weit, selbst Nicht-Mitglieder der NSDAP würden entlassen. So treibe man die Deutschen zum Nationalsozialismus zurück. Ein anderer »Enttäuschter« sprach gar vom böswilligen Rachedurst der Juden. Diese wollten das deutsche Volk gänzlich ruinieren, seine Verwaltung und seine Wirtschaft. Unter dem Vorwand, den Nationalsozialismus auszurotten, beabsichtigten sie die Vernichtung des deutschen Volkes.

Klett behielt diese Stimmungsberichte nicht für sich, sondern leitete sie regelmäßig an die Informationskontrollabteilung (Information Control Division) der Militärregierung weiter.[63]

Wenn er später einmal sagte, der Oberbürgermeister einer großen Stadt brauche eine »große Kuttel«,[64] so trifft dies besonders für die unmittelbare Nachkriegszeit zu.
Von Anfang an war Oberbürgermeister Klett bestrebt, die von der Misere ihres Alltags beschwerten Menschen auf die Chancen aufmerksam zu machen, die für sie die Befreiung von Gewissenszwang und von der ideologischen Reglementierung des geistigen und kulturellen Lebens bedeutete. Jetzt nach dem Untergang des NS-Regimes konnten sich schöpferische Kräfte wieder frei entfalten, gab es keinen Index mehr für unbequeme Bücher, für Werke der bildenden Kunst oder der Musik. Und der Bildungshunger war groß. Erstaunlich, welch reiches geistiges und kulturelles Leben gewissermaßen aus den Trümmern emporblühte. Schon kurz nach der Besetzung der Stadt beauftragte Oberbürgermeister Klett Heinz Eschwege, Verbindung zu den aufbauwilligen Kräften von Rundfunk und Theater aufzunehmen,[65] und er förderte nachhaltig kulturelle Aktivitäten.[66] Bei der Wiederaufstellung des von dem dänischen Bildhauer Bertel Thorwaldsen geschaffenen Schiller-Denkmals am 10. November 1945, einem bedeutenden Ereignis für Stuttgart, hielt er die Ansprache.[67] Hier ging es ihm darum, nicht nur den großen Dichter an dessen 186. Geburtstag zu ehren, sondern seinen Zuhörern das geistige Vermächtnis Schillers nahe zu bringen. Hoch schätzte er die gemeinschaftsbildende Kraft des Sports ein. Deshalb waren ihm Initiativen in diesem Bereich wichtig. Um ein Zeichen zu setzen, übernahm er die Schirmherrschaft über den im Oktober 1945 gegründeten Süddeutschen Fußballverein.[68]

Hilfe für Verfolgte des NS-Regimes

Ein Anliegen war es Arnulf Klett, Verfolgten des NS-Regimes zu helfen und ihnen die Rückkehr in einigermaßen gesicherte Lebensverhältnisse zu erleichtern. Freilich waren die materiellen Möglichkeiten der Stadtverwaltung gering. Einzelne Verfolgte erinnerten sich noch nach vielen Jahren dankbar daran, wie menschlich hilfreich ihnen nach der Befreiung aus der KZ- oder Zuchthaushaft das warmherzige Verständnis und der Beistand von Oberbürgermeister Klett gewesen sei-

Schwierige Nachkriegsprobleme. Der Oberbürgermeister beim Aktenstudium.

en, so 1970 Eugen Grimminger, Präsident a.D., oder 1974 Erna Heilner, die Witwe von Dr. Richard Heilner, dem früheren Generaldirektor der Deutschen Linoleumwerke Bietigheim.[69]
Anfang Juni 1945 veranlasste der Oberbürgermeister den Heimtransport überlebender jüdischer Bürger aus dem Konzentrationslager Theresienstadt (Tschechien). Am 8. Juni veranstaltete dann die Stadtverwaltung für die zurückgekehrten KZ-Insassen einen festlichen Empfang.[70]
1933 war der langjährige Stuttgarter Oberbürgermeister Dr. Carl Lautenschlager durch die Nationalsozialisten aus dem Amt gedrängt worden. Klett hielt es für einen unerlässlichen Akt der Wiedergutmachung, diesem um Stuttgart hochverdienten Mann das Ehrenbürgerrecht zu verleihen. Dies geschah am 21. September 1945. Der 77-Jährige freute sich über diese Ehrung. Er sicherte seinem jetzigen Nachfolger im Amt, dessen Energie, Umsicht und Unternehmungsgeist er in einer Rundfunkansprache rühmend hervorhob, zu, beratend beim Wiederaufbau der Stadt mitzuwirken.[71] Arnulf Klett, der schon bisher von Lautenschlagers Erfahrung profitiert hatte, nutzte gerne dieses ihm sehr hilfreiche Angebot.
Probleme verursachte der Stadt die Unterbringung der »Displaced Persons«, der DPs, d.h. der im Land verbliebenen ehemaligen ausländischen Zwangsarbeiter. Auch Stuttgart musste in einigermaßen intakten Wohnvierteln Häuser zur Verfügung stellen. Die deutschen Bewohner hatten diese Gebäude unter Zurücklassung des größten Teils des Mobiliars auf Anordnung der Militärregierung, die sich ihrerseits großzügig mit Wohnraum versorgte, innerhalb kürzester Zeit zu räumen. Dies führte zu manchen Unzuträglichkeiten, zumal die befreiten DPs nach ihren teilweise schlimmen Erfahrungen während der Kriegsjahre starke Ressentiments gegen die Deutschen hatten und sich ein Teil von ihnen immer wieder über Recht und Ordnung hinwegsetzte. Oberbürgermeister Klett hatte hier keinen leichten Stand. Die Militärregierung nahm die DPs, soweit sich diese keine ausgesprochen kriminellen Delikte zu Schulden kommen ließen, in Schutz. Doch mit der ihm eigenen Unerschrockenheit und Zähigkeit vermochte Klett wenigstens hie und da bei den Amerikanern etwas zu erreichen.
In der ersten Sitzung des Gemeindebeirats am 12. Oktober 1945 bei-

spielsweise trat er umlaufenden Gerüchten über eine Beschlagnahme ganzer Wohnbezirke zu Gunsten von ausländischen »verschleppten Personen« entgegen. Es sei, erklärte er, der Stadt »mit der verständnisvollen Hilfe der Militärregierung« gelungen, die Zahl der Unterzubringenden zu begrenzen. Darüber hinaus sei ihm zugesichert worden, dass im Bedarfsfall nicht ganze Straßenzüge, sondern lediglich einzelne Häuser nach rechtzeitiger vorheriger Verständigung des Wohnungsamts in Anspruch genommen würden.[72]

Gründung des US-Besatzungslandes Württemberg-Baden, für Stuttgart »verheißungsvoller Anfang einer neuen Ära«

Dass bei Kriegsende lediglich die Kommunalverwaltungen bis zur Ebene der Stadt- und Landkreise intakt geblieben waren, wirkte sich für eine Großstadt wie Stuttgart besonders nachteilig aus, zumal sich die einzelnen Kreise rasch gegeneinander abschotteten, eine Art wirtschaftliche Autarkie betrieben. Für Oberbürgermeister Klett war eine derartige Kirchturmpolitik unerträglich und unverantwortlich. In einem Schreiben vom 21. Juli 1945 an die leider nur auf dem Papier stehende württembergische Landesverwaltung für Wirtschaft ließ er darüber keinen Zweifel. Er nannte ein sprechendes Beispiel: In Bezirken, in denen sich Schuhfabriken befänden, sei die Schuhversorgung geradezu glänzend. So solle in Backnang die Schuhversorgung sogar so reichlich sein, dass dort Schuhe bereits als Tauschmittel verwendet würden, etwa für Butter und Käse aus dem Allgäu. Auf der anderen Seite könne die Stadt Stuttgart nicht einmal ihren vordringlichsten Bedarf an Schuhen befriedigen. Während der ganzen französischen Besatzungszeit seien hier keine Rohhäute angefallen, weil die Schlachtungen im Oberland hätten vorgenommen werden müssen und weil die Franzosen die dabei angefallenen Häute beansprucht hätten. Klett forderte die Landeswirtschaftsverwaltung auf, ohne weiteren Verzug ein einheitliches Wirtschaftsgebiet um Stuttgart herzustellen und den Abschottungsversuchen der Landkreise ein Ende zu machen. Außerdem wies er darauf hin, dass in Stuttgart wegen der Plünderungen kein einziges Paar Schuhe im Schuhhandel vorhanden sei. Dabei belaufe sich der Sofortbedarf der Stadt auf 20 000 Paar Arbeits- und Straßenschuhe sowie auf je 5 000 Paar Schuhe derselben Art für Frauen. Deshalb sollte die Landeswirtschaftsverwaltung den Schuhfabriken, die früher nach Stuttgart geliefert hätten, eine Sonderumlage auferlegen.[73]

Indes war von der provisorischen Landeswirtschaftsverwaltung nichts zu erwarten. Mehr versprach sich der Stuttgarter Oberbürgermeister von den Landrätetagungen der US-Zone Württembergs. Dies war ein Gesprächsforum, in dem erstmals kreisübergreifende Maßnahmen auf den verschiedensten Lebensgebieten erörtert wurden. An den beiden ersten Tagungen in Murrhardt (20. Juni) und Schwäbisch Gmünd (11. Juli) hatte das bis zum 8. Juli französisch besetzte Stuttgart nicht teilnehmen können. Dagegen vertraten auf der dritten Landrätetagung am 15. August 1945 in Ludwigsburg Oberbürgermeister Klett und der Direktor der Technischen Werke, Dr. Heinrich Kaun, die Interessen der Stadt Stuttgart.[74] Der so genannte Kreisegoismus konnte allmählich wenigstens teilweise überwunden werden. Mit der Gründung des Landes Württemberg-Baden, das die amerikanisch besetzten Nordhälften der beiden alten Länder Baden und Württemberg umfasste, im September 1945 durch die US-Besatzungsmacht gelang es, ihn endgültig zu beseitigen. Oberbürgermeis-ter Klett bezeichnete in seinem Glückwunschschreiben an Ministerpräsident Dr. Reinhold Maier dieses Land als »den verheißungs- vollen Anfang einer neuen Ära«, und er sicherte dem Regierungschef die uneingeschränkte Unterstützung durch die Stadt Stuttgart zu.[75] Jetzt endlich konnte auf Landesebene eine Verwaltung aufgebaut werden, die Nordbaden und Nordwürttemberg zu einem einheitlichen Wirtschaftsgebiet machte.

Vorbehalte gegen Parteipolitik auf dem Rathaus

Unmittelbar nach dem Einmarsch der Franzosen bildeten sich unter der Leitung von ehemaligen Gemeinde- und Bezirksräten der KPD und der SPD in verschiedenen Stadtbezirken antifaschistische Kampfkomitees. Sie verstanden sich als Wortführer der antifaschistischen

Bevölkerungskreise und sahen ihre Aufgabe darin, in kollektiver Selbsthilfe die Sicherheit sowie die Versorgung der Einwohner zu gewährleisten und Aufbauarbeiten durchzuführen.
Von Anfang an widmeten sie sich auch der politischen Säuberung. Dies war aber nicht im Sinn der Besatzungsmacht. Schon am 9. Mai untersagte ihnen diese jegliche parteipolitische Tätigkeit sowie Versammlungen aller Art. Als sie daraufhin den Schwerpunkt ihrer Aktivitäten auf Hilfspolizeifunktionen legten, gerieten sie in Konflikt mit der Stadtverwaltung. Das Rathaus stellte klar: »Inhaber der öffentlichen Gewalt sind unter Aufsicht der alliierten Militärregierung allein die Ämter und Behörden der Stadt, insbesondere die deutsche Polizei.« In kollektive Selbsthilfegruppen beim Wiederaufbau und bei der Versorgung der Bevölkerung umgebildet, die von Demokraten unterschiedlicher Couleur geleitet wurden, leisteten diese Komitees bis zu ihrer freiwilligen Auflösung 1947 allgemein anerkannte wertvolle Arbeit. Die Stadt honorierte die Tätigkeit ihrer Mitglieder durch finanzielle Zuschüsse.[76]
Ziel der US-Besatzungspolitik war eine demokratische Staats- und Gesellschaftsordnung in Deutschland. Eine solche konnte aber nur durch die Deutschen selbst geschaffen werden; und sie musste zuerst im Bereich der Kommunen verwirklicht werden. Bereits Anfang August 1945 gaben die Amerikaner den Weg zur Bildung politischer Parteien frei.[77] Oberbürgermeister Klett erschien dieser Schritt angesichts der desolaten Lage, in der sich die Städte und Landgemeinden zu jener Zeit befanden, verfrüht. Seiner Meinung nach gab es beim Wiederaufbau Wichtigeres zu tun. Auf alle Fälle hielt er es für dringend geboten – und er war hier mit der örtlichen Militärregierung einig –, Parteipolitik vorläufig vom Rathaus fern zu halten.[78] Sicher dachte er an die schlechten Erfahrungen in den letzten Jahren der Weimarer Republik. Er beschwor die Einigkeit aller aufbauwilligen Kräfte. Wenn schon politische Parteien – und Entscheidungen der Besatzungsmacht hatte er zu akzeptieren –, dann sollten sich deren Repräsentanten möglichst unpolitisch verhalten.[79] Am 5. September 1945 gab Klett auf Weisung der Militärregierung die Bedingungen für die Bildung politischer Parteien auf kommunaler Ebene bekannt.[80] Indes war das Misstrauen des Oberbürgermeisters unbegründet. Die

Männer und Frauen, die die demokratischen Parteien gründeten oder sich ihnen anschlossen, waren in gleicher Weise wie er und seine führenden Mitarbeiter von dem Willen zum verantwortungsbewussten, der Gemeinschaft verpflichteten Handeln beseelt. Sie wussten, dass es galt, den Menschen neuen Mut, neue Zuversicht zu vermitteln, sie trotz bedrängender, fast auswegloser Not zu ermuntern, die Hand an den Pflug zu legen, nach vorne zu schauen, d.h. den geistlich-sittlichen wie den materiellen Wiederaufbau zu wagen. Klett hat in den ersten Nachkriegsjahren gut und vertrauensvoll mit den Exponenten der demokratischen Parteien zusammengearbeitet. Es gab kaum kleinliches Parteiengezänk. Die extreme Notsituation wurde zur Bewährungsprobe demokratischer Gemeinsamkeit.
So allergisch Oberbürgermeister Klett im Sommer 1945 auf die ihm verfrüht erscheinende Zulassung politischer Parteien reagierte, die Bildung eines Gemeindebeirats, eines Gremiums der Bürgerschaft, hielt er für unerlässlich. Die französische Militärregierung lehnte einen solchen Beirat brüsk ab. Über Personalvorschläge für ein zu einem späteren Zeitpunkt ins Leben zu rufendes Gremium wollte sie jedoch mit sich reden lassen. Klett und seine Mitarbeiter stellten daraufhin eine Liste mit 32 Namen zusammen: Mitglieder der früheren Parteien sowie Vertreter der Kirchen, der Israelitischen Religionsgemeinschaft und der Gewerkschaften. Die Amerikaner zeigten sich der Schaffung eines Beirats nicht abgeneigt, sie wünschten Vorschläge auf berufsständischer Grundlage. Am 25. Juli genehmigte Oberstleutnant Jackson unter der Bedingung einen solchen Beirat, dass er sich jeder politischen Tätigkeit enthalte. Doch erst am 18. August erklärte sich Oberst Dawson, der Chef der Militärregierung für die amerikanisch besetzten Gebiete Badens und Württembergs, mit der Einberufung eines zehnköpfigen, auf beratende Funktionen beschränkten vorbereitenden Beiratsausschusses einverstanden. Dieser tagte zweimal und bildete den Grundstock für den 36-köpfigen Gemeindebeirat, in dem die inzwischen zugelassenen politischen Parteien den Löwenanteil der Mitglieder stellten: zehn Sozialdemokraten, acht Kommunisten, je vier Mitglieder der Demokratischen Volkspartei (DVP) und der Christlich-Sozialen Volkspartei, der nachmaligen CDU. Außerdem gehörten ihm drei Vertreter der Religionsgemeinschaften sowie sieben Par-

teilose an, von denen sich allerdings noch zwei der DVP anschlossen. Die konstituierende Sitzung des Beirats fand am 12. Oktober, die erste Plenarsitzung aber erst am 30. November 1945 statt. Leider kam es bei dieser ersten Arbeitssitzung zu einem unerwarteten Eklat. Nachdem sich der Beirat in einer Aussprache sachlich und kritisch mit Berichten der Verwaltung über gravierende Probleme der Stadt auseinander gesetzt hatte, tadelte Oberstleutnant Jackson in einer arrogant-schulmeisterlichen Art scharf die Redebeiträge der Beiratsmitglieder. Er sprach von langatmigen Diskussionen ohne handfeste Resultate. »Ihre Ideen von Demokratie haben ein wenig Rost angesetzt«, rief er ihnen hämisch zu. Er bemängelte das Fehlen positiver Vorschläge, die dem Oberbürgermeister die Arbeit erleichterten, und er beraumte eine neue Sitzung für die nächste Woche an. Die Beiratsmitglieder waren empört. In der Sitzung am 7. Dezember verwahrte sich Rudolf Gehring (SPD), der spätere Landtagsvizepräsident, im Namen seiner Kolleginnen und Kollegen in aller Form gegen die ungerechtfertigten Vorwürfe des örtlichen Militärregierungschefs. Die Mitglieder des Beirats, so Gehring, ließen sich in der Öffentlichkeit nicht als parlamentarische Kinder behandeln. In der Folgezeit spielte der Gemeindebeirat, soweit sich dies bei den wenigen Sitzungen des Plenums und seiner Ausschüsse sagen lässt, eine insgesamt positive Rolle. Anregungen wie kritische Äußerungen des Gremiums waren für die Verwaltung hilfreich.[81]

Schwere und doch hoffnungsvolle Jahre (1946 bis 1948)

An der Spitze eines sich konsolidierenden demokratischen städtischen Gemeinwesens

Weit verbreitet war in der Bevölkerung nach wie vor eine Besorgnis erregende politische Apathie. In einem anlässlich des ersten Jahrestags der Besetzung Stuttgarts durch französische Truppen in der *Stuttgarter Zeitung* am 20. April 1946 veröffentlichten Leitartikel warnte der württemberg-badische Kultminister und spätere erste Bundespräsident Theodor Heuss eindringlich davor, nicht wieder wie 1918 in die Romantik der Wunschträume zu verfallen und die Wirklichkeit zu verfälschen. Es sei für ein Volk immer schwer, die »Folgerungen eines verlorenen Krieges« zur Kenntnis zu nehmen. Viele Deutsche deckten die Tatsache einfach zu, dass die gegenwärtige Misere durch das NS-Regime verursacht worden sei und sich das deutsche Volk auf Gnade und Ungnade in der Hand der militärischen Sieger befinde. Mit diesen harten Tatbeständen müsse man als Einzelner wie als Volk auf anständige Weise fertig werden. Die Vertreter der Besatzungsmächte seien auch bloß Menschen. Unter ihnen gebe es solche, die sich als Sieger, und andere, die sich als Helfer fühlten. Sehr schwer sei es, das an materieller wie moralischer Substanz verstümmelte Erbe einer verruchten Herrschaft anzutreten, aber noch gefährlicher sei es, in skeptischer Besserwisserei oder in dumpfer Lethargie von dem gering zu denken, was seit Frühjahr 1945 an Rückgewinnung staatlicher Autorität geleistet worden sei, und dies sei wahrhaft beachtlich. Freilich noch lägen die Städte in Trümmern, und ein Berg ungelöster Probleme türme sich auf, aber der primitive Wille zum Leben, den ein Volk trage, sei vorhanden, und dieser werde das deutsche Volk dann auch vorantragen, wenn es das Leben, das Leben des anderen, wieder zu achten gelernt habe.[1]

Wenige Tage später, am 26. April 1946, gab Oberbürgermeister Klett im Großen Haus der Württembergischen Staatstheater öffentlich Rechenschaft darüber, was die Stadtverwaltung in den vergangenen zwölf Monaten geleistet habe. Es war ein ebenso sachlicher wie mutiger Bericht. »Wir wussten anfangs nicht«, bekannte der Oberbürgermeister, »wo uns der Kopf stand, aber wir sagten uns: unser schönes Stuttgart muss allen Zerstörungen des Krieges zum Trotz wieder mit neuem Leben erfüllt werden. Das war unser einziger Gedanke und unsere einzige Richtlinie.« Wenn heute ein erträgliches, in mancher Beziehung sogar gutes Verhältnis zur amerikanischen Besatzungsmacht bestehe, so sei das Verdienst hieran wechselseitig. Zwar hegte noch der eine oder andere Amerikaner erhebliche Zweifel an der Fähigkeit der Deutschen, ein demokratisches Gemeinwesen aufbauen zu können, doch die überwiegende Mehrheit der Angehörigen der Besatzungsmacht habe keine derartigen Vorbehalte mehr, und sie unterstütze die entsprechenden recht erfolgreichen deutschen Bemühungen nachdrücklich. Den gelegentlich aus der Bevölkerung kommenden Vorwurf, der Oberbürgermeister und seine Mitarbeiter zeigten gegenüber der Militärregierung zu wenig Rückgrat, wies Klett entschieden zurück. »Ich erhebe für meine Mitarbeiter und für mich den Anspruch, dass uns das Wohl und Wehe der Stadt nicht minder nahe geht als jedem Einzelnen von Ihnen ... Ich habe es vom ersten Tag an abgelehnt, den Amerikanern potemkinsche Dörfer vorzuzaubern.«

Sorgen bereitete dem Oberbürgermeister die ungünstige Situation auf dem Ernährungssektor. Die tägliche Kalorienzahl für den »Normalverbraucher« hatte jetzt von 1 550 auf 1 275 vermindert werden müssen. Die Stadtverwaltung unternahm deshalb große Anstrengungen, die landwirtschaftliche Anbaufläche zu vergrößern. So lag in diesem Jahr das Anbauareal für Gemüse um 100 Hektar höher als im Vorjahr. Schlecht war es um die Industrieproduktion bestellt. Sie betrug gegenwärtig lediglich 13 Prozent der Vorkriegskapazität. Allenthalben herrschte großer Mangel an Rohstoffen. Zum Glück war der vergangene Winter nicht besonders streng gewesen, so dass die Bevölkerung mit den verfügbaren Brennstoffmengen notdürftig zurechtgekommen war. Bis Ende März 1946 hatten 3 327 Wohnungen mit 9 210 Wohnräumen in Stand gesetzt, ebenso 425 Werkstätten mit Läden wieder aufgebaut werden können. Dies war angesichts der ständig anwachsenden Einwohnerzahl ein gänzlich unbefriedigendes Resultat. Die bedrückende Wohnungsnot steigerte sich noch fortwährend und wurde für die Stadt zu einem nicht lösbaren Problem. Dass in dieser tristen Lage zwei Hilfssendungen der Stadt Zürich, die aus Wäsche, Kleidern, Schuhen, hochwertigen Lebensmitteln, Medikamenten und Stärkungsmitteln bestanden, für die Stuttgarter nicht nur materiell, sondern vor allem auch als Zeichen mitmenschlicher Solidarität sehr viel bedeuteten, hob der Oberbürgermeister zu Recht hervor.

Erstaunliches hatte die Stadtverwaltung im Verkehrsbereich geleistet. In kürzester Zeit waren die mit Bombentrichtern übersäten und mit Trümmern bedeckten Hauptstraßen wieder befahrbar gemacht worden. Die an verschiedenen Stellen installierten Trümmerverwertungsanlagen arbeiteten sehr effektiv. Mit ihrer Hilfe wurden aus Trümmern neue Baustoffe gewonnen. Die bereits errichteten oder im Bau befindlichen Behelfsbrücken ersetzten vorläufig die gesprengten Neckarbrücken. Die im Flussbett liegenden Trümmer der zerstörten Brücken waren schon zu einem Großteil beseitigt worden. Nahezu die Gesamtstadt konnte jetzt wieder mit Strom versorgt werden. Am 6. Dezember 1945 hatte als erstes württembergisches Dampfkraftwerk nach Kriegsende das Dampfkraftwerk Münster den Betrieb aufgenommen. Die Straßenbeleuchtung und die Telefone funktionierten wieder. Die Straßenbahnen beförderten auf 95 Prozent ihres Vorkriegsbetriebsnetzes täglich 460 000 Personen. Vor dem Krieg waren es bloß 340 000 gewesen. Der stark verminderte Wagenpark konnte durch Wagen, die die durch Luftangriffe besonders hart getroffenen Städte Pforzheim und Würzburg zur Verfügung stellten, ausgeweitet werden.

Die rigorose Entnazifizierung, auf der die Besatzungsmacht bestand, hemmte noch immer in nicht unbeträchtlichem Maß die Arbeit der Stadtverwaltung. Beispielsweise hatten 95 Prozent der Angehörigen der Kriminalpolizei entlassen und durch politisch unbelastete Bedienstete ersetzt werden müssen. In anderen Bereichen der Verwaltung sah es nicht viel besser aus. Dennoch blickte Oberbürgermeister Klett optimistisch in die Zukunft. Er war davon überzeugt, dass sich die Schwierigkeiten überwinden ließen. Unterbunden werden müsse aber das schlimme Denunziantentum, das die Aufbauarbeit behindere und sabotiere. An die Bürgerschaft richtete Klett einen eindringlichen Appell: »Wir haben alle dasselbe Ziel: Wir wollen Stuttgart wieder aufbauen, und wir wollen es mit einem neuen Geist erfüllen. Aber unsere leidenschaftlichen Bemühungen zum Wiederaufbau müssen scheitern oder sind zumindest sehr erheblich gehemmt, wenn ... der Mangel an Arbeitswilligkeit so anhält, wie wir dies in den letzten Monaten erlebt haben. Ich hoffe, dass wir mit der Stadt Stuttgart den Vorsprung gegenüber anderen Städten ... nicht verlieren. Und wir können einen Vergleich mit anderen Städten wirklich aushalten! Stuttgart gilt in vielem bereits als Vorbild, und wir beginnen, eine Sonderstellung in der amerikanisch besetzten Zone einzunehmen. Wir haben nicht nur den Sitz der Staatsregierung [von Württemberg-Baden] hier, wir haben hier den Sitz des Länderrats [der US-Zone], wir haben hier die Technische Hochschule mit dem größten Lehrbetrieb im Verhältnis zu anderen Technischen Hochschulen, wir haben Stuttgart als Tagungsort bekannt gemacht, und wir haben kulturelle Institutionen, die sich im Vergleich zu anderen Städten sehen lassen können.«

Am Schluss seines Berichts versäumte es der Oberbürgermeister nicht, allen Mitarbeiterinnen und Mitarbeitern für die geleistete Arbeit zu danken. Ebenso dankte er »dem großen Teil der Bevölkerung« für Wohlwollen, freiwillige Mitarbeit und Vertrauen. Gemeinsames Ziel müsse es sein, »Stuttgart wieder zum Stolz unserer schwäbischen Heimat zu machen«.[2]

Am 10. Mai 1946 trat der Gemeindebeirat zu seiner neunten und letzten Sitzung zusammen. Die Arbeit, die er geleistet hatte, fand selbst bei dem sich mitunter schulmeisterlich-überheblich gebärdenden Oberstleutnant Jackson Anerkennung. Oberbürgermeister Klett ließ es an Lob nicht fehlen. Seine Vorbehalte gegen das von den Parteien dominierte Gremium hatte er nach den günstigen Erfahrungen, die er in den verschiedenen Sitzungen gemacht hatte, längst ad acta gelegt, wünschte er doch, in dem demnächst zu wählenden Gemeinderat

möglichst viele Gesichter aus dessen Vorgängerinstitution wieder zu sehen.[3]
Die Gemeinderatswahl am 26. Mai 1946 erwies sich als ein hoffnungsvoller Indikator für die Abkehr der Bevölkerung von Lethargie und mangelndem Gemeinschaftssinn. Wahlbeteiligung wie Wahlergebnis waren ein klares Bekenntnis zur Demokratie. 78,8 Prozent der Wahlberechtigten machten von ihrem Stimmrecht Gebrauch. Von den abgegebenen gültigen Stimmen entfielen 34 Prozent auf die SPD, 13,1 Prozent auf die KPD, 21,9 Prozent auf die DVP, 24,7 Prozent auf die CDU und 6,3 Prozent auf Sonstige. Bei den Sonstigen handelte es sich hauptsächlich um die Freie Wählervereinigung. Von den insgesamt 48 Sitzen im Gemeinderat entfielen danach auf die SPD 17, auf die KPD sechs, auf die DVP zehn, auf die CDU zwölf und auf die Freie Wählervereinigung drei Sitze. Der Tatbestand, dass von den 25 Gemeindebeiräten, die sich zur Wahl gestellt hatten, 21 gewählt wurden, bedeutete für die Stadt eine sehr begrüßenswerte kommunalpolitische Kontinuität.[4]
Am 21. Juni 1946 trat der Gemeinderat zu seiner konstituierenden Sitzung zusammen. Oberbürgermeister Klett ließ in seiner Begrüßungsansprache keinen Zweifel daran, dass der Gemeinderat einen sehr beschwerlichen, steinigen Weg vor sich habe. Als einen wichtigen Fortschritt für das städtische Gemeinwesen bezeichnete er es, dass Stuttgart erstmals wieder seit 1933 über ein demokratisch legitimiertes parlamentarisches Gremium verfüge. Der inzwischen zum Oberst avancierte US-Stadtgouverneur Jackson, der sich offenbar in der Rolle des demokratischen Ziehvaters gefiel, rief die Gemeinderäte dazu auf, die Interessen des Volkes zu vertreten und dem Volk zu dienen.
Sofort nach der feierlichen Verpflichtung der Gemeinderäte nahm das Gremium die Arbeit auf. Es akzeptierte die von Finanzreferent Hirn entworfene Geschäftsordnung des Gemeinderats und billigte die Hauptsatzung, in der die dem Gemeinderat obliegenden Aufgaben sowie die Bildung von gemeinderätlichen Abteilungen und Ausschüssen festgelegt wurden.[5]
In der zweiten Sitzung des Gemeinderats am 19. Juli 1946 hatte dieser für die Dauer von zwei Jahren den Oberbürgermeister zu wählen. Zur Wahl stellten sich der parteilose Amtsinhaber Dr. Arnulf Klett

Oberbürgermeister Dr. Klett, begleitet von Frau Gertrud Melanie und Sohn Roderich, mit den Mitarbeitern der Stadtverwaltung auf einem Ausflug vermutlich 1946.

und der SPD-Gemeinderat Rudolf Gehring. Mit 26 von insgesamt 47 Stimmen behauptete Klett unangefochten seinen Stuhl.[6] Das große Vertrauen, das sich der rastlos tätige Mann während der vergangenen 14 Monate in der Bürgerschaft erworben hatte, zahlte sich aus. Leider fehlte es vor der Wahl auch nicht an gehässigen, rufschädigenden Angriffen. Ein in den Personalakten Arnulf Kletts befindliches undatiertes und mit unleserlicher Unterschrift versehenes Schreiben dürfte in diesen Zusammenhang gehören. In dem Schreiben wurde Klett der Kumpanei mit ehemaligen Nationalsozialisten bezichtigt. Ferner wurde ihm unterstellt, er habe sich persönlich Vorteile verschafft und tue dies auch jetzt noch. In seiner mit allem Komfort ausgestatteten Wohnung stolpere man über kostbare Perserteppiche und -brücken. Dieses Mobiliar hätten ihm alte Nazis besorgt, die er unterstütze. Der Schreiber drohte, »den Skandal« in die Presse zu bringen.[7]
Nach der Wahl schrieb die *Stuttgarter Zeitung*: »Dr. Arnulf Klett ist mit einer Mehrheit, die sich sehen lassen kann, für die nächsten zwei

Jahre zum Oberbürgermeister von Stuttgart gewählt worden. Der Versuch, seine persönliche Integrität durch Behauptungen, die zum Teil an Verleumdungen grenzen, anzutasten, darf als gescheitert gelten. Dass gerade diese persönlichen Angriffe, die von wirklich argwöhnischen Betrachtern untersucht und als unzutreffend befunden worden sind, bei der Wahl eine nicht kleine Rolle gespielt haben, ist bedauerlich und wirft ein trübes Licht auf die Szenerie.«[8]

Gleichfalls am 19. Juli wählte der Gemeinderat den 48-jährigen Sozialdemokraten Josef Hirn, seit Oktober 1945 städtischer Finanzreferent, zum stellvertretenden Oberbürgermeister mit der Amtsbezeichnung Bürgermeister. Der seitherige Amtsinhaber Dr. Wolfgang Haußmann (DVP) war mit 22 gegen 24 Stimmen knapp unterlegen. Mit Dr. Arnulf Klett und Josef Hirn standen zwei Männer an der Spitze der Stadtverwaltung, die sich ausgezeichnet ergänzten und in den folgenden Jahren entscheidend dazu beitrugen, dass der Wiederaufbau Stuttgarts zügig vorankam und die Stadt als wirtschaftlich-technisches Innovationszentrum, aber auch als Mittelpunkt eines regen geistigen und kulturellen Lebens einen hervorragenden Platz unter den Großstädten Westdeutschlands erlangte.[9] Am 6. September 1946 vereidigte der württemberg-badische Innenminister Fritz Ulrich Oberbürgermeister Klett, Bürgermeister Hirn sowie die anderen Referenten der Stadtverwaltung; außerdem verpflichtete er die Mitglieder des Gemeinderats.[10]

Unter der Leitung von Oberbürgermeister Klett und Bürgermeister Hirn bewältigte der Gemeinderat schon in den ersten Monaten ein beachtliches Arbeitspensum. Allein am 8. November 1946 beschloss er 14 Ordnungen und Satzungen. Mit berechtigtem Stolz erklärte Bürgermeister Hirn am Ende dieser Sitzung, es gebe in Deutschland nur wenige Gemeinden, die so umfassend wie Stuttgart die verfassungsmäßige Ordnung der Verwaltung hergestellt hätten. Und in der Tat, Stuttgart hatte hier Maßstäbe gesetzt. Erwähnt werden muss in diesem Zusammenhang vor allem die »Satzung der Verwaltung der äußeren Stadtbezirke«, die der Gemeinderat am 22. November 1946 verabschiedete. Sie war etwas Neues und Besonderes, das anderswo erst später Nachahmung fand. Aus der Not der unmittelbaren Nachkriegszeit geboren, in der die Verantwortlichen der eingemeindeten

Orte oft zu eigenständigem Handeln gezwungen waren, weil der Kontakt zu der Zentrale nur schwer aufrechtzuerhalten war, wurden hier Elemente einer dezentralen bürgernahen Verwaltung dem Organismus eines großstädtischen Gemeinwesens eingefügt, die sich als außerordentlich bedeutsam erweisen sollten.[11]
Am 4. Mai 1947 erstattete Oberbürgermeister Klett seinen Rechenschaftsbericht »Zwei Jahre Aufbauarbeit in Stuttgart« nicht mehr wie ein Jahr zuvor unmittelbar der Einwohnerschaft der Stadt, sondern dem Gemeinderat, der demokratisch gewählten Vertretung der Bürger. Im Rückblick auf das zweite Nachkriegsjahr überwog gleichfalls das Unerfreuliche. Als schwerste Sorge bezeichnete der Oberbürgermeister die Ernährung der Menschen. Er nannte die derzeitige Situation auf diesem Gebiet die kritischste seit Kriegsende. Infolge der Vereinigung der amerikanischen und der britischen Zone stand die tägliche Kalorienzahl von 1 550 je Normalverbraucher lediglich auf dem Papier. Die tatsächliche tägliche Nahrungsmittelzuteilung belief sich auf 1 100 bis maximal 1 200 Kalorien. Zusätzlich negativ wirkte sich aus, dass 82 Prozent der Ernährungsmenge aus Kohlehydraten bestanden, der Anteil an Eiweiß und Fett aber nur 18 Prozent betrug. Gravierend war der Mangel an Brotgetreide und Kartoffeln – die Kartoffelernte war 1946 um 30 Prozent hinter den Erwartungen zurückgeblieben. Der Industrie machten weiterhin Rohstoffmangel, Energieengpässe und Transportschwierigkeiten zu schaffen. Gegenstände des täglichen Bedarfs waren kaum zu bekommen. Das Schlangestehen vor den Geschäften gehörte zum alltäglichen Bild. Im zurückliegenden strengen Winter war die Brennstoffzuteilung kümmerlich gewesen. Im April 1947 hatte Stuttgart mit 423 457 Einwohnern fast wieder seine friedensmäßige Einwohnerzahl erreicht. An Wohnraum standen aber lediglich 45 Prozent der Vorkriegszeit zur Verfügung. Immerhin hatten in den vergangenen zwölf Monaten 50 000 Wohn- und Gewerberäume in Stand gesetzt werden können. Auch hatte die Besatzungsmacht zugesagt, ab 1. Mai 1947 keine zusätzlichen Wohnungen mehr zu beschlagnahmen. Oberbürgermeister Klett bezeichnete die Wohnungssituation als katastrophal. Immerhin, so stellte er mit einer gewissen Genugtuung fest, sei es der Stadt gelungen, die besten Voraussetzungen für eine gerechte Verteilung des vorhandenen Wohn-

raums zu schaffen. Erfreulich und bedeutsam erschien ihm, dass in Stuttgart der bisher größte deutsche Städtetag seit dem Zusammenbruch stattgefunden habe und dass es als eine der wenigen deutschen Städte »wieder echte und lebendige Beziehungen zum Ausland« besitze.

Klett verschwieg nicht, dass die Arbeit der Stadtverwaltung sehr schwer sei, und dies nicht, weil die Arbeit Mühe und Nerven koste, sondern weil man häufig außerstande sei, zu helfen. Trotzdem gebe es keinen Grund zum Pessimismus. Eine Vielzahl von Aufgaben müsse angepackt werden. Und dazu seien Männer und Frauen mit echtem Lebenswillen, mit Ideen und Initiative erforderlich. Den Gemeinderäten rief Klett zu, »weiterhin so engagiert wie bisher mitzuarbeiten, nicht Vertreter von Interessengruppen zu sein, sondern stets das große, gemeinsame Ganze im Auge zu haben«. Der Stuttgarter Bürgerschaft attestierte der Oberbürgermeister, dass sie mit dem von ihr in den beiden letzten Jahren bewiesenen Lebenswillen und tatkräftigen Einsatz der Stadtverwaltung ein Ansporn zu verstärkter Aktivität und zu neuen Leistungen gewesen sei. Insbesondere dankte er ihr, dass sie die vier letzten Wintermonate »mit Geduld, mit Einsicht und verständnisvoller Haltung durchgestanden« habe. Dieses echte Zusammengehörigkeitsgefühl stimme hoffnungsvoll. Mit dem Grundsatz »Hilf dir selbst, so hilft dir Gott« gelte es nun, auch künftigen Schwierigkeiten »zu Leibe zu rücken«.[12]

Am 30. Mai 1947 sprach Oberbürgermeister Klett in der Volkshochschulreihe »Unsere Stadt« über das Thema »Der Oberbürgermeister – Stellung und Aufgaben«.[13] In diesem Referat machte er deutlich, wie er sein Amt auffasste und vor welche Aufgaben er sich gestellt sah. Ein Oberbürgermeister, führte er aus, müsse sich aktiv einsetzen, Tempo haben, also einen jugendlichen Elan besitzen, gegenüber neuen Ideen aufgeschlossen sein, und vor allem den Aufgabenkreis einer Stadtverwaltung von Grund auf kennen. Er brauche keineswegs in allem Fachmann zu sein, aber er habe die Notwendigkeiten zu erkennen und die Vorschläge der Referenten in ihrem vollen Umfang zu erfassen. Allerdings vergaß Klett in seinem Vortrag auch den Hinweis nicht, dass er bei seiner Arbeit der Unterstützung der Bürger bedürfe, denn diese hätten keineswegs nur Rechte, sondern in gleicher Weise Pflichten.

Mit Blick auf die Verhältnisse unter einer Besatzungsherrschaft ließ er keinen Zweifel, mit welchen großen Schwierigkeiten er sich immer wieder konfrontiert sah. Zwar gebe es jetzt einen demokratisch gewählten Gemeinderat, und er sei nicht mehr wie im ersten Nachkriegsjahr der Militärregierung allein verantwortlich. Doch ändere dies nichts daran, dass sich die Militärregierung, die sich im Wesentlichen auf Überwachungsfunktionen zurückgezogen habe, stets an ihn halte, wenn wichtige Belange der Besatzungsmacht in Frage stünden. Er müsse deshalb immer wieder den Standpunkt der Stadt in schwierigsten Verhandlungen vertreten. Dabei nütze es gar nichts, wenn er, was manche Bürger erwarteten, mit der Faust auf den Tisch schlage. Sein Prinzip sei von Anfang an gewesen, den Besatzungsmächten die volle Wahrheit zu sagen, und dies auch dann, wenn es für die Militärbehörden höchst unangenehm gewesen sei. Sachlichkeit und Offenheit hätten sich ausgezahlt. Sehr oft hätten die Besatzungsmächte Verständnis und echte Hilfsbereitschaft gezeigt. Freilich seien die lokalen Militärregierungsbehörden von Weisungen ihrer höheren Stellen abhängig. Andererseits dürfe man nicht vergessen, dass die Deutschen ein besiegtes Volk seien. Allen Schwierigkeiten zum Trotz könne aber auch mancher Erfolg verzeichnet werden. Dass der Oberbürgermeister für alles, was im Verhältnis zur Besatzungsmacht schief laufe oder Probleme verursache, den Kopf hinhalten müsse, gehöre wahrlich nicht zu den besonderen Annehmlichkeiten seines Amtes. Überhaupt könne der Chef einer großen Stadtverwaltung heutzutage für sich privat keinen Ruhm erringen, er habe weit mehr Aussicht, beschimpft und verleumdet als gelobt zu werden.
Doch darüber müsse ein Oberbürgermeister erhaben sein. Für sein Amt benötige er Weitblick, weil er über der Misere der unmittelbaren Gegenwart die Aufgaben der Zukunft nicht außer Acht lassen dürfe. Unerlässlich sei eine konstruktive Zusammenarbeit mit dem Gemeinderat. Hinter allen Maßnahmen aber, die von der Verwaltung zu treffen seien, habe der Mensch zu stehen. Nur Männer und Frauen, die ein echtes und warmes Gefühl für die Nöte des Alltags, die großen wie die kleinen besäßen und die ihre Person nicht »hinter dem Amt verschanzten«, könnten den jetzigen Aufbau voranbringen. Dies gelte ganz besonders für den Oberbürgermeister. Wie jeder andere sei er

ein Mensch mit Tugenden und Fehlern. Eines aber müssten die Bürger von ihm verlangen, dass nämlich in seiner Brust ein Herz schlage und dass er sich rückhaltlos für seine Stadt und deren Bewohner engagiere.[14]

Die Probleme, mit denen sich die Stadtverwaltung auseinander zu setzen habe, seien ins Gigantische gewachsen. Präzedenzfälle gebe es überhaupt nicht. Nahezu jeder einzelne Fall müsse neu entschieden werden. Dabei sei die Zahl der Bediensteten zusammengeschmolzen, und ihre Qualität sei keineswegs mehr so einheitlich wie früher. Andererseits finde er die Arbeit trotz all ihrer Mühsale ungeheuer reizvoll. Überall benötige man schöpferische Initiative und konstruktives Denken, ganz besonders aber sei der Wille unerlässlich, »mit allen Mitteln, und seien es die radikalsten und noch nie da gewesenen, aus Trümmern und Ruinen etwas Neues zu schaffen«. Gemeistert werden könne der Wiederaufbau nur, wenn »positives christliches Denken und sozialistische Gedankengänge« zusammenwirkten. Früher seien dies unvereinbare Gegensätze gewesen, doch heute treffe das Gegenteil zu. Ein Christentum, das sich auf seine weltlichen Aufgaben besinne, habe ein starkes soziales Empfinden zur Grundlage.[15]

An die jungen Christen appellierte der Oberbürgermeister, entsprechend ihrem Glauben »politisch zu denken und zu handeln, politisch nicht unbedingt im Sinne von Parteipolitik, in jedem Falle aber im Sinne der Gemeinschaft und für die Gemeinschaft«.[16]

In seinem Rechenschaftsbericht für das Jahr 1947, den er am 9. Februar 1948 über Radio Stuttgart der Bevölkerung gab, konnte Oberbürgermeister Klett wiederum wenig Erfreuliches berichten. Die Einwohnerzahl der Stadt einschließlich der DPs war inzwischen auf 451 918 angewachsen und entsprach damit dem Stand von 1939. Die Wohnungsnot hatte sich eher noch verschärft. 1947 hatten insgesamt weniger Wohnungen als 1946 in Stand gesetzt werden können: 12 158 zuvor nicht bewohnbar gewesene Wohnräume sowie 1 312 Arbeitsräume und Läden für Gewerbetreibende. 2 750 bereits genutzte Wohnungen wurden außerdem winter- und wetterfest gemacht. Die Ernährungslage hatte sich 1947 nicht verbessert, und sie blieb auch weiterhin desolat. Während des ganzen Jahres hatte der tägliche Kaloriensatz unter den vorgesehenen 1 550 Kalorien gelegen. Auf einen Tiefstand war er im Mai mit 914 Kalorien abgesunken. Mitte des Jahres 1947 hatte anstelle der fehlenden Kartoffeln Brot zugeteilt werden müssen. Die Versorgung der Stadt mit Schuhen, Textilien, Haushaltsgeräten und Öfen hatte sich gegenüber 1946 halbiert. Ein besonderes Sorgenkind war die Seifenversorgung. Das entnervende Schlange stehen blieb eine Alltagserscheinung. Immerhin hatte sich die Stuttgarter Industrieproduktion gegenüber dem Vorjahr um 25 Prozent erhöht, in ähnlichem Umfang auch der Umsatz des Einzelhandels. Der relativ milde Winter 1947/48 ermöglichte eine bessere Brennstoffversorgung. Sehr verschlechtert hatte sich hingegen die Baustoffbewirtschaftung. Trotz aller Entbehrungen war der Gesundheitszustand der Bevölkerung verhältnismäßig günstig. Zugenommen hatten Geschlechtskrankheiten und Tuberkulose. Die Säuglingssterblichkeit lag doppelt so hoch wie vor dem Krieg. Seit 12. Mai 1947 erhielten 52 000 Kinder im Rahmen der Hoover-Speisung eine tägliche Zusatzmahlzeit. Gegenwärtig lebten 1 702 Personen in Bunkern und Baracken. Von einer schlimmen Verwahrlosung der Jugend konnte trotz der erbärmlichen Lebensumstände keine Rede sein.[17]

Jahr für Jahr solche tristen Rechenschaftsberichte erstatten zu müssen und dabei den Menschen dennoch unentwegt Mut zusprechen zu können, schaffte nur ein Mann, der wie Arnulf Klett von einem unverwüstlichen Optimismus erfüllt war. Im Juni 1948 nannte ihn der bekannte Publizist Walter Henkels einen der hervorragendsten Köpfe unter den deutschen Oberbürgermeistern. Bürokraten und ebenso Leute mit ständigen Wenns und Abers seien ihm zuwider. Für ihn sei und bleibe sein über alles geliebtes Stuttgart die Metropole der Kultur und der Wirtschaft. Stets sehe er, der Realist und Praktiker, das Nächstgelegene, das Greifbare, das Nützliche. Stuttgarts Trümmerbeseitigung könnte Schulbeispiel für andere Städte sein. Die Stirn Kletts sei von auffallender Plastik und zeuge, wie Leute mit Menschenkenntnis sagen würden, von der Weite des geistigen Horizonts. Der Stuttgarter Oberbürgermeister debattiere gern und lasse auch andere Meinungen gelten. Statt einer Krawatte trage er ständig eine Fliege – seine spezielle Note. Die Fliege sei das Symbol des Lyrischen, des Poetischen, das seine Stadt repräsentiere, diese Stadt, die mehr als hundert Verlage in ihren Mauern habe.[18]

Am 15. Oktober verabschiedete der württemberg-badische Landtag das Gesetz Nr. 328 über die Neuwahl der Gemeinderäte und Bürgermeister. Dieses Gesetz bestimmte, dass der Stuttgarter Gemeinderat künftig 60 Mitglieder umfasste und dass der Oberbürgermeister durch die stimmberechtigten Bürger zu wählen war.[19] Bei der Wahl des neuen Gemeinderats am 7. Dezember 1947 änderte sich an dem Parteienproporz wenig. Allerdings lag die Wahlbeteiligung mit 58,3 Prozent zum großen Bedauern von Oberbürgermeister Klett erheblich niedriger als 1946. Für viele Einwohner hatte der harte persönliche Daseinskampf offensichtlich eindeutig Priorität vor den ihnen obliegenden demokratischen Bürgerpflichten.[20]
Bei der Wahl zum Oberbürgermeister am 7. März 1948 standen sich wiederum zwei Kandidaten gegenüber: der parteilose Amtsinhaber Klett und sein Stellvertreter, der Sozialdemokrat Josef Hirn. Beide Bewerber wurden durch überparteiliche Wahlausschüsse unterstützt. Die Wahlplakate des Ausschusses Klett legten den Wählern nahe: »Dr. Klett muss bleiben!« Der nachmalige Bundespräsident Theodor Heuss hätte als dritten Kandidaten gerne den Bundesbruder Kletts (Verbindung »Igel«), Theodor Pfizer, einen Stuttgarter, mit ins Rennen geschickt. Und Pfizer zeigte sich zunächst nicht abgeneigt, doch nach gründlicher Abwägung der Vor- und Nachteile sowie auf den Rat einflussreicher Freunde und Bekannten entschied er sich, in Ulm zu kandidieren, wo zur gleichen Zeit die Stelle des Oberbürgermeisters ausgeschrieben war.[21]
Der Wahlkampf in Stuttgart wurde insgesamt fair geführt. Doch gab es auf Seiten der Klett-Gegner auch üble Ausrutscher ins Persönlich-Private, auf die der Attackierte indes gelassen reagierte.[22] Am Ende erhielt bei einer Wahlbeteiligung von 57,9 Prozent Klett 53,9 Prozent und Hirn 46,1 Prozent der abgegebenen gültigen Stimmen. Damit war Arnulf Klett auf weitere sechs Jahre in seinem Amt bestätigt. Die von ihm unter widrigsten Umständen geleistete Arbeit zum Wohl Stuttgarts und seiner Bürger fand in dem Wahlergebnis ihren Ausdruck. Freilich, die Stuttgarter wollten auf Hirn nicht verzichten. »Das prächtige Gespann Klett-Hirn soll bleiben« war schon vor der Oberbürgermeisterwahl als Parole ausgegeben worden. Hirn verweigerte sich diesem Ruf nicht. Am 15. März 1948 wählte ihn der Gemeinde-

Bürgermeister Josef Hirn und Oberbürgermeister Dr. Klett auf dem Weihnachtsmarkt am 5. Dezember 1960.

rat einstimmig zum stellvertretenden Oberbürgermeister. Nach seiner Wahl hatte übrigens Klett erklärt, das Motto seiner Arbeit »Vorwärts schauen, nicht rückwärts blicken« gelte auch für die nächsten sechs Jahre. Wie bisher schon werde er für jeden Mitbürger da sein und seine Aufgaben in echter Unparteilichkeit wahrnehmen. Er hoffe, dass »alle Wähler sich der Notwendigkeit einer harmonischen Zusammenarbeit nicht verschließen würden«.[23]

Dem mutigen Verhalten seines Amtsvorgängers Strölin im Endstadium des Krieges versagte Arnulf Klett nicht den Respekt. Er erkannte an, dass Strölin wesentlichen Anteil daran hatte, wenn Stuttgart im Frühjahr 1945 von weiteren größeren Zerstörungen verschont blieb. Schon 1947 hatte er der Spruchkammer mitgeteilt, dass gegen eine Niederlassung des ehemaligen Oberbürgermeisters in Stuttgart von

Seiten der Stadtverwaltung keine Bedenken bestünden. Dennoch durfte Strölin nach der Entlassung aus dreijähriger Internierungshaft im Mai 1948 zunächst nicht in der Stadt seinen Wohnsitz nehmen. Im Herbst 1948 reihte eine Stuttgarter Spruchkammer den früheren nationalsozialistischen Aktivisten, der jedoch später dem Hitler-Regime Widerstand geleistet hatte, in die Gruppe der Minderbelasteten ein. Im Spruchkammerverfahren war Klett einer der Entlastungszeugen gewesen. Später allerdings distanzierte er sich, wie noch zu schildern sein wird, von Strölin, weil dieser in politischer Verblendung sein Verhalten im Dritten Reich zu rechtfertigen suchte.[24]

Verhältnis zur US-Besatzungsmacht

Hinter seiner verbindlichen Glätte, schrieb *Der Spiegel* im Mai 1949, tarne sich bei Oberbürgermeister Klett eine unglaubliche, wenn auch unpathetische Hartnäckigkeit. Arnulf Kletts Verhandlungstalent beherrsche die diplomatische Kunst, ein »Nein zu lächeln«. Lächelnd sage er den Amerikanern: »Das können wir leider nicht machen.« Und dabei bleibe es dann auch meistens.[25] Dieses Urteil des *Spiegels* traf zu. Oberbürgermeister Klett war gegenüber den Offizieren der Militärregierung stets freundlich und zuvorkommend. Wenn er einem von ihnen einen persönlichen Dienst erweisen konnte, tat er dies bereitwillig.[26] Bei Verhandlungen vertrat er aber stets die Interessen seiner Stadt und ihrer Bewohner. Er ließ sich durch militärisches Machtgebaren nicht einschüchtern. Überzeugen konnten ihn nur stichhaltige Argumente. Charles D. Winning, stellvertretender Direktor der Militärregierung Württemberg-Baden 1945/46, nannte Klett nach dessen Tod 1974 einen »langjährigen Freund«. Er habe in wirtschaftlicher wie kultureller Beziehung das Bestmögliche für seine geliebte Stadt Stuttgart getan, ohne dabei auch nur im Geringsten eigensüchtige Ziele zu verfolgen. Bewundernswert sei gewesen, dass ihm selbst kritische Situationen nicht die gute Laune hätten verderben können.[27] Der einstige Besatzungsoffizier John Boxer äußerte 1999 in einem Gespräch: »Der Klett hat uns allen, ganz besonders aber mir, in allen administrativen Dingen unglaublich geholfen, nicht nur mit Effizi-

enz, sondern auch mit Humor.« Am meisten aber beeindruckte Boxer, wie es Klett in den ersten Nachkriegsjahren schaffte, die vielen Tausende von Evakuierten und Flüchtlingen, die nach Stuttgart drängten, in der Stadt unterzubringen, sie in einer sich erst allmählich und unter großen Schwierigkeiten aus ihrer Lähmung befreienden Wirtschaft zu integrieren. Nach Boxer war dies »einfach vorbildlich«.[28]
Mit der von den Amerikanern nach formalen Gesichtspunkten betriebenen rigorosen Entnazifizierung war Klett nach wie vor nicht einverstanden. Da er die Besatzungsmacht zu keiner Abkehr von ihren Prinzipien bewegen konnte, verlangte er eine rasche Durchführung der politischen Säuberung, weil diese die Voraussetzung für eine Aufrechterhaltung des öffentlichen Lebens und für eine Wiederbelebung der Wirtschaft bildete.[29] Und mit dieser Forderung fand er bei der Besatzungsmacht Verständnis. Am 7. Februar 1946 gab er bekannt, dass die Militärregierung einem Prüfungsverfahren auf nur formale Zugehörigkeit zur NSDAP auch für Beamte und Angestellte zugestimmt habe. Eine solche Beschleunigung der Entnazifizierung für unbelastete »Pgs« war durchaus in seinem Sinn. Allerdings verfügte er, dass diese ehemaligen Parteigenossen einen vierwöchigen Arbeitseinsatz im Bereich Trümmerbeseitigung leisteten, ehe sie die Möglichkeit erhielten, einen entsprechenden Antrag zu stellen. Diese Anordnung stieß jedoch bei einem Großteil der Bevölkerung ebenso auf Ablehnung wie der von der Stadt für entlassene »Pgs« organisierte sonntägliche Arbeitseinsatz.[30]
Ein Teil der in der Stadt untergebrachten ehemaligen ausländischen Zwangsverschleppten, der DPs, missachtete Recht und Ordnung. Auf sein Konto gingen Vergehen und Verbrechen. Die US-Besatzungsmacht hielt aber ihre Hand über die DPs; sie schritt nur in gravierenden Fällen ein. Oberbürgermeister Klett fand mit seinen Beschwerden häufig kein Gehör. Mitunter wurde er sogar barsch abgewiesen. Doch er ließ sich nicht entmutigen. Am 27. August 1947 schrieb er der Militärregierung: »Die Verbrechen der Displaced Persons in Stuttgart nehmen kein Ende, im Gegenteil, es ist eine Zunahme festzustellen. Die friedliche und ordnungsliebende Stuttgarter Bevölkerung ist über die ständigen Bedrohungen aufs äußerste verbittert, mit Recht weist sie darauf hin, dass alle Maßnahmen gegen Schwarzhandel ge-

genstandslos werden, ehe nicht der Ursprung des Schwarzhandels, der bei den Displaced Persons in Stuttgart und Umgebung zu finden ist, ein für alle Male beseitigt wird.« Der Oberbürgermeister versäumte dabei nicht, anzumerken, mit welch großer Befriedigung die Bevölkerung von der Razzia der Amerikaner in der Rotwegsiedlung und in der Flandernkaserne, in der DPs untergebracht waren, Kenntnis genommen habe.[31]

Dankbar war Arnulf Klett dafür, dass die USA viel taten, um Not und Elend in Grenzen zu halten, so durch die Überlassung großer Nahrungsmittelbestände an die deutsche Bevölkerung. Doch wie andere Frauen und Männer der ersten Stunde litt er darunter, dass bis Mitte 1946 zwar tragfähige Fundamente für eine demokratische Staats- und Gesellschaftsordnung in der US-Zone gelegt waren, dass aber dem deutschen Volk noch immer eine klare Zukunftsperspektive fehlte. Dies änderte sich mit der Rede des US-Außenministers James F. Byrnes am 6. September jenes Jahres im Großen Haus der Württembergischen Staatstheater in Stuttgart. In ermutigenden Worten stellte Byrnes den Deutschen die Überwindung ihrer selbstverschuldeten Leiden und die Rückkehr in den Kreis der freien und friedliebenden Völker vor Augen. Voraussetzung dafür sei, so erklärte er, dass das deutsche Volk seine Kräfte und Fähigkeiten für den Aufbau eines demokratischen Staates nutze, und er versprach, die USA würden die Deutschen bei der Wahrnehmung dieser einmaligen Chance unterstützen.[32]

Klett, der sich neben fünf anderen Oberbürgermeistern unter den Hörern des US-Außenministers im Großen Haus der Württembergischen Staatstheater befand,[33] dürfte diese Rede tief bewegt haben: Die Amerikaner vollzogen jetzt eine grundlegende Wende in ihrer Deutschland-Politik. Sie öffneten den Deutschen nicht nur das Tor in eine hoffnungsvolle Zukunft, sondern sie sagten ihnen auch darüber hinaus Hilfe zu. Obgleich Elend und Not noch lange nicht überwunden waren, konnte Klett nunmehr seinen Landsleuten deutlich machen, dass zur Katastrophenstimmung kein Grund mehr bestand. Andererseits erwartete er, dass der Byrnes-Rede Taten folgten. Bereits im November 1946 forderte er die Besatzungsmacht unter Berufung auf die Ankündigung des US-Außenministers auf, dem deutschen Volk doch endlich Gelegenheit zu geben, durch harte Arbeit, d.h. durch den Aufbau einer leistungsfähigen Exportindustrie, seine Lage zu verbessern. Die Deutschen, so äußerte er, wollten nicht länger Almosenempfänger sein.[34] Wenige Monate später, am 27. März 1947, prangerte er in einer öffentlichen Gemeinderatssitzung an, dass die Siegermächte noch immer vielen zehntausenden deutscher Soldaten die Heimkehr verweigerten. »Uns allen ...«, erklärte er, »liegt das Schicksal jedes einzelnen Kriegsgefangenen am Herzen, und was in unserer Macht steht, werden wir tun, um das Los dieser unserer bedauernswertesten Mitbürger so schnell wie möglich zu beenden ... Ich glaube, es wäre Zeit, wenn jeder Einzelne von uns, der dazu die Möglichkeit hat – und ich richte diese Bitte insbesondere an die Presse – unsere Kriegsgefangenen immer wieder wissen lässt, dass wir sie nicht vergessen haben, dass unsere Sorge sich nicht auf unsere frommen Wünsche beschränkt, sondern dass wir in allen Fällen, in denen wir glauben, etwas erreichen zu können, uns mit aller Macht für sie einsetzen.«[35]

Zwischen Besatzungsmacht und den deutschen Behörden entkrampfte sich das Verhältnis. Das gegenseitige Vertrauen, das Ergebnis langer gemeinsamer Arbeit, erleichterte die Gespräche, das alltägliche Miteinander. Die Amerikaner zeigten zunehmend mehr Verständnis für die Nöte und Probleme, die die Stadtverwaltung zu bewältigen hatte. Die meisten leitenden Männer der Militärregierung hatten sich längst von der arroganten Siegerpose verabschiedet und sich einen menschlich-verbindlichen, sachlichen Gesprächs- und Verhandlungsstil angewöhnt. Klett empfand dies als sehr angenehm, und er bemühte sich seinerseits um eine weitere Klimaverbesserung. Beispielsweise nahm er gerne eine Einladung zu einer Parade der US-Militärpolizei wahr.[36] Der Tod des ersten Direktors der Militärregierung Württemberg-Baden, Oberst William W. Dawson, nach kurzer schwerer Krankheit im Februar 1947 beraubte das Land eines warmherzigen Menschen und aufrichtigen Demokraten. Auch auf dem Stuttgarter Rathaus hatte man Oberst Dawson sehr geschätzt. An der Trauerfeier am 13. Februar 1947 in der Markuskirche nahm neben Ministerpräsident Dr. Reinhold Maier und den Mitgliedern seines Kabinetts auch Oberbürgermeister Klett teil.[37]

Die Verwaltung der Not, Wiederaufbaumaßnahmen

Am 7. Januar 1946 konnte in Stuttgart die Gasversorgung für Privathaushalte teilweise wieder aufgenommen werden. Für Oberbürgermeister Klett ein kommunalpolitisch bedeutsames Ereignis. In der Maschinenhalle des Gaswerks würdigte er in Anwesenheit des stellvertretenden amerikanischen Stadtkommandanten Major Stimson, des Direktors der Technischen Werke der Stadt Dr. Kaun und des Betriebsratsvorsitzenden Karl Brehm diesen Meilenstein beim Wiederaufbau der Versorgungseinrichtungen Stuttgarts.[38]
Die katastrophale Ausmaße annehmende Wohnungsmisere veranlasste den Oberbürgermeister am 7. Februar 1946 zu einem Aufruf. In den nächsten Monaten, so ließ er die Bürger wissen, müssten Stuttgarter Evakuierte ihre Wohnungen in den Landkreisen räumen, weil diese für die Ostflüchtlinge benötigt würden. Außerdem kehre eine größere Zahl von Kriegsgefangenen in die Heimat zurück. Bisher sei es möglich gewesen, den dringendsten Bedarf durch leer stehende, nicht voll genutzte oder mit geringen Mitteln in Stand zu setzende Wohnungen wenigstens einigermaßen zu befriedigen. Jetzt aber stehe das Wohnungsamt angesichts des zu erwartenden Zuzugs vor kaum noch zu bewältigenden Problemen. Schon jetzt betrage die Belegung zwei Personen je Zimmer. Dies bedeute, dass die Stadt überbelegt sei. Weiterer Wohnraum könne nur durch eine zwangsweise verfügte dichtere Belegung der vorhandenen Wohnungen beschafft werden. Stuttgart habe bislang von einer solchen Zwangsmaßnahme, die andere Städte bereits verfügt hätten, abgesehen, weil es einen derart harten Eingriff ins Privatleben der Bürger ablehnte. Künftig werde aber auch ihm nichts anderes übrig bleiben, es sei denn, die Stadtverwaltung werde von der Bevölkerung tatkräftig unterstützt. In der Erwartung einer solchen Unterstützung wolle das Wohnungsamt jetzt unter dem Motto »Jedem ein Dach über den Kopf« mit einer Aktion beginnen, die die Erfassung aller bisher für Wohnzwecke noch nicht genutzten Räume zum Ziel habe. Hierfür kämen lediglich Räume in Betracht, die mit dem geringsten Arbeits- und Materialaufwand hergerichtet werden könnten, so zunächst Dach- und Bühnenkammern sowie Souterrainräume. Eindringlich bat der Oberbürgermeister die Bürger,

nicht abseits zu stehen, sondern mitzuhelfen, damit die Aktion des Wohnungsamts ein Erfolg werde. »Wer heute das kleine Opfer scheut, wird vielleicht morgen ein größeres bringen müssen.«[39]
Freilich vermochten Aktionen wie die Maßnahme des Wohnungsamts im Februar 1946 den Mangel an Wohnraum allenfalls minimal zu verringern. Die Stadt sah sich gezwungen, Evakuierten die Rückkehr zu verweigern. Gleichzeitig wuchsen dem Land Württemberg-Baden die Probleme, die mit der Unterbringung der ihm zugewiesenen hunderttausenden von Flüchtlingen und Heimatvertriebenen zusammenhingen, über den Kopf. Im Mai/Juni 1946 kam es zu harten Auseinandersetzungen zwischen Oberbürgermeister Klett und dem Staatskommissar für das Flüchtlingswesen, Eugen E. Stockinger. Klett behauptete, Stockinger habe dem Direktor des Stuttgarter Wohnungsamts befohlen, Evakuierte aufzunehmen, und er verwahrte sich entschieden gegen eine solche Amtsanmaßung. »Angesichts der in Stuttgart tatsächlich vorhandenen Wohnungsnot werde ich in Zukunft jedem Versuch des Herrn Stockinger, die Stadt Stuttgart zur Aufnahme von rückgeführten Evakuierten zu veranlassen, mit den mir zu Gebot stehenden Mitteln – auch Zwangsmitteln – entgegentreten«, drohte er. Stockinger wehrte sich dagegen, dass er dem Leiter des Stuttgarter Wohnungsamts Befehle erteilt habe, bestritt jedoch nicht, dass er gefordert habe, Stuttgart solle seine Aufnahmeverweigerung für Evakuierte zurücknehmen. Im Gegensatz zu anderen Städten lehne die württemberg-badische Landeshauptstadt jede Beteiligung an der Lösung des Flüchtlingsproblems ab. Zumindest könne man doch erwarten, dass die Stadt wenigstens einen Teil ihrer Evakuierten wieder bei sich aufnehme, wie dies andere Städte aus menschlicher Rücksichtnahme getan hätten. Seit Monaten bemühe er sich vergeblich, durch Vorschläge und Hilfsangebote Stuttgart von seiner starren Haltung in der Flüchtlingsfrage abzubringen. Die Stadt habe nicht einmal seinen eindringlichen Bitten um die Überlassung leer stehender Gebäude außerhalb Stuttgarts Gehör geschenkt. Am 16. Juni warf der Staatskommissar Stuttgart vor, sein schlechtes Beispiel mache Schule und veranlasse ein Gemeinwesen nach dem anderen, »sein Unvermögen in der Aufnahme von Ostflüchtlingen zu erklären«. Es sei daher zwingend geboten, Stuttgart an seine Pflicht zu erinnern und ihm

eine Revision der von ihm eigenmächtig verfügten Maßnahmen nahe zu legen.[40]

Oberbürgermeister Klett blieb hart. Die Wohnungsnot in der Stadt ließ sich seiner Ansicht nach kaum noch steigern. Ende 1946 versicherte er in einem Aufruf den noch in ihren ländlichen Zufluchtsorten befindlichen Stuttgarter Evakuierten, die Stadt werde sie, sobald dies möglich sei, alle wieder aufnehmen. Das Wohnrecht in der Stadt werde ihnen garantiert.[41]

Klett sah den großen Städten die Hauptlast des verlorenen Krieges aufgebürdet. In seiner Funktion als Vorsitzender des Ende 1947 gegründeten württemberg-badischen Städteverbands hielt er mit dieser Ansicht nicht hinter dem Berg. Er stellte fest: Die großen Städte »sind zerstört, ihre Industrie ist vernichtet oder demontiert, ihre Bewohner haben weit mehr als ihre Landsleute auf dem flachen Lande an materiellen Gütern eingebüßt, in den Städten ist die Wohnungsnot am katastrophalsten. Damit soll nicht behauptet werden, dass nicht auch die Landgemeinden, insbesondere durch das Flüchtlingsproblem, vor außerordentlich schwierigen, manchmal unlösbar erscheinenden Aufgaben stehen. Aber trotzdem, die Last des Krieges und der Kriegsfolgen lastet auf den größeren Städten«. Deshalb seien die in den Städteverbänden vertretenen Oberbürgermeister entschlossen, den Problemen mutig und mit neuen Ideen entgegenzutreten.[42]

Während des ungewöhnlich strengen Winters 1946/47 brach zeitweise die Brennstoffversorgung zusammen. Im Januar 1947 verlangten die Theater, dass jeder Besucher zwei bis drei Scheite Holz zu den Vorstellungen mitbrachte. Im gleichen Monat mussten die Schulen wegen Kohlenmangels geschlossen werden. Für den 30. und 31. Dezember 1946 hatte dies der Oberbürgermeister bereits für die städtischen Ämter und Betriebe verfügt. Die ausgefallene Arbeitszeit sollte nachgeholt werden. Am 6. Februar 1947 stellte der Gemeinderat im Hinblick auf die katastrophale Brennstofflage den allgemeinen Notstand für Stuttgart fest. Der Oberbürgermeister bekam besondere Vollmachten. Ende März 1947 konnte der Notstand wieder aufgehoben werden.[43]

Kaum war die Brennstoffmisere überwunden, sank die Lebensmittelversorgung auf einen Tiefpunkt ab. Im Mai 1947 mussten sich die

Normalverbraucher mit einem täglichen Zuteilungssatz von 920 Kalorien begnügen. Im Sommer 1947 hatte die große Trockenheit Wassermangel zur Folge. Die Bevölkerung wurde zu sparsamem Wasserverbrauch ermahnt. Im Juli sahen sich die Technischen Werke gezwungen, mehrmals die Wasserabgabe an Privathaushalte zu sperren.[44]
Indes gab es auch Lichtblicke. Ein erheblicher Teil der Bevölkerung profitierte von ausländischen Lebensmittel- und Kleiderspenden. Eine große Sache war die den USA zu verdankende Kinderspeisung, auch Hoover-Speisung nach ihrem Initiator und Organisator, dem ehemaligen US-Präsidenten Herbert Hoover, genannt. Am 21. Februar 1947 dankte Oberbürgermeister Klett anlässlich eines Wohltätigkeitskonzerts zu Gunsten der Kinderspeisung im Großen Haus der Württembergischen Staatstheater für diese einzigartige Hilfsaktion. In seiner Ansprache nannte er es ein Wunder, »dass sich wieder Brückenbogen spannen und über die Trümmer Hände sich einander reichen ... Menschen helfen sich wieder gegenseitig. Die Vergangenheit ist nicht vergessen, von uns nicht und auch nicht von den anderen. Aber die Not der an diesem Unglück wirklich Schuldlosen, die Not unserer Kinder, die stärker noch als wir Älteren und Erwachsenen von diesem Elend betroffen sind, diese Not hat das Wunder neuer und herzlicher menschlicher Beziehungen gebracht ... Aber wir, ihre Eltern und gesetzlichen Vertreter, wir wollen auch dadurch einen Teil unserer Dankesschuld abtragen, dass wir unsere Kinder in dem Geist echter Menschlichkeit und gegenseitiger Hilfsbereitschaft erziehen. Dieses Versprechen soll über alle Worte hinaus unser ehrlicher Dank sein ...«[45]
Obgleich es zunächst nur darum gehen konnte, beschädigte Wohnungen und gewerblich zu nutzende Räume und Gebäude in Stand zu setzen, um den vielen ausgebombten Bürgern wieder ein Dach über dem Kopf zu geben und ihnen Arbeitsmöglichkeiten zu schaffen, lag Oberbürgermeister Klett seit seinem Amtsantritt daran, gewissermaßen beim Wiederaufbau nicht von der Hand in den Mund zu leben, sondern möglichst bald eine umfassende Wiederaufbauplanung zu erarbeiten. Am 1. Mai 1946 wurde auf sein Betreiben die »Zentrale für den Wiederaufbau der Stadt Stuttgart«, die »ZAS«, gegründet, der die verantwortliche Leitung aller Wiederaufbaumaßnahmen ein-

schließlich der Wiederaufbauplanung übertragen wurde. Zunächst stand Dr. Ing. Richard Döcker an ihrer Spitze und seit dessen Berufung auf einen Lehrstuhl der Technischen Hochschule im April 1947 Professor Walther Hoss, der seitherige stellvertretende Leiter der ZAS. Mit dem ideenreichen, planerisch-visionären und zögerlichen Döcker war Klett sehr viel schlechter zurechtgekommen als dies jetzt mit dem Pragmatiker und Organisator Hoss der Fall war. Hoss trieb die Dinge rasch voran. Auch verstand er es, in der Notzeit zu improvisieren und Prioritäten zu setzen.[46] Die von ihm zügig in Angriff genommene Erarbeitung von Planungsgrundlagen für den Wiederaufbau Stuttgarts schloss er innerhalb von zwei Jahren ab.[47] Annähernd zwei Jahrzehnte arbeiteten Generalbaudirektor Hoss und Oberbürgermeister Klett eng zusammen. Der Wiederaufbau der Stadt trägt die Handschrift beider Männer.

Der Förderer geistigen, kulturellen und kirchlichen Lebens

Allen Initiativen auf kulturellem Gebiet stand Oberbürgermeister Klett aufgeschlossen gegenüber. Er wollte die Möglichkeiten der geistigen Neuorientierung nach der Niederlage 1945 nutzen, um Stuttgart einen vorrangigen Platz im kulturellen Bereich unter den deutschen Städten zu verschaffen. Eine große Chance sah er darin, dass das Große Haus der Württembergischen Staatstheater den Krieg unbeschädigt überstanden hatte. Dies erleichterte die Suche nach hervorragenden Kräften für Theater und Musikleben. Wie es seine Art war, ging er dabei unbürokratisch zu Werke. Freilich stieß er mit seinen raschen, manchmal auch übereilten Entscheidungen auf den Widerstand des neuetablierten württemberg-badischen Kultministeriums, das in Personalangelegenheiten zu einer dilatorischen Geschäftsbehandlung neigte, und ebenso auf Einsprüche der Militärregierung, die in kulturellen Angelegenheiten ihre eigenen Vorstellungen besaß. Im März 1946 warf er dem Kultministerium vor, durch seine zögerliche Haltung Stuttgart kulturell extrem zu benachteiligen. Wenn man sich nicht jetzt die besten Kräfte sichere, rangiere die Stadt statt an erster Stelle im Theaterleben weit hinter anderen Kommunen. Kultminister

Heuss wehrte sich: Personelle Schnellschüsse könnten sich leicht als gravierende Fehlentscheidungen erweisen. Auch sei in jedem Einzelfall eine politische Prüfung notwendig, wenn man Schwierigkeiten mit der Militärregierung vermeiden wolle.[48]
Stolz war Oberbürgermeister Klett darauf, dass die beiden städtischen Bühnen nicht nur sehr bald ihren Betrieb wieder aufnehmen konnten, sondern dass sie durch unkonventionelle Inszenierungen sowie durch herausragende schauspielerische Leistungen einen weit über die Region Stuttgart hinausreichenden ausgezeichneten Ruf erlangten.[49]
Eine große Bedeutung für das Stuttgarter Musikleben maß der Oberbürgermeister der Staatlichen Musikhochschule bei, an deren Finanzierung sich die Stadt mit 40 Prozent beteiligte. Da das Gebäude der Hochschule zerstört war, sorgte er für eine Ersatzunterkunft. Mit seinen Vorschlägen für die Besetzung der Direktorenstelle setzte er sich aber nicht durch. Nachdem sich die Hochschule nicht befriedigend entwickelte, fasste Klett im Sommer 1948 den Plan, »aus privater Kraft in Verbindung mit einem kleinen, aber hochangesehenen Kreis von Musikern eine Musikschule, zunächst nur für einige Instrumente, zu schaffen«.[50] Sehr viel übrig hatte er für das von Karl Münchinger gegründete Stuttgarter Kammerorchester, das schon bald als Spitzenensemble für Werke des Barock und der Klassik galt. Allerdings scheiterte er 1947 im Gemeinderat mit seinem Antrag, es ganz in die Obhut der Stadt zu übernehmen.[51]
Nachdrücklich setzte er sich dafür ein, dass die durch den Krieg in ihrem Gebäudebestand schwer getroffene Technische Hochschule ihren Forschungs- und Lehrbetrieb wieder aufnehmen konnte. Bei der Eröffnungsfeier der Hochschule am 23. Februar 1946 gehörte er neben Rektor Prof. Dr. Grammel und Kultminister Heuss zu den Festrednern.[52]
Unerlässlich für die Hebung der Volksbildung erschien ihm die Volkshochschule. Dies betonte er in seiner Ansprache anlässlich der Eröffnung der Stuttgarter Volkshochschule im Rosenberg-Gemeindehaus im Frühjahr 1946.[53] Dass in dem notdürftig wiederhergestellten Teil der Württembergischen Landesbibliothek beim Charlottenplatz am 16. November 1946 eine Ausstellung »Das Schweizer Buch 1933 – 1945« dank des Entgegenkommens der Stadt Schaffhausen gezeigt

werden konnte, begrüßte er sehr. Zusammen mit dem Schaffhausener Stadtpräsidenten Bringolf und Bibliotheksdirektor Dr. Wilhelm Hoffmann eröffnete er diese erste ausländische Bücherschau nach dem Zweiten Weltkrieg in Stuttgart.[54]

Beim Bemühen, den nationalsozialistischen Ungeist zu überwinden und ein menschenwürdiges, freiheitlich-demokratisches Gemeinwesen zu errichten, setzte Oberbürgermeister Klett zu Recht große Erwartungen in die Kirchen. Daher förderte er nach Kräften die Errichtung von Not- und Behelfskirchen, später den Wiederaufbau von Gotteshäusern, kirchlichen Gemeindezentren und Pfarrhäusern. Altlandesbischof D. Martin Haug gedachte in großer Dankbarkeit nach dem Tod Arnulf Kletts 1974 dieser engagierten Hilfe, aber auch der zahlreichen geist- und humorvollen Reden des Oberbürgermeisters bei kirchlichen Festveranstaltungen.[55]

In der Tat ließ es sich Oberbürgermeister Klett, ungeachtet seines vollen Terminkalenders, während der ersten Nachkriegsjahre nicht nehmen, sich aktiv am kirchlichen Geschehen zu beteiligen. Im Februar 1948 sprach er vor 6 500 Teilnehmern der Aktionswoche der Evangelischen Jugend Stuttgarts,[56] am 22. September 1948 bei der Jahrhundertfeier der Inneren Mission in der Markuskirche, bei der auch Landesbischof D. Theophil Wurm und Ministerpräsident Dr. Reinhold Maier zu den Rednern zählten,[57] und am 24. Oktober 1948 bei der Feier anlässlich des 30-jährigen Bestehens des Caritasverbands in Württemberg.[58]

Die Währungsreform bewirkt neue Zuversicht

Dass ohne eine Sanierung seiner zerrütteten Währung das deutsche Volk die wirtschaftliche Misere, in der es sich befand, nicht zu überwinden vermochte, war Männern wie Oberbürgermeister Klett bewusst. Das lange Ausbleiben der Reform belastete sie sehr. Sie mussten beobachten, dass in wachsendem Umfang Waren gehortet, Lebensmittel und Güter des täglichen Bedarfs zurückgehalten wurden. Am 21. Januar 1948 warnte Arnulf Klett vor der erneut aufgelebten Diskussion über eine baldige Währungsreform. Es sei »ganz offenkundig, dass zahlreiche Menschen noch vor der Reform zu erwerben trachteten, was möglich ist«.[59] Freilich verhindern konnte er die in großem Stil betriebene Warenhortung nicht. Dies sollte sich wenige Monate später zeigen.

Am 20. Juni 1948 war es endlich so weit. An die Stelle der Reichsmark, die als Zahlungsmittel längst jede Bedeutung eingebüßt hatte, trat die Deutsche Mark, die DM. Die von den westalliierten Siegermächten initiierte Sanierung der Währung wirkte Wunder. Über Nacht füllten sich die Schaufenster der Geschäfte mit Waren. Die schlimmsten Engpässe der Versorgung mit Lebensmitteln konnten, auch wenn die Bewirtschaftung fortbestand, in kurzer Zeit beseitigt werden. Die Industrie kam auf Touren. Der Wiederaufbau der zerstörten Wohnviertel begann. Sicher hätte die Währungsreform nicht den wirtschaftlichen Erfolg gehabt, wäre sie nicht von dem von den USA großzügig finanzierten europäischen Wiederaufbauprogramm des Marshallplans flankiert worden, in das die amerikanische, die britische und die französische Besatzungszone Deutschlands einbezogen wurden. Ein weiteres die wirtschaftlichen Auftriebskräfte verstärkendes Moment kam hinzu: die von dem Direktor der Wirtschaft der Bizone, dem späteren Bundeswirtschaftsminister und Bundeskanzler Professor Dr. Ludwig Erhard, getroffene, damals von vielen Politikern und Wirtschaftlern sehr kritisch beurteilte Entscheidung für die soziale Marktwirtschaft.[60]

Ein Teil der Bevölkerung bekam zunächst mehr die negativen Auswirkungen der Währungsreform als deren positive zu verspüren. Das neue Geld war knapp, die Löhne stagnierten auf niedrigem Niveau. Andererseits erhöhten sich die Preise für Nahrungsmittel und Güter des täglichen Bedarfs. Die Folge war eine weit verbreitete unzufriedene Stimmung, ja Verbitterung, die noch dadurch anwuchs, dass sich die Geschäfte plötzlich mit einem vielfältigen Angebot bislang zurückgehaltener Waren präsentierten. Am 28. Oktober 1948 veranstalteten die Gewerkschaften auf dem Karlsplatz eine stark besuchte Protestkundgebung. Hans Stetter, der Vorsitzende des Ortsausschusses der Gewerkschaften, übte Kritik an der Wirtschaftspolitik Erhards und verlangte eine radikale Kursänderung. Er forderte eine Überwachung der gesamten Produktion, feste Verkaufspreise für die dringend benötigten Bedarfsartikel sowie scharfe Maßnahmen gegen Wucherer, Preistreiber und Steuerhinterzieher. Auch die Demontagen und die hohen Besatzungskosten prangerte er an. Im Anschluss an die diszipliniert verlaufene Kundgebung wurden von randalierenden jungen Leuten etliche Schaufenster eingeschlagen und Autos der Besatzungsmacht mit Steinen beworfen. Die US-Militärpolizei griff ein und nahm ebenso wie die deutsche Polizei eine Anzahl Verhaftungen vor. Auf Anordnung von General Clay, dem US-Militärgouverneur für Deutschland, der Stetters Rede als provozierend empfand und die Sicherheit der Besatzungsmacht gefährdet sah, musste der Direktor der Militärregierung Württemberg-Baden Charles M. LaFollette für die Stadt Stuttgart ein Ausgeh- und Versammlungsverbot erlassen. Vergeblich bemühte sich Oberbürgermeister Klett um eine Zurücknahme des Verbots, das nicht nur politisch unklug war, sondern das auch dem kulturellen und wirtschaftlichen Leben schweren Schaden zufügte. Präsident Wilhelm Keil stellte am 4. November 1948 im Landtag fest, die Protestkundgebung der Gewerkschaften gegen den Preiswucher sei legal und berechtigt gewesen. Er verurteilte aber die auf das Konto einiger junger Menschen gehenden sinnlosen Gewalttätigkeiten. Dr. Wolfgang Haußmann verlangte, dass die gegen die Stadt Stuttgart verhängten Strafmaßnahmen, die er einen Rückfall in die unmittelbare Nachkriegszeit nannte, so rasch wie möglich rückgängig gemacht würden. Das Ausgehverbot wurde nach acht Tagen wieder aufgehoben, das Versammlungsverbot am 15. November. Ein amerikanisches Militärgericht verurteilte vier Unruhestifter zu hohen Strafen.[61] Der Direktor der Landesmilitärregierung LaFollette, eine Persönlichkeit, die sich durch ihren ausgeprägten Sinn für Recht und Gerechtigkeit hohes Ansehen in der Bevölkerung erworben hatte, war übrigens mit dem harten Vorgehen General Clays keineswegs einverstanden. In einem Brief an Oberbürgermeister Klett bedauerte er die Überreaktion der Besatzungsmacht, und er sprach der Stuttgarter Einwohnerschaft ausdrücklich seine Anerkennung dafür aus, dass sie die Ausgangsbeschränkungen so verständnisvoll auf sich genommen habe. Diese vorbildliche Haltung der Bürger der Stadt habe die in Stuttgart lebenden Amerikaner veranlasst, sich freiwillig gleichfalls den Ausgangsbeschränkungen zu unterwerfen.

LaFollette schloss seinen Brief mit dem bemerkenswerten Wunsch: »Ich hoffe, dass die so bewiesene Zusammenarbeit zwischen den Stuttgarter Bürgern und den Vertretern der Vereinigten Staaten in Zukunft Bestand haben wird.« Wenige Wochen später gab er sein Amt auf und kehrte in die USA zurück. Den Anstoß dazu dürften seine Meinungsverschiedenheiten mit General Clay in grundsätzlichen Fragen der US-Besatzungspolitik gegeben haben.[62]

Die Währungsreform vermittelte dem Wiederaufbau starke Impulse. So konnten jetzt wichtige Verkehrsbauten rasch abgeschlossen werden. Bei der Einweihung der wieder erstellten König-Karls-Brücke in Bad Cannstatt am 27. September 1948, an der Ministerpräsident Dr. Reinhold Maier und der Direktor der Landesmilitärregierung Charles M. LaFollette teilnahmen, verlieh Oberbürgermeister Klett der neuen Zuversicht Ausdruck. »Vorwärts schauend«, erklärte er, »wollen wir in Gegenwart und Zukunft stets dessen eingedenk sein, dass auch der schwierigste Brückenbau in noch so schwerer Zeit mit Geschick und Ausdauer, mit ehrlichem Bemühen und Tatkraft eben doch gelingt, wenn wir weiterkommen wollen.« Der Oberbürgermeister sprach von der Hoffnung und von dem Glauben in eine bessere Zukunft. Er beschwor angesichts des hier zu Stande gebrachten Brückenbaus den »Brückenschlag zwischen den Völkern Europas und der Welt«: ein fest gefügtes Bauwerk dauerhaften Friedens zwischen allen Völkern.[63]

Nach der Fertigstellung einer Behelfsbrücke über den Neckar hatte Stuttgart am 14. Januar 1946 wieder in den Schnellzugverkehr einbezogen werden können. Zuvor war Kornwestheim die provisorische Schnellzugstation der Landeshauptstadt gewesen.[64] Als dann am 13. Juni 1946 die Rosensteinbrücke wieder eingleisig befahrbar war, ließ es sich Oberbürgermeister Klett nicht nehmen, zusammen mit Oberst Jackson die erste Fahrt über die Brücke mitzumachen.[65] Danach dauerte es allerdings zweieinhalb Jahre, bis am 3. Dezember 1948 der zweigleisige Ausbau der Rosensteinbrücke abgeschlossen war.[66]

Der Stuttgarter Flughafen in Echterdingen wurde erst im Herbst 1948 von der Besatzungsmacht für den Zivilluftverkehr freigegeben. Als erstes Zivilflugzeug landete am 3. Oktober 1948 eine von München kommende Maschine der »Pan American World Airways«, der PAA, auf dem Echterdinger Flugplatz. Der an Bord der Maschine gewesene Stuttgarter Oberbürgermeister begrüßte nach der Landung die versammelten Ehrengäste. In seiner Ansprache nannte er die Wiedereinbeziehung Stuttgarts in den Luftverkehr ein bedeutsames Ereignis.[67] Zwei andere ausländische Fluggesellschaften bezogen noch 1948 die württemberg-badische Landeshauptstadt in ihr Verkehrsnetz ein: die »Scandinavian Airlines (SAS)« und die »Königlich Niederländische Luftverkehrsgesellschaft (KLM)«. 1949 folgte die »Schweizer Luftverkehrs AG (Swissair)«. Im gleichen Jahr ging der Flughafen in deutsche Verwaltung über.[68]

Ein stark nach außen wirkender Oberbürgermeister

Für Arnulf Klett stand außer Frage, dass es dem Ansehen und dem politischen Gewicht Stuttgarts förderlich war, wenn er Aufgaben und Ämter übernahm, die überregionalen Charakter hatten. Kommunalpolitische Zielsetzungen mussten im kollegialen Gespräch präzisiert und in gemeinsamem Bemühen verwirklicht werden. Dazu bedurfte es Arbeitsgruppen und Gremien. Die Städte in Württemberg-Baden, ja in den drei westlichen Besatzungszonen hatten ähnliche Probleme zu bewältigen, standen vor gleichartigen Herausforderungen. Hier galt es, gemeinsame Anstrengungen zu unternehmen und nach Lösungen zu suchen.

Zunächst bedurfte das neugebildete, noch recht unfertige US-Besatzungsland Württemberg-Baden des Sachverstands führender Kommunalpolitiker. Arnulf Klett wurde im Januar 1946 in die Vorläufige Volksvertretung berufen. Er gehörte dort dem Ständigen Ausschuss und dem Verfassungsausschuss an.[69] Auch wenn er sich später nicht in die Verfassunggebende Landesversammlung wählen ließ, hatte er doch Anteil an der Erarbeitung des ersten Entwurfs der Landesverfassung.

Am 29. März 1947 wurde er zum Vorsitzenden des mit auf seine Initiative gegründeten württemberg-badischen Städtetags gewählt. Wenige Monate später, im Juli 1947, erlangte er im neuen Deutschen Städtetag einen Sitz im Präsidium und einen im Hauptausschuss; außerdem wurde er Vorsitzender des Bauausschusses.[70] Am 19. September 1948 machte ihn der Württembergische Landesverein vom Roten Kreuz zu seinem Präsidenten, zwei Wochen später wurde er Präsident des Roten Kreuzes von Württemberg-Baden. Im Oktober jenes Jahres übertrug ihm der Deutsche Städtetag die Präsidentschaft des Hilfswerks Berlin. Die von ihm veranlasste Rote-Kreuz-Sammlung Anfang Dezember 1948 und sein gleichzeitiger Aufruf zur Aufnahme erholungsbedürftiger Berliner Kinder waren ein beachtlicher Erfolg.[71]

Auf der dritten interzonalen Städtekonferenz in Stuttgart-Hohenheim (Schloss) hielt Oberbürgermeister Klett am 16. November 1946 einen Vortrag über das Thema »Die Notwendigkeit des Friedensschlusses für Volk und Wirtschaft – Die Städte in Erwartung der Friedensverhandlungen«. Sein Anliegen: Die Deutschen sollten möglichst bald klare Perspektiven für ihre Zukunft bekommen, damit sie das Chaos der Niederlage überwinden und Neues schaffen könnten. Hierbei beklagte er, dass die Menschen von den bedrängenden Problemen der extremen Notsituation, von der Sorge um Nahrung, Kleidung, Heizung und Wohnung, so sehr beherrscht würden, dass die meisten »über den Tagesnöten die Probleme unserer Zukunftsgestaltung nicht einmal sehen«.[72]

Für außerordentlich wichtig hielt Oberbürgermeister Klett das Bemühen um Kontakte zum Ausland. Höchst willkommen waren ihm deshalb die ersten Besuche von bekannten Persönlichkeiten aus Großbritannien und den USA, die hierher kamen, um sich persönlich ein Bild von den Verhältnissen in Deutschland zu machen. Im Januar 1947 konnte er den renommierten englischen Sozialpolitiker Lord William Beveridge in Stuttgart begrüßen, einen Monat später Herbert Hoover, den ehemaligen US-Präsidenten. Hoover sollte im Auftrag von Präsident Truman die Voraussetzungen für eine umfassende Lebensmittelhilfe in allen von der Hungersnot in der Welt betroffenen Gebieten prüfen. Am 23. Oktober 1948 hielt auf Einladung des Ärztinnenbundes Württemberg-Baden Frau Eleanor Roosevelt, die Witwe des US-Präsidenten Franklin Delano Roosevelt, während eines zweitägigen Aufenthalts in Stuttgart einen Vortrag in deutscher Sprache, in dem sie das Wesen der Demokratie als Glaube an das Recht der Selbstbestimmung beschrieb. Sie rief die Frauen auf, sich im öffentlichen Leben zu engagieren, ihre Kinder zu eigenständigen Charakteren zu erziehen und an den Grundsätzen der Demokratie festzuhalten. Nach der Besichtigung von Flüchtlings- und DP-Lagern zeigte sie sich auf einer Pressekonferenz fest davon überzeugt, dass die deutsche Bevölkerung den Glauben an die Zukunft wieder gewonnen habe und dass sie die derzeitigen Schwierigkeiten überwinden werde. Oberbürgermeister Klett, der Frau Roosevelt bei ihrem Besuch im amerikanischen Rotkreuz-Club begrüßt hatte, hörte solche aufmunternde Worte aus dem Mund der einstigen First Lady der USA gerne; sie entsprachen seiner optimistischen Weltsicht, und er hoffte, dass sie auch seinen Stuttgartern neuen Auftrieb gäben.[73]

Die Isolation zu sprengen, in der sich die deutschen Städte gegenüber den ausländischen Kommunen, namentlich gegenüber den Städten der ehemaligen Feindstaaten, befanden, war schwierig. Doch Arnulf Klett gab sich auch hier zuversichtlich. Wesentlich seiner Initiative war es zu verdanken, dass sich im Juni 1948 auf dem Mont Pélerin nahe Vevey im Schweizer Kanton Waadt erstmals nach dem Krieg deutsche und französische Bürgermeister trafen und die Internationale Bürgermeister-Union gründeten, zu deren Vizepräsident er am 9. September 1951 gewählt wurde.[74]

Über den mit ihm befreundeten Hans-Joachim Schmidtgen, der Verwandte in St. Helens in England hatte, gelang es Arnulf Klett, den Lordmayor, den Oberbürgermeister, von St. Helens, Walther Marshall, zu einem Besuch in Stuttgart zu bewegen.[75] Am 3. September 1948 kam Marshall mit mehreren Mitarbeitern in die württemberg-badische Landeshauptstadt. Klett veranstaltete zu Ehren der englischen Gäste eine Festsitzung des Gemeinderats, bei der auch der württemberg-badische Innenminister Fritz Ulrich anwesend war. Marshall bezeichnete seinen Besuch in Stuttgart als »eine Mission guten Willens«, und Klett gab seiner Freude Ausdruck, dass erstmals ein Ausländer ohne Befehls- und Kontrollgewalt an einer Sitzung des Stuttgarter Gemeinderats teilnehme. Es sei, erklärte er, zwar nicht Aufgabe der Kommunen, große Politik oder gar Außenpolitik zu betreiben, aber wenn es die Kommunen fertig brächten, »auf dieser schlichten menschlichen Ebene mit fortschreitender Zeit ein festes

Fundament gegenseitiger Toleranz und damit der Verständigung zu schaffen, werden es die Männer und Frauen, die in unseren Ländern für die großen Geschicke verantwortlich sind, erheblich leichter haben«.[76]

Mit Elan beim Wiederaufbau Stuttgarts (1949 bis 1953)

Die Gründung der Bundesrepublik Deutschland und das Ende der Militärregierungszeit

Mit großer Zuversicht ging Oberbürgermeister Klett in das Jahr 1949. In einem Neujahrsgespräch mit der *Stuttgarter Zeitung* bezeichnete er das bevorstehende Jahr als den Beginn des Wiederaufbaus. Mit Währungsreform und Marshallplan waren dafür günstige Rahmenbedingungen gegeben. Hinzu kam, dass sich die Konturen eines westdeutschen Bundesstaats abzeichneten, nachdem der mit der Berlin-Blockade im Sommer 1948 eskalierende Kalte Krieg zwischen den Westmächten und der Sowjetunion die Schaffung eines demokratischen deutschen Gesamtstaats verhindert hatte. Seit Herbst 1948 erarbeitete ein aus Abgeordneten der Landtage der drei Westzonen gebildeter Parlamentarischer Rat eine Verfassung für die künftige Bundesrepublik Deutschland. Diese Verfassung, unser heutiges Grundgesetz, trat, nachdem sie von den westdeutschen Landtagen mit Ausnahme des bayerischen Parlaments gebilligt worden war, am 23. Mai 1949 in Kraft. Am 14. August 1949 fanden die Wahlen zum Ersten Deutschen Bundestag statt. Dieser konstituierte sich am 7. September 1949 in Bonn. Die fünf Tage darauf zusammengetretene Bundesversammlung (die Mitglieder des Bundestags und die gleiche Zahl von den Landtagen entsandte Wahlmänner) wählte den FDP/DVP-Abgeordneten Professor Dr. Theodor Heuss, den ersten württemberg-badischen Kultminister, zum Bundespräsidenten. Am 15. September ging der CDU-Abgeordnete Dr. Konrad Adenauer aus der Wahl des Bundestages als erster Bundeskanzler hervor, der dann am 20. September dem Parlament sein aus Angehörigen der CDU/CSU, FDP/DVP und DP (Deutsche Partei) gebildetes Kabinett vorstellte. Am folgenden Tag trat das Besatzungsstatut in Kraft. Mit ihm endete für Westdeutschland die knapp viereinhalbjährige Militärregierungszeit. An die Stelle der Militärgouverneure der USA, Großbritanniens und Frankreichs traten Hohe Kommissare, auf Landesebene waren es Landeskommissare. In Stuttgart wurde der seitherige Direktor der Militärregierung Württemberg-Baden, General Charles P. Gross, US-Landeskommissar.[1]

Auch nach der Gründung der Bundesrepublik Deutschland besaßen die Amerikaner, Briten und Franzosen noch immer umfassende Befugnisse, so namentlich im Bereich Außenpolitik, doch konnten nunmehr die Deutschen ihre staatlichen und gesellschaftlichen Verhältnisse weitgehend eigenständig gestalten. 1955, zehn Jahre nach Kriegsende, erlangte die Bundesrepublik schließlich die volle Souveränität.[2]

Dass Bonn, der Tagungsort des Parlamentarischen Rats, die Hauptstadt des westdeutschen Bundesstaats werden würde, stand zu Beginn des Jahres 1949 noch keineswegs fest. Als am 24. Januar 1949 die württemberg-badischen Abgeordneten des Parlamentarischen Rats Dr. Fritz Eberhard (SPD), Professor Dr. Theodor Heuss (FDP/DVP) und Felix Walter (CDU) an Oberbürgermeister Klett die Anfrage richteten, ob sich Stuttgart in der Lage sehe, Bundestag und Bundesregierung aufzunehmen, reagierte Klett spontan zustimmend. Er unterrichtete Ministerpräsident Maier schon am folgenden Tag darüber, dass Stuttgart diese Anfrage positiv beantworten werde. Damit trat die württemberg-badische Landeshauptstadt in Konkurrenz zu den Städten Bonn, Frankfurt am Main und Kassel, die sich gleichfalls um den Sitz von Bundestag und Bundesregierung bewarben. Am 29. Januar 1949 veröffentlichte Klett in der *Stuttgarter Zeitung* eine Denkschrift »Stuttgart als Bundeshauptstadt«. In dieser an den Präsidenten und den Ältestenrat des Parlamentarischen Rats adressierten Denkschrift legte er dar, dass Stuttgart gute Voraussetzungen als Bundeshauptstadt besitze. Das Neue Schloss biete sich als Residenz des Bundespräsidenten an. Außerdem könnten dort Bundeskanzler, Bundeskanzleramt sowie die Bundesregierung Aufnahme finden. Sollten für diese obersten Bundesbehörden weitere Räumlichkeiten benötigt werden, stehe der große Komplex der Akademie, der an das Neue Schloss anschließe, zur Verfügung. Darüber hinaus könnte man auf das Alte Schloss zurückgreifen. Schließlich gebe es auch noch das Landesgewerbemuseum und das Gustav-Siegle-Haus. Für Staatsempfänge eigneten sich der Kursaal Bad Cannstatt und das Schloss Solitude. Die Schwierigkeiten bei der Beschaffung von Wohnungen für die Bundestagsabgeordneten sowie für die Bundesbediensteten und deren Familien seien lösbar. Neben Hotels, Gaststätten und Privatunterkünften, die in bescheidener Zahl verfügbar seien, könnte ein Teil der Privatgebäude und Kasernen, die bislang noch von der Besatzungsmacht oder von ausländischen Zwangsverschleppten belegt seien, dafür in Anspruch genommen werden. Zudem ließe sich relativ rasch ein anspruchsvolles Wohnungsbauprogramm realisieren, die Pläne lägen vor. Die Stadt Stuttgart könne sich allerdings an dem auf 30 bis 40 Millionen DM geschätzten finanziellen Aufwand für diese Baumaßnahmen nicht beteiligen, denke aber, dass sich hier das Land Württemberg-Baden ähnlich großzügig zeige wie das Land Nordrhein-Westfalen, das entsprechende Mittel für den Fall in Aussicht gestellt habe, dass Bonn den Zuschlag als Bundeshauptstadt bekomme.[3]

Oberbürgermeister Klett zeichnete in seiner Denkschrift ein sehr euphorisches Bild von seiner Stadt. Fast könnte man sagen, der Zweck heiligte auch hier das Mittel. Dem war indes nicht so. Der von einem geradezu unverwüstlichen Optimismus erfüllte Mann glaubte in der Tat, dass Stuttgart in kurzer Zeit die baulichen Voraussetzungen für eine Unterbringung von Parlament und Regierung der Bundesrepublik schaffen könnte. Dass die Stadt noch weithin in Trümmern lag, dass weder Neues Schloss noch Akademie noch Gustav-Siegle-Haus noch ein anderes von ihm genanntes repräsentatives Gebäude in der Innenstadt intakt war, verursachte ihm kein Kopfzerbrechen.

Am 31. Januar 1949 hielt er in Gegenwart von Dr. Fritz Eberhard, Professor Dr. Theodor Heuss und Ministerialrat Felix Walter eine ungewöhnlich stark besuchte Pressekonferenz zum Thema Bundeshauptstadt Stuttgart ab. Hier schlug er etwas vorsichtigere Töne an. Er erklärte, mit seiner Denkschrift habe er die Stadt Stuttgart nicht offiziell als Bundeshauptstadt-Bewerberin ins Gespräch bringen wol-

len, er habe vielmehr dem Parlamentarischen Rat, der über die Frage zu entscheiden habe, welche Stadt die besten Voraussetzungen für die Aufnahme von Bundestag und Bundesregierung biete, lediglich sachdienliche Informationen über die württemberg-badische Landeshauptstadt übermitteln wollen. Stuttgart sei in gleicher Weise wie andere Städte bereit, sich einer solch wichtigen gesamtdeutschen Herausforderung zu stellen, und es könnte, falls es zur Bundeshauptstadt gewählt werden sollte, wie kaum eine andere Stadt Vorteile bieten, freilich könne es auch Vorteile für sich erhoffen und schaffen. Keine andere Stadt würde so leicht wie Stuttgart die Schwierigkeiten, die mit der Übernahme einer zentralen politischen Funktion in Westdeutschland verbunden seien, meistern. Die Aufnahme der Bundesregierung nähme den Stuttgartern keinen Wohnraum weg, im Gegenteil, die hereinfließenden Gelder versetzten die Stadt in die Lage, mit der »ihr eigenen Art, ihrem Tempo und ihrer schwäbischen Energie« den Wiederaufbau erheblich zu beschleunigen. Nicht gering zu achten sei auch der Deutschland-politische Vorteil, den eine Bundeshauptstadt Stuttgart besitze. Schon im Hinblick auf seine geographische Lage sei Stuttgart als Sitz von Bundestag und Bundesregierung lediglich ein Provisorium, das mit der in etlichen Jahren zu erwartenden deutschen Wiedervereinigung sein Ende finde. Der Oberbürgermeister ging schließlich davon aus, dass die Aufnahme der Regierungsorgane des Bundes der Stadt Stuttgart hinreichend Probleme verursache und dass die Stadt deshalb von weiteren finanziellen und sonstigen Belastungen verschont bleibe.[4]
Wie schon die Denkschrift so vermittelte auch die Pressekonferenz den Eindruck, dass Oberbürgermeister Klett eine große, ja einmalige Chance in der Wahl von Stuttgart zur provisorischen Bundeshauptstadt sah. Für ihn überwogen die Vorteile die Nachteile bei weitem. Vor Augen stand ihm der Entwicklungsschub auf wirtschaftlichem und kulturellem Gebiet. Bedeutsam erschien ihm ferner der politische Prestigegewinn.
Einen Verbündeten fand Oberbürgermeister Klett in Dr. Gebhard Müller, dem Staatspräsidenten von Württemberg-Hohenzollern und nachmaligen Ministerpräsidenten von Baden-Württemberg sowie späteren Präsidenten des Bundesverfassungsgerichts. Müller unter-

stützte sein engagiertes Votum für eine Bundeshauptstadt Stuttgart. Nicht so der württemberg-badische Ministerpräsident Dr. Reinhold Maier. Auf einer Pressekonferenz am 1. Februar 1949 warnte Maier. Stuttgart, äußerte er, würde sich eine schwere Last aufbürden, wenn es sich trotz bedrängender Wohnungsnot noch zur Aufnahme der Bundesregierung und zu der damit verbundenen Unterbringung der alliierten Kontrollbehörden verpflichte. Das Ziel der Stadt müsse es sein, die einheimische Wirtschaft zu stärken, nicht aber eine Anhäufung von Verwaltungsämtern anzustreben. Auch die Mehrheit der Stuttgarter Einwohnerschaft zeigte sich von der Aussicht, dass die Stadt Sitz der Bundesregierung werden könnte, keineswegs begeistert. Die Befürchtung, noch enger zusammenrücken zu müssen, sowie die Sorge, die in einem solchen Fall zu erwartenden alliierten Kontrollbehörden könnten zusätzlich zu den seit Jahren beschlagnahmten Gebäuden noch weitere Wohnsiedlungen in Anspruch nehmen, beunruhigten die Bevölkerung. Oberbürgermeister Klett gab sich in einer hart geführten öffentlichen Diskussion weiterhin zuversichtlich. Er räumte zwar Anfangsschwierigkeiten ein, glaubte aber, dass diese rasch zu bewältigen seien. Im Übrigen betonte er, dass Stuttgart in der deutschen Politik eine große Verpflichtung habe. Ein kleinliches Verhalten sei angesichts der bedrückenden gesamtdeutschen Situation gänzlich fehl am Platz. Auf lange Sicht werde Stuttgart für die Opfer, die es jetzt bringe, überreich entschädigt werden. In einem Schreiben vom 16. März an den Parlamentarischen Rat bekundete er ergänzend zu den bereits übermittelten Unterlagen bzw. Stellungnahmen Stuttgarts Interesse am Sitz der Bundesregierung, und am 25. März 1949 erklärte der Gemeinderat in einer Mehrheitsentscheidung die entsprechende Bereitschaft der Stadt, wobei er aber ausdrücklich von einer offiziellen Bewerbung absah.

Der Parlamentarische Rat entschied sich indes für Bonn als provisorischer Bundeshauptstadt. Die meisten Stuttgarter nahmen diese Entscheidung mit offenkundiger Erleichterung zur Kenntnis.[5] Für Oberbürgermeister Klett, der gewohnt war, nach vorne zu schauen, war das Kapitel »Bundeshauptstadt« gleichfalls abgeschlossen, obwohl er auch später sein Bedauern über die Stuttgart entgangene Chance nicht immer unterdrücken konnte. Bei der Verabschiedung des nunmehrigen

Bundespräsidenten Theodor Heuss am 1. Oktober 1949 durch die Stadt Stuttgart im Kleinen Kursaal in Bad Cannstatt erklärte er in seiner sehr herzlich gehaltenen Ansprache: »Wenn wir schon nicht Bundeshauptstadt sind, dann betrachten Sie Ihr Schwabenland und unser Stuttgart als eine Zuflucht, wenn es einmal zu arg wird ..., und wir versichern Ihnen, dass das Kleinod, von dem einst der Graf im Bart sprach, auch für den Bundespräsidenten gilt.«[6]

Wie andere seiner Landsleute schmerzte Arnulf Klett die deutsche Teilung. Nach der Gründung der Bundesrepublik und der Deutschen Demokratischen Republik im Herbst 1949 bemühte er sich, den Kontakt zu den Menschen in Ostdeutschland nicht abreißen zu lassen. Im Januar 1950 unternahm er zusammen mit Bürgermeister Hirn und einer Delegation des Gemeinderats eine Art kommunalpolitische Reise über Bad Elster und Plauen nach Dresden, Leipzig und Chemnitz. Er war sich bewusst, dass die Reise im Hinblick auf die Ost-West-Spannungen leicht missgedeutet werden könnte. Dies focht ihn aber nicht an. Auf einer Pressekonferenz meinte er, dieser erste Versuch, mit den Menschen jenseits des Eisernen Vorhangs ins Gespräch zu kommen, erscheine ihm nützlich. Überall, so schilderte er, seien er und seine Begleitung mit großer Herzlichkeit empfangen worden. Freilich habe es dafür recht unterschiedliche Anlässe und Beweggründe gegeben. Zusammengekommen seien sie mit vielen Kommunalpolitikern sowie mit Vertretern der verschiedensten Gruppen und Organisationen, und sie hätten in den Gesprächen nicht nur Interessantes erfahren, sondern auch manche Anregungen erhalten. Bürgermeister Hirn zeigte sich bedrückt über die wirtschaftlichen Verhältnisse in Ostdeutschland. Immer noch, berichtete er, sei beinahe alles bewirtschaftet, und fast an allem herrsche Mangel. Im Baugewerbe gebe es beispielsweise kaum Nägel, es fehle an Zement, an Baggern und Kränen, die Trümmerbeseitigung erfolge fast ausschließlich in Handarbeit.[7]

Leider blieb es bei dieser einen Reise einer Stuttgarter Gemeinderatsdelegation. Die Eskalation des Kalten Krieges beschränkte Kontakte zwischen Städten West- und Ostdeutschlands in den beiden folgenden Jahrzehnten auf ein Minimum.

Stuttgart wird Hauptstadt des neuen Südweststaats

Die deutschen Politiker aller Couleur waren sich einig, dass die vor allem auf das Konto der Amerikaner gehende Schaffung der drei durch die Autobahn Karlsruhe-Stuttgart-Ulm voneinander getrennten künstlichen Besatzungsländer Württemberg-Baden, (Süd-)Baden und (Süd-)Württemberg-Hohenzollern im Herbst 1945 nicht von Dauer sein konnte. Es gab zwei Lösungsmöglichkeiten: Wiederherstellung der Vorkriegsländer Baden und Württemberg einschließlich des früher preußischen Hohenzollerns oder Bildung eines gemeinsamen südwestdeutschen Staates. Lange waren den Deutschen die Hände gebunden; sie hatten sich mit den von den Siegermächten geschaffenen Fakten abzufinden. Dies änderte sich erst, als am 1. Juli 1948 der amerikanische, der britische und der französische Militärgouverneur den Weg zu einer territorialen Neugliederung Südwestdeutschlands freigaben. Eine zukunftweisende Südweststaatlösung lag nahe. Doch gegen diese gab es heftige Widerstände. Viele Politiker insbesondere in Baden setzten sich für eine Wiederherstellung der traditionsreichen Länder Baden und Württemberg ein. Mehr als drei Jahre, von 1948 bis 1951, erregten die Auseinandersetzungen für und wider den Südweststaat die Gemüter. Erst die durch den Bundesgesetzgeber ermöglichte und am 9. Dezember 1951 durchgeführte Volksabstimmung beendete sie. Eine Mehrheit der Wähler entschied sich entsprechend dem gesetzlich vorgegebenen Abstimmungsmodus für die Bildung eines gemeinsamen Staates im deutschen Südwesten. Dieser trat am 25. April 1952 mit der Wahl des seitherigen württemberg-badischen Ministerpräsidenten Dr. Reinhold Maier zum ersten Regierungschef des neuen Bundeslandes durch die Verfassunggebende Landesversammlung und mit der Bekanntgabe der Namen der Mitglieder der ersten provisorischen Landesregierung durch Dr. Maier ins Leben. Stuttgart – und dies begrüßte dessen Oberbürgermeister sehr – wurde Sitz der Regierung und des Parlaments des südwestdeutschen Gesamtstaats, der sich den Namen Baden-Württemberg beilegte. Anderthalb Jahre nach seiner Gründung gab sich das neue Land eine Verfassung; sie wurde am 19. November 1953 mit einem Staatsakt im Großen Haus der Württembergischen Staatstheater in Kraft gesetzt.[8]

Ein repräsentatives Landtagsgebäude erhielt Baden-Württemberg erst 1961. An der feierlichen Einweihung des Landtagneubaus am 5./6. Juni jenes Jahres nahm Oberbürgermeister Klett als Ehrengast teil.[9] Um ein gutes Einvernehmen zwischen Regierung bzw. Parlament und den Kommunen, insbesondere auch zur Landeshauptstadt Stuttgart, zu gewährleisten, das in der Vergangenheit oft zu wünschen übrig gelassen hatte, wurde beim Innenministerium Baden-Württemberg ein kommunaler Beirat, ein Novum in der Bundesrepublik, gebildet. Er hatte bei der Behandlung aller wichtigen Fragen des Gemeindeverfassungsrechts, des Finanzrechts und des kommunalen Beamtenrechts beratend mitzuwirken. Als Vertreter der Stadt Stuttgart gehörte ihm Oberbürgermeister Klett an.[10]

Ein nach vorne schauender, ungemein umtriebiger Oberbürgermeister

Der Dichter Thomas Mann unternahm im Dezember 1949 eine Reise durch die Bundesrepublik. Hierbei traf er auch mit den Oberbürgermeistern der Städte Frankfurt am Main, Stuttgart, München und Nürnberg, Kolb, Klett, Wimmer und Ziebill, zusammen, und er zeigte sich von den Leistungen dieser »vorzüglichen Männer und ehrlichen Patrioten« tief beeindruckt. Sie opfern sich auf, so stellte er anerkennend fest, im Dienst ihrer Gemeinden, ihres Landes und seines moralischen und physischen Wiederaufbaus. Die bekannten Eigenschaften des deutschen Volkes, Fleiß, Tüchtigkeit, zäher Lebenswille, kommen ihnen dabei zu Hilfe.[11]
Wenige Monate zuvor, am 26. Mai 1949, hatte *Der Spiegel* ein Porträt von Oberbürgermeister Klett veröffentlicht,[12] das trotz mancher scharfzüngiger Bosheit dem vitalen, »schaffigen« und unbürokratischen Stuttgarter Stadtoberhaupt den Respekt für dessen Leistung in den ersten vier Nachkriegsjahren nicht versagte. Klett habe, so wurde hier festgestellt, entscheidenden Anteil daran gehabt, dass Stuttgart die erste deutsche Großstadt gewesen sei, in der man nachts ohne Gefahr für Leib und Leben auf der Straße habe gehen können, dass Stuttgart schneller als andere Städte vom Schutt geräumt worden sei

und dass man durch Trümmerverwertung zusätzliches Baumaterial gewonnen habe. Ihn habe die Frage wenig umgetrieben, ob legal oder illegal gebaut worden sei, ihn habe nur interessiert, dass aufgebaut werden konnte. Kein Wunder daher, wenn in Stuttgart schon 1946 50 000 Räume in Stand gesetzt worden seien.

Das Titelbild der *Spiegel*-Nummer vom 26. Mai 1949 zeigte Klett, wie er vor dem Spiegel die für ihn charakteristische, mit einer Perle verzierte Fliege prüfte. Dieser »geradezu zum Körperteil gewordene Schleifenbinder« sei, so *Der Spiegel*, für ihn »zum Symbol ungebrochener Unternehmungslust in seinem administrativen Amte« geworden. Die Zeitschrift bezeichnete Klett als Mann des »Commonsense«, »wenn auch von unglaublich geringer Menschenkenntnis und Gutgläubigkeit« – eine Feststellung, die allenfalls recht eingeschränkt zutraf. Der Stuttgarter Oberbürgermeister, schrieb *Der Spiegel* weiter, sei bereit, Pläne selbst dann anzuhören, wenn sie noch so ungewöhnlich klängen. Im Gegensatz zu seinen Schwaben besitze er eine Antenne für Neuerungen. Sobald er von solchen höre, tue er alles, um Näheres über sie zu erfahren. Beispielsweise habe er einige Sachverständige umgehend nach Frankfurt geschickt, als er Kenntnis von einem dort neu angewandten Trümmerverwertungsverfahren erlangt habe. Mit der Bürokratie stehe er auf Kriegsfuß. Als ein junger Bursche in Bad Cannstatt ein von einer Brücke in den Neckar gefallenes kleines Mädchen unter Lebensgefahr aus dem Wasser gezogen habe, wobei ihm sein einziges Paar Schuhe, das er auf der Brücke zurückgelassen habe, gestohlen worden sei, habe Klett das Wirtschaftsamt angerufen und dieses angewiesen, dem jungen Burschen raschestens ein Paar neue Schuhe zu beschaffen. Bezugschein interessiere nicht, habe er erklärt. Wenn der passionierte Autofahrer irgendwo in der Straße ein Loch entdecke, notiere er dies, und das Tiefbauamt erhalte einen Anpfiff. Ein weißes Ersatzhemd und mehrere Paar Schuhe habe er in seinem Büro stets zur Verfügung, damit er »je nach Feierlichkeit oder Profanität des Anlasses« in Erscheinung treten könne. Hinter seiner verbindlichen Glätte aber verberge sich eine ungewöhnliche Hartnäckigkeit. Dies beweise er bei schwierigen Verhandlungen.

Seiner schlechten Menschenkenntnis sei es zuzuschreiben gewesen, wenn er davon völlig überrascht gewesen sei, dass bei der Oberbürgermeisterwahl am 7. März 1948 sein engster Mitarbeiter, der SPD-Politiker und gewiefte Verwaltungsmann Josef Hirn, gegen ihn kandidiert habe. Die Lage des Parteilosen angesichts der geballten Macht mehrerer politischer Parteien sei zunächst hoffnungslos gewesen. Doch seine Improvisationsgabe, sein Ideenreichtum sowie seine unübertreffliche Schlagfertigkeit in Wort und Schrift hätten schnell das Blatt gewendet und ihm den Sieg verschafft. Sofort danach habe er seinem Widersacher Hirn die Hand zur Versöhnung gereicht und wiederum mit ihm vertrauensvoll zusammengearbeitet, wie wenn nichts geschehen wäre. Die Parteien hätten ihr Fiasko bis heute nicht verdaut. Persönliche Eitelkeit könne man Klett kaum nachsagen. Er beanspruche gesellschaftlich keine Rolle. Auch sei er bei Versammlungen und Konferenzen froh, wenn andere etwas Vernünftiges sagten. Die Fähigkeit, zu Gunsten anderer schweigen zu können, mache ihn bei seinen Kollegen im Städtetag beliebt. Er sei ein Mann ohne Dogmen. Wenn er regelmäßig in die Kirche gehe, so entspringe dies weniger einem inneren Bedürfnis als der Tradition des Elternhauses. Er sei sozial, ohne Karl Marx studiert zu haben, und er sei »höflich aus einem verbindlichen Wesen heraus«.

Lustig machte sich *Der Spiegel* darüber, dass »edle Spender«, Bürger, die anonym bleiben wollten, dem Oberbürgermeister und seinem Stellvertreter im Frühjahr 1949 von dem Schwäbisch Gmünder Professor Fritz Möhler geschaffene Amtsketten im Wert von 25 000 bis 30 000 DM gestiftet hätten. Lediglich der Ältestenrat (des Gemeinderats) sei eingeweiht gewesen. Als dann aber der Gemeinderat auf die Angelegenheit aufmerksam geworden sei, habe Oberbürgermeister Klett Rechenschaft ablegen müssen. Und das Stadtoberhaupt habe sich gewundert, warum sich der Gemeinderat denn so errege, die Ketten seien doch nur ein Geschenk von Bürgern gewesen, die der Stadt eine kleine Freude hätten machen wollen; der städtische Haushalt sei nicht belastet worden. Allein, der Gemeinderat habe die Annahme der Ketten untersagt. Der Oberbürgermeister habe dies achselzuckend zur Kenntnis genommen und die Sache für erledigt erklärt.

Am 23. April 1950 gab Oberbürgermeister Klett im Großen Haus der Württembergischen Staatstheater einen Rechenschaftsbericht über die letzten fünf Jahre. Die Zahlen, die er nannte, reihten sich wie Erfolgsmeldungen aneinander. Freilich verschwieg er auch die Schwierigkeiten und Probleme nicht, mit denen die Stadt zu kämpfen hatte. Der Hunger und der Mangel an Gütern des täglichen Bedarfs waren kein Thema mehr, sehr wohl aber die vorläufig kaum lösbare Wohnungsnot. Im Frühjahr 1950 kam ein Wohnraum auf 1,3 bis 1,4 Personen. Dabei hatte sich seit 1945 die Zahl der Wohnräume um 75 420 vermehrt. Für sozial schwache Familien waren 2 217 preiswerte städtische Wohnungen in Stand gesetzt (1 100) oder neu errichtet worden (1 117). Die Stadt hatte 17 353 Baugesuche genehmigt, 441 000 Quadratmeter Straßen in Stand gesetzt und 15 000 Quadratmeter neue erbaut. Mehr als 2 Millionen Kubikmeter Schutt waren abgeräumt worden. Die TWS lieferten heute mehr Gas, elektrischen Strom und Wasser als vor dem Krieg (1938 Indexzahl 100, jetzt 104, 107 und 146). Die Wirtschaft lief auf vollen Touren. Ende 1945 erzielten 415 Betriebe mit insgesamt 61 000 Beschäftigten einen Umsatz von 407 Millionen RM, vier Jahre später 709 Industriebetriebe (mit zehn und mehr Mitarbeitern) mit 87 565 Beschäftigten einen Gesamtumsatz von 1 274 Millionen DM. Sehr belastet war die Stadt Stuttgart während der vergangenen fünf Jahre durch Besatzungskosten: von 1945 bis zur Währungsreform 214,02 Millionen RM, vom 20. Juni 1948 bis März 1950 130,96 Millionen DM, also monatlich durchschnittlich 5,7 Millionen RM bzw. 6,23 Millionen DM. Ein hohes Arbeitspensum hatte seit 1946 der Gemeinderat bewältigt: 90-mal hatte das Plenum getagt, 277-mal die Verwaltungsabteilung, 287-mal die Technische Abteilung, 263-mal die Wirtschaftsabteilung und 191-mal die Sozialabteilung. Trotz rigoroser Streichungen ließ sich der städtische Haushalt 1950 nicht ausgleichen. Ein Einnahmendefizit von 1,85 Millionen DM blieb.[13]

Dieses Haushaltsdefizit konnte aber in dem im Oktober 1950 verabschiedeten Ergänzungshaushaltsplan beseitigt werden. Insgesamt betrieb die Stadt eine solide Haushaltspolitik. »Stuttgart«, so stellte ein Gutachten des Bonner Instituts »Finanzen und Steuern« fest, »kann sich glücklich schätzen, über ein gesundes Finanzwesen zu verfügen«.[14] Wenn die Stadt nach der Währungsreform einen so unerwartet raschen Aufschwung genommen hatte, so war dies nach der Überzeugung von Oberbürgermeister Klett das Verdienst der Stuttgarter Bevölkerung, die sich schon im Jahr 1945 aus Lethargie und Verzweiflungsstimmung befreit hatte. Wesentlichen Anteil am »Erfolg« hatten aber auch, wie der Oberbürgermeister meinte, Gemeinderat sowie die Bediensteten der städtischen Verwaltung und Betriebe, und nicht zuletzt war es »die Auswirkung der wohl wollenden und fürsorglichen Haltung einer Reihe von Männern der Wirtschaft, des kulturellen und kirchlichen Lebens, des Staates und neuerdings des Bundes«.[15]

Recht hatte Arnulf Klett, wenn er im Rückblick äußerte, die Zeit des »Normalverbrauchers«, also die Zeit des Hungers und der materiellen Not, erscheine schon jetzt »fast wie ein Märchen«.[16] Doch ihn bedrückten andere Sorgen. In einer Rundfunkansprache verlieh er ihnen Ausdruck: »Auf den ersten Blick wäre man geneigt, eine jubelnde Hymne auf den in diesen fünf Jahren erzielten Fortschritt anzustimmen. Die Dinge sind oft so rasch von sich gegangen, dass wir heute schon Mühe haben, uns vorzustellen, wie wir vor ein paar Jahren gelebt haben. Aber wir fragen uns ... auch einmal mit aller Offenheit, ob diesen materiellen Leistungen ein entsprechender Fortschritt in unseren menschlichen Beziehungen gegenübersteht. Wenn wir uns nicht selbst betrügen wollen, dann müssen wir auf dem Gebiete unseres menschlichen Zusammenlebens eine Bilanz ziehen, die den Vergleich mit unseren Leistungen auf materiellem Gebiet zu scheuen hat. Egoismus und im günstigeren Fall Missverständnisse beherrschen die Szene. Das Verhältnis des Einzelnen zu einer Behörde oder ebenso der Behörde zum Einzelnen hat gelegentlich die Formen des Kalten Bürgerkriegs angenommen. Wir erleben das tragische Spannungsverhältnis zwischen Besitzenden und Nichtbesitzenden, zwischen Menschen, die ohne jedes persönliche Verschulden in äußerste Not geraten sind, und Menschen, die ohne Eigenverdienst durch ein ebenso blindes, aber gütiges Schicksal von allen Leiden verschont geblieben sind. Unser ganzer materieller Aufbau wird ein Nichts sein, wenn es uns nicht gelingt, die menschlichen Beziehungen zu verbessern. Die Besinnung auf das schlichte menschliche Gefühl sollte der Anfang unseres Neubeginns sein ...«[17]

Dies waren deutliche Worte. Der stürmische wirtschaftliche Aufschwung seit 1948 hatte einseitig das Streben nach materiellen Wer-

ten begünstigt. Die menschliche Solidarität während der Notzeit hatte einem eigensüchtigen Raffen und zum Teil einer Ellbogengesellschaft Platz gemacht, in der vor allem der wirtschaftliche Erfolg zählte. Die Schwachen und die durch Krieg und Vertreibung besonders hart getroffenen Menschen blieben gewissermaßen draußen vor der Tür, erlangten keinen Anteil am wachsenden wirtschaftlichen Wohlstand. Dank eines demokratisch legitimierten verantwortungsbewussten Gesetzgebers änderte sich dies in den folgenden Jahren. Dennoch blieb eine Überbewertung des Materiellen. Manche hoffnungsvollen Neuansätze im geistigen und kulturellen Leben der ersten Nachkriegszeit verkümmerten. Ein Glück für das deutsche Volk, dass Männer und Frauen der ersten Stunde, zu denen auch Arnulf Klett gehörte, auf Fehlentwicklungen hinwiesen und sich von ihrem Ziel der Schaffung einer humanen Gesellschaft nicht abbringen ließen.
Dass sich die freiheitlich demokratische Staats- und Gesellschaftsordnung nur festigen ließ, wenn die Kommunen, das Land und der Bund an einem Strang zogen, war für den Stuttgarter Oberbürgermeister keine Frage. Auf seine Initiative veranstaltete die Stadt in Verbindung mit der Baden-Württembergischen Gemeindekammer am 12. November 1952 im Kursaal in Bad Cannstatt einen Parlamentarischen Abend. An ihm nahmen Vertreter des kommunalen Lebens, Abgeordnete der baden-württembergischen Verfassunggebenden Landesversammlung, Minister, Regierungspräsidenten sowie zahlreiche weitere Repräsentanten der staatlichen Verwaltung und der Landkreise teil. Oberbürgermeister Klett erklärte, es gehe bei diesem Treffen nicht darum, konkrete Fragen zu »erledigen«, sondern der Zweck sei die menschliche Begegnung. Wenn man vorankommen wolle, dann könne dies nur im Zusammenwirken von Kommunal- und Landespolitik geschehen, gewissermaßen »Schulter an Schulter für das ganze Volk«.[18]
Großen Wert legte Oberbürgermeister Klett auf den engen Kontakt, auf das Gespräch mit den Bürgern. Er machte die Bürgerversammlungen in den Stadtbezirken zu einer ständigen Einrichtung. Seine Rednergabe, sein Mutterwitz, sein Zuhörenkönnen, seine unbürokratische Art, Missständen abzuhelfen, und sein unverkrampfter Umgang mit jedermann gewannen ihm viele Sympathien. Bei der Bürgerversammlung in Bad Cannstatt am 5. Juli 1949 war der Andrang so

groß, dass der Oberbürgermeister und andere leitende Beamte der Stadt durch ein Fenster des Kleinen Kursaals einsteigen mussten, um zu ihren Plätzen zu gelangen.[19]

Arnulf Klett war ein harter Arbeiter, und er verlangte auch von seinen Mitarbeitern viel. Doch er war gerecht, wusste herausragende Leistungen zu würdigen, und er ließ auch keinen Bediensteten im Regen stehen, wenn diesem Unrecht geschah. Bei einer Veranstaltung der CDU mit Bundeskanzler Dr. Konrad Adenauer am 4. November 1950 im Althoffbau kam es zu starken Störversuchen. Der Bundeskanzler war empört und beschwerte sich beim Oberbürgermeister schriftlich über mangelnden Saalschutz durch die Stuttgarter Polizei. Klett ließ die Vorfälle untersuchen, und als sich dabei herausstellte, dass keine Pflichtversäumnisse der Polizei vorlagen, wies er die Beschwerde höflich, aber bestimmt zurück.[20] Zu Jubiläen städtischer Einrichtungen fand er sich regelmäßig ein, wobei er es an anerkennenden Worten nicht fehlen ließ. Durch originelle Einfälle nahm er solchen Feiern das bürokratisch-steife Gehabe. Als beispielsweise die Stuttgarter Freiwillige Feuerwehr im März 1953 im Kleinen Kursaal in Bad Cannstatt ihres hundertjährigen Bestehens gedachte, überraschte er die Festversammlung mit Reimen, freilich nicht mit eigenen, wohl aber mit solchen von Schiller und Mörike. Er rezitierte »Das Lied von der Glocke« und den »Feuerreiter« und meinte schalkhaft: Zu solchen lyrischen Darbietungen brauche man keinen Künstler, das könne er auch selbst tun.[21]

Dem selbstbewussten, sich oft unkonventioneller Mittel bedienenden Stadtoberhaupt fehlte es, wie sich leicht vorstellen lässt, auch nicht an Neidern. Den Angefeindeten und Beneideten focht dies gewöhnlich nicht sonderlich an, zumal er sich, wenn ihm dies notwendig erschien, mit der Gabe des treffenden Wortes zu wehren verstand. Bei böswilligen Verleumdungen, die vorsätzlich seinen guten Ruf beschädigten, sah es freilich anders aus. 1952 verbreitete ein Stuttgarter das Gerücht, Oberbürgermeister Klett und einige andere in leitenden Stellen befindliche Persönlichkeiten hätten größere Geldbeträge in die Schweiz verschoben, außerdem habe Klett mit diesem Geld die Mehrheit der Aktien der Schweizer Firma Brown Boveri u. Co. erworben. Diese Behauptungen waren völlig aus der Luft gegriffen.

Deshalb wurde der Verleumder, dem noch weitere Vergehen nachzuweisen waren, wegen falscher Anschuldigungen, Urkundenfälschung, Unterschlagung und Betrug zu acht Monaten Gefängnis verurteilt.[22]
In öffentlichen Reden, Stellungnahmen im Gemeinderat und in Pressebeiträgen forderte Oberbürgermeister Klett immer wieder, die Verbrechen des NS-Regimes nicht zu vergessen, sondern sich dieser schrecklichen Last der jüngsten deutschen Geschichte stets bewusst zu sein, denn nur dann könne ein auf Freiheit und Menschlichkeit gegründetes demokratisches Gemeinwesen auf Dauer bestehen. Den Opfern der nationalsozialistischen Gewaltherrschaft galt nicht nur sein Mitgefühl, sondern auch sein stetes Bemühen, Hilfe und, soweit möglich, Wiedergutmachung zu leisten. Die wenigen Stuttgarter Juden, die die Deportation überlebt hatten und trotz ihrer bitteren Erfahrungen in ihrer Heimatstadt bleiben wollten, sowie die jüdischen Zwangsverschleppten aus Osteuropa, die es hierher verschlagen hatte, fanden sich nach 1945 zu einer kleinen Israelitischen Gemeinde zusammen. Am 8. Juli 1950 konnte der mit finanziellen Beiträgen der Stadt und des Landes erstellte Gemeindesaal in der Hospitalstraße bezogen werden. Knapp zwei Jahre später, am 13. Mai 1952, wurde die neue Synagoge durch Landesrabbiner Dr. Siegbert Neufeld eingeweiht; sie war von Architekt Ernst Guggenheimer in der Hospitalstraße 36, an der Stelle des in der so genannten Reichskristallnacht im November 1938 zerstörten Gotteshauses erbaut worden. Oberbürgermeister Klett, der bei der Einweihungsfeier neben Ministerpräsident Maier sprach, begrüßte es sehr, dass nunmehr die 650 Mitglieder zählende Israelitische Landesgemeinde Württembergs wiederum einen geistlichen Mittelpunkt besaß.[23]
Für den NS-Gegner Klett, der, wie wir gehört haben, im Dritten Reich viel riskiert hatte, war es keine Frage, dass die Geschichte der nationalsozialistischen Epoche angemessene Berücksichtigung in den Lehrplänen der Schulen sowie in den Vorlesungen und Seminaren der Universitäten fand. Bereits 1947 hatte er verlangt, die Historischen Seminare der Universitäten sollten einen Schwerpunkt ihrer Forschungen auf den deutschen Widerstand während der Jahre 1933 bis 1945 legen.[24]
Am Schicksal der noch Jahre nach Kriegsende im Gewahrsam der

Siegermächte befindlichen deutschen Kriegsgefangenen nahm der Oberbürgermeister engagierten Anteil. Von 1950 bis 1955 wurde in Stuttgart alljährlich der »Tag des deutschen Kriegsgefangenen« veranstaltet. Klett lag sehr daran, dass bei dieser Veranstaltung prominente Redner auf das schwere Los der Kriegsgefangenen und ihrer Angehörigen hinwiesen und zugleich an die Gewahrsmächte appellierten, endlich die gefangenen Soldaten freizugeben. 1951 stellte er sich als Redner zur Verfügung. 1952 übernahm Ministerpräsident Dr. Reinhold Maier und 1954 Ministerpräsident Dr. Gebhard Müller diesen Part.[25] Professor Dr. med. Fritz Gross, der langjährige Chefarzt der Chirurgischen Klinik des Katharinenhospitals, erinnerte sich noch viele Jahre später dankbar daran, dass ihn Oberbürgermeister Klett, den er bis dahin nur dem Namen nach gekannt hatte, bei seiner Rückkehr aus der Kriegsgefangenschaft am 28. September 1953 auf dem Bahnhof »so herzlich wie einen alten Bekannten begrüßt, ihn wieder in sein Amt eingesetzt und ihm darüber hinaus noch einen Studienaufenthalt genehmigt« habe.[26]

Auch wenn sich Oberbürgermeister Klett in den ersten Nachkriegsjahren massiv gegen die Aufnahme von Heimatvertriebenen und Flüchtlingen gewehrt hatte, weil er nicht einmal wusste, wie er die in großer Zahl in die noch weithin zerstörte Stadt zurückdrängenden Evakuierten unterbringen sollte, waren ihm diese fleißigen und meist recht genügsamen Menschen für Handwerk und Industrie willkommen, als nach der Währungsreform beim Wiederaufbau der Stadt und in der expandierenden Wirtschaft zusätzliche Arbeitskräfte dringend gebraucht wurden. Seinen Beifall erlangten die ersten Wohnsiedlungen der Heimatvertriebenen. 1949 beispielsweise errichteten die im Lager Schlotwiese untergebrachten Donauschwaben einen ersten Wohnblock mit 18 Wohnungen. Die von ihnen gegründete Gemeinnützige Bau- und Siedlungsgemeinschaft »Neues Heim eGmbH« hatte dieses Projekt in Angriff genommen. Bei der Einweihung des Wohnblocks am 3. Dezember 1949 bezeugten Oberbürgermeister Klett, Bürgermeister Hirn und US-Landeskommissar General Charles P. Gross den tatkräftigen Siedlern ihren Respekt.[27]

Im Januar 1949 siedelte sich, entscheidend von Oberbürgermeister Klett gefördert, in Stuttgart eine von Fachleuten aus Thüringen, Schle-

sien und dem Sudetenland betriebene Glasbläserei an. Sie nahm einen raschen Aufschwung und unterhielt bereits 1953 Exportverbindungen mit Luxemburg, Belgien, Afrika, Persien, Siam und Indien.[28]
Am 24. November 1952 eröffnete der Oberbürgermeister eine vorweihnachtliche Verkaufsausstellung von Produkten der heimatvertriebenen Deutschen, die in der neuen Heimat ihre Betriebe wieder aufgebaut hatten. Auch einige Altbürgerfirmen, die besonders viele Vertriebene beschäftigten, waren vertreten. Insgesamt 130 Stände gaben einen beeindruckenden Einblick in das Warensortiment und in die Leistungsfähigkeit der ostdeutschen Betriebe.[29]
Dass sich mit Stuttgart ein herausragendes Ereignis der deutschen Nachkriegszeit verbindet, das im Wortsinn zukunftweisend und in der Anfangsphase des Kalten Krieges ein Signal für den Aussöhnungswillen des deutschen Volkes mit seinen östlichen Nachbarvölkern war, entsprach dem oft bekundeten Willen des Oberbürgermeisters, Hass und Gewalt ein Ende zu bereiten und die trennenden Gräben der Vergangenheit zwischen den europäischen Völkern zuzuschütten. Am 5. September 1950 wurde auf dem Bundestag der heimatvertriebenen Deutschen im Großen Kursaal in Bad Cannstatt die »Charta der deutschen Heimatvertriebenen« verabschiedet. Sie begann mit dem Satz: »Wir Heimatvertriebene verzichten auf Rache und Vergeltung.«[30]

Probleme im persönlichen Leben Arnulf Kletts

Frau Gertrud Melanie Klett war in den schweren Jahren des Dritten Reiches die rechte Hand ihres Mannes. Sie arbeitete in seiner Kanzlei und begleitete ihn zu wichtigen auswärtigen Terminen, so beispielsweise nach Leipzig zum Reichsgericht. Auch nach seiner Ernennung zum Oberbürgermeister tat sie alles, um ihn zu unterstützen. Für ihre Ehe und Familie war ihr, wie Freunde und Bekannte bezeugen, nichts zu viel. Vielleicht noch 1944 beim Kriegsschädenamt, sicher aber 1945 lernte Arnulf Klett die Kanzleiangestellte Yvonne Marta Göhring kennen, und er freundete sich offenbar schnell mit ihr an. Yvonne Göhring, geboren am 16. Mai 1925, war seit 1940 in wechselnden Ämtern der Stadt tätig gewesen. Am 19. Mai 1945 wurde die 20-Jährige zum

Zentralschreibtisch versetzt, gute zwei Monate später zum Hauptamt. Nach den Personalakten ihres späteren Mannes war sie 1947 eine der Vorzimmerdamen des Oberbürgermeisters. Im Juni 1948 wurde sie auf eigenen Wunsch aus städtischen Diensten entlassen.[31] Die Freundschaft zwischen ihr und Arnulf Klett hatte sich inzwischen zu einer festen Bindung entwickelt. Bereits 1948 unternahmen sie gemeinsam eine Urlaubsreise nach Tirol, wie wir aus einer späteren Äußerung Kletts wissen. Die Ehe des Oberbürgermeisters bestand schon damals nur noch auf dem Papier. Durch ein am 16. März 1950 rechtskräftig gewordenes Urteil der Zivilkammer 3 des Landgerichts Stuttgart wurde sie geschieden.[32] Bis zuletzt hatte Gertud Melanie Klett gehofft, ihren Mann doch noch von diesem Schritt abhalten zu können. Die endgültige Trennung traf sie hart. Bitter für sie war zudem, dass sie sich mit einer Minimalversorgung begnügen musste, mit der sie nur deshalb notdürftig zurechtkam, weil sie sehr bescheiden und zurückgezogen lebte. Erst nach mehr als zwei Jahrzehnten rang sie sich dazu durch, auf gerichtlichem Weg eine angemessene Anhebung der monatlichen Unterhaltszahlungen geltend zu machen, und sie hatte damit auch Erfolg. Statt bisher monatlich DM 425,- erhielt sie zunächst DM 900,- und ab April 1972 DM 945,-.[33]

Über das Zerbrechen ihrer Ehe kam Gertrud Melanie, die keine neue Bindung mehr einging, nie ganz hinweg. Dennoch bewahrte sie, wie ihre nächsten Angehörigen und Bekannten bezeugen, ihrem einstigen Gatten Zuneigung und Respekt.[34] Sie starb am 18. Dezember 1973, acht Monate vor ihrem früheren Mann. Der Sohn Roderich, der bei der Mutter aufwuchs, studierte zunächst Rechtswissenschaft, dann aber Anglistik, Politik und Zeitgeschichte in Tübingen und London. Nach dem Studium, das er nach dem Wechsel des Studienfachs durch Fabrikarbeit ausschließlich selbst finanziert hatte, entschied er sich für den Beruf des Journalisten, in dem er es zu hohem Ansehen brachte. Schon ehe er 1967 in Literaturwissenschaft promoviert hatte, arbeitete er beim Süddeutschen Rundfunk. 1969 heiratete er Lieselotte Kühner. Das Ehepaar hatte zwei Kinder: Alexander und Bettina. 1976 wurde Roderich Klett Chefredakteur Politik beim Hörfunk des Süddeutschen Rundfunks, 1984 als Nachfolger Peter Kehms Programmdirektor Hörfunk und Geschäftsführer des Süddeutschen Rundfunks.

Bereits am 15. März 1987 raffte den 52-Jährigen ein jäher Tod (Herzinfarkt) hinweg.[35]
Am 12. Oktober 1950 heiratete Arnulf Klett Yvonne Marta Göhring. Indes machte die junge Frau sogleich die Erfahrung, dass der Ehemann bei seinem übervollen Terminkalender mit der Zeit für private und persönliche Dinge sehr geizen musste. So bedauerte sie, dass die zum Bodensee, nach Bayern, Österreich und in die Schweiz führende Hochzeitsreise auf 13 Tage begrenzt wurde, und dass dies zudem der einzige Urlaub ihres Mannes in jenem Jahr war.[36]
Yvonne Klett hatte keine Scheu vor dem Repräsentieren. Bei feierlichen Anlässen, bei Empfängen und bei bedeutsamen öffentlichen Veranstaltungen sah man sie regelmäßig an der Seite ihres Mannes. Häufig begleitete sie ihn auch bei dienstlichen Auslandsreisen. Die Ehe blieb in den ersten sieben Jahren kinderlos. 1957 – Arnulf Klett war schon 52 Jahre alt – wurde der Sohn Volker Arnulf, 1959 Corinne Yvonne und 1962 Nicole Suzanne geboren.[37]

Stürmischer Wiederaufbau

In den Jahren nach der Währungsreform konnten die bei Kriegsende zerstörten Neckarbrücken zügig wieder aufgebaut werden. Dies war bei dem rapid zunehmenden Autoverkehr auf den Stuttgarter Straßen auch unbedingt erforderlich. Am 26. August 1949 übergab Oberbürgermeister Klett die wiederhergestellte Wilhelmsbrücke in Bad Cannstatt mit einer launigen Brückenweihrede dem Verkehr. Am 8. September 1950 wurde die Neckarbrücke in Untertürkheim in Betrieb genommen, am 20. Juli 1951 die Aubrücke bei Hofen und Münster, jeweils in Anwesenheit des Oberbürgermeisters. Ein bedeutendes Ereignis war die Einweihung der modernsten Brücke Stuttgarts, der Rosensteinbrücke, am 1. Juli 1953. Hier konnte Klett unter den Ehrengästen auch Ministerpräsident Maier begrüßen.[38]
Die Freigabe der verlängerten Startbahn am 16. Dezember 1951 verbesserte die Wettbewerbsfähigkeit des Flughafens Stuttgart gegenüber anderen westdeutschen Flughäfen. Zweieinhalb Monate später, am 1. März 1952, bekam die deutsche Zivilbevölkerung endlich freien

Zugang zum Flugplatzgelände. In einer kleinen Feier am Vortag dankte Oberbürgermeister Klett den Amerikanern für dieses Entgegenkommen. Gleichzeitig eröffnete er das Flughafenhotel und -restaurant der Flughafen Württemberg GmbH im Empfangsgebäude.[39]

Oberbürgermeister und Gemeinderat bemühten sich in gleicher Weise wie Landesregierung und Landtag, mit den rasant anwachsenden Anforderungen des Schienen- und Straßenverkehrs im Ballungsraum Stuttgart Schritt zu halten. Der öffentliche Nahverkehr profitierte sehr vom Abschluss der Elektrifizierung der Bahnstrecke Bad Cannstatt-Waiblingen am 1. Oktober 1949, von der Eröffnung der Straßenbahnlinie Zuffenhausen-Stammheim am 12. Mai 1950 und von der Beschaffung des ersten Großraumwagens der Stuttgarter Straßenbahnen im Herbst 1952. Einen Engpass im Straßenverkehr beseitigte die Freigabe der Mittleren Filderlinie für den Verkehr am 25. November 1953. Die 8,2 km lange neue Zufahrt zum Flughafen bildete die bis dahin größte Straßenbaumaßnahme der Stadt; ihre Kosten beliefen sich auf 3,74 Millionen DM.[40]

In Verkehrs- und insbesondere Eisenbahnfragen nutzte Arnulf Klett häufig das Sachwissen seines einstigen Tübinger Bundesbruders Theodor Pfizer, seit 1948 Oberbürgermeister von Ulm. Pfizer kannte Klett als Autofreund und schnellen Porsche-Fahrer, der von der autogerechten Stadt träumte und jedem Fortschritt auf technischem Gebiet gegenüber aufgeschlossen war. Klett habe, so erinnert er sich, weit schauender als andere die Bedeutung des Luftverkehrs für Stuttgart erkannt und mit großer Energie die Freigabe des Flughafens Echterdingen durch die Besatzungsmacht betrieben. Eisenbahnfragen hätten ihm weniger gelegen. Doch habe er die im Prinzip richtige Ansicht vertreten, Stuttgart beim Wiederaufbau mit einem Durchgangsbahnhof auszustatten. Er habe, unterstützt von dem Generalbaudirektor Hoss, für diesen Bahnhof das Gelände des Rosensteinparks vorgesehen und dafür das Areal des seitherigen Hauptbahnhofs zu einer Parkanlage umgestalten wollen. Freilich sei eine solche weit schauende Konzeption damals mit Blick auf die technischen Verhältnisse und die wirtschaftlichen Möglichkeiten eine Utopie gewesen.[41]

Beunruhigt zeigte man sich auf dem Stuttgarter Rathaus über die sich häufenden Verkehrsunfälle. Als erste deutsche Stadt entschloss sich

Stuttgart am 1. März 1952 zu einer Aktion »Kampf dem Verkehrstod«. Oberbürgermeister Klett unterstützte diese Initiative durch einen öffentlichen Appell an die Verkehrsteilnehmer, sich auf der Straße verantwortungsbewusst zu verhalten.

Mit stolzer Genugtuung erfüllte es Arnulf Klett, dass er in rascher Folge wichtige öffentliche Gebäude sowie leistungsfähige Werke zur Versorgung der Stadt und ihrer Bürger mit Strom, Gas und Wasser einweihen konnte. Am 3. September 1949 übergab er den wiederhergestellten Großen Kursaal in Bad Cannstatt, der bei einem Fliegerangriff im Frühjahr 1943 stark beschädigt worden war, seiner Bestimmung.[43] Wenige Monate später, am 11. Januar 1950, wurde das städtische Heizkraftwerk in Betrieb genommen. Oberbürgermeister Klett, Dr. Kaun, der Generaldirektor der TWS, sowie Dr. Haspel, der Generaldirektor der Daimler-Benz AG, würdigten in Ansprachen diese für die wirtschaftliche Entwicklung Stuttgarts bedeutsame Einrichtung.[44] Einen noch höheren Stellenwert besaß für den Oberbürgermeister das nach zweijähriger Bauzeit am 7. März 1952 eingeweihte neue TWS-Betriebswerk Stöckach. Bundespräsident Heuss und Ministerpräsident Maier nahmen als Gäste der Stadt an der Einweihungsfeierlichkeit teil.[45] Einen guten Monat später, am 18. April 1952, wurde das Richtfest der neuen Halle B auf dem Killesberg gefeiert. Oberbürgermeister Klett zeigte sich darüber höchst erfreut. Wir sind, erklärte er in seiner Ansprache, auf dem besten Weg, »von der Vorstellung, die wir von unserem Killesberg haben, zur Verwirklichung vorzudringen. Die Halle, die hier entsteht, wird den Ruf von Schwabens Hauptstadt als Tagungs- und Ausstellungsstadt weiter festigen und kräftigen.«[46]

1935 hatte der Abschnitt Mannheim-Heilbronn des Neckarkanals, das wohl spektakulärste Verkehrsprojekt Südwestdeutschlands der zwanziger Jahre, fertig gestellt werden können. Das NS-Regime, das von Anfang an auf den Krieg zusteuerte und selbst bei seinen Verkehrsplanungen der »Wehrhaftmachung des Reichs« absolute Priorität einräumte, zeigte nur mäßiges Interesse am Weiterbau des Neckarkanals. Dies hinderte es freilich nicht, den Kanalabschnitt Mannheim-Heilbronn bei der Einweihung als eine technische Pioniertat zu preisen, zu der es entscheidend beigetragen habe. Ganz anders verhielt es

Der Oberbürgermeister bei einer Baubesichtigung.

sich beim Bau der Reichsautobahnen. Diese modernen Verkehrsadern eigneten sich bestens als Aufmarsch- und Nachschubstraßen für das in angrenzende feindliche Länder vorstoßende deutsche Heer. Daher forcierte das Regime den Bau der Straßen des »Führers«.[47]

Nach dem Krieg befürworteten Wirtschaftskreise und Politiker gleichermaßen die Verlängerung des Neckarkanals bis Stuttgart bzw. Plochingen. Einer ihrer Wortführer war Oberbürgermeister Klett. Am 22. Januar 1953 wies er im Gemeinderat auf die großen wirtschaftlichen Vorteile eines ungesäumten Ausbaus des Neckarkanals sowie der Errichtung eines Hafens in Stuttgart hin.[48] Dass das Land Württemberg-Baden sofort nach der Währungsreform den Weiterbau des Kanals in Angriff genommen und dafür erhebliche Mittel bereitgestellt hatte und das 1952 neu geschaffene südwestdeutsche Bundesland Baden-Württemberg dieses bedeutsame staats- und wirtschaftspolitische Projekt mit gleicher Intensität fortführte,[49] erfüllte ihn mit großer Genugtuung.

Wie bereits erwähnt, bemühte sich die Stadt Stuttgart, möglichst rasch die Berge von Schutt und Trümmern abzutragen, die der Luftkrieg hinterlassen hatte. Oberbürgermeister Klett ermahnte die Bürger, hier nach Kräften mit Hand anzulegen. Die Trümmerbeseitigung bezeichnete er als Ehrenpflicht jedes Stuttgarters. An einem Septembersonntag 1945 konnte man ihn und seinen elfjährigen Sohn Roderich beim »Schippen« vor dem ausgebombten Hotel Marquardt am Schlossplatz beobachten.[50] Sein »Einsatz« bei der Trümmerbeseitigung machte Eindruck und spornte die Bürger zur Selbsthilfe an. Bischof Dr. Aloysius Muench, der spätere Erzbischof und Kardinal, erinnert sich: »Als ich im Sommer 1946 ... durch Stuttgart fuhr, erlebte ich nach so viel Traurigem und Niederdrückendem ... eine erste tiefe Freude. Da saßen Männer, Frauen und selbst Kinder auf den Trümmern, sammelten Backsteine, klopften sie schön säuberlich ab, schichteten sie auf, mit einem Wort: rüsteten sich zum Wiederaufbau. Mit Freuden habe ich da zugeschaut und meinen Begleitern gesagt: ›Sie werden sehen, dieses Volk wird sich wieder erholen.‹«[51] Stuttgart erlangte bald den Ruf einer »Hochschule für Trümmerbeseitigung«.[52]

Am 31. Oktober 1953 wurde mit einer Feier auf dem Freigelände der Trümmerverwertungsanlage am Hegelplatz offiziell die Trümmerräumung und -verwertung abgeschlossen. Die im Auftrag von Bürgermeisteramt und Gemeinderat arbeitende gemeinnützige Gesellschaft für die Trümmerverwertung und -beseitigung in Stuttgart (TVB) hatte während der letzten sieben Jahre in enger Kooperation mit der Technischen Hochschule, der Bauwirtschaft und der Stadtverwaltung Erstaunliches geleistet. Sie hatte, wie Oberbürgermeister Klett in seiner Ansprache hervorhob, insgesamt 721 000 Kubikmeter Ziegelsplitt produziert, und die aus diesem gewonnenen Baustoffe hatten ausgereicht, bei den seit Kriegsende errichteten 42 593 Wohnungen das Mauerwerk von 10 000, die Massivdecken von 28 000 und die Kamine von 26 000 Wohnungen zu erstellen. Als richtungsweisend für das gesamte Bundesgebiet hatte sich insbesondere die Verwendung von Ziegelsplitt bei der Schüttbetonbauweise für hohe Stockwerksbauten erwiesen. Das beeindruckendste Beispiel war für Klett das 15-stöckige Max-Kade-Studentenwohnheim. Nachdem die TVB gewissermaßen als letzte Arbeit den 55 m hohen Schornstein des früheren Schwimmbads nahe der im Krieg zerstörten Liederhalle gesprengt hatte, legte der Oberbürgermeister die Trümmerverwertungsanlage still. Dem letzten Wagen mit Schutt gab die berittene Stuttgarter Stadtgarde zum Trümmerberg auf dem Birkenkopf, ebenso dem letzten Wagen mit Ziegelsplitt zum Rathausneubau das Geleit.[53]

Am 12. September 1944 wurde die Hospitalkirche und das an sie angebaute ehemalige Dominikanerkloster durch Bomben zerstört. Dabei wurde auch das Lapidarium, eine in den Kreuzgängen untergebrachte wertvolle Sammlung historischer Steindenkmale unter den Schuttmassen begraben. In mühsamer und zeitraubender Arbeit suchten Professor Dr. Gustav Wais und Dr. Wilhelm Speidel, zwei um Stuttgart und sein kulturelles Erbe hochverdiente Männer, zu retten, was noch zu retten war. Obgleich zahlreiche Monumente unwiederbringlich verloren waren, bargen sie doch andere einigermaßen unversehrt oder aber in einem Zustand, der eine Restaurierung ermöglichte. Bei der Beseitigung der Trümmer anderer zerstörter Gebäude fanden sich weitere bedeutende Steinmonumente, die nur geringe Schäden aufwiesen. Diese wichtigen Zeugnisse zur Geschichte der Stadt Stuttgart mussten künftigen Generationen erhalten bleiben. Wais und Speidel drängten auf eine angemessene Aufstellung der Monumente,

und sie fanden bei Oberbürgermeister Klett ein geneigtes Ohr. In dem von der Stadt erworbenen Ostertag-Siegle'schen Garten, Mörikestraße 24, wurde ein neues städtisches Lapidarium geschaffen, ein faszinierender Skulpturengarten mit monumentalen Zeugnissen, die in der Römerzeit beginnen und bis ins 20. Jahrhundert reichen. Dieses Lapidarium, das Oberbürgermeister Klett am 8. Juli 1950 eröffnete, gehört bis heute zu den schönsten und stimmungsvollsten Anlagen Stuttgarts. Bedauerlicherweise leidet der Teil der Monumente, der sich nicht in den überdachten Wandelgängen befindet, in erheblichem Maß unter den Auswirkungen des sauren Regens.[54]
Am 28. Juli 1949 beschloss der Gemeinderat, das 1944 schwer zerstörte Rathaus auf dem alten Grundriss wieder aufzubauen. Bereits am 23. September jenes Jahres konnte das Richtfest des Flügels an der Hirschstraße gefeiert werden, die Flügel an der Nadler- und Eichstraße folgten. Probleme aber verursachte der Flügel zum Marktplatz, das »Gesicht« des Rathauses.[55] Hier gingen die Meinungen über die architektonische Neugestaltung weit auseinander. Maßgeblichen Anteil an den langwierigen Diskussionen nahm Oberbürgermeister Klett. Er setzte auf Modernität und auf angemessene städtische Repräsentation. 1951 übernahm er den Vorsitz des Preisgerichts für den Rathausneubau.[56] Die mit der Bauausführung beauftragten Stuttgarter Architekten Dipl-Ing. Hans Paul Schmohl und Dipl-Ing. Paul Stohrer mussten bei der lebhaften Einflussnahme des Gemeinderats und der Bürgerschaft auf das Projekt ihre Entwürfe wiederholt umarbeiten, bis sie schließlich das Plazet des Stadtparlaments erlangten.[57] Am 4. Mai 1956 übergab Oberbürgermeister Klett nach der Fertigstellung des Marktplatzflügels das neue Rathaus seiner Bestimmung.[58] Die insgesamt recht nüchtern gestaltete Fassade und der würfelförmige Rat-hausturm mit der gänzlichen Verleugnung des Altbestands fanden in der Stadt keineswegs einhellige Zustimmung.[59]
Bei einem Stuttgart-Besuch im Sommer 1959 faszinierte den berühmten Maler Oskar Kokoschka der Blick vom neuen Rathausturm. Er hielt das Gesehene auf der Leinwand fest. Oberbürgermeister Klett war begeistert. Es sei, so urteilte er, Kokoschka »ausgezeichnet gelungen, in dem Kunstwerk den süddeutschen Charakter der schwäbischen Landeshauptstadt, die man schon als das ›schönere Florenz‹

bezeichnet habe, zum Ausdruck zu bringen«. Das Bild wurde als Stiftung der Städtischen Galerie übergeben.[60]
Eines der ältesten Häuser der Stadt, das alte Steinhaus, Grabenstraße 11 (heute: Unter der Mauer), war im Krieg stark beschädigt worden. Bereits 1949 drängten Stadtrat Schuler und etliche andere Gemeinderäte auf den Abbruch der Ruine. Nach der Ansicht Schulers bedeutete ein Wiederaufbau des Hauses »eine vermurkste Geschichte«. Bar jeden Sinns für historische Baudenkmäler erklärte er: »Was wir in dieser Gegend brauchen, sind Parkplätze.« Mit seiner Forderung nach der Beseitigung der Steinhaus-Ruine fand er den Beifall von Generalbaudirektor Professor Walther Hoss. Dieser wollte Stuttgart ein ganz und gar neues Gesicht geben. Die Rücksichtnahme auf historische Bauten vertrug sich nicht mit seinem Wiederaufbaukonzept.[61] Der Schwäbische Heimatbund und die Presse sprachen sich nachdrücklich für die Erhaltung des Steinhauses aus. Doch der Technische Ausschuss des Gemeinderats ignorierte solche Stimmen. Die Stadt unterließ es, die Ruine zu sichern, um sie vor dem weiteren Verfall zu bewahren. Damit aber wurde das Steinhaus für die Umgebung zu einem wachsenden Sicherheitsrisiko, und gerade dies stärkte die Position der Abbruchbefürworter. Hoss hatte schließlich leichtes Spiel, vom Denkmalamt und ebenso im Mai 1953 von der Technischen Abteilung (Ausschuss) des Gemeinderats die Zustimmung für die Beseitigung der Ruine zu erlangen. Oberbürgermeister Klett hätte das Steinhaus gerne erhalten, wusste er doch, dass es ein einmaliges Baudenkmal war und viele Stuttgarter seine Restaurierung wünschten. Bereitwillig griff er deshalb im Sommer 1950 den Vorschlag von Professor Rudolf Lempp, dem Direktor der Staatsbauschule, auf, das Steinhaus in »ein modernes gepflegtes Gasthaus mit historischer Atmosphäre« umzugestalten. Lempp plante ein Haus mit einem Erker, der auf den Resten der alten Stadtmauer aufsaß, und, wenn möglich, mit einem direkten Zugang zur Königstraße. Die Brauerei Dinkelacker, die ihr Grundstück Grabenstraße 9 im Zug der Wiederaufbauplanung verlor, zeigte zunächst großes Interesse. Indes schleppten sich die Verhandlungen mit ihr und auch mit anderen Firmen bis 1953 ergebnislos hin. Die Umlegung des Areals um das Steinhaus verzögerte sich. Unter Hinweis auf die Baufälligkeit der Ruine, deren Mauerwerk noch

immer völlig ungesichert war, setzte Hoss, wie schon erwähnt, nunmehr den sofortigen Abbruch des Gebäudes durch. Der Oberbürgermeister leistete keinen Widerstand mehr.[62]

Professor Hoss wollte Stuttgart zu einer Art autogerechten Stadt machen. Überall dort, wo historische Gebäude dem modernen Verkehr im Weg waren, verlangte er ihre Beseitigung. Hier hatte er auch Oberbürgermeister Klett, den leidenschaftlichen Porsche-Fahrer, auf seiner Seite. Schon früh plädierte er für den Abbruch der Ruine des Kronprinzenpalais, weil diese die innerstädtische Verkehrsplanung störte. Die Schaffung einer Verkehrsverbindung von der Planie zur Roten Straße, der heutigen Theodor-Heuss-Straße, erschien ihm zwingend geboten. Die Voten engagierter Bürger, die für den Wiederaufbau des für die Geschichte Stuttgarts und Württembergs bedeutsamen Gebäudes eintraten, ließen ihn unberührt, ebenso eindringliche Appelle, die kümmerlichen Reste historischer Baudenkmäler aus neuerer Zeit, die den Krieg in reparablem Zustand überstanden hatten, nicht verkehrstechnischen und wirtschaftlichen Vorstellungen zu opfern. Am 19. Februar 1951 beschwor Professor Paul Bonatz, der Erbauer des Stuttgarter Hauptbahnhofs, Oberbürgermeister Klett, doch Stuttgart nicht dieses herausragenden Bauwerks zu berauben. Bonatz schrieb: »Unser Schlossplatz war einst einer der schönsten Plätze der Welt ... Wenn man es [das Kronprinzenpalais] abreißt, verliert die Westseite des Schlossplatzes die Hälfte ihres Gesichts. Die alten Kulturwerte sind es, die einer Stadt ihren Charakter, ihre Schönheit und ihren Rang geben, nicht die wechselnden Gesichter der Geschäftshäuser. Diese gibt es überall ...«

Oberbürgermeister Klett antwortete in einem offenen Brief. »Ich habe Hochachtung«, schrieb er dem berühmten Architekten, »vor Ihrem Standpunkt, der bei allem Verständnis für die Bedürfnisse des modernen Verkehrs das geschichtlich Gewordene möglichst schonen will ... Dennoch darf nach unserer Überzeugung [wohl der seinigen und der von Professor Hoss] die Pflege und Erhaltung des historisch Gewordenen nicht zum Selbstzweck werden. Wir müssen das geschichtlich Gewordene dort erhalten, wo die Erhaltung sinnvoll ist, und dürfen vor Eingriffen dort nicht zurückschrecken, wo die Erhaltung sinnlos würde. Die Erhaltung ist dort sinnvoll, wo die geschichtlich gewordene Gegenwart die Zukunft befruchtet, dort aber nicht, wo sie die gegenwärtige und künftige Entwicklung ausschließlich oder überwiegend hemmt. Wertvoller als die beschädigte Fassade des Kronprinzenpalais ... ist der lebendige Mensch unserer Zeit und unserer Stadt. Diesem haben wir zu dienen. Dadurch ist die Menschheit und die Entwicklung der Welt vorangeschritten, dass die Menschen – oft genug in Not und aus Not – den Mut gehabt haben, jeweils nur das zu tun, was sie besten Willens konnten. Dieses Schaffen hat neue Kulturwerte hervorgebracht. Wir fürchten uns nicht, denselben Weg wie unsere Vorfahren zu beschreiten und dabei auch einmal zu opfern, was keinen echten Wert mehr für uns hat.«[63]

Dies war ein Brief, der viele große Worte machte, ohne dass er klare Aussagen enthielt. Professor Bonatz war wohl kaum von dieser Antwort befriedigt. Das Einzige, was er ihr an Konkretem entnehmen konnte, war, dass man auf dem Stuttgarter Rathaus mit Historischem wenig anfangen konnte und dass man möglichst überall Neues, »Zeitgemäßes«, schaffen wollte. Das aus der Zeit der württembergischen Könige stammende Kronprinzenpalais hatte im republikanischen Staat keine Existenzberechtigung mehr. Zum Glück befand sich das Gebäude im Landesbesitz, und Ministerpräsident Maier war gegen einen Abriss. Doch auch zahlreiche andere Stimmen hielten die von der Stadt favorisierte Beseitigung des Gebäudes für einen Skandal. Der Schwäbische Heimatbund warf Stadtverwaltung und Gemeinderat vor, sie opferten »dem Auto- und Straßenbahnverkehr jede andere Rücksicht«. Der angesehene Kunsthistoriker Professor Dr. Julius Baum nannte in einem Beitrag in der *Stuttgarter Zeitung* vom 20. April 1951 den Kampf um das Kronprinzenpalais eine reine Prestigeangelegenheit. Er forderte die Stadtverwaltung auf, über ihren Schatten zu springen. »Durch den Krieg ist genug verwüstet worden. Möge dafür gesorgt werden, dass nicht noch die letzte Schönheit unserer Stadt vernichtet werde!« Hart ging Landeskonservator Dr. Richard Schmidt mit der Stadtverwaltung ins Gericht. Sie respektiere, erklärte er auf der Jahrestagung des Schwäbischen Heimatbundes am 16./17. Juni 1951 in Heilbronn, Baudenkmäler nicht, und sie lasse es allgemein an der Achtung für das Alte fehlen. Hierbei hatte er jedoch nicht nur das Kronprinzenpalais, sondern auch den Wiederaufbau des Marktplatzes im Auge. Die Zentrale für den Aufbau der Stadt Stuttgart reagierte empört. Die in der Öffentlichkeit ausgetragene Auseinandersetzung zwischen ihr und dem Heimatbund geriet außer Kontrolle. Der Austausch sachlicher Argumente war nicht mehr möglich. Am 2. Juli 1953 beschloss der Gemeinderat bei einer Gegenstimme, an seinem Standpunkt festzuhalten, dass ein Abriss des Kronprinzenpalais zur Lösung innerstädtischer Verkehrsprobleme unbedingt erforderlich sei. Der Stuttgarter Ortsausschuss des DGB stellte sich dem Gemeinderat zur Seite. Nicht so die baden-württembergische Landesregierung. Sie versagte nach wie vor einer Beseitigung des Kronprinzenpalais die Zustimmung.[64]

Reges kulturelles, geistiges, kirchliches und sportliches Leben

Kultur- und Geistesleben besassen für Oberbürgermeister Klett einen hohen Stellenwert. Als 1949 der Posten des Intendanten der Württembergischen Staatstheater neu zu besetzen war, zögerte er, einer Ernennung von Dr. Walter Erich Schäfer, der sich beworben hatte, zuzustimmen. Er bezweifelte die Qualifikation Schäfers, der ihm völlig unbekannt war, meinte, es gebe bessere, erfahrenere Theaterleute. Erst nach einer persönlichen Unterredung überwand er seine Bedenken. Rasch bildete sich dann jedoch zwischen beiden Männern ein enges Vertrauensverhältnis, das während der gesamten 23 Jahre währenden Intendanz Schäfers fortbestand. Sieben Kultusminister kamen und gingen in dieser Zeit, doch der Oberbürgermeister blieb derselbe, und er war der starke Rückhalt des Intendanten, wenn immer dieser Probleme hatte.[65]
Mit Genugtuung und Stolz erfüllten den Rathauschef der große Erfolg des Stuttgarter Kammerorchesters unter Karl Münchinger in Paris im November 1949 und das nicht minder erfolgreiche Gastspiel der Stuttgarter Staatsoper in Rom im Januar 1951 mit der Oper Paul Hindemiths *Mathis der Maler*. Dieses Gastspiel war übrigens das erste eines deutschen Opernensembles seit dem Ende des Zweiten Weltkriegs in der italienischen Hauptstadt.[66]

Wie schon in den ersten Jahren nach Kriegsende lag Klett an der Aufnahme und Festigung kultureller Kontakte zu den europäischen Nachbarstaaten Deutschlands. Diesem Zweck dienten so genannte Kulturwochen: im April 1949 eine Schweizer, im Mai/Juni 1950 eine Französische, im Juni 1951 eine Dänische, im Oktober 1952 eine Britische und im Oktober 1953 eine Italienische Woche.[67] Diese »Wochen« mit ihrem vielfältigen und ansprechenden Programmangebot (Theateraufführungen, Konzerte, Vorträge, Ausstellungen usw.) fanden in der Bevölkerung großen Anklang; sie schlugen geistige Brücken im besten Sinn des Worts.
Unterstützt vom Gemeinderat, tat Oberbürgermeister Klett alles, Stuttgart wiederum einen geachteten Platz unter den deutschen Großstädten zu verschaffen. In Württemberg und darüber hinaus fand ungeteilten Beifall, dass sich die Stadt entschloss, 1949, also nur gut vier Jahre nach Kriegsende, zur Tradition des Cannstatter Volksfests zurückzukehren.[68] Bei der Eröffnung des Volksfests am 17. September 1949, bei der Begrüßung der Festgäste und beim Bierfassanstich fühlte sich »der größte Bauernschultes Deutschlands und Freund der Wengerter« in seinem Element. Sein Mutterwitz, seine Schlagfertigkeit, seine Kontaktfähigkeit, sein Geschick im Umgang mit Menschen unterschiedlicher Herkunft und Lebensart kamen ihm hier besonders zustatten. Nicht zuletzt ihm war es zu verdanken, wenn das Volksfest seinem Ruf als der Schwaben liebstes Fest treu blieb.
Am 3. Juni 1950 öffnete die Deutsche Gartenschau auf dem Killesberg als erste große Nachkriegsleistungsschau des deutschen Gartenbaus ihre Pforten. Zu diesem bedeutsamen Ereignis hatte sich eine große Zahl bekannter Persönlichkeiten eingefunden. Oberbürgermeister Klett konnte u.a. Bundespräsident Heuss und dessen Frau Elly Heuss-Knapp, die die Ausstellung eröffnet hatte, den französischen Hochkommissar André François-Poncet und Ministerpräsident Maier begrüßen.[69]
Die Einweihung des im Krieg zerstörten und nunmehr wieder aufgebauten Instituts für Pflanzenbau und Pflanzenzüchtung der Landwirtschaftlichen Hochschule Hohenheim am 30. Juni 1951 gab »dem Bauernschultes« die erwünschte Gelegenheit, in einem knappen Überblick über die größte landwirtschaftliche Stadtgemeinde der Bundes-

republik zu informieren. Nach diesem Überblick verfügte Stuttgart damals über 9 119,20 Hektar landwirtschaftliche Nutzfläche: 3 902,09 Hektar Ackerland, 2 537,83 Hektar Wiesen, 1 428,06 Hektar Gartenland, 737,67 Hektar Obstanlagen und 428,76 Hektar Weingärten. Außerdem befanden sich auf seiner Gemarkung 4 695 Hektar Wald.[70] Bei der wenige Monate später, am 3. Dezember 1951, durchgeführten Viehzählung ergaben sich weitere aufschlussreiche Zahlen:
14 917 Viehhalter besaßen 788 Pferde, Maultiere und Esel, 3 657 Stück Rindvieh, 4 740 Schweine, 2 762 Ziegen, 1 495 Schafe, 130 880 Hühner und Truthühner, 1 498 Gänse, 1 259 Enten und 5 918 Bienenstöcke.[71]

Am 22. Juli 1949 übergab die amerikanische Besatzungsmacht, nachdem das Land Württemberg-Baden die entsprechenden gesetzlichen Voraussetzungen geschaffen hatte, im Rahmen eines Festakts im Großen Haus der Württembergischen Staatstheater, an dem auch der US-Militärgouverneur für Deutschland John McCloy teilnahm, Radio Stuttgart in deutsche Hände.[72] Der Sender erhielt seinen Vorkriegsnamen »Süddeutscher Rundfunk« zurück.[73]

Einige Wochen zuvor hatte der große Lesesaal der Württembergischen Landesbibliothek wissenschaftlichen Benützern aus Stuttgart und Umgebung wieder geöffnet werden können. Länger dauerte es, bis die neue städtische Mörike-Bücherei in der Silberburgstraße dem Publikum zur Verfügung stand. Dies war Weihnachten 1952 der Fall.[74]

Sehr im Sinne des Oberbürgermeisters war es, dass Stuttgart als Kongressstadt zunehmend Bedeutung erlangte. Im September 1951 fanden hier der Deutsche Juristentag sowie die Reichskonferenz der Arbeiterwohlfahrt statt. Im Oktober desselben Jahres wählten die Internationale Gesellschaft für neue katholische Kirchenmusik, im Juni 1952 der Internationale Kongress für Goldschmiedekunst die baden-württembergische Landeshauptstadt zu ihrem Tagungsort. Mehr als 200 000 Christen aus ganz Deutschland und aus dem Ausland versammelten sich im August 1952 in Stuttgart zum Vierten Deutschen Evangelischen Kirchentag. Dieser stand unter der Losung »Wählt das Leben«, ein Wort, das Oberbürgermeister Klett aus der Seele gesprochen war. Oft genug hatte er in den schweren Nachkriegsjahren seine Stuttgarter im Sinne dieses Bibelworts ermuntert und zur aufbauen-

den Arbeit angespornt. Bekannte Kirchenmänner, Politiker, Schriftsteller und Künstler machten den Kirchentag im Jahr 1952 zu einem Forum von großer geistiger Ausstrahlungskraft. Stuttgart stand für einige Tage im Blickpunkt der kirchlichen Welt.[75]
Mit der Grundsteinlegung für die neue Volksschule in Untertürkheim-Luginsland am 17. Juni 1950 nahm die Stadt Stuttgart erstmals seit Kriegsende einen Schulhausneubau in Angriff. Bisher hatte sie sich mit Instandsetzungsarbeiten an beschädigten Schulgebäuden begnügen müssen. In seiner Ansprache kündigte Oberbürgermeister Klett an, dass für die 33 zerstörten städtischen Schulgebäude nach und nach Ersatz geschaffen werde.[76] Diese Absichtserklärung war indes zu pessimistisch. Die günstige wirtschaftliche Entwicklung führte in den nächsten Jahren geradezu zu einem Schulhausbauboom. Öffentliche und private Schulhausbauten konnten in rascher Folge nach kürzerer oder längerer Bauzeit ihrer Bestimmung übergeben werden, so am 17. Dezember 1952 die Hohewart-Schule in Feuerbach, am 9. September 1953 das wieder aufgebaute Hauptgebäude der Freien Waldorfschule und am 17. Oktober 1953 der Neubau der Staatsbauschule.[77]
Den Kirchen wies Oberbürgermeister Klett bei der Schaffung einer fest gefügten freiheitlich-demokratischen Staats- und Gesellschaftsordnung eine wichtige Rolle zu. Bei der Amtseinführung von Landesbischof D. Dr. Martin Haug, dem Nachfolger von D. Theophil Wurm, einem mannhaften Widersacher des NS-Regimes, am 19. Januar 1949 erklärte er: »Gerade weil ich hier nicht als Vertreter einer Konfession, sondern als Repräsentant der gesamten Bürgerschaft stehe, darf ich aussprechen, dass wir täglich erfahren, wie sehr seit dem Jahr 1933 die Stellung der Kirche im Volke eine andere geworden ist. Es sind Kräfte sichtbar geworden, mit denen wir Männer der öffentlichen Verwaltung gerne rechnen wollen. Das nur Konfessionelle tritt zu Gunsten des in die Tat umgesetzten lebendigen Wortes der Schrift zurück. Und aus dieser Gesinnung heraus bietet sich uns beiden, Kirche und Welt, ein weites Feld praktischer Zusammenarbeit.«
Hohe Erwartungen verband Klett mit den jungen Christen. Als am 22. und 23. September 1951 in Stuttgart der erste württembergische Jungmännertag stattfand, auf dem Bundestagspräsident Dr. Hermann

Ehlers und Generalsuperintendent Jacob aus Cottbus sprachen, ließ er es sich nicht nehmen, die Versammelten zu begrüßen und sie in ihrer dem Nächsten zugewandten christlichen Lebenshaltung zu bestärken.[78]

An dem Wiederaufbau der zerstörten Gotteshäuser nahm er lebhaften Anteil. Wenn es ihm möglich war, fand er sich zu Richtfesten und Einweihungsfeierlichkeiten ein. Bereits am 19. März 1950 konnte die wiederhergestellte St. Leonhardskirche feierlich eingeweiht werden, zweieinhalb Jahre später der wieder aufgebaute Chor der Stiftskirche.[79] Den in der Innenstadt wohnenden Katholiken stand seit April 1950 die wieder aufgebaute Marienkirche zur Verfügung. Die St. Eberhardskirche lag noch Jahre in Trümmern. Erst am 26. Juli 1953 erfolgte in Anwesenheit von Oberbürgermeister Klett und von Weihbischof Wilhelm Sedlmeier die Grundsteinlegung, der sich ein zügiger Wiederaufbau anschloss. Im Mai 1955 konnte das neu erstellte Gotteshaus geweiht werden.[80]

Viel geschah in Stuttgart für den Sport. Nach zwölfjähriger Pause wurde 1949 erstmals wieder das Solitude-Rennen ausgetragen. Oberbürgermeister Klett hatte dafür gesorgt, dass die Autorennstrecke in einer Rekordzeit neu ausgebaut worden war, hatte er doch für den Motorsport eine besondere Vorliebe.[81] An Lob und Anerkennung ließ es das Stadtoberhaupt nicht fehlen, als am 25. Juni 1950 der VfB Deutscher Fußballmeister wurde und man dieses Ereignis in Stuttgart groß feierte.[82]

Ein Oberbürgermeister mit einer wachsenden Zahl von Nebenämtern

Bei der Übernahme von Nebenämtern galt für Arnulf Klett auch jetzt noch: »Ebbes me kennt's scho sei.« Bereitwillig stellte er sich zur Verfügung, wo immer seine Erfahrung und sein Sachverstand gefragt waren und wo immer er seiner Stadt und der Allgemeinheit nützen konnte.

Auf seine Initiative ging die Gründung der Vereinigung der Kommunalen Arbeitgeberverbände im Jahr 1949 zurück. Kein Wunder daher, wenn er sofort zum Vorsitzenden der Vereinigung gewählt und zwei Jahre darauf in diesem Amt bestätigt wurde.[83] Der langjährige Vorsitzende der Gewerkschaft Öffentliche Dienste, Transport und Verkehr Heinz Kluncker, der in vielen Tarifverhandlungen sein Kontrahent war, nannte den nachdrücklich die Interessen der kommunalen Arbeitgeber Vertretenden, doch stets um einen Kompromiss Bemühten einmal einen »Anwalt sozialer Gerechtigkeit«.[84] Dies war ein hohes Lob; es beweist den menschlichen Respekt, den sich der Stuttgarter Rathauschef auch außerhalb seiner Stadt erwarb.

Die starke Zunahme des Bedarfs an Trinkwasser durch die Bevölkerung und der wachsende Wasserverbrauch durch die Industrie bereiteten der TWS bereits 1949 Sorge. Während des extrem regenarmen Sommers und Herbstes in jenem Jahr stieß die Wasserversorgung an ihre Grenzen. Der Grundwasserspiegel sank zeitweise ab. Ein weiter ansteigender Wasserbedarf in Stuttgart und im ganzen dicht besiedelten industrialisierten Mittleren Neckarraum war vorprogrammiert. Abhilfe konnte nur eine kostenaufwendige Fernwasserversorgung bringen. Das obere Donautal, das Rheintal und auch der Bodensee traten ins Blickfeld der Planer. Im Februar 1952 fand eine im Landesgewerbeamt gezeigte Ausstellung »Südwest braucht Wasser« große Beachtung. In dieser Ausstellung, die der Präsident des Landesgewerbeamts Professor Dr. Edgar Hotz und Oberbürgermeister Klett durch Ansprachen eröffneten, gab eine vom Württemberg-Badischen Städteverband und anderen südwestdeutschen kommunalen Verbänden ins Leben gerufene Studienkommission Rechenschaft über ihre bisherigen Arbeitsergebnisse. Die Kommission hatte mehrere Möglichkeiten untersucht, wie die Wassernot im Mittleren Neckarraum und anderen wasserarmen Gebieten Südwestdeutschlands dauerhaft behoben werden konnte, und sie hatte einem Projekt Bodenseewasserversorgung eindeutig den Vorzug gegeben.[85] Am 19. Februar 1953 beschloss der Stuttgarter Gemeinderat den Beitritt zum Zweckverband Bodenseewasserversorgung. Auf der Jahrestagung des Deutschen Gas- und Wasserfachs vom 27. bis 29. Mai 1953 in Stuttgart, bei der Oberbürgermeister Klett Gäste aus aller Welt begrüßen konnte und an der zeitweise auch Bundeswirtschaftsminister Professor Dr. Ludwig Erhard teilnahm, bildete das Projekt Fernwasserversorgung aus dem Bodensee einen der Hauptberatungsgegenstände. Inzwischen hatte die Studienkommission eine konkrete Planung ausgearbeitet. Diese sah vor, das Wasser aus dem Überlinger See bei Sipplingen zu entnehmen, es über eine 150 km lange Leitung über Tuttlingen, Spaichingen, Rottweil, Balingen, Hechingen und Tübingen nach Stuttgart zu führen und über eine bei Rottweil abzweigende Anschlussleitung auch das Gebiet um Schwenningen, Trossingen, Villingen und Donaueschingen mit Bodenseewasser zu versorgen. Die Gesamtkosten veranschlagte die Kommission auf 150 Millionen DM. Dem Zweckverband Bodenseewasserversorgung waren bereits 13 Gemeinden beigetreten: Böblingen, Ebingen, Hechingen, Kornwestheim, Reutlingen, Rottweil, Schwenningen, Sindelfingen, Stuttgart, Tailfingen, Tübingen, Tuttlingen und Villingen. Im Juni 1953 genehmigte das Regierungspräsidium Nordwürttemberg die Satzung des Zweckverbands. Damit war der Weg frei für die erste Verbandsversammlung, auf der die einzelnen Organe zu bilden sowie insbesondere der Verbandsvorsitzende und der Verwaltungsrat zu wählen waren. Diese erste Verbandsversammlung fand am 30. Juli 1953 im Kleinen Kursaal in Bad Cannstatt statt. Zum Vorsitzenden wurde erwartungsgemäß Oberbürgermeister Klett gewählt, einer der Initiatoren des Projekts und Vorsitzender der Studienkommission für die Wasserversorgung in Stuttgart. Dieses wichtige Amt des Zweckverbandsvorsitzenden Bodenseewasserversorgung hat Arnulf Klett über viele Jahre hinweg engagiert und sachgerecht versehen, und er hat sich mit ihm große Verdienste nicht nur um Stuttgart, sondern um ganz Baden-Württemberg erworben.[86]

Der Landesverband Württemberg-Baden des Roten Kreuzes besaß seit 1948 in Arnulf Klett einen sehr aktiven Präsidenten. Ihm war es neben den Vertretern anderer Landesverbände zu verdanken, dass 1952 das Deutsche Rote Kreuz (DRK) neu gegründet wurde. Er schuf mit die Voraussetzungen, dass am Solferino-Tag 1954[87] der Zusammenschluss der drei südwestdeutschen Landesverbände des DRK zum Landesverband Baden-Württemberg vollzogen werden konnte. Auch von diesem neuen Landesverband wurde er zum Präsidenten gewählt und nach seinem Rücktritt im Juni 1963 zum Ehrenpräsidenten.[88]

Am 30. September 1953 hatte die Deutsche Studiengesellschaft Hubschrauber Klett mit dem Vorsitz betraut. Nach ihrer Satzung verfolgte die Vereinigung die Absicht, Unterlagen über die Entwicklung, die Wirtschaftlichkeit und die Verwendungsmöglichkeiten von Hubschraubern zu sammeln und auf Grund eigener Facherfahrungen und Kenntnisse zusammenzustellen und weiterzugeben. Ein enges Zusammenwirken mit Lehrstühlen und Instituten für Luftfahrt war vorgesehen, ebenso eine Kooperation mit Bundes- und Landesbehörden in Hubschrauber-Angelegenheiten.[89] Der für alle technischen Fragen aufgeschlossene Oberbürgermeister betrachtete diese Aufgabe als eine hochinteressante Herausforderung, zumal er wohl schon früh die vielseitigen Einsatzmöglichkeiten von Hubschraubern erkannt hatte.

Vermehrte Kontakte zum Ausland

Die Verfemung Deutschlands zu überwinden und ihm einen Platz als gleichberechtigtem Partner in der Gemeinschaft der Völker zu sichern, war seit Kriegsende ein Anliegen Arnulf Kletts. Die Städte konnten hier eine Vorreiter- oder Mittlerrolle übernehmen. Im April 1949 erwiderten Klett und Bürgermeister Hirn mit einer kleinen Delegation den Besuch des Lordmayors von St. Helens vom Vorjahr. Es gelang, die anfängliche Reserve der Engländer gegenüber den deutschen Gästen zu überwinden und eine Atmosphäre zu schaffen, die dem gewünschten Ausbau der Beziehungen zwischen St. Helens und Stuttgart förderlich war. Wenige Monate später kam eine zehnköpfige Schülergruppe aus St. Helens mit zwei Lehrern zu einem vierzehntägigen Informationsbesuch nach Stuttgart. Dies war der Beginn des 1948 beim Besuch des Oberbürgermeisters von St. Helens in der württemberg-badischen Landeshauptstadt angeregten Austausches von Jugendgruppen zwischen beiden Städten bzw. Ländern.[90]

Vom 21. bis 29. Juli 1950 veranstaltete die Internationale Transportarbeitergewerkschaft ihren 21. Kongress im Kursaal in Bad Cannstatt. Es war dies die erste internationale Gewerkschaftskonferenz auf deutschem Boden seit 1933. Sie erinnerte, wenn auch in ihren Dimensionen nicht ganz vergleichbar, an den Internationalen Sozialistenkongress im August 1907 in Stuttgart – gleichfalls der erste seiner Art auf deutschem Boden. Oberbürgermeister Klett maß diesem Kongress große Bedeutung bei; er brachte das mühsam politisch sich hochrappelnde deutsche Volk ein Stück der Normalität näher. Internationale Gremien mieden nicht länger Deutschland. Ebenso wie Landtagspräsident Wilhelm Keil, Ministerialdirektor David Stetter, der kommissarische Leiter des württemberg-badischen Arbeitsministeriums, und Landeskommissar General Charles P. Gross ließ er es sich nicht nehmen, die 180 Delegierten aus 22 Ländern (unter ihnen 30 deutsche Vertreter) willkommen zu heißen. Der Präsident der Internationalen Transportarbeitergewerkschaft, der Schweizer Robert Bratschi, wollte die Entscheidung seiner Organisation, in Deutschland zu tagen, die er eine mutige Geste nannte, als einen Beitrag zur Überwindung der Gefühle, die der Krieg zwangsläufig in Millionen Herzen zurückgelassen habe, verstanden wissen.[91]

Die Deutsche Gartenschau in Stuttgart 1950 nahm der Oberbürgermeister zum Anlass, um zu einem deutsch-französischen Bürgermeistertreffen im Rahmen der zwei Jahre zuvor in der Schweiz gegründeten Internationalen Bürgermeisterunion für deutsch-französische Verständigung und europäische Zusammenarbeit einzuladen.[92] Namhafte Persönlichkeiten kamen zu dieser Tagung vom 30. Mai bis 5. Juni 1950 in die württemberg-badische Landeshauptstadt: der Schweizer Schriftsteller und Mitbegründer der Bürgermeisterunion Professor Hans Zbinden, der Bürgermeister von Paris de Gallo, die Regierende Bürgermeisterin von Berlin Luise Schröder, der Frankfurter Oberbürgermeister Walter Kolb sowie der Schweizer Schriftsteller Eugen Wyler, gleichfalls ein Mitbegründer der Bürgermeisterunion.[93] Ministerpräsident Maier, der an einer Abendveranstaltung im Cannstatter Kursaal teilnahm, blieb der Stuttgarter Oberbürgermeister als ein brillanter Redner und als vorbildlicher Gastgeber in Erinnerung.[94] Zwei Jahre später, am 16. und 17. Juni 1952, tagte der Verwaltungsausschuss der Internationalen Bürgermeisterunion in Stuttgart – Arnulf Klett war inzwischen Vizepräsident der Union. Der Ausschuss befasste sich hauptsächlich mit den Satzungen und der Arbeit der Bürgermeisterunion sowie mit der Vorbereitung des diesjährigen Hauptkongresses in Innsbruck. Noch 1952 trat die Stadt Stuttgart der Bürgermeisterunion bei.[95]

Eine schwierige und doch erfolgreiche zwölfjährige Amtszeit nach der Wiederwahl 1954

Turbulente Jahre

Am 10. Januar 1954 wurde Arnulf Klett bei einer Wahlbeteiligung von lediglich 40,4 Prozent der wahlberechtigten Bürger mit 80 Prozent der abgegebenen gültigen Stimmen, diesmal jedoch auf zwölf Jahre, in seinem Amt bestätigt. Sein einziger Gegenkandidat, der ehemalige württemberg-badische Arbeitsminister Rudolf Kohl (KPD), hatte nur 13,3 Prozent der abgegebenen gültigen Stimmen erlangt.[1] Neun Jahre ungewöhnlich erfolgreicher Arbeit zum Wohl der Stadt waren von der Bürgerschaft honoriert worden. Schon der Wahlslogan hatte die Zufriedenheit weiter Kreise mit dem Stadtoberhaupt knapp und einprägsam auf den Nenner gebracht: »Wer Stuttgart liebt, wählt Klett!«[2] Freilich der Wiedergewählte sah sich mit etlichen Widerwärtigkeiten konfrontiert. Zudem stieß er auf seinem Weg an schmerzliche Stolpersteine, und nicht alle diese Steine stammten von Neidern und Widersachern.
Ein recht unerfreuliches Kapitel war der schon seit Jahren sich hinziehende Streit mit seinem Amtsvorgänger, mit Dr. Karl Strölin. Dieser kämpfte unter Hinweis auf seine Verdienste um Stuttgart namentlich in der Endphase des Krieges um eine »angemessene Pension«, also um das Ruhegehalt eines Oberbürgermeisters. Die Mehrheit des Gemeinderats sprach sich dafür aus, Strölin die Pension eines Stadtamtmanns, des Dienstrangs, den er als städtischer Beamter 1933 innegehabt hatte, zuzuerkennen. Oberbürgermeister Klett hingegen vertrat den Standpunkt, Strölin hätte auch ohne die Förderung durch den NS-Staat eine führende Position in der Stadtverwaltung erlangt.

Außerdem müssten die charakterliche Haltung des früheren Rathauschefs und dessen Widerstand gegen das Hitler-Regime berücksichtigt werden. Doch die höhere Pension, die Klett vorschlug, lehnte der Gemeinderat am 18. Oktober 1951 ab. Im Mai 1952 setzte dann die CDU-Fraktion im Stadtparlament die Anhebung des Ruhegehalts um eine Stufe durch. Strölin ließ es aber dabei nicht bewenden. Er beschritt den Rechtsweg und erreichte 1953 ein Urteil des Verwaltungsgerichts, das ihm die Pension als Oberbürgermeister zusprach. Die Begründung des Urteils, dass die fachliche Eignung und nicht die Zugehörigkeit zur NSDAP für die Berufung Strölins zum Oberbürgermeister im Frühjahr 1933 den Ausschlag gegeben habe, war ein Skandal. Die Stadt musste sich nun zu einem Vergleich herbeilassen. Sie gestand Strölin die Ruhegehaltsbezüge eines Bürgermeisters zu.[3] Doch die schließlich so unverdient günstig für ihn geregelte Pensionsangelegenheit war für den ehemaligen Oberbürgermeister nur eine Seite seines Kampfes um eine volle Rehabilitierung. Er pochte darauf, auch öffentlich vom jetzigen Rathauschef und vom Gemeinderat als früheres Stadtoberhaupt behandelt zu werden, das sich um Stuttgart nicht bloß große Verdienste erworben, sondern auch in der Zeit des Dritten Reiches untadelig verhalten habe. Jedes Schuldgefühl dafür, dass er viele Jahre einem verbrecherischen Regime gedient und zumindest maßloses Unrecht in seinem Zuständigkeitsbereich nicht verhindert hatte, ging ihm ab. Klett, von dem er wohl meinte, er müsse ihm besonders verpflichtet sein, weil er ihn im April 1945 den Franzosen als seinen Nachfolger vorgeschlagen hatte, machte er heftige Vorwürfe, weil er von der Stadt nicht zur Trauerfeier für den am 6. Dezember 1952 verstorbenen Oberbürgermeister Dr. Carl Lautenschlager eingeladen worden war. Doch auch ohne offizielle Einladung war es ihm gelungen, in die Kirche zu kommen. Nachträglich beschwerte er sich bei Klett über die Missachtung seiner Person, wobei er auf sein korrektes Verhalten gegenüber Lautenschlager hinwies. Klett zeigte sich äußerst ungehalten. In seinem Antwortschreiben erinnerte er Strölin daran, dass die Nationalsozialisten Lautenschlager 1933, zwei Jahre nach seiner Wiederwahl, aus seinem Amt gedrängt hätten, obgleich er für insgesamt zwölf Jahre gewählt gewesen sei. Diese unrechtmäßige vorzeitige Zwangspensionierung nannte Klett als Grund, warum er Strölin nicht eingeladen habe. Der ehemalige NS-Oberbürgermeister fand sich aber damit nicht ab. In einem weiteren Brief suchte er sich zu rechtfertigen. Die politische Situation im Frühjahr 1933, schrieb er, habe ihn zum Handeln gezwungen. Jetzt war es Klett zu viel. Er attestierte Strölin schriftlich, dass er aus Überzeugung der NS-Bewegung gedient habe, »die Macht vor Recht und Nützlichkeit vor Billigkeit« stellte, und dass es deshalb nur folgerichtig gewesen sei, wenn er, Strölin, Lautenschlager von seinem Posten verdrängt habe. Diesen Argumenten konnte Strölin nichts mehr entgegensetzen. Freilich, die Nichteinladung zur Trauerfeier Lautenschlagers wurmte ihn weiterhin. In einem Gespräch mit Bürgermeister Hirn im Frühjahr 1955 ließ er keinen Zweifel, dass er noch immer auf eine Entschuldigung Kletts warte.[4]

Hätten Bekannte Strölin nicht davon abgehalten, wäre er bei der Oberbürgermeisterwahl am 10. Januar 1954 gegen Klett angetreten. In seiner illusionären Vorstellungswelt rechnete er damit, dass er in der Bürgerschaft noch immer hinreichenden Rückhalt besitze, um sich gegen den Amtsinhaber durchsetzen zu können.[5]

Am zehnten Jahrestag der Kapitulation Stuttgarts, am 22. April 1955, erwartete er, dass Klett sein mannhaftes Verhalten im Frühjahr 1945, als er Stuttgart vor weiterer Zerstörung bewahrte, würdige. Allein, Klett ging in seiner Ansprache mit keinem Wort auf die Rolle seines Vorgängers ein. In der Folgezeit beschwerte sich Strölin regelmäßig, dass man ihn zu den Pensionärsfeiern der Stadt nicht einlud. Für SPD und CDU standen aber solchen Einladungen die Entlassungen von städtischen Bediensteten aus politischen Gründen im Wege, die Strölin 1933 verfügt hatte. Immerhin gratulierte ihm Klett zu seinem 70. Geburtstag am 21. Oktober 1960 und ließ ihm zehn Flaschen Wein überreichen. Der Geehrte bedankte sich freundlich und bezeugte Klett, dass Stuttgart unter seiner »bewährten Leitung« einen neuen Aufschwung genommen habe. Freilich, dem früheren Personalreferenten Dr. Albert Locher, wie er ein alter Parteigenosse, vertraute er an, dieses Lob sei ihm schwer gefallen. Am 21. Januar 1963 starb Karl Strölin. Arnulf Klett hatte ihm vier Tage vorher ins Katharinenhospital, wo Strölin wegen akuter Herzbeschwerden behandelt wurde, mit einem Blumenstrauß Genesungswünsche übermittelt.[6]

Anders als zu Strölin hatte Oberbürgermeister Klett zu dessen Vorgänger Carl Lautenschlager ein freundschaftlich-vertrauensvolles Verhältnis. Wiederholt bediente er sich des Rats des erfahrenen Kommunalpolitikers. Auch lud er ihn gerne zu wichtigen Veranstaltungen, zu öffentlichen Empfängen und zu sonstigen Anlässen ein. Nachdem der Stuttgarter Ehrenbürger am 6. Dezember 1952 verstorben war, beauftragte Klett mit Zustimmung des Gemeinderats Professor Fritz Nuss mit der Gestaltung eines Grabmals auf dessen Ehrengrab im Waldfriedhof.[7]

Scharf blies der Wind Oberbürgermeister Klett Anfang der fünfziger Jahre ins Gesicht. Ein von der Städtischen Girokasse gewährter Millionenkredit belastete ihn, den Vorsitzenden des Verwaltungsrats der Girokasse, schwer und brachte ihn ins Schussfeld der Medien. Nach der Währungsreform 1948 war der Kreditbedarf der Wirtschaft enorm. Handwerks- und Industriebetriebe expandierten. Banken und Sparkassen profitierten davon. Sie verhielten sich deshalb bei der Kreditvergabe großzügig, mitunter sogar leichtfertig. 1949 hatte die Städtische Girokasse dem Stuttgarter Kaufmann und Nährmittelfabrikanten Willy Bürkle nach und nach einen Kredit von 8 Millionen DM gewährt. Bald stellte sich indes heraus, dass Bürkle das in ihn gesetzte Vertrauen nicht rechtfertigte. Er hatte mit dem ihm zur Verfügung gestellten Geld übel gewirtschaftet. Die Girokasse verbuchte einen Verlust von 6 Millionen DM. Die Stadt musste, um die Liquidität der Girokasse zu gewährleisten, eine Ausfallbürgschaft übernehmen. Für mehr als 1 Million DM kaufte sie die »Gutenhalde« in Bonlanden, das private Anwesen Bürkles. Diese Summe wurde als weit überhöht und als die verschleierte Übernahme eines Teils des Verlusts der Girokasse durch die Stadt betrachtet. Presse und Öffentlichkeit gingen mit der Spitze der Stadtverwaltung unnachsichtig ins Gericht. Obwohl es auch anderwärts in der Bundesrepublik Skandale ähnlicher Art gab, wirbelte der Fall Bürkle ungewöhnlich viel Staub auf. Die Mitglieder des Kreditausschusses und des Verwaltungsrats wurden grober Fahrlässigkeit und noch weit schlimmerer Vergehen beschuldigt. Insbesondere Oberbürgermeister Klett und sein Stellvertreter, Bürgermeister Hirn, sahen sich mit schweren, zum Teil ehrenrührigen Vorwürfen konfrontiert.[8] Gemeinderat und Landtag hatten sich wiederholt mit dem Fall Bürkle zu befassen. Nach langen Voruntersuchungen fällte das Landgericht Stuttgart am 12. März 1954 das Urteil: Oberbürgermeister Klett und Bürgermeister Hirn, ferner die früheren Mitglieder des Verwaltungsrats der Girokasse, die Stadträte Karl Schmid und Hans Wachmeier, sowie die ehemaligen Direktoren der Girokasse Rudolf Lämmle und Martin Richter hatten als Gesamtschuldner der Girokasse 400 000 DM zu bezahlen.[9] Am 31. Mai 1954 entschied der baden-württembergische Ministerrat entsprechend dem Vorschlag des Regierungspräsidiums Nordwürttemberg über die Durchführung der Urteilsvollstreckung im Kreditfall Bürkle: Oberbürgermeister Klett und Bürgermeister Hirn hatten vorweg eine einmalige Zahlung von jeweils 20 000 DM zu leisten. Zusammen mit den vier anderen zu Schadenersatz Verurteilten mussten sie sodann von ihrem monatlichen Nettoeinkommen 20 Prozent an die Girokasse abführen, bis der Betrag der gerichtlich festgesetzten 400 000 DM erfüllt war.[10] Dies war ohne Zweifel eine empfindliche Strafe, und der Oberbürgermeister konnte den Vorwurf, sich als Vorsitzender des Verwaltungsrats allzu nachlässig verhalten zu haben, nicht entkräften. Doch war er insgesamt sehr erleichtert.

Bereits am 30. März 1954 hatte er sich in einer Rundfunkansprache an die Bevölkerung gewandt und zu Recht festgestellt, dass ihm und seinen Mitverurteilten auch nicht der geringste Vorwurf eines kriminellen oder ehrenrührigen Verhaltens habe gemacht werden können. Für ihn war damit die in der Presse immer wieder lautstark angekündigte Dienstaufsichtsbeschwerde und Strafanzeige wegen Amtsanmaßung gegenstandslos geworden. Er hatte, wie er erklärte, auch nie mit solchen Maßnahmen gerechnet. Dass der Gemeinderat ihm und Bürgermeister Hirn jetzt mit großer Mehrheit das Vertrauen ausgesprochen und unmissverständlich zum Ausdruck gebracht hatte, dass sie beide ihre Arbeit zum Wohl Stuttgarts und seiner Bürger fortsetzen sollten, bedeutete für ihn eine ganz große Genugtuung, und er versprach: »Nachdem uns auch Landesregierung und Regierungspräsidium am 22. März vor dem Landtag bestätigt haben, dass wir uns seit Kriegsende unverdrossen und in unermüdlicher Arbeit um die Geschicke der Stadt Stuttgart angenommen und die Leitung der Stadt einwandfrei und sauber gehandhabt haben, werden wir fortfahren, selbst dann unsere Pflicht zu tun, wenn man uns erhebliche Teile unseres Gehalts pfänden sollte.« Seinen Widersachern rief er zu: »Es ist leichter, für ein Amt befähigt zu scheinen, das man nicht hat, als für das, welches man innehat.«[11]

Vier Jahre später zog ein Entscheid des Regierungspräsidiums Nordwürttemberg, der am 6. Februar 1958 im *Amtsblatt der Stadt Stuttgart* veröffentlicht wurde, einen Schlussstrich unter die Affäre Bürkle: Die Prozesskosten für das Strafverfahren gegen Klett, Hirn, Schmid und Wachmeier in Höhe von 21 905,07 DM übernahm die Stadt. Die Kosten für die Zivilprozesse gegen die vier Genannten in Höhe von 73 522,95 DM galten durch die inzwischen entrichteten Schadenersatzbeträge als beglichen. Die Girokasse verzichtete ab 1. Januar 1958 auf weitere Schadenersatzleistungen.[12]

Es war auch die leidige Erfahrung der Bürkle-Affäre, die Oberbürgermeister Klett am 25. Oktober 1958 bei der Einweihung der vom Verschönerungsverein erstellten Zeppelin-Aussichtsplatte an der Zeppelinstraße in seiner Ansprache zu der Klage über den Verlust des einst blühenden Bürgersinns veranlasste. »Wir alle leiden«, bekannte er, » – nicht nur in unserer Stadt, sondern in unserem gesamten politischen und kulturellen Leben – darunter, wie viel von dem ehemals so blühenden Bürgersinn abhanden gekommen ist in der Anonymität unserer modernen Masse Mensch.« Klett konstatierte, dass die Forderungen des Einzelnen zunähmen, ebenso Kritik und Klagen darüber, was die öffentliche Hand versäumt oder falsch gemacht habe. Am meisten seien davon die Stadtverwaltungen betroffen. Umso höher bewertete der Oberbürgermeister die Stiftung der Aussichtsplatte. Sie sei, lobte er, »eine großartige Bürgertat, ein Beweis wirklichen selbstlosen Bürgersinns, ein Beweis dafür, dass nicht nur Missmut und Kritik, sondern Opferbereitschaft und Leistungswille unter uns leben ... Demokratie heißt nicht in erster Linie Ansprüche stellen und Leistungen erwarten, sondern selbst Verantwortung tragen und Opfer bringen.«[13]

Seinen 75. Geburtstag nahm Bundespräsident Heuss zum Anlass, um eine Reihe von Persönlichkeiten des öffentlichen und kulturellen Lebens auszuzeichnen. Oberbürgermeister Klett verlieh er das Große Bundesverdienstkreuz mit Stern, dem Maler Otto Dix, dem Herausgeber der *Stuttgarter Zeitung* Dr. h.c. Josef Eberle, dem Dichter Ernst Jünger, dem Generalmusikdirektor Ferdinand Leitner, dem Direktor der Stuttgarter Musikhochschule Professor Hermann Reutter und dem Generaldirektor der Württembergischen Staatstheater Dr. Walter Erich Schäfer das Große Bundesverdienstkreuz. Arnulf Klett dankte für die hohe Auszeichnung. Er betrachte sie, schrieb er dem Bundespräsidenten, keineswegs bloß als eine persönliche Ehrung, sondern er sehe in ihr eine Würdigung der Aufbauleistung der ganzen Stadt, eine Würdigung der Arbeit der ganzen Bürgerschaft, des Gemeinderats und aller Mitarbeiter der Stadtverwaltung.[14]

Nach der Bürkle-Affäre schien es, als fände die Stuttgarter Kommunalpolitik in ein ruhigeres Fahrwasser zurück. Leider war dem nicht so. Im Gemeinderat hatte der parteilose Oberbürgermeister mitunter einen schweren Stand. Im April 1959 unterschied er in diesem Gremium zwei Gruppierungen, eine mehr konservative und eine mehr fortschrittliche. Sich selbst rechnete er zu den Fortschrittlicheren –, und er fügte mit dem ihm eigenen Humor hinzu: »Ich bin also, wenn ich so sagen darf, ein natürlicher Gegner der anderen Gruppe.«[15]

Zu seinem 50. Geburtstag am 8. April 1955, der mit seinem zehnjährigen Oberbürgermeisterjubiläum zusammengefallen war, hatte die Daimler-Benz AG Arnulf Klett eine Perser-Brücke im Wert von 2 900 DM geschenkt, und er hatte die Brücke ohne weiteres angenommen. Seit Herbst 1959 beschäftigte dieses unverhältnismäßig wertvolle Geschenk die Justiz, und am 29. März 1960 griff die *Bild-Zeitung* unter der reißerischen Überschrift »Stuttgarts Oberbürgermeister angeklagt. Passive Bestechung!« die Angelegenheit auf. Der sehr hohe Wert der Brücke rechtfertigte nach ihrem Urteil die Ermittlungen der Staatsanwaltschaft. Klett, so meinte sie, hätte als städtischer Beamter die Brücke niemals annehmen dürfen, zumal die Daimler-Benz AG mit der Stadt Stuttgart enge Geschäftsverbindungen unterhalte. Der Rathauschef habe sich in Wirklichkeit nicht beschenken, sondern bestechen lassen. Immerhin seien die Stuttgarter Verkehrsbetriebe und die städtische Polizei mit Mercedes-Omnibussen und mit -Pkws ausgestattet. Die »neue Betrugsaffäre«, die bei der »Untersuchung Bonner Korruptionsskandale« aufgedeckt worden sei, war für die *Bild-Zeitung* ein willkommener Anlass, an den »Bürkle-Skandal« zu erninnern.[16]

In der nichtöffentlichen Sitzung des Verwaltungsausschusses des Gemeinderats an demselben Tag, am 29. März 1960, bestätigte Bürgermeister Hirn im Wesentlichen die Fakten des Berichts der *Bild-Zeitung*. Der Oberbürgermeister habe aber, so informierte Hirn die Ausschussmitglieder, schon am 22. Februar in einer Schutzschrift zu der gegen ihn gerichtlich erhobenen Anklage der passiven Bestechung Stellung genommen; er sei übereinstimmend mit seinem Anwalt der Überzeugung, dass es wahrscheinlich nicht zur Eröffnung eines Hauptverfahrens komme, schließlich bestreite er mit aller Entschiedenheit, wie in der Anklageschrift behauptet werde, irgendeinen Zusammenhang zwischen seinem »Tun und Lassen« und den Geschäftsbeziehungen der Stadt mit der Daimler-Benz AG.

In einer Presseerklärung, gleichfalls am 29. März 1960, unterrichtete Oberbürgermeister Klett die Öffentlichkeit darüber, dass er zu seinem 50. Geburtstag ein von Generaldirektor Dr. Koenecke und Direktor Staelin unterzeichnetes Glückwunschschreiben erhalten habe, dem »als Angebinde eine Brücke beigegeben« gewesen sei, und dass er sich für diese »Gabe« schriftlich bedankt habe. Nachdrücklich verwahrte er sich jedoch gegen den Vorwurf der passiven Bestechung. Er sei mit Dr. Koenecke und Staelin seit langem freundschaftlich verbunden. Dies habe »zu persönlichen Beziehungen zwischen den beiderseitigen Familien und bei besonderen Anlässen zu gegenseitigen Geschenken geführt«. Außerdem sei der Wert der Brücke für ihn nicht erkennbar gewesen, da beide Herren in ihrem Glückwunschschreiben von einer »kleinen Aufmerksamkeit« gesprochen hätten. Bis auf den heutigen Tag sei es »althergebrachte Übung, dass im öffentlichen Leben verdiente Männer zu ganz besonderen Anlässen, wie zu einem runden Geburtstag, aus der Bürgerschaft und aus der Wirtschaft geehrt würden, auch durch dieses oder jenes Geschenk«. Er habe dies dem Gericht mit »umfangreichen Beweisantritten« dargelegt.

Am Tag darauf, dem 30. März 1960, berichtete die *Stuttgarter Zeitung* eingehend und durchaus sachlich über die gegen Oberbürgermeister Klett erhobene Anklage, wobei sie auch seine Presseerklärung unkommentiert wiedergab. Dem fraktionslosen Gemeinderat Eugen Eberle genügte diese Information nicht. Er verlangte am 31. März eine gründliche Unterrichtung des Gemeinderatsplenums. Dazu war aber der Oberbürgermeister beim derzeitigen Stand des gegen ihn eingeleiteten Gerichtsverfahrens nicht bereit.

Der Spiegel ließ sich die Teppich-Affäre des »Uraltbürgermeisters Klett – Stadtchef seit dem 23. April 1945 –« verständlicherweise nicht entgehen. In seiner Ausgabe vom 6. April 1960 berichtete er über sie unter der Überschrift »Echt Orientalisch«. Er fand die »Schutzbehauptungen« Kletts in dessen Presseerklärung lächerlich, ja dümmlich, wobei er sich besonders darüber mokierte, dass der »mit den Attributen eines gehobenen Lebensstandards vertraute Kommunalmanager« den Wert eines Orientteppichs nicht habe taxieren können. Natürlich rührte er auch wieder die Bürkle-Geschichte auf, die der 1954 von den Stuttgarter Bürgern glanzvoll in seinem Amt bestätigte »parteilose Tausendsassa« unbeschadet überstanden habe. Er warf ihm aber auch andere gravierende Fehlleistungen vor, so den überteuerten 30-Millionen-Bau des Stuttgarter Neckarhafens, der angeblich die Rohstoffbasen der Welt näher an den heimischen Wirtschaftsraum heranrücke, das größenwahnsinnige Wohnriesenprojekt »Hannibal«, den größten Wohnblock des Kontinents, »stattlicher als der Louvre«, sowie den erst kürzlich vereitelten Plan, eine Seilbahn vom Stadtinnern zum Killesberg zu bauen. Für einen Mann, so meinte *Der Spiegel*, der zu so faustischen Taten neige, sei das Geschenk einer Perser-Brücke kaum mehr als ein Klacks. Auf der anderen Seite habe derselbe Mann zu Weihnachten einen Erlass herausgegeben, der städtischen Bediensteten strikt untersage, Geschenke, selbst solche von stadteigenen Unternehmen, anzunehmen. Nicht einmal Notizbücher oder Kalender habe er durchgehen lassen.

Klett war inzwischen in die Offensive gegangen. Er hatte, wie er schon in seiner Presseerklärung mitgeteilt hatte, der Staatsanwaltschaft in drei Ordnern Einzelheiten über eine Vielzahl anderer Geschenke übergeben, die er zu seinem 50. Geburtstag erhalten hatte, so eine 2 000-DM-Fernsehtruhe von einer anderen Stuttgarter Firma. Die *Bild-Zeitung* berichtete darüber am 29. April 1960, die *Stuttgarter Zeitung* am folgenden Tag. In der SPD-Fraktion des Gemeinderats rumorte es. In einem Brief, der aber früher in die Presse gelangte als zur Kenntnis des Stadtoberhaupts, forderte sie Klett zu einem zeitweiligen Verzicht auf die Führung seiner Amtsgeschäfte auf, weil er zu einer »zunehmenden Belastung des Ansehens« der gesamten öffentlichen Verwaltung werde. Allein, der Oberbürgermeister dachte nicht daran. Am 5. Mai 1960 erklärte er dem Gemeinderat, das Innenministerium und das Regierungspräsidium Nordwürttemberg hätten schon im Oktober des letzten Jahres geprüft, ob und welche dienstrechtlichen Maßnahmen gegen ihn zu ergreifen seien, und beide seien zu dem Ergebnis gekommen, von einer Prüfung solcher Maßnahmen abzusehen, »bis das Gericht gesprochen habe«. Sein Fazit: »Ich möchte Ihnen sagen, dass es auch zur demokratischen Ordnung gehört, dass ein Mensch, der sich zu Unrecht angeschuldigt und angegriffen fühlt, von der Öffentlichkeit erwarten kann, dass er nicht in seinem Kampf um sein Recht dadurch beeinträchtigt und beschränkt wird, dass man ihm zusätzlich Maßnahmen zumutet, die nicht nötig sind bei einem Mann, der ein gutes Gewissen hat!« Am Schluss der Sitzung wurde der Antrag des fraktionslosen Gemeinderats Eugen Eberle, den Oberbürgermeister bis zur gerichtlichen Entscheidung von seinen Amtsgeschäften durch das Regierungspräsidium zu entbinden, mit sämtlichen Stimmen, ausgenommen die Stimme des Antragstellers, abgelehnt.

Die *Stuttgarter Nachrichten* prangerten in ihrem Leitartikel »Affären« am 7. Mai 1960 die in der Bundesrepublik überhand nehmende Sensationsgier an. Sie wolle, schrieb die Zeitung, wirkliche Korruptionsfälle keineswegs verharmlosen, aber die meisten der gewaltsam ans Licht gezerrten so genannten Verfehlungen seien maßlos aufgebauscht. Dies treffe auch für die Oberbürgermeister Klett angelastete Teppich-Affäre zu, vor allem, wenn man sie an der enormen Nachkriegsleistung Kletts messe. Der Oberbürgermeister sei bei der Annahme kleinerer oder größerer Geschenke absolut unbefangen gewesen, und er habe deshalb nicht damit gerechnet, dass diese eines Tages einen Sturm gegen seine Person und Stellung auslöse. Leider hätten »als Begleiterscheinung des wachsenden Wohlstands das Einladen und Schenken, die gerade in Württemberg von jeher groß geschrieben gewesen seien, üppige Formen angenommen«. Hier müssten daher rasch verbindliche Regelungen über Erlaubt und Unerlaubt getroffen werden. Dies sei im Interesse des Ansehens Stuttgarts unerlässlich, zumal das Ansehen der Stadt eben zu einem guten Teil gerade das Werk des Mannes sei, an dem jetzt so viele Anstoß nähmen.

Auf reine Fakten beschränkte sich die hochangesehene *Neue Zürcher Zeitung* am 8. Mai 1960 in ihrem Bericht über die Stuttgarter Teppich-Affäre.[17]

Dass viele Neider von Oberbürgermeister Klett, aber auch manche Moralapostel nunmehr ihre Stunde gekommen sahen, bewiesen die zahlreichen kritischen Leserzuschriften, die die Spalten der Presseorgane füllten.[18] Oberbürgermeister Klett selbst erhielt viele verständnisvolle, aufmunternde Briefe. Ein Zahnarzt schrieb, er habe nicht vergessen, was Dr. Klett in den schweren Jahren der Katastrophe für Stuttgart getan habe, deshalb vertraue er ihm nach wie vor voll und ganz. Eine Bürgerin jüdischer Abstammung bezeugte ihm, dass sie weiterhin an seine »anständige und vornehme Gesinnung und Amtsführung« glaube. Freilich, so meinte sie, die Neider des Stadtoberhaupts nutzten die Gelegenheit, um ihm deutlich zu machen, dass der Mohr seine Schuldigkeit getan habe und nunmehr gehen könne. Ein städtischer Bediensteter sprach von einer »politischen Pöbelei«, die nur den »Roten« nütze. Ein evangelischer Pfarrer war empört über das gegen Oberbürgermeister Klett eröffnete Verfahren wegen Bestechung. Er riet ihm, mit einer Klage wegen Beleidigung und Verleumdung zu antworten. Das Geschenk der Daimler-Benz AG nannte er eine »Gabe längst verdienter Dankbarkeit«. Die große Zahl »schriftlicher und mündlicher Sympathiebekundungen« bestärkte Oberbürgermeister Klett in seiner Haltung. In einem Brief äußerte er, eine solche Überfülle von »Sympathieerklärungen« hätte er sich nicht träumen lassen.[19]

Mitte Mai 1960 kehrte der Oberbürgermeister nach einem vierzehntägigen Urlaub an seinen Schreibtisch zurück. Die *Stuttgarter Zeitung* kritisierte dies scharf. Ihrer Auffassung nach hätte Klett auf die Führung seiner Amtsgeschäfte bis zur gerichtlichen Klärung der Angelegenheit verzichten müssen. Sie warf ihm vor, er habe mit der Rückkehr auf seinen Amtssessel im Rathaus die richterliche Kompetenz in die eigene Hand genommen und damit zu der Verbreitung des fatalen Eindrucks beigetragen, dass im öffentlichen Leben der Bundesrepublik die Maßstäbe für Takt und Moral abhanden gekommen seien.[20] Ein solcher Tadel war schwerlich gerechtfertigt. Die *Stuttgarter Zeitung* machte sich mit ihm zum publizistischen Sprachrohr der Klett-Gegner.

Bis zur gerichtlichen Entscheidung der Teppich-Affäre dauerte es indes noch etliche Monate, und Klett handelte sicher richtig, wenn er seine Amtsgeschäfte mit dem ihm eigenen Elan, äußerlich unbeeindruckt von der gegen ihn erhobenen Anschuldigung, weiterführte, denn in der Tat konnte er für sich wie jeder andere Angeklagte die Unschuldsvermutung beanspruchen, solange das Gericht nicht entschieden hatte.

Am 21. Oktober 1960 endlich fällte die Sechste Große Strafkammer des Landgerichts Stuttgart ihren Spruch. Sie lehnte den Antrag der Staatsanwaltschaft Stuttgart auf Eröffnung eines Hauptverfahrens gegen Dr. Klett ab. Nach Prüfung der Tatbestände begründete sie dies folgendermaßen: Der Oberbürgermeister hatte zu seinem 50. Geburtstag auch von zahlreichen anderen Stuttgarter Firmen, nicht nur von der Daimler-Benz AG, zum Teil sehr wertvolle Geschenke bekommen. »Die Stuttgarter Firmen waren also ... in breiter Front angetreten, um das Stadtoberhaupt je nach Vermögen zu beschenken.« Klett hatte außerdem unter Vorlage umfangreichen Beweismaterials auf die gerichtsbekannte Tatsache hingewiesen, dass sich im Lauf der letzten zehn Jahre in der Bundesrepublik der Brauch entwickelt habe, hervorragende Persönlichkeiten des öffentlichen Lebens zu besonderen Gelegenheiten, insbesondere an so genannten runden Geburtstagen, zu beschenken, ohne zu bedenken, ob Schenker und Beschenkte durch Amtsgeschäfte in laufender Verbindung stünden. Die Kammer vertrat die Auffassung, dass sich unter dem Deckmantel großzügiger Geschenke in Einzelfällen kriminelle Bestechungshandlungen verbergen könnten. Daher empfahl sie der Aufsichtsbehörde dringend, hier im Interesse einer integren und objektiven Amtsführung Abhilfe zu schaffen. Oberbürgermeister Klett aber könne strafrechtlich nicht belangt werden, habe er sich doch an die üblichen Gepflogenheiten bei der Geschenkannahme gehalten.

Die Staatsanwaltschaft Stuttgart war mit dem Beschluss des Landgerichts nicht einverstanden; sie legte deshalb fristgerecht gegen ihn

Berufung ein. Der Erste Strafsenat des Oberlandesgerichts Stuttgart hob die Entscheidung des Landgerichts Stuttgart am 25. Januar 1961 auf und verfügte, dass die Hauptverhandlung vor dem Landgericht Tübingen stattzufinden habe, weil das Landgericht Stuttgart, das sich mit der Strafsache bereits befasst hatte, möglicherweise befangen war. Die neue Situation focht Oberbürgermeister Klett nicht an. Dem Gemeinderat gegenüber erklärte er am 7. Februar 1961, dass er nach wie vor seine Dienstgeschäfte im Interesse der Stadt weiterführen werde. Allerdings erhob er vor dem Bundesverfassungsgericht in Karlsruhe gegen die Entscheidung des Oberlandesgerichts Stuttgart Verfassungsbeschwerde. Diese nahm er erst am 15. Juli 1966 zurück, nachdem eine Entscheidung des Bundesverfassungsgerichts nicht erging. Das Landgericht Tübingen musste daher die Behandlung der Angelegenheit jahrelang aussetzen.

Die Zeitschrift *Stern*, die kurz nach der Entscheidung des Stuttgarter Oberlandesgerichts, die Strafsache Klett an das Landgericht Tübingen zu verweisen, eine auf einem Gespräch beruhende Porträtskizze des der passiven Bestechung Beschuldigten veröffentlichte, prophezeite, Klett wird »diese nicht wirklich gefährliche Teppichsache« durchstehen, hat er doch schon ganz andere Schwierigkeiten bewältigt, und die Stadt Stuttgart wird die Nutznießerin sein. Und in der Tat, Klett stand sie, wenn auch nicht ohne Blessuren, durch. Mit Beschluss vom 22. August 1966 stellte die Erste Strafkammer des Landgerichts Tübingen das Strafverfahren »wegen geringer Schuld des Täters gemäß Paragraph 153 Absatz 3 Strafprozessordnung ein, die Kosten des Verfahrens wurden der Staatskasse auferlegt, dagegen hatte der Angeklagte die ihm entstandenen notwendigen Kosten selbst zu tragen. Die bis dahin konfisziert gewesene Brücke wurde Oberbürgermeister Klett nach Einstellung des Verfahrens umgehend wieder zurückgegeben. Die *Stuttgarter Zeitung* beschränkte sich in ihrem Bericht vom 24. August 1966 im Wesentlichen auf die Wiedergabe des Gerichtsbeschlusses und auf dessen Begründung. Mit der Einstellung des Verfahrens durch das Landgericht Tübingen erübrigte sich auch die Durchführung des Disziplinarverfahrens des Regierungspräsidiums Nordwürttemberg gegen Klett, das 1959/60 in Aussicht genommen worden war.

Am 8. April 1995, anlässlich des 90. Geburtstags Arnulf Kletts, stellte die *Stuttgarter Zeitung* fest, der Bürkle-Skandal und die Teppich-Affäre hätten an der Beliebtheit des ersten Nachkriegsoberbürgermeisters in der Bürgerschaft nichts geändert.[21]

Eine Stadt wandelt ihr Gesicht

Der 1953 vom Ältestenrat der Verfassunggebenden Landesversammlung von Baden-Württemberg erwogene Plan, die Ruine des in Landesbesitz befindlichen Neuen Schlosses abzureißen und an ihrer Stelle ein Landtagsgebäude zu errichten, fand bei der Stadtverwaltung eine durchaus positive Resonanz. Generalbaudirektor Professor Walther Hoss und seine engsten Mitarbeiter befürworteten diesen Plan. Auch Oberbürgermeister Klett hatte offensichtlich gegen eine Beseitigung des repräsentativen Mittelpunkts des einstigen Königreichs keine Einwände. Die Stuttgarter Bevölkerung war empört. Presse und kulturelle Vereine bezogen eindeutig Stellung gegen derartige Abbruchüberlegungen.[22] Am 17. Februar 1954 trat Professor Paul Bonatz öffentlich für den Wiederaufbau des Neuen Schlosses und des Kunstgebäudes ein. Er erteilte Abbruch-Plänen, wie sie sein Kollege Professor Dr. Richard Döcker, unterstützt von Professor Max Bense verfocht, eine entschiedene Absage. Döcker und Bense behaupteten, das einer Fürstenlaune entsprungene Neue Schloss, das Monument einer längst entschwundenen feudalistischen Epoche, passe nicht mehr in die heutige Zeit. Max Bense warf gar den Befürwortern eines Wiederaufbaus des Neuen Schlosses vor, sie betrieben eine »kulturelle Restaurierungspolitik und ideelle Hispanisierung«. Die Presse der baden-württembergischen Landeshauptstadt ließ sich von solchen modernistischen Parolen nicht beeindrucken. Richard Glaser, der kämpferische Lokalchef der *Stuttgarter Zeitung*, schrieb in einem Leitartikel: »Wenn irgendjemand, wer es auch immer sei, es unternehmen will, diese wunderbare Ruine einfach abzureißen, um etwas ›unserer Zeit Gemäßes‹ an ihre Stelle zu setzen, dann ist das nicht nur in unseren Augen eine Barbarei ohnegleichen.« Richard Zanker äußerte sich in ähnlich deutlichen Worten in den *Stuttgarter Nachrichten*.[23]

Nachdem sich am 11. März 1954 der Ältestenrat des Landtags im Zusammenhang mit dem Neubau eines Parlamentsgebäudes unmissverständlich dafür ausgesprochen hatte, entweder den Landtag in das Neue Schloss einzufügen oder aber die Schlossruine gänzlich oder teilweise niederzulegen, schien das Schicksal des imposanten Bauwerks trotzdem besiegelt.[24] Die *Stuttgarter Zeitung* und die *Stuttgarter Nachrichten* gaben aber nicht klein bei. In Aufrufen »Rettet das Neue Schloss!« wandten sie sich an die Bevölkerung.[25] Und sie hatten Erfolg. Die Stadtverwaltung rückte von ihrer seitherigen Haltung ab, zumal sie sich der kulturgeschichtlichen Argumentation nicht entziehen konnte und das Neue Schloss innerstädtischen Verkehrsprojekten nicht im Wege stand.[26] Am 26. April 1954 entschied sich der baden-württembergische Ministerrat gegen den Abbruch des Neuen Schlosses.[27] 1958 wurde mit dem Wiederaufbau des für die neuere Geschichte Stuttgarts und Württembergs so wichtigen Gebäudekomplexes begonnen. 1961 waren die beiden Seitenflügel, in denen das Kultus- und das Finanzministerium untergebracht wurden, wieder hergestellt, und am 21. März 1964 konnte schließlich auch der Mitteltrakt mit den Repräsentationsräumen seiner Bestimmung übergeben werden. Der feierlichen Einweihung wohnten neben Ministerpräsident Kurt Georg Kiesinger, dem Hausherrn, Herzog Philipp von Württemberg, der Sohn Herzog Albrechts, des württembergischen Thronfolgers (bis 1918), mit seiner Gattin, Herzogin Rosa, sowie Oberbürgermeister Klett und Erster Bürgermeister Hirn bei.[28] Mit berechtigtem Stolz konnte die Stuttgarter Presse für sich das Hauptverdienst in Anspruch nehmen, wenn das repräsentativste Gebäude der baden-württembergischen Landeshauptstadt in den fünfziger Jahren nicht der Spitzhacke zum Opfer gefallen war.[29]

Den Abriss der Ruine des Kronprinzenpalais setzte die Stadt dagegen durch. Am 26. September 1962 genehmigte der baden-württembergische Ministerrat nach langem Zögern die Beseitigung der bereits stark verfallenen Ruine, er machte aber zur Bedingung, dass nach den Abbrucharbeiten sofort mit der Untertunnelung der Königstraße im Zusammenhang mit dem Planiedurchbruch begonnen werde.[30] Dies geschah. Das Areal des ehemaligen Kronprinzenpalais erhielt in dem »Kleinen Schlossplatz« eine Neuüberbauung, die freilich von Anfang an wenig Zustimmung fand. Der Kunsthistoriker Bernhard Sterra nennt diese Neuüberbauung das »Symbol einer lieblosen und antikulturellen Planungspolitik, eines ›faulen Kompromisses‹ von Tradition und Fortschritt«, und er sieht in ihr zu Recht einen Sieg der Verkehrstechnik über das Geschichtlich-Gewordene.[31]

In den fünfziger Jahren stand Stuttgart ganz im Zeichen der baulichen Expansion. Oberbürgermeister Klett meinte im April 1956 rückblickend, niemand habe nach der Katastrophe von 1945 eine derartige Entwicklung für möglich gehalten. Dafür müsse man dankbar sein, doch man sollte darüber auch nachdenklich und bescheiden werden.[32] Das stürmische Wachstum der Stadt hatte seiner Ansicht nach seine Ursache vor allem in der wirtschaftlichen Entwicklung. Aufhalten könne man dies nicht. Es habe auch keinen Sinn, Stuttgart mit einem Zaun zu umgeben. Die Stadt habe hier mit infrastrukturellen Maßnahmen in den Bereichen Energie- und Wasserversorgung sowie durch den Ausbau der Verkehrsbetriebe die entscheidenden Voraussetzungen geschaffen. Freilich sei letztlich alles, was die Stadt in den letzten Jahren getan habe, ein Dienst an der Wirtschaft und damit an der Gesamtbevölkerung gewesen.[33]

Am 30. Oktober 1954 eröffnete Oberbürgermeister Klett die Straßenbahnlinie von Zuffenhausen zu dem neuen Wohngebiet Rot. In seiner Ansprache nannte er die aus dem Boden gestampfte Trabantenstadt ein Musterbeispiel für den modernen Wohnungsbau, der dem Wohl des Bürgers diene und sich organisch in die Landschaft einfüge.[34] Einige Monate später, am 26. März 1955, pflanzte er in der Grünanlage an der Reutlinger Straße in Degerloch am Tag des Baumes einen Ahornbaum. Hierbei sprach er von der Verpflichtung der Städte, bei ihren Planungen stets die Natur, »den eigentlichen Born unseres Lebens«, einzubeziehen, denn ihr verdanke der Mensch Leben und Gedeihen.[35] Für die Besorgnis Vaihinger Bürger, das Projekt Pfaffenwald der Technischen Hochschule greife zu stark in die Landschaft ein, zeigte er Verständnis. Er beruhigte, bei den geplanten Instituten handle es sich lediglich um »kleine Pünktchen im großen Waldgebiet«.[36] Bei der Waldwoche, die der Landesverband Baden-Württemberg der Schutzgemeinschaft Deutscher Wald im November 1963 veranstaltete, versicherte er in seiner Ansprache »Mensch und Wald«, die Stadt schätze den Erholungswert des Waldes sehr hoch ein. Deshalb wolle sie nur in bestimmten Ausnahmefällen Wald für neue Bauvorhaben opfern.[37]

Der weiterhin rapid anwachsende Straßenverkehr beschäftigte wiederholt den Gemeinderat. Eine Maßnahme, um größere Sicherheit zu gewährleisten, sah er in Geschwindigkeitsbeschränkungen, wie dies die Amerikaner praktizierten. Oberbürgermeister Klett sprach sich dagegen aus. Allein, das Stadtparlament rückte nicht von seiner Position ab. Es beschloss für bestimmte Straßen die Einführung von Geschwindigkeitsbeschränkungen.[38] Eine gewisse Entlastung für den öffentlichen Nahverkehr brachte die Inbetriebnahme des Omnibusbahnhofs in den Oberen Anlagen am 27. Juni 1955. Mit der am 5. September 1956 eingeweihten Obertürkheimer Brücke war die letzte der bei Kriegsende zerstörten Neckarbrücken wieder aufgebaut.[39]

Als den Beginn eines neuen Kapitels in der Stuttgarter Nachkriegsgeschichte bezeichnete Oberbürgermeister Klett am 1. April 1957 die Fertigstellung des ersten Bauabschnitts der Großmarktanlage in Wangen. Bisher habe, führte er in seiner Ansprache aus, die Beseitigung der Kriegsschäden und die Wiederherstellung des im Krieg Zerstörten Vorrang gehabt, etwa beim Bau von Wohnungen, Schulen, Krankenhäusern, bei der Liederhalle und beim Rathaus. Die Großmarktanlage, ein reiner Zweckbau, sei das erste Vorhaben in Stuttgart, das nicht durch die Auswirkungen des Krieges notwendig geworden sei, sondern einem neuartigen Betrieb diene, den es in Stuttgart in dieser Art noch nicht gegeben habe.[40]

Bemerkenswert war, dass kurz darauf die US-Streitkräfte in Gegenwart von Oberbürgermeister Klett das letzte von ihnen in der baden-württembergischen Landeshauptstadt beschlagnahmte Privathaus freigaben. Nach Kriegsende 1945 hatten den Amerikanern 1 157 Wohngrundstücke mit annähernd 2 500 Wohnungen überlassen werden müssen. Seit 1954 hatte der Bund mit dem Bau von Ersatzwohnungen für das Militär der westlichen Siegermächte begonnen, und so nach und nach die Freigabe der beschlagnahmten Wohnungen erreicht.[41]

Entschieden wandte sich Klett im Januar 1958 gegen die in der Öffentlichkeit viel diskutierten Pläne, den zunehmende wirtschaftliche Bedeutung gewinnenden Stuttgarter Verkehrsflughafen auch für militärische Zwecke der Nato zu nutzen.[42] Als dann in den sechziger Jahren die militärischen Überschallflüge im Luftraum von Stuttgart und anderen Großstädten überhand nahmen, protestierte er namens der Bürgerschaft gegen diese unzumutbare Belästigung nicht nur bei den Spitzen der Bundesregierung, sondern auch bei Bundestagspräsident Dr. Eugen Gerstenmaier. Lebhaft begrüßte er es hingegen, dass die Lufthansa im April 1964 eine tägliche Flugverbindung Stuttgart-Frankfurt/Main-New York eröffnete. Den ersten Flug machte er zu einem medienwirksamen Ereignis. Neben ihm selbst befanden sich Dr. Hans Bausch, der Intendant des Süddeutschen Rundfunks, sowie Vertreter von Presse und Rundfunk an Bord. In New York stattete er seinem Amtskollegen Oberbürgermeister Robert F. Wagner einen Besuch ab und lud ihn zu einem Gegenbesuch nach Stuttgart ein.[43]

Zwei Großereignisse bildeten im März 1958 Glanzpunkte in der Oberbürgermeisterzeit Arnulf Kletts. Am 17. März wurde der Wagenburgtunnel, der mit 824 Meter Länge damals längste und technisch modernste Straßentunnel in der Bundesrepublik, eröffnet, und am 31. März fand nach dreijähriger Bauzeit die feierliche Einweihung des mit einem Kostenaufwand von 33,7 Millionen DM errichteten Stuttgarter Hafens statt. Damit war die von Mannheim ausgehende 188 km lange Neckar-Großschifffahrtsstraße durchgängig befahrbar. Die Personenschifffahrt zwischen Stuttgart und Besigheim hatte übrigens schon ein Jahr früher aufgenommen werden können.

Bei der Inbetriebnahme des Wagenburgtunnels erinnerte Oberbürgermeister Klett daran, dass der 1941 begonnene Tunnel im Krieg bis zu 15 000 Menschen als Großluftschutzraum gedient hatte. Leider hätten, so Klett, die Menschen die schlimme Zeit des Zweiten Weltkriegs schon längst vergessen. Deshalb würden sie täglich unzufriedener, vorwurfsvoller und undankbarer.

Anlässlich der Einweihung des Neckarhafens gab sich der Oberbürgermeister als großzügiger Gastgeber. Er ließ es an nichts fehlen. 3 000 Gäste aus dem In- und Ausland, unter ihnen Bundespräsident Heuss, waren anwesend.[44] Kritiker sprachen von übler Verschwendung öffentlicher Mittel. Sie bezweifelten auch, dass sich der Stuttgarter Hafen, ein Prestigeobjekt des Oberbürgermeisters, wirtschaft-

lich tragen werde. Indes behielt der viel Gescholtene wieder einmal mit seinem unverwüstlichen Optimismus Recht.
Wenige Monate später konnte Oberbürgermeister Klett einen neuen großen Erfolg verbuchen. Am 16. Oktober 1958 setzte er im Seepumpwerk Sipplingen die Bodenseewasserversorgung in Betrieb. Er tat dies mit den Worten des spanischen Philosophen Ortega y Gasset »Trinke vom Brunnen und lass deinen Platz dem Nächsten«. Das erste Bodenseewasser nahm seinen Weg über eine Fernleitung nach Stuttgart. Etwa 450 m vom Ufer entfernt wurde das Wasser in einer Tiefe von 60 m dem Überlinger See entnommen und dem Seepumpwerk zugeleitet. Von dort führte im Endausbau die aus zwei Pumpdruckleitungen und einer Falldruckleitung bestehende, 168 km lange Hauptleitung bis Bietigheim. Von den 215 Millionen DM betragenden Baukosten entfielen 24,4 Millionen DM auf die Stadt Stuttgart. Beim Festakt im Überlinger Badhotel schloss Oberbürgermeister Klett seine Dankesrede mit den Worten: »Wir werden heute das mit großem Aufwand an Geist und Initiative, an Kraft und Geld geschaffene Werk in Betrieb nehmen ... Wir tun dies mit dem innigen Wunsch, dass dieses Werk unserer schönen Heimat und ihren fleißigen Bürgern allezeit in Frieden zum Segen gereichen möge.«[45] Vehement wehrte sich der Stuttgarter Oberbürgermeister in seiner Eigenschaft als Verbandsvorsitzender der Bodenseewasserversorgung gegen Pläne einer Schiffbarmachung des Hochrheins. Im April 1961 warnte er vor der Realisierung dieses Projekts. Es gefährde, stellte er fest, die Trinkwasserversorgung von 1,8 Millionen Menschen.[46] Bereits im Oktober 1954 hatte der Gemeinderat die Umwandlung des Planungsverbands Bodenseewasserversorgung in einen Bau- und Betriebsverband gebilligt und den Oberbürgermeister ermächtigt, eine Abnahmequote von 1 000 Litern pro Sekunde anzumelden.[47]
Die nach wie vor bedrängende Wohnungsnot sowie die Sorge vor zu großem Landschaftsverbrauch und vor Zersiedelung – Arnulf Klett war, wie er anlässlich der Weltmeisterschaft im Pflügen auf dem Gelände der Landwirtschaftlichen Hochschule Hohenheim im Oktober 1958 erklärte, nach wie vor stolz darauf, der größte »Bauernschultes« der Bundesrepublik zu sein[48] – brachten den Stuttgarter Rathauschef und einige seiner Berater auf den Gedanken, Abhilfe durch einen

Riesenwohnkomplex für mehrere tausend Menschen zu schaffen. Am 7. Februar 1959 veröffentlichten die *Stuttgarter Nachrichten* erstmals die Pläne der Architekten Dipl.-Ing. Otto Jäger und Dipl.-Ing. Werner Müller über die projektierte Wohnanlage, den »Hannibal«. Dieser Wohnkomplex sollte 650 m lang, 50 m hoch und 20 m tief sein, 1 200 Eigentumswohnungen umfassen und rund 4 000 Menschen aufnehmen. Als Standort war zunächst der Fasanenhof, später der städtische Asemwald bei Birkach vorgesehen. Als Vorteil fiel ins Gewicht, dass hier Wohneigentum recht günstig zu erwerben war, weil nicht wie bei Ein- oder Mehrfamilienheimen hohe Grundstückspreise bezahlt werden mussten.[49]

Das Projekt erregte in der Öffentlichkeit weit über Stuttgart hinaus große Aufmerksamkeit und wurde hitzig diskutiert. Vielen erschien es unsinnig, andere hielten es für utopisch. Der Landesvorsitzende des Deutschen Gewerkschaftsbundes in Baden-Württemberg, Wilhelm Kleinknecht, erklärte beispielsweise: »Für mich als Schwaben ist ein solches babylonisches Wohnmonstrum mit den bewährten Grundsätzen, die die Schwaben an Wohnung und Landschaft stellen, nicht vereinbar und entspricht auch nicht den Grundsätzen schwäbischer Bauweise.« Die *Stuttgarter Zeitung* attackierte in ihrem Leitartikel vom 11. April 1959 ungewöhnlich scharf Oberbürgermeister Klett, den Mann, der 4 000 Menschen in einer riesigen Wohnmaschine unterbringen wolle. Dr. Klett, schrieb die Zeitung, schlage die »abstoßenden Erfahrungen mit dergleichem organisiertem Menschengedränge im Allgemeinen und mit den Riesenkasernen im Besonderen« in den Wind. Er habe sich nun mal in den Kopf gesetzt, Europas größtes Wohnhaus zu bauen. Daher kümmere ihn nicht, wie man sich darin befinde. Was er für das Projekt ins Feld führe, sei so abgestanden, dass man es nur mit Grausen hören könne. Ein dem Oberbürgermeister wohlgesinnter Bürger dagegen nannte in einer Leserzuschrift Menschen wie den Verfasser des Leitartikels vom 11. April Mostköpfe, die einen so modernen Oberbürgermeister wie Klett, der die Stadt zu einer »wahrhaften Großstadt« machen wolle, überhaupt nicht verdient hätten. Die Bewohner der Fildervororte lehnten in ihrer überwiegenden Mehrheit das Projekt »Hannibal« ab. In Bürgerversammlungen hagelte es Ausdrücke wie »Termitenstadt«, »Verschandelung der schwäbischen Natur«, »Versündigung wider die Natur«, »Chinesische Mauer«. Im Stuttgarter Gemeinderat waren die Meinungen geteilt. SPD und FDP/DVP stellten sich dem Oberbürgermeister zur Seite, dagegen lehnten die CDU, die Unabhängige Bürgerliste (UBL) und Stadtrat Eugen Eberle das Projekt in der geplanten Form ab. Am 21. Mai 1959 stellte der Gemeinderat das Wohnvorhaben »Hannibal« zurück, bis das Baurechtsamt geklärt hatte, ob überhaupt mit einer baurechtlichen Zustimmung gerechnet werden könne.[50]

Erst um die Jahreswende 1961/62 wurden im Stadtparlament die Weichen für die Realisierung des Wohnbauprojekts »Hannibal« gestellt. So stimmte das Gremium am 18. Januar 1962 dem Antrag des Bürgermeisteramts zu, den Architekten Jäger und Müller die Option für das Projekt zu erteilen.[51] Doch waren noch längst nicht alle dem Bauvorhaben im Wege stehenden Hürden überwunden. Selbst noch 1963 sprachen sich Bürgervereine sowie der Landesverband Baden-Württemberg der Schutzgemeinschaft Deutscher Wald gegen den »Hannibal« aus.[52] Am 9. Januar 1964 erläuterten die beiden Architekten Jäger und Müller zahlreichen Amtsvorständen der Stadtverwaltung, Oberbürgermeister Klett, Bürgermeister Professor Hoss, Vertretern des Regierungspräsidiums, des Gemeinderats, der beteiligten Bausparkassen und der Baugenossenschaft »Neue Heimat« als Bauherrin ein Modell des Bauvorhabens.[53] Am 20. Mai 1965 beschloss der Gemeinderat mit 28 gegen neun Stimmen bei sechs Enthaltungen den Bebauungsplan Asemwald.[54]

Mit dem Bau konnte jedoch erst begonnen werden, wenn das Innenministerium Baden-Württemberg seine Zustimmung erteilt hatte. Dies geschah am 8. Juni 1966. Nicht weniger als sieben Jahre hatte sich die Stadt um diese Zustimmung bemüht.[55] Am 22. September 1966 unterrichtete der Oberbürgermeister den Gemeinderat darüber, dass für das geplante Bauvorhaben »Hannibal« die Unternehmensgruppe »Neue Heimat« als einziger Bauträger vorgesehen sei.[56]

Ein erstes superlativische Dimensionen aufweisendes Wohngebäude wurde übrigens nach den Plänen der Architekten Professor Dr.-Ing. Hans Scharoun, Berlin, und Wilhelm Frank, Stuttgart mit dem 145 Eigentumswohnungen enthaltenden Wohnhochhaus »Salute« im neu-

en Wohngebiet Fasanenhof errichtet. Mit einer Höhe von über 70 m war es zum Zeitpunkt seiner Fertigstellung im November 1963 das höchste Wohnhaus der Bundesrepublik.[57]
Oberbürgermeister Klett wollte die Chance der fünfziger und sechziger Jahre nutzen, um auf den Trümmern des Zweiten Weltkriegs in geradezu faustischem Drange Großes, Bedeutendes zu schaffen, die Stadt der Zukunft zu bauen. In Generalbaudirektor und Bürgermeister Professor Walther Hoss sah er seinen wichtigsten Mitstreiter. Als dieser am 20. Februar 1960 seinen 60. Geburtstag feierte, attestierte er ihm in seinem Gratulationsbrief: »Der Aufbau unserer Stadt trägt den Stempel Ihres Wollens und Könnens.«[58] Beim Jubiläum des Bezirksvereins des baden-württembergischen Baumeisterbunds im Oktober desselben Jahres rühmte er: »Die Tugenden der Architekten und Städtebauer leuchten sichtbar und für Jahrhunderte bleibend und verkünden damit ihre sowie ihrer Zeit Ehre.«[59] Dass zumindest ein Abglanz von diesem strahlenden Licht auch auf ihn und seine Arbeit falle, davon war er überzeugt.
Sorge bereitete Oberbürgermeister Klett, dass Stuttgart, die rasch expandierende Wirtschaftsmetropole und ihr unmittelbarer Einzugsbereich, eine starke Anziehungskraft auf Arbeits- und Wohnungssuchende ausübte und dass die Stadt deshalb dringend ausgedehnter neuer Wohnsiedlungen bedurfte. Dabei hatte Stuttgart beim Bau solcher Wohngebiete seit Beginn der fünfziger Jahre große Anstrengungen unternommen und Vorbildliches geleistet. Dies hob Bundeswohnungsbauminister Dr. Paul Lücke im März 1961 ausdrücklich hervor, als er die neuen Siedlungen Fasanenhof, Schönberg, Heumaden-Süd, Steinhaldenfeld, Mönchfeld und Rot besichtigte.[60] Bereits im Mai 1961 forderte Klett auf einer vom baden-württembergischen Innenministerium organisierten Tagung von Vertretern der Landesplanungsbehörden und der regionalen Planungsgemeinschaften eine Entlastungsstadt für Stuttgart und sein Umland. Diese Stadt sollte allerdings seiner Ansicht nach in genügender Entfernung von Stuttgart errichtet werden. Voraussetzung für ihre Realisierung war daher eine kommunale Zusammenarbeit mit den Nachbarkreisen.[61] Klett hatte offensichtlich damals schon die Bildung einer Art Regionalverband im Auge.

Die vom Stuttgarter Oberbürgermeister ins Gespräch gebrachte Entlastungsstadt beschäftigte Medien und Kommunalpolitiker. Schon eine gute Woche nach der Tagung glaubten die *Stuttgarter Nachrichten* den Standort der Entlastungsstadt zu kennen: den Ihinger Hof bei Renningen.[62] Im Herbst 1961 bot der Esslinger Landrat Geist anlässlich der Übergabe des Straßentunnels unter der verlängerten Startbahn des Flughafens zwischen Plieningen und Echterdingen Oberbürgermeister Klett an, Baugelände für Stuttgarter Wohnungssuchende zur Verfügung zu stellen, falls sich die Landeshauptstadt in angemessener Weise an den Folgekosten beteilige und bei der Suche nach einem geeigneten Standort für ein Krankenhaus auf der Filderhochfläche behilflich sei.[63] Das Angebot führte jedoch zu keinen konkreten Vereinbarungen.
In seinem Vortrag »Funktionen der modernen Stadt« bei der Eröffnung des Sommersemesters der Württembergischen Verwaltungsakademie in der Technischen Hochschule am 2. Mai 1962 setzte sich Oberbürgermeister Klett mit den Problemen auseinander, die sich für die Städte aus dem Anwachsen der Bevölkerung ergaben. Seiner Meinung nach waren für die Landesplanung und Raumordnung die bestehenden Gemarkungsgrenzen hinderlich und einengend. Für den Geschäftsführer der Regionalen Planungsgemeinschaft Württemberg-Mitte, Baudirektor Hans Gerber, lagen hingegen die Schwierigkeiten – so dessen Erwiderung auf Klett am 11. Mai – in der Finanzstruktur der Gemeinden: Industriestädte erhielten die Gewerbesteuer, während die »Schlafstädte« die Wohnfolgekosten zu tragen hätten. Ein vertrauensvolles Zusammenwirken zwischen beiden Städtetypen sei unerlässlich.[64]
Am 3. September 1964 unterzeichneten Oberbürgermeister Klett und der Böblinger Oberbürgermeister Wolfgang Brumme einen Vertrag. In diesem verpflichtete sich die Stadt Böblingen, gegen die Zahlung von 1,8 Millionen DM 300 Wohnungen für wohnungssuchende Stuttgarter Familien bereitzustellen.[65]
Am 2. Februar 1966 verfügte Stuttgart über rund 200 000 Wohnungen. Beim städtischen Wohnungsamt waren 40 000 Wohnungssuchende gemeldet, unter ihnen 1 500 vorrangig zu berücksichtigende Personen.[66] Inzwischen war die Einwohnerzahl Stuttgarts, die am 31. Ok-

tober 1962 mit 640 560 Menschen ihren höchsten Stand erreicht hatte, bereits rückläufig. Vornehmlich durch die Abwanderung in die umliegenden Landkreise, die günstigere Wohnmöglichkeiten, zum Teil auch attraktive Arbeitsplätze boten, sank diese Zahl bis Ende 1974 auf 612 296 Menschen.[67] Freilich konnte, da die Ansprüche der Bürger an Größe und Ausstattung der Wohnungen mit wachsendem Wohlstand stetig zunahmen, von einer Entspannung auf dem Wohnungsmarkt bis hinein in die siebziger Jahre keine Rede sein.

Damit die Stadt nicht im Autoverkehr erstickte, waren aufwendige Straßen- und Verkehrsbauten erforderlich: 1960/61 konnte das erste zweistöckige Verkehrsbauwerk am Österreichischen Platz in Betrieb genommen und im Juli 1965 als bisher größtes Stuttgarter Verkehrsbauwerk der kreuzungsfreie Augsburger Platz in Bad Cannstatt eingeweiht werden.[68]

Um die Parkplatznot, die Oberbürgermeister Klett ein Zeichen blühender Wirtschaft nannte, zu mildern, entstanden die ersten Parkhäuser: im Oktober 1956 das Parkhaus im Marquardtbau, im September 1959 das des Kaufhauses Union an der Neuen Brücke und das des Kaufhauses Breuninger, im Juni 1960 die Rathaus-Garage.[69] Bei der Eröffnung des Parkhauses Breuninger bezeichnete Klett das Parkhaus als »ein Denkmal der Entschlossenheit, gegenüber den brennenden Problemen unserer Tage konkrete praktische Arbeit zu leisten«.[70]

Auch den Ausbau des öffentlichen Nahverkehrs verloren Stadtverwaltung und Stadtrat nicht aus den Augen. Der Wagenpark der Straßenbahn wurde durch neue Großraum-Gelenkfahrzeuge (1959/1964) dem neuesten technischen Stand angepasst, das Straßenbahnnetz erweitert. Seit Mai 1964 bildete nicht mehr Möhringen, sondern Echterdingen die Endstation der Linie 6, die damit zur längsten Straßenbahnlinie Stuttgarts wurde: 27,9 km (Gerlingen bis Echterdingen).[71] Im Januar 1970 wurde durch eine von Zuffenhausen ausgehende, 1,4 km lange Neubaustrecke die Siedlung Freiberg in das Straßenbahnnetz einbezogen.[72]

Ein Anliegen von Oberbürgermeister Klett war ferner, den Technischen Werken der Stadt Stuttgart (TWS) ein hohes technisches Niveau zu sichern. Im Oktober 1956 erhielt beispielsweise das Dampfkraftwerk Münster eine neue Bahnstrommaschine, damals die größte

ihrer Art in Europa, und knapp neun Jahre später wurde dort eine leistungsstarke Müllverbrennungsanlage in Betrieb genommen.[73] Euphorisch gab sich Oberbürgermeister Klett auf der am 25. November 1955 von US-Botschafter Dr. James B. Conant im Landesgewerbemuseum eröffneten Ausstellung »Atom für den Frieden«, die zuvor schon bei der Weltkonferenz für Atomwissenschaft im August desselben Jahres in Genf gezeigt worden war. Er warb in seiner Ansprache um Mitarbeit, damit die Atomkraft nicht der Vernichtung, sondern dem Wohl der Menschheit, nicht kriegerischen, sondern friedlichen Zwecken diene. Die friedliche Nutzung aber schien ihm für den wirtschaftlichen Fortschritt ungeahnte Möglichkeiten zu bieten.[74]
Am 12. Juli 1962 wurden die TWS und die SSB (die Stuttgarter Straßenbahnen) in eine Aktiengesellschaft umgewandelt und in der Holdinggesellschaft »Stuttgarter Versorgungs- und Verkehrs-GmbH« zusammengefasst. Dem 25-köpfigen Aufsichtsrat gehörten 18 Mitglieder des Gemeinderats, der Oberbürgermeister, der Stadtkämmerer, ein Vertreter der Städtischen Girokasse, der »Hausbank«, sowie vier Arbeitnehmer an.[75]
Anfang der sechziger Jahre schwächte sich die Konjunktur ab. Die Steuereinnahmen schrumpften. In einer programmatischen Rede vor dem Gemeinderat musste Oberbürgermeister Klett allzu hohe Erwartungen dämpfen. Die verschiedenen Vorhaben, führte das Stadtoberhaupt aus, könnten nicht in dem gewünschten, d.h. in dem bisher üblichen Tempo verwirklicht werden. Keine Abstriche werde er aber am Schulhausbau sowie an den drei großen Verkehrsbauwerken Charlottenplatz, Planiedurchbruch und Schwanenplatz zulassen.[76]
Indes hielt sich der Konjunktureinbruch in Grenzen. Der optimistische Planer und Gestalter, dem übrigens am 1. Februar 1962 anlässlich der Einweihung des Neubaus der Handwerkskammer (Heilbronner/Ecke Türlenstraße) für seine Verdienste der Goldene Ehrenring des Handwerks verliehen worden war,[77] wurde in seiner Aktivität nur wenig beschnitten.

Eine Stadt mit anspruchsvollem geistig-kulturellem und sportlichem Profil

Am 28. Januar 1955 eröffnete Oberbürgermeister Klett die Fernseh-Schau Baden-Württemberg. Vom neuen Medium Fernsehen fasziniert, nannte er es eine der staunenswertesten Errungenschaften des 20. Jahrhunderts, eine Großtat menschlichen Geistes. Ähnlich wie das Flugzeug, der Fernsprecher, die Schallplatte, der Film und der Rundfunk erfülle es einen in Märchen und Mythen erahnten und ersehnten Menschheitstraum.[78] Arnulf Klett war es mit zu verdanken, wenn der Killesberg viermal (1955, 1956, 1965 und 1969) Schauplatz der Deutschen Funkausstellung war.[79] Als neues Wahrzeichen Stuttgarts sah er den nach Plänen des Stuttgarter Architekten Professor Dr. Ing. Fritz Leonhardt unter der Bauleitung von Dipl.-Ing. Erwin Heinle errichteten und am 5. Februar 1956 eingeweihten Fernsehturm auf dem Hohen Bopser in Degerloch. Der 211 m hohe Turm war das zehnthöchste Bauwerk der Erde und das höchste Deutschlands.[80] Klett hatte sich für die Pläne Leonhardts, nachdem dieser sie ihm vorgelegt hatte, sofort begeistert und wesentlich dazu beigetragen, dass der Süddeutsche Rundfunk die von ihm anfänglich favorisierte Stahlkonstruktion aufgab und sich für die Turmidee des Stuttgarter Architekten entschied.[81]

Feierlich gedacht wurde im Mai 1955 u.a. mit einer Ausstellung des Stadtarchivs des 150. Todestags des mit Stuttgart eng verbunden gewesenen Dichters Friedrich Schiller. Oberbürgermeister Klett und Kultusminister Wilhelm Simpfendörfer legten am Denkmal des Dichters auf dem Schillerplatz Kränze nieder.[82]

Im Juli 1955 stiftete die Stadt einen Förderpreis für junge Komponisten.[83] Insgesamt aber hielt sie sich mit kulturellen Aktivitäten zurück. Bei der Einweihung des Neubaus der Staatlichen Hochschule für Musik am 15. Oktober 1955 bekannte Oberbürgermeister Klett freimütig, Stuttgart besitze hinsichtlich der Förderung von Kunst und Kultur ein schlechtes Gewissen. Die im Krieg zerstörten Kulturbauten seien nicht in demselben Tempo wiederhergestellt worden, wie dies mit Gebäuden geschehen sei, die sich »rentierten«. Zwar stand seit April 1954 das Gustav-Siegle-Haus wieder zur Verfügung, und die

Liederhalle befand sich im Bau. Dennoch gebe es keinen Grund, meinte der Oberbürgermeister, sich zufrieden zurückzulehnen. Noch lägen etwa das Kleine Haus der Württembergischen Staatstheater und das Kunstgebäude in Trümmern.[84]

Am 29. Juni 1956 konnte das nach den Plänen von Professor Adolf Abel, München, und Professor Rolf Gutbrod, Stuttgart, errichtete Konzerthaus Stuttgarter Liederhalle eingeweiht werden. In seiner Festansprache wünschte Oberbürgermeister Klett, dass »dieses edle, schöne Haus« seinen »Dienst an unserem Volk und an der Kunst der ganzen Welt im Frieden leisten dürfe«, »dass sich hier viele Generationen freuen und erbauen können«, dass der »herrliche Bau als ein Bekenntnis unserer Stadt und ihrer Bürger zu den ewigen Werten des Geistes und der Kultur durch die Zeiten dauern werde«. Als ein Bekenntnis zu der dem deutschen Volk bisher vorenthaltenen staatlichen Einheit und zu der Hauptstadt Deutschlands wollte Klett die Bezeichnung »Berliner Platz« verstanden wissen, die er bei diesem Anlass dem Platz um die Liederhalle verlieh.[85] Die neue Liederhalle wurde in kurzer Zeit ein Zentrum musikalisch-künstlerischen Lebens von internationalem Rang. Die *Los Angeles Times* nannte sie ein »avantgardistisches Auditorium, das einer Weltstadt Ehre mache«.[86]

Am 8. September 1961 wurde das wieder aufgebaute Kunstgebäude und ein gutes Jahr später, am 5. Oktober 1962, exakt ein halbes Jahrhundert nach der Einweihung des im Zweiten Weltkrieg zerstörten Vorgängerbaus, der von dem Stuttgarter Architekten Professor Hans Volkart erstellte Neubau des Kleinen Hauses der Württembergischen Staatstheater und am 26. Mai 1965 das Wilhelmspalais seiner Bestimmung übergeben.[87]

Hervorragendes leistete die Stadt im Schulgebäude-Neubau in den fünfziger und sechziger Jahren. Im April 1957 konnte das Eberhard-Ludwigs-Gymnasium seinen Neubau am Herdweg und im März 1958 das Dillmann-Gymnasium seinen Neubau an der Forststraße beziehen.[88] Die Einweihungsfeiern der Neubauten dieser beiden bedeutenden Gymnasien waren für Oberbürgermeister Klett Feste der »Ehrfurcht und der Tradition«. Bei der Einweihung des neuen Dillmann-Gymnasiums, seiner ehemaligen Schule, wünschte er in seiner Ansprache den jetzigen und künftigen Schülern, dass sie »einmal den gewaltigen Aufgaben der neuen Zeit, in die wir schreiten«, gewachsen seien. In einer zunehmend technisierten Welt gehe es darum, »dass der technische Fortschritt, der notwendig ist, uns nicht der Freiheit, der Würde, der Menschlichkeit beraube, dass die Geisteswissenschaften und die Naturwissenschaften in einem neu zu gewinnenden humanistischen Welt- und Erziehungsbild zu einer Einheit gebracht werden«.[89] Am 15. März 1963 konnte mit dem neuen Wilhelms-Gymnasium in Degerloch die Stadt ihren 75. Schulhausneubau seit Kriegsende einweihen.[90] Für die Verdienste, die sich Oberbürgermeister Klett um den Neuanfang der Technischen Hochschule nach dem Krieg erworben hatte, verlieh ihm der Große Senat der Hochschule die Würde eines Ehrensenators. Die Insignien dieser Würde wurden ihm in einer Feierstunde am 19. Februar 1963 übergeben.[91]

Eine zentrale Funktion im Leben Stuttgarts besaßen für Oberbürgermeister Klett die Kirchen. Ihr Aufbau lag ihm daher sehr am Herzen. Am 19./20. März 1955 gehörte er bei der Weihe der wieder aufgebauten St. Eberhardskirche neben Herzog Philipp von Württemberg und Ministerpräsident Dr. Gebhard Müller zu den Ehrengästen.[92] Sechseinhalb Jahre später feierte mit einem Festakt im Großen Haus der Württembergischen Staatstheater St. Eberhard, das älteste katholische Gotteshaus in Stuttgart, mit Bischof Carl Joseph Leiprecht sein 150-jähriges Bestehen. Die Glückwünsche der Stadt überbrachte Oberbürgermeister Klett, die des Landes Landtagspräsident Dr. Franz Gurk und Kultusminister Dr. Gerhard Storz.[93] Der neuerrichteten Christuskirche der evangelischen Gänsheidegemeinde wünschte das Stadtoberhaupt bei der Einweihung am 18. September 1955: »Möge [das neue Gotteshaus] allezeit ein Hort des äußeren und inneren Friedens sein in unserer hastigen, gehetzten Welt, und es möge der Gemeinde bei ihrem Dienst helfen an dem großen Werk dessen, zu dessen Ruhm es seinen Namen trägt.«[94] Eine besondere Freude für den Oberbürgermeister war es, dass am 1. Juni 1958 die wieder aufgebaute Stiftskirche, der geistliche Mittelpunkt der evangelischen Landeskirche Württembergs, und am 21. Februar 1960 der wiedererstellte spätgotische Chor der Hospitalkirche, ein Meisterwerk von Aberlin Jörg, sowie der Turm dieser Kirche eingeweiht werden konnten. In beiden wieder erstandenen Gotteshäusern sah er »wichtige Marksteine im

Der Rektor der Technischen Hochschule Stuttgart überreicht Oberbürgermeister Dr. Klett am 19. Februar 1963 die Urkunde über die Ernennung zum Senator ehrenhalber.

Aufbau unserer Stadt«, in der im November desselben Jahres eingeweihten Gedächtniskirche, einem modernen kirchlichen Zweckbau, in Degerloch, »ein Kleinod innerhalb unseres gesamten Aufbaus«.[95]
Vom 2. bis 6. September 1964 fand in Stuttgart der 80. Deutsche Katholikentag statt; er stand unter dem Motto: »Wandelt euch durch ein neues Denken.« Rund 200 000 Christen besuchten die Gottesdienste, Vorträge und sonstigen Veranstaltungen dieses kirchlichen Großereignisses.[96]
Die Heilsarmee, die 1886 in Stuttgart ihre erste Niederlassung in Deutschland gegründet hatte, entfaltete in der baden-württembergischen Landeshauptstadt und mit deren Unterstützung nach dem Zweiten Weltkrieg aufs Neue eine segensreiche Tätigkeit. Am 26. September 1961 überreichte der Landesleiter der Heilsarmee in Deutschland, der Schwede Goesta Blomberg, Oberbürgermeister Klett den »Orden für hervorragende Verdienste«. In diesen Orden wurde Stuttgart als erste deutsche Stadt aufgenommen.[97]
Das sportliche Leben nahm in Stuttgart in den fünfziger und sechziger Jahren einen weiteren Aufschwung. Gemeinderat und Stadtverwaltung waren nach Kräften bemüht, sportliche Initiativen ideell und finanziell zu fördern. Oberbürgermeister Klett erhielt für sein Engagement im Bereich der Sportförderung am 19. Dezember 1961 die Walter-Kolb-Plakette des Deutschen Turnerbunds, am 2. August 1968 die Silberne Ehrenplakette mit Urkunde vom Bund Deutscher Radfahrer e.V.[98] 1962 wurde er mit der ADAC-Verdienst-Plakette in Gold ausgezeichnet. Begründet wurde diese Auszeichnung mit dem von ihm veranlassten Ausbau des Solitude-Rings und der Förderung des 1960 letztmals durchgeführten Solitude-Rennens. Zehn Jahre später erhielt Arnulf Klett die ADAC-Ehrennadel für 25-jährige Mitgliedschaft.[99]
Am 25. Februar 1966 würdigte der Deutsche Leichtathletik-Verband die Verdienste des Oberbürgermeisters durch die Verleihung des Carl-Diem-Schilds.[100]

Mahnung und Erinnerung an die NS-Gewaltherrschaft und an die Schrecken des Zweiten Weltkriegs

Am 29. Juli 1954, zehn Jahre nach den schweren alliierten Luftangriffen auf Stuttgart, gedachte der Gemeinderat der Opfer des Luftkriegs; er beschloss die Errichtung eines Gedächtnis- und Mahnmals auf dem Birkenkopf.[101] Im November 1958 weihte die Stadt das Ehrenfeld für 956 Luftkriegsopfer im Hauptfriedhof auf dem Steinhaldenfeld ein. Oberbürgermeister Klett mahnte in seiner Rede: »Die Opfer, die unsere Toten gebracht haben, sollen sich nicht wiederholen. In diesem Geiste wollen wir ihr Andenken in Ehren halten.«[102]
Am 21. April 1955, dem zehnten Jahrestag des Kriegsendes für Stuttgart, gab Oberbürgermeister Klett in seiner Gedenkrede der großen Dankbarkeit über den ungemein raschen Wiederaufbau Ausdruck. »Die letzten zehn Jahre«, erklärte er, »müssen uns dankbar machen; sie dürfen uns hoffnungsfroh machen, aber sie mahnen uns auch zum Maßhalten und zur Bescheidenheit. Wenn es vielen gelänge, diese Haltung einzunehmen, dann brauchte uns vor der Zukunft nicht bange zu sein.«[103]
Die Schaffung eines Mahnmals zum Gedenken an die Opfer der nationalsozialistischen Gewaltherrschaft durch den Wiener Bildhauer Professor Fritz Wotruba kündigte Oberbürgermeister Klett beim Gedenkakt des Volksbunds Deutscher Kriegsgräberfürsorge am 14. November 1965 an. Das Mahnmal sollte an der dem Karlsplatz zugekehrten Seite des Alten Schlosses aufgestellt werden.[104] Kurz darauf gaben der Oberbürgermeister und Baubürgermeister Dr. Christian Farenholtz bei einer Pressekonferenz genauere Informationen über das projektierte Mahnmal: Der Künstler, der das Mahnmal schaffen werde, Fritz Wotruba, sei selbst ein Verfolgter des NS-Regimes. Er habe 1938 vor den Nationalsozialisten von Wien in die Schweiz fliehen müssen. Keinesfalls, erläuterte Oberbürgermeister Klett, dürfe ein solches Mahnmal auf einem Friedhof »versteckt« werden. Es gehöre in die Mitte der Stadt. Daher sei als Standort die dem Karlsplatz zugewandte Ostseite des Alten Schlosses vorgesehen. In dem Entwurf stünden sich ein dunkles Relief als Symbol für die Mächte des Chaos und der Barbarei und eine weiße

Säule als Symbol für den lichten Genius der Harmonie und des Geistes gegenüber.
Der Entwurf Wotrubas erregte und bewegte die Öffentlichkeit; die Gegner überwogen. Eine Realisierung des Mahnmals in der projektierten Form ließ sich nicht durchsetzen. Am 8. Juni 1967 verwarf der Gemeinderat den Entwurf Wotrubas; er sprach sich nunmehr für eine einfache Tafel mit mahnendem Text an der dem Karlsplatz zugekehrten Wand des Alten Schlosses aus.[105] Doch auch dabei blieb es nicht. Am 20. November 1969 entschied sich der Gemeinderat für den Entwurf des Bildhauers Elmar Daucher (Oggelshausen), der vier die Schwere der damaligen Zeit symbolisierende schwarze Granitblöcke vorsah, und für den Text des Philosophen Ernst Bloch: »1933 bis 1945. Verfemt, verstoßen, gemartert, erschlagen, erhängt, vergast – Millionen Opfer der nationalsozialistischen Gewaltherrschaft beschwören dich: Niemals wieder!« Am 8. November 1970 übergab Oberbürgermeister Klett in einer Feierstunde vor dem Alten Schloss das Mahnmal, mit dem die Stadt ein politisches Zeichen setzen wollte, seiner Bestimmung. In seiner Ansprache fand er beeindruckende Worte: »Dieses Mahnmal will nicht allein und primär als Stuttgarter Mahnmal verstanden sein. Sein Anliegen ist nicht lokal, sondern grundsätzlich, darin aber eindeutig. Der harte, kompromisslose Text von Ernst Bloch und die künstlerische Massivität, die Elmar Daucher dem Denkmal gegeben hat, sprechen eine unmissverständliche Sprache. Ich bekenne mich zu dieser Eindeutigkeit.«[106]

Beziehungen zum Bund, gesamtdeutsche Aktivitäten

Der erste Bundespräsident Professor Dr. Theodor Heuss fühlte sich Stuttgart besonders eng verbunden. Seine 1952 verstorbene Frau Elly Heuss-Knapp hatte auf dem Waldfriedhof ihre letzte Ruhestätte erhalten. 1954 verlieh ihm die Stadt das Ehrenbürgerrecht – übrigens fünfzehn Jahre später seinem Parteifreund Altministerpräsident Dr. Reinhold Maier.[108]
Theodor Heuss legte sich am Feuerbacher Weg ein »Häusle« zu. Und als er 1959 aus dem Amt schied, wählte er Stuttgart zum ständigen

Arnulf Klett bei der Eröffnung des Cannstatter Volksfests am 29. September 1960 mit renommierten Gästen: Altbundespräsident Prof. Dr. Theodor Heuss, Ministerpräsident Kurt Georg Kiesinger und Präsident des Bundesverfassungsgerichts Dr. Gebhard Müller.

Wohnsitz. Oberbürgermeister Klett und Ministerpräsident Kurt Georg Kiesinger betrachteten es als einen selbstverständlichen Ehrendienst, den großen Demokraten und geistreichen Mann der Feder, der während seiner zehnjährigen Amtszeit der Bundesrepublik im Ausland viel Ansehen zurückgewonnen hatte, bei der Rückkehr nach Stuttgart als Ruheständler zu seinem »Häusle« zu begleiten.[109] Theodor Heuss war während seiner letzten vier Lebensjahre Stuttgarts prominentester Bürger und nahm am öffentlichen Geschehen der Stadt, solange ihm dies gesundheitlich möglich war, regen Anteil. So gehörte er neben seinem Nachfolger Dr. Heinrich Lübke zu den

Ehrengästen bei der Bundesgartenschau am 28. April 1961.[110] Am 12. Dezember 1963 starb er. Bei der Trauerfeier in der Stiftskirche anlässlich seines Staatsbegräbnisses sprach neben Altlandesbischof D. Dr. Martin Haug, Ministerpräsident Kiesinger, Altministerpräsident Maier, Professor Dr. Otto Hahn und Christoph Freiherr von Tucher auch Oberbürgermeister Klett.[111]

Groß war das Engagement von Arnulf Klett für die deutsche Hauptstadt Berlin und für »ein unteilbares Deutschland«. Am 22. Mai 1955 eröffnete er den Hilfstag Baden-Württemberg für Kinder aus Berlin mit einer Kundgebung im Gustav-Siegle-Haus. Als Präsident des Hilfswerks Berlin appellierte er an die Bürger, in Heimen und in Familien Freiplätze für Berliner Ferienkinder zur Verfügung zu stellen.[112] Am 24. Dezember 1959 bat er die Bevölkerung, einem Aufruf des Kuratoriums »Unteilbares Deutschland« zu folgen und am Heiligen Abend brennende Kerzen in die Fenster zu stellen, um dadurch »die Gemeinsamkeit und innere Verbundenheit aller Deutschen« zu bekunden. »Unsere Landsleute«, äußerte er, »sollen wissen, dass wir in unzerstörbarer Zusammengehörigkeit Weihnachten miteinander feiern.«[113] Am 9. Juni 1960 begrüßte er auf dem Cannstatter Marktplatz Stafettenläufer des Kuratoriums »Unteilbares Deutschland«. Diese wollten die Fahnen der deutschen Bundesländer von Lörrach bis zur Zonengrenze tragen, wo sie am Tag der Deutschen Einheit, am 17. Juni, mit anderen Stafettenläufern zu einer Kundgebung auf dem Hohen Meißner zusammentreffen sollten.[114] Am Tag der Deutschen Einheit 1961 sprachen während einer Feierstunde auf dem Stuttgarter Marktplatz Oberbürgermeister Klett und der baden-württembergische Finanzminister Dr. Hermann Müller.[115] Wenige Tage darauf, am 22. Juni 1961, besuchte Bundeskanzler Dr. Konrad Adenauer Stuttgart. Oberbürgermeister Klett begrüßte ihn im Beethovensaal der Liederhalle.[116]

Die Bundesgartenschau auf dem Killesberg 1961 machte Stuttgart für ein halbes Jahr zur meistbesuchten Stadt Deutschlands. Oberbürgermeister Klett konnte schon zwei Monate nach der Eröffnung den einmillionsten Besucher begrüßen. Insgesamt zählte die Gartenschau sechs Millionen Besucher. Der Oberbürgermeister war davon so sehr angetan, dass er für 1975 oder 1977 erneut eine Bewerbung der ba-

den-württembergischen Landeshauptstadt um die Bundesgartenschau in Aussicht nahm.[117]
Seit der Währungsreform hatten sich in wachsender Zahl Heimatvertriebene in Stuttgart niedergelassen. Auch wählten Vertriebenenverbände die Stadt gerne für ihre Jahrestreffen. Oberbürgermeister Klett begrüßte dies. In seinen Reden und Ansprachen gab er sich stets sehr gemäßigt. Er trat für Frieden und Völkerverständigung ein. Wichtig war ihm, dass die »Neubürger« die Sitten und Bräuche und damit die ideellen Werte ihrer alten Heimat pflegten. Eine besondere Beziehung hatte die Stadt Stuttgart zu den Bessarabiendeutschen, deren Vorfahren dereinst größtenteils aus Württemberg ausgewandert waren. Am 22. Juli 1954 beschloss der Gemeinderat, die Patenschaft für diese Landsmannschaft zu übernehmen, und am 5. September jenes Jahres überreichte Oberbürgermeister Klett den Bessarabiendeutschen bei ihrem Bundestreffen auf dem Killesberg die Patenschaftsurkunde.[118]
Vom 29. bis 31. Juli 1955 kamen rund 100 000 Teilnehmer in Stuttgart zum Zehnjahrestreffen der Heimatvertriebenen zusammen. Hierbei wurde im Kursaal in Bad Cannstatt der fünf Jahre zuvor verkündeten Charta der Heimatvertriebenen gedacht. Oberbürgermeister Klett bezeichnete bei einer Großkundgebung auf dem Schlossplatz die Vertreibung der Deutschen aus den ehemaligen deutschen Ostgebieten und aus den Ländern Mittel- und Osteuropas nach dem Zweiten Weltkrieg als ein inzwischen in aller Welt anerkanntes Unrecht, doch betonte er zugleich nachdrücklich den in der Charta festgeschriebenen Verzicht auf Rache und Vergeltung.[119] Beim Sudetendeutschen Tag 1958 (23. bis 26. Mai) attestierte Klett den 200 000 in Stuttgart versammelten Heimatvertriebenen in seiner Begrüßungsansprache, dass sie keineswegs ruhelose Wanderer zwischen zwei Welten seien, die sich nirgends zu Hause fühlten, deshalb überall Verwirrung stifteten und Hass säten, dass sie sich vielmehr als Mittler zwischen zwei Welten verstünden, die dazu berufen seien, beim Einebnen von Mauern und beim Zerreißen von seidenen und beim Durchstoßen von eisernen Vorhängen zu helfen. Er nahm die Heimatvertriebenen gegen Vorwürfe vor allem aus der Tschechoslowakei in Schutz, sie seien Revanchisten und rüttelten an bestehenden Grenzen.[120] Freilich fand

er mit solchen Worten bei extremen Vertretern der Sudetendeutschen, die es auch gab, keinen Beifall. Bereits im Vorjahr hatte er sich auf dem Sudetendeutschen Tag, der vom 7. bis 10. Juni 1957 in Stuttgart stattgefunden und über 300 000 Teilnehmer gezählt hatte, ähnlich geäußert.[121] Am 9. Februar 1971 verlieh ihm die Landsmannschaft der Siebenbürger Sachsen ihre Ehrennadel.[122]

Intensive weltweite Kontakte

Wie schon in früheren Jahren lag Oberbürgermeister Klett sehr daran, Deutschland neues Ansehen im Ausland zu verschaffen, ihm in aller Welt Freunde zu gewinnen und bereits geknüpfte Kontakte vor allem zu den ehemaligen Kriegsgegnern weiter zu festigen. Seine liebenswürdig-unkomplizierte Art, sein Takt und sein Sinn für angemessene Repräsentation erleichterten ihm dies. Eine ständige Einrichtung blieben die unterschiedlichen Ländern gewidmeten, jeweils eine Woche umfassenden kulturellen Schwerpunktveranstaltungen: Schwedische Woche (November 1954), Niederländische Woche (Oktober 1955 und 1959), Spanische Woche (November 1956), Österreichische Woche (November 1957), Finnische Woche (Dezember 1958), Norwegische Woche (Oktober 1961), Französische Woche (Mai 1962), Belgische Woche (Oktober 1963).[123] Bei der starken Truppenpräsenz der USA in Stuttgart und Baden-Württemberg bemühte sich der Oberbürgermeister um den freundschaftlichen Kontakt zu den Amerikanern. Die gewöhnlich jährlich stattfindenden deutsch-amerikanischen Wochen eröffnete er, wenn ihm dies möglich war, selbst. Im April 1957 tat er dies gemeinschaftlich mit dem Kommandeur der VII. US-Armee. An der Feierstunde auf dem Marktplatz nahm außerdem der Oberbefehlshaber der Nato-Landstreitkräfte General Dr. Hans Speidel teil.[124]

Am Herzen lag ihm die Aussöhnung mit Frankreich und eine dauerhafte Freundschaft zwischen dem deutschen und dem französischen Volk. Nach der Überschwemmungskatastrophe von Fréjus in Südfrankreich Anfang Dezember 1959 rief er in einer Vollversammlung des Gemeinderats zu großzügiger Hilfe für die Katastrophenopfer

Staatspräsident General Charles de Gaulle trägt sich bei seinem Staatsbesuch in der Bundesrepublik am 9. September 1962 ins Goldene Buch der Stadt Stuttgart ein.

auf. Hier sah er eine Möglichkeit, die freundschaftlichen Beziehungen zwischen beiden Völkern noch enger zu knüpfen. Doch auch sonst boten sich seiner Meinung nach dazu ständig Gelegenheiten. »Die hässliche und verhängnisvolle Erbfeindschaft«, so stellte er fest, »ist gestorben und begraben; sie soll nie wieder auferstehen.«[125]

Der deutsch-französischen Freundschaft konnten Partnerschaften zwischen Städten beider Länder sinnfällig Ausdruck verleihen. Am 21./22. Januar 1961 vereinbarten beim Besuch einer Stuttgarter Delegation in Straßburg die Oberbürgermeister Pierre Pflimlin und Arnulf Klett eine freundschaftliche Partnerschaft zwischen den Städten Straßburg und Stuttgart. Ein Partnerschaftskomitee wurde ins Leben gerufen.[126] Die zweite französische Woche in Stuttgart, die von der französischen Botschaft in Bonn, dem französischen Generalkonsulat und der Stadt Stuttgart vom 19. bis 26. Mai 1962 veranstaltet wurde, stand ganz im Zeichen des Partnerschaftsvertrags Straßburg-Stuttgart. Die feierliche Unterzeichnung erfolgte am letzten Tag dieser ereignisreichen Woche, am 26. Mai, auf dem Stuttgarter Rathaus durch die beiden Oberbürgermeister. Zeugen dieses denkwürdigen Ereignisses waren Ministerpräsident Kiesinger, Botschafter François Seydoux de Clausonne und Altbundespräsident Heuss.[127] Die Französische Republik würdigte Arnulf Kletts Engagement am 9. September 1962 durch die Verleihung des Komturkreuzes des Ordens der Ehrenlegion. Zum Ritter (Chevalier) dieses Ordens war er bereits am 12. Mai 1958 während des neunten Internationalen Bürgermeisterkongresses in Freudenstadt ernannt worden. Die Verleihung des Komturkreuzes erfolgte am letzten Tag des im Zeichen der deutsch-französischen Aussöhnung stehenden Staatsbesuchs von Staatspräsident Charles de Gaulle in der Bundesrepublik. An diesem Tag, dem 9. September, besuchte der Staatspräsident Stuttgart und wurde in der Villa Reitzenstein von Ministerpräsident Kiesinger empfangen. Arnulf Klett freute sich über diese hohe Auszeichnung. In der Pflege der Auslandsbeziehungen und namentlich in der deutsch-französischen Aussöhnung, schrieb er in seinem Dankesbrief, habe er seit der Übernahme seines Amtes eine seiner wichtigsten Aufgaben gesehen, und er sei dankbar, dass er in der von ihm mitgegründeten Internationalen Bürgermeisterunion dazu habe beitragen können.[128]

Der Konsul des Königreichs Griechenland in Stuttgart, Emil Niethammer, überreicht Oberbürgermeister Dr. Klett am 22. April 1963 das Komturkreuz des Ordens Georg I., das ihm König Paul I. von Griechenland für seine Verdienste um die griechischen Gastarbeiter verliehen hat.

1964 schloss Stuttgart mit der Stadt St. Louis in den USA eine Partnerschaft.[129]
Im Interesse seiner Stadt und seines Landes erwies Oberbürgermeister Klett ausländischen Staatsoberhäuptern und Monarchen gerne seine Reverenz. Am 22. Juni 1956 begrüßte er zusammen mit Ministerpräsident Dr. Gebhard Müller auf dem Hauptbahnhof den indonesischen Staatspräsidenten Sukarno. Der Besuch des Staatspräsidenten galt den Daimler-Benz-Werken.[130] Im Herbst 1957 unterzog sich König Ibn Saud von Saudi-Arabien in Baden-Baden einer Kur. Bei seiner Ankunft auf dem Stuttgarter Flughafen hieß ihn Oberbürgermeister Klett willkommen.[131] Zur diplomatischen Courtoisie gehört es, dass Botschafter und Gesandte den bedeutenden Städten der Länder, in denen sie akkreditiert sind, offizielle Besuche abstatten. In Stuttgart, der baden-württembergischen Landeshauptstadt, verbanden ausländische Diplomaten Besuche bei der Landesregierung mit solchen auf dem Rathaus, wobei sie sich ins Goldene Buch der Stadt eintrugen. So hielt dies beispielsweise am 25. Januar 1966 der israelische Botschafter Asher Ben Nathan oder im Februar 1966 der königlich afghanische Botschafter Dr. Ali Ahmed Popal.[132] Bei dem guten Einvernehmen mit dem Staatsministerium, um das sich Oberbürgermeister Klett mit Erfolg bemühte, gab es hier kaum einmal Probleme.
Gerne empfing der Oberbürgermeister auch ungewöhnliche Gäste. Am 21. Juni 1965 stellte sich auf dem Rathaus Khoti-La-Cha ein, ein Indianerhäuptling vom Stamm der Squamish. Der Häuptling übergab Oberbürgermeister Klett einen Totempfahl seines Stammes sowie eine Grußbotschaft des Bürgermeisters der westkanadischen Stadt Vancouver.[133] Einige Monate später stattete der Oberbürgermeister der bolivianischen Stadt La Paz, Armando Escobar Uria, seinem Stuttgarter Amtskollegen einen Besuch ab.[134]
Sein großer persönlicher Einsatz bei der Pflege kommunaler Auslandsbeziehungen vor allem auf kulturellem und wirtschaftlichem Gebiet trug Arnulf Klett zahlreiche Ehrungen ein. Am 11. Dezember 1957 ernannte ihn der schwedische König zum Kommandeur des Vasa-Ordens. Im November 1958 verlieh ihm die Deutsch-Niederländische Handelskammer ihre goldene Ehrenmünze und die Republik Österreich ihr Großes Goldenes Ehrenzeichen. Im Monat darauf

wurde er mit dem Komturkreuz des Ritterordens des Finnischen Löwen ausgezeichnet. Im Mai 1960 erhielt er die Bronzemedaille der Pariser Polizeipräfektur sowie die Silbermedaille der Stadt Paris. Im Oktober 1963 ernannte ihn der König der Belgier zum »Kommandeur des Ordens der Krone«, und im Juni 1965 verlieh ihm der König von Jordanien das Großoffizierskreuz des Ordens der Unabhängigkeit.[135]

Gegen Ende der fünfziger Jahre konnte der Bedarf der expandierenden Wirtschaft an Arbeitskräften im Inland nicht mehr befriedigt werden. Ausländische Arbeiter sprangen in die Bresche. Oberbürgermeister Klett sah in diesen Ausländern in erster Linie Menschen. Ihm war bewusst, dass sie sich in einem fremden Land, dessen Sprache sie meist erst lernen mussten, schwer taten, zumal viele von ihnen monatelang getrennt von ihren Familien leben mussten. Am 18. Dezember 1959 dankte er den ausländischen Bauarbeitern. Nur mit ihrer Hilfe sei es möglich gewesen, die vielen Bauvorhaben zu bewältigen. Als Oberbürgermeister habe er ihnen zu sagen, dass sie in Stuttgart herzlich willkommen seien. Er hoffe, dass sie im nächsten Jahr wieder hierher kämen und noch viele Kameraden mitbrächten.[136]

Im April 1963 überreichte der königlich griechische Konsul, der Fabrikant Emil Niethammer, Oberbürgermeister Klett das ihm im Dezember des Vorjahres von König Paul I. von Griechenland verliehene Komturkreuz des Ordens Georgs I. Mit dieser Auszeichnung wollte der griechische Monarch die Verdienste des Oberbürgermeisters um die derzeit in Stuttgart lebenden 7 000 griechischen Gastarbeiter würdigen. Der Konsul erinnerte dankbar an das schöne Osterfest, das die griechischen Gastarbeiter in der Notkirche der Paulusgemeinde am Leipziger Platz hätten feiern können, und er äußerte die Bitte, die Stadt möge den Bauplatz für eine griechische Kirche zur Verfügung stellen. Oberbürgermeister Klett erwiderte: Er sei glücklich, dass in der Rosenstraße ein weltliches Zentrum für die griechischen Gastarbeiter habe geschaffen werden können. Der Wunsch nach einem geeigneten Bauplatz für eine Kirche lasse sich hingegen nur schwer erfüllen. An gutem Willen fehle es der Stadtverwaltung nicht.[137] Die in Stuttgart lebenden italienischen Gastarbeiter erhielten am 24. November 1963 mit dem Centro Italiano in der Böheimstraße ein Freizeit-

Empfang von Königin Elisabeth II. von Großbritannien und ihres Gemahls Prinz Philip, Herzog von Edinburgh, am 24. Mai 1965 auf dem Fernsehturm durch die Stadt Stuttgart. Die Königin trägt sich in das Goldene Buch der Stadt ein.

zentrum.[138] Ein türkisches Kulturzentrum wurde in der Hauptstätter Straße am 26. Mai 1965 in Anwesenheit des türkischen Botschafters eingeweiht.[139]

Am 29. Oktober 1961 machte die Stadt Kansas City im Staat Missouri/USA, im April 1964 Baton Rouge, die Hauptstadt des US-Bundesstaats Louisiana, Oberbürgermeister Klett zum Ehrenbürger. Begründet wurden beide Ehrungen mit den Verdiensten des Oberbürgermeisters um die deutsch-amerikanische Freundschaft. Seit Februar 1964 gehörte Arnulf Klett als Ehrenmitglied der Mark-Twain-Gesellschaft an.[140]

Ein großes Ereignis für Baden-Württemberg und für Stuttgart war der Staatsbesuch von Königin Elisabeth II. von Großbritannien und

Nordirland und ihrem Gatten Prinz Philip, Herzog von Edinburgh, in der Bundesrepublik Deutschland vom 18. bis 29. Mai 1965. Am 24. Mai kam die Königin nach Stuttgart. Der Begrüßung durch Ministerpräsident Kiesinger im Neuen Schloss folgte die Begrüßung durch die Stadt auf dem Fernsehturm. Oberbürgermeister Klett übergab der Monarchin ein Mokka-Service aus der Ludwigsburger Porzellanmanufaktur. Anschließend trugen sich die Gäste ins Goldene Buch der Stadt ein. Nach dem Staatsakt der Landesregierung mit Festbankett im Neuen Schloss fuhren Königin Elisabeth und ihr Mann mit ihrer Begleitung weiter in die Schillerstadt Marbach, von dort nach Schwäbisch Hall und zum Schloss Langenburg.[141]

Durch Nebenämter stark beansprucht

Zeitweise schien es, als kenne Arnulf Klett bei der Arbeitsbelastung keine Grenzen. Wie schon zu Beginn der fünfziger Jahre schlug der umtriebige und unermüdlich tätige Oberbürgermeister kaum ein ihm angetragenes Amt aus, in dem er Positives bewirken oder leisten konnte, obgleich ihn schon die Arbeit auf dem Stuttgarter Rathaus mehr als ausfüllte. Am 26. Januar 1956 gründete er in seiner Eigenschaft als Präsident des DRK-Landesverbands Baden-Württemberg zusammen mit dessen Schatzmeister Generaldirektor G. Ernst und mit dem Geschäftsführer des DRK-Landesverbands Südbaden Generaldirektor L. Hess in Stuttgart den DRK-Blutspendedienst Baden-Württemberg als gemeinnützige Gesellschaft mbH. Am gleichen Tag wurde er zum Vorsitzenden des Verwaltungsrats bestellt. In dieser Funktion leitete er sodann bis 1966 in engem, vertrauensvollem Zusammenwirken mit dem Geschäftsführer der Gesellschaft den Auf- und Ausbau der Blutspendezentrale in Baden-Baden.[142] Da ihm sehr an einem guten Verhältnis zwischen DRK und Feuerwehr lag und er dies auch erreichte, wurde ihm 1963 beim Rücktritt vom Vorsitz des DRK in Baden-Württemberg das Deutsche Feuerwehrabzeichen in Gold verliehen.[143]

Am 25. Januar 1956 wurde in Echterdingen die »Kommunale Arbeitsgemeinschaft« für den Stuttgarter Raum gegründet. Kein Wunder, dass

Tagung des Verwaltungsausschusses der Internationalen Bürgermeisterunion in Stuttgart. Empfang auf dem Killesberg am 13. September 1963.

Oberbürgermeister Klett, der sich seit langem für eine solche Arbeitsstelle zur Durchführung gemeindeübergreifender, regionaler Aufgaben stark gemacht hatte, zu ihrem ersten Vorsitzenden gewählt wurde. Er leitete damit den die laufenden Geschäfte führenden Hauptausschuss, der außer ihm noch aus einem zweiten Vorsitzenden sowie vier weiteren Mitgliedern bestand.[144]

In seither von ihm schon mit bemerkenswertem Erfolg wahrgenommenen Ämtern wurde er bestätigt, so am 24. März 1961 als Vorsitzender der Vereinigung der Kommunalen Arbeitgeberverbände und einen Monat später auf dem Internationalen Bürgermeisterkongress im französischen Annecy als einer der Vizepräsidenten der Vereinigung, im Juni 1961 als Vorsitzender des Zweckverbands Bodenseewasserversorgung.[145]

Im Deutschen Städtetag spielte Arnulf Klett schon in den fünfziger Jahren eine herausragende Rolle. Seit 1949 war er Vorsitzender des

Bauausschusses, und er blieb dies auch bis zu seinem Tod 1974. Die Sitzungen bereitete er stets gewissenhaft vor. Der Beigeordnete des Städtetags Dr. H. Brügelmann nannte ihn im April 1960 in einem Brief einen der wenigen bedeutenden deutschen Oberbürgermeister.[146] Kein Wunder, wenn der Stuttgarter Rathauschef am 24. Mai 1963 an die Spitze des Städtetags vorrückte: Er wurde als Nachfolger des Berliner Regierenden Bürgermeisters Willy Brandt zum Vorsitzenden gewählt. In der Ansprache nach seiner Wahl forderte er von den Parlamenten und Regierungen mehr Verständnis für die Belange der Städte. Um sich arbeitsmäßig wenigstens etwas Luft zu verschaffen, legte er jetzt den Vorsitz des DRK-Landesverbands Baden-Württemberg nieder. Vorsitzender des Deutschen Städtetags blieb er bis 1965.[147]
Im Frühjahr 1965 erhielt die Landeswasserversorgung den Status eines kommunalen Zweckverbands. Auf der Verbandsversammlung am 25. Mai 1965 in Degerloch wurde Oberbürgermeister Klett zum Vorsitzenden gewählt.[148]

60. Geburtstag und 20-jähriges Oberbürgermeisterjubiläum

Zum 50. Geburtstag am 8. April 1955 attestierte »Knitz« (Hermann Freudenberger) von den *Stuttgarter Nachrichten* Arnulf Klett: Er ist »ein prima Oberbürgermeister«. »Nicht weil er keine Fehler hätte (oh, die Leut' sind langweilig!), sondern weil er sie hat und noch einen guten Schock Unbürokratie und Unternehmungsgeist dazu. Unser ›Arnulfle‹ hat unser Stuttgart, dies sei ihm zum Fünfzigsten gerne bestätigt, um ein gutes Stück schöner und moderner gemacht. Es ist mit auf sein Konto zu buchen, dass die schwäbische Metropole keinen Dornröschenschlaf hält, sondern in vieler Munde ist. Und es war oft gar nicht so einfach z' ›gschirren‹, so von den ersten Besatzungstagen an!«[149]
Der langjährige Stellvertreter und engste Mitarbeiter Kletts, Bürgermeister Josef Hirn, schrieb dem Fünfzigjährigen: »Wer gerecht wägt, wird bei aller Tageskritik an Einzelheiten doch im Ganzen zu dem Urteil gelangen, dass unter Ihrer Leitung, in guter Zusammenarbeit

von Gemeinderat, Bürgermeisteramt und Fachämtern unser Gemeinwesen in den letzten zehn Jahren kräftig vorwärts gekommen ist, dass es dank des zähen und unermüdlichen Fleißes der Bürgerschaft eine große Aufbauarbeit vollbracht hat und dass die günstigen wirtschaftlichen und finanziellen Möglichkeiten von der Stadtverwaltung umsichtig und vorausschauend genutzt worden sind. Stuttgart kann sich unter den deutschen Großstädten wohl sehen lassen. Wenn Sie – wie wir – bei weitem noch nicht mit allem zufrieden sind, so bedeutet dies nicht, dass nicht genug getan worden wäre, sondern spricht nur für die Größe der Aufgaben und die Schwierigkeiten des Weges. Blickt man auf das Ganze, so dürfen wir uns an Ihrem Fest- und Ehrentag vereint mit Ihnen dankbaren Herzens darüber freuen, was im ersten Nachkriegsjahrzehnt von der Bürgerschaft und von der Stadtverwaltung erreicht worden ist. Es ist viel mehr, als wir uns vor zehn Jahren je zu hoffen gewagt hätten.
Ich darf mich zum Sprecher des Gemeinderats und des Bürgermeisteramts ... machen, wenn ich Ihnen heute von Herzen danke für das, was Sie während Ihres fünften Lebensjahrzehnts für unsere Stadt geleistet haben. An dem Erreichten haben Sie durch die Großzügigkeit Ihrer Zielsetzungen, Ihren unverwüstlichen Optimismus und durch Ihre nie erlahmende Arbeitskraft entscheidenden Anteil ...«[150]
In den Jahren 1955 bis 1965 änderte sich nicht nur die Zusammensetzung des Gemeinderats, sondern auch im Bürgermeisteramt kam es zu personellen Veränderungen. Alte Weggenossen Kletts verließen das Rathaus, neue Männer traten an ihre Stelle. Im Oktober 1963 wurde Dr. Rolf Thieringer zum Persönlichen Referenten des Oberbürgermeisters berufen, nachdem der bisherige Stelleninhaber Oskar Klumpp zum Landrat des Landkreises Tübingen gewählt worden war.[151] Im April 1964 schied altershalber der langjährige Weggenosse und Stellvertreter Kletts, Erster Bürgermeister Josef Hirn (gestorben 9. Februar 1971) aus. Zu seinen Nachfolgern hatte der Gemeinderat bereits drei Monate zuvor den Oberbürgermeister von Frankenthal Dr. Jürgen Hahn (SPD) sowie den Stuttgarter Rechtsanwalt und Vorsitzenden der FDP/DVP-Gemeinderatsfraktion Dr. Otfried Sander gewählt. Dr. Hahn sollte von Hirn die Geschäftsbereiche Allgemeine Verwaltung, Personal und Sport sowie Kultur übernehmen. Der künftige

Bürgermeister Dr. Sander wurde Beigeordneter für die Finanzverwaltung und Stadtkämmerer.[152] Ende Februar 1965 trat Bürgermeister Generalbaudirektor Professor Walther Hoss in den Ruhestand.[153] Hoss hatte dem Wiederaufbau Stuttgarts den Stempel seiner Persönlichkeit aufgedrückt; er hatte in engem Zusammenwirken mit Oberbürgermeister Klett modernistische städtebauliche Ideen verwirklicht, die schon damals manche Kritiker auf den Plan riefen. Seine Stelle übertrug der Gemeinderat Dr. Ing. Christian Farenholtz, zuvor stellvertretender Leiter des Planungsamts der Freien und Hansestadt Hamburg.[154]
Der 60. Geburtstag und das 20-jährige Dienstjubiläum Arnulf Kletts lagen knapp zwei Wochen auseinander. Der Jubilar bestimmte deshalb den 23. April 1965 für die Feier beider denkwürdiger Tage. Zunächst fand im Rathaus ein Festakt statt. An ihm nahmen Ministerpräsident Kiesinger, Präsident des Bundesverfassungsgerichts Dr. Gebhard Müller, Altministerpräsident Dr. Reinhold Maier, Bundestagsvizepräsident Erwin Schoettle sowie Landtagspräsident Dr. Franz Gurk teil. Erster Bürgermeister Dr. Jürgen Hahn hielt die Festansprache. Stadtrat Otto Palmer (SPD) übergab dem Oberbürgermeister die nach der Währungsreform von Bürgern für ihn gestiftete, von dem Schwäbisch Gmünder Goldschmied Professor Fritz Möhler geschaffene Amtskette. Der Gemeinderat wünschte nunmehr nach einstimmigem Beschluss, dass das Stadtoberhaupt sie zukünftig bei feierlichen Anlässen trage. Für Arnulf Klett bedeutete dies eine große Genugtuung, hatte ihm doch im Frühjahr 1949 das Stadtparlament die Annahme dieser Kette untersagt, weil es in der wirtschaftlich schwierigen Nachkriegszeit Bescheidenheit hatte demonstrieren wollen. Ein Gemeinderat brachte übrigens anlässlich des Klett'schen Dienstjubiläums seine Wertschätzung für das Stadtoberhaupt mit den Worten zum Ausdruck: »Herr Oberbürgermeister, ich beantrage, dass Sie aufgehängt werden.« Er wollte damit sagen, dass das Bild des Jubilars einen Platz in der »Oberbürgermeister-Ahnengalerie« im Rathaus bekommen sollte. Im Zeichen des nachgefeierten 60. Geburtstags stand dann der von Arnulf Klett gegebene Empfang. In der Liederhalle ehrte am Abend das von Karl Münchinger geleitete Stuttgarter Kammerorchester den Jubilar mit einem Festkonzert.[155] Die diplo-

matischen Vertreter von zwanzig Ländern bildeten im Mai 1965 den Abschluss der »Gratulationscour«. In ihrem Namen überreichte der französische Generalkonsul Robert Faure im Generalkonsulat der Französischen Republik in Stuttgart Arnulf Klett einen silbernen Leuchter.[156]

Die Presse brachte durchweg positive Würdigungen des Sechzigjährigen. Die *Stuttgarter Nachrichten* charakterisierten ihn treffend als »Optimisten mit Schwung und Fliege«. Sie bezeugten ihm, dass er für Stuttgart und seine Bürger unglaublich viel geleistet habe. Er sei seinen Mitarbeitern stets ein Vorbild gewesen. Mit seinem Fleiß und seinem ihn auch noch heute auszeichnenden jugendlichen Schwung habe er den schwerfälligen Apparat der Verwaltung in zwanzig Jahren auf Touren gebracht. »Redegewandt und notfalls listenreich behält der versierte Jurist auch höchst unangenehme Gemeinderatsdebatten in der Hand. Schwierige Probleme nimmt er oft im Alleingang – nicht immer zur Freude seiner Mitarbeiter. Selbst massive Kritik aus der Öffentlichkeit vermag den ›Motor mit Humor‹, wie sich Dr. Klett auch schon genannt hat, nicht zu bremsen. Standhaft sagt er Unpopuläres vor einem Saal aufgebrachter Geister. Und in offiziellen Reden, die er mit Bravour fast jedes Wochenende hält, scheut er sich keineswegs, den Finger in offene Wunden zu legen. Auch außerhalb Stuttgarts ist Dr. Klett als ausgezeichneter Repräsentant seiner Stadt bekannt.«

Auf den Wiederaufbau nach dem Zweiten Weltkrieg angesprochen, äußerte er bei dem Interview mit den *Stuttgarter Nachrichten*: »In erster Linie kam es mir darauf an, Initiative und Fleiß meiner Stuttgarter Mitbürger zu wecken«. Dass ihm dies gelungen sei, meinte die Zeitung, dürfte der wichtigste Erfolg seiner nun zwei Jahrzehnte dauernden Arbeit gewesen sein. »Immer wieder bewies er Phantasie und Weitsicht, wenn er zu den großen Entscheidungen beitrug.«

Für die *Stuttgarter Nachrichten* war Arnulf Klett in zweifacher Hinsicht eine bundesdeutsche Rarität: »Er gehört im Gegensatz zu seinen Kollegen keiner Partei an, und außerdem darf er von sich behaupten, der dienstälteste Oberbürgermeister einer deutschen Großstadt zu sein.« Nach der Meinung der Zeitung standen seine Chancen gut, 1966 erneut wieder gewählt zu werden, zumal über manchen

Zwischenfall in der Vergangenheit Gras gewachsen sei. Dr. Klett, schrieb die Zeitung weiter, sei indes nicht nur der dienstälteste, sondern auch der bürdenreichste deutsche Oberbürgermeister. Insgesamt gehöre er 19 Gremien an – Ausschüssen, Aufsichts- und Verwaltungsräten – und dies fast immer als Vorsitzender. Zu den Tagungen fahre er meist nachts, um die Zeit seiner Abwesenheit kurz zu halten. Nicht alles sei dem vitalen Oberbürgermeister bislang gelungen. Noch immer laste die Wohnungsnot schwer auf der Stadt, und Dr. Klett habe sich vorgenommen, zusammen mit dem Gemeinderat diese Hypothek des Krieges rasch abzutragen.[157]

Die *Stuttgarter Zeitung* amüsierte sich am Tag nach dem großen Fest über die vielen Reden – sie zählte mehr als 17 –, die gehalten worden waren, über die Amtskette, die man jetzt aus der Versenkung geholt und dem Oberbürgermeister um den Hals gehängt hatte und die er von nun an sogar tragen durfte. Freilich versagte auch sie dem einst von den Franzosen eingesetzten Oberbürgermeister den Respekt nicht. Dr. Klett, schrieb sie, sei sich 1945 sehr wohl bewusst gewesen, dass »kein kommunaler Schleckhafen, sondern nur ein kommunaler Trümmerhaufen zu erben war«, und dennoch habe er dieses Amt übernommen. In der langen Skala der Reden, von denen die des Jubilars nicht die schlechteste gewesen sei, fehlte nach Ansicht der Zeitung an lobenden Ausdrücken so gut wie gar nichts: »Es war die Rede von Energie und Zähigkeit, von Aufgeschlossenheit und Fleiß, vom Motor mit Humor, von Vitalität und Mut zur Verantwortung, von schnellem Entschluss und unerschütterlichem Optimismus, von Säule und Initiative, von kräftigem Einsatz (beim Schippen) und zähem Verhandeln (über Tarife), vom Schaffen und von der Gesundheit, vom schwäbischen Herz und von persönlicher Ausstrahlung, vom Wohlergehen für die Zukunft und vom Pfarrers-Sohn der Vergangenheit.«

Das Resümee des Festtagsberichts der *Stuttgarter Zeitung* hat Arnulf Klett sicher und sehr zu Recht gefreut: »So reihte sich ein Glied ans andere in dieser langen Amts-Kette von Glückwünschen und Danksagungen. Der OB kann mit dieser Ketten-Reaktion und mit diesem Tag, der ein schöner Lohn für die Arbeit von zwanzig Jahren war, durchaus zufrieden sein. Am Montag aber, davon bin ich überzeugt, spuckt er im ersten Stock des Rathauses (morgens um halb achte) wieder in die Hände, zieht den nächsten Aktenberg an sich und sagt zu seinen drei tüchtigen Vorzimmerdamen: Also, gell, jetzt fanget mr wieder a...«[158]

Das *Amtsblatt der Stadt Stuttgart* brachte in seiner Ausgabe vom 29. April 1965 unter der Überschrift »Eine stolze Bilanz. Dank und Anerkennung für Oberbürgermeister Klett am 20. Jahrestag seiner Amtseinsetzung« Auszüge aus den wichtigsten Reden, die beim Festakt am 23. April gehalten worden waren, und die Zeitschrift *Stuttgarter Leben* veröffentlichte im Mai 1965 unter dem Titel »20 Jahre für Stuttgart« in Wort und Bild eine Chronik der wichtigsten Ereignisse der baden-württembergischen Landeshauptstadt für die Jahre 1945 bis 1965.[159]

Ein unermüdlicher Schaffer. Die letzten acht Amtsjahre 1966 bis 1974

Wiederwahl 1966

Für die auf den 16. Januar 1966 festgesetzte Oberbürgermeisterwahl hatten die beiden großen Parteien CDU und SPD mit Rücksicht auf den sechzigjährigen Amtsinhaber, der sich ein letztes Mal zur Wiederwahl stellte, auf die Benennung eigener Kandidaten verzichtet. Lediglich die FDP/DVP hatte mit Dr. Manfred Nopper einen Kandidaten nominiert. Außerdem kandidierten der fraktionslose Stadtrat Eugen Eberle und der kommunalpolitisch bislang nicht hervorgetretene Erhard Schürrle. Die Wahl verlief recht lustlos. Lediglich 42,3 Prozent der wahlberechtigten Bürger gingen zu den Urnen. Dies war enttäuschend. Arnulf Klett erhielt 54,8 Prozent der abgegebenen gültigen Stimmen, Manfred Nopper 28,6, Eugen Eberle 15,8 und Erhard Schürrle 0,7 Prozent. 0,2 Prozent der abgegebenen gültigen Stimmen entfielen auf sonstige Namen. Da Klett zwar die Mehrzahl der abgegebenen Wählerstimmen, jedoch nicht das erforderliche Drittel der Stimmen sämtlicher Wahlberechtigten erlangt hatte, musste die Wahl vierzehn Tage später wiederholt werden.[1]

Die SPD beharrte auch nach der Wahl am 16. Januar auf dem Beschluss, mit Rücksicht auf den Amtsinhaber von der Aufstellung eines eigenen Kandidaten abzusehen und ihren Mitgliedern die Wahl von Klett zu empfehlen. Dagegen wollte die CDU jetzt den 37-jährigen Regierungsdirektor im baden-württembergischen Innenministerium Manfred Rommel ins Rennen schicken, nachdem der Waiblinger Oberbürgermeister Dr. Kurt Gebhardt (FDP/DVP), der von der CDU zunächst favorisiert worden war, abgelehnt hatte. Doch auch Rommel verzichtete auf eine Bewerbung, weil die FDP/DVP nicht bereit war, ihn zu unterstützen.[2] Am 20. Januar 1966 zog Eugen Eberle seine Kandidatur zurück.[3]

Beim zweiten Wahlgang am 30. Januar 1966 lag mit 44,1 Prozent die Wahlbeteiligung nur unwesentlich höher als vierzehn Tage vorher. Arnulf Klett konnte diesmal 59,6 Prozent der abgegebenen gültigen Stimmen auf sich vereinigen. Manfred Nopper bekam 39,5 Prozent und Erhard Schürrle 0,5 Prozent. 0,4 Prozent der abgegebenen gültigen Stimmen lauteten auf andere Namen. Die geringe Wahlbeteiligung wurde allgemein bedauert. Die *Stuttgarter Nachrichten* führten sie auf die Unzufriedenheit der Bürger zurück – auf »die Unzufriedenheit mit Dr. Klett, aber auch mit der Stadtverwaltung schlechthin« –. Die *Stuttgarter Zeitung* kommentierte sarkastisch: »Von mehr als der Hälfte der Wahlberechtigten wissen wir nicht, wen sie gewählt hätten und wen sie nicht gewählt hätten, wenn sie, ja wenn sie gewählt hätten«.[4] Auch der Wiedergewählte war über die geringe Wahlbeteiligung und den mäßigen Stimmenanteil, der auf ihn entfallen war, enttäuscht. Seine vieljährige Arbeit für Stuttgart hatte nicht die Anerkennung gefunden, die er erwartet hatte.[5]

In der Tat schien die Stellung von Oberbürgermeister Klett Anfang 1966 angeschlagen. Noch war die leidige Teppich-Affäre nicht völlig ausgestanden. Auch waren etliche wichtige Entscheidungen, die auf dem Rathaus getroffen worden waren, in der Öffentlichkeit umstritten. Doch der alte und der neue Oberbürgermeister überwand seine Enttäuschung rasch; wie immer gab er sich optimistisch. Er war sicher, dass er für die Stadt, an der sein Herz hing, und für ihre Bürger weiterhin Gutes wirken könne. Seine neue Amtszeit umfasste wiederum zwölf Jahre, endete also 1978. Und er ließ keinen Zweifel, dass er erst nach Ablauf dieser zwölf Jahre, also als 73-Jähriger, das Rathaus verlassen werde. Jeder, der ihn näher kannte, wusste, dass es ihm damit Ernst war. Nach wie vor verfügte er über eine ungewöhnliche Arbeitskraft. Von seinem bewundernswerten Elan und von seiner ansteckenden Arbeitsfreude hatte er nichts eingebüßt. Am 10. März 1966 wurde er von Stadtrat Otto Palmer (SPD) feierlich als Stadtoberhaupt für die neue zwölfjährige Wahlperiode verpflichtet.[6]

Die Stadt vor neuen Herausforderungen

Am 10. Mai 1966 wurde in Anwesenheit von Bundesminister für Angelegenheiten des Bundesrats Alois Niederalt, Ministerpräsident Kiesinger und Oberbürgermeister Klett die erste U-Straßenbahnstrecke der Bundesrepublik im Verlauf der Neckarstraße (heute Konrad-Adenauer-Straße) mit der ausgedehnten U-Haltestelle im zweiten Untergeschoss des Verkehrsbauwerks Charlottenplatz ihrer Bestimmung übergeben. Die 550 m lange Tunnelstrecke hatte einen Kostenaufwand von 50 Millionen DM verursacht. Die Fertigstellung des gesamten Verkehrsbauwerks Charlottenplatz mit weiteren 350 m U-Straßenbahn in der Querrichtung Charlottenplatz-Planie und einer Haltestelle im ersten Untergeschoss war für Ende 1967 vorgesehen.[7] Dieser Termin wurde eingehalten. Am 24. November 1967 konnte auch die obere U-Straßenbahnröhre mit der Haltestelle Charlottenplatz im ersten Untergeschoss in Betrieb genommen werden.[8] Gute zwei Jahre später, am 5. Dezember 1969 feierte Oberbürgermeister Klett zusammen mit etwa 500 Bauarbeitern in der aufgeheizten Halle der künftigen U-Haltestelle Rathaus Richtfest der 2 km langen Tunnelstrecke zwischen Rampe Adlerstraße und Rathaus.[9]

Eine erhebliche Entlastung für den Straßendurchgangsverkehr in der Innenstadt bedeutete die Einweihung der südlichen Tunnelröhre am Planiedurchbruch nach dreijähriger Bauzeit am 26. Juli 1967. Der Kraftfahrzeugverkehr der Bundesstraße 27 in Richtung Charlottenplatz verlief im Bereich zwischen Theodor-Heuss-Straße und Altem bzw. Neuem Schloss von jetzt an unterirdisch kreuzungsfrei. Die Fußgängerunterführung Theodor-Heuss-/ Kanzleistraße wurde kurz darauf fertig gestellt.[10]

Dem U-Straßenbahnbau (heute verkürzt U-Bahnbau) sowie der Schaffung von kreuzungsfreien Straßenunterführungen räumte der Oberbürgermeister unter den kommunalen Baumaßnahmen aus guten Gründen längst Priorität ein. Freilich, die Haushaltslage der Stadt hatte sich verschlechtert. Bei weitem nicht alles Notwendige konnte verwirklicht werden. Abstriche bei den öffentlichen Bauvorhaben waren unvermeidlich. Auch war die Stellung des parteilosen Rathauschefs nicht mehr so unangefochten wie früher. Der immer stärker

politisierte Gemeinderat machte ihm zunehmend das Leben schwer. Eine Hausmacht, die ihm hilfreich gewesen wäre, besaß er nicht.[11] Mit dem ihm eigenen Beharrungsvermögen und nicht zuletzt mit seinem Humor behauptete er sich in schwierigen Situationen oder nahm er Auseinandersetzungen ihre Schärfe. Bei der Diskussion über die Frage, ob sich Stuttgart um das Deutsche Turnfest 1973 bewerben sollte, bemerkte er in der Referentenbesprechung am 22. Juli 1968: »Ich bin voll damit einverstanden. Ich bin aber dankbar, wenn Bedenken erhoben werden.« Bei der Diskussion über die USA-Reise eines Gemeinderatsausschusses im Juli 1973 stellte er fest: »Also meine Herren, ich bin dafür, dass die Ehefrauen nicht mitreisen, damit möglichst wenig passiert!« Im September 1972 wurde einmal die von Zeit zu Zeit übliche Sirenenprobe vom Mittwoch auf den Donnerstag verlegt. Klett zeigte sich überrascht: »Ach so, heut' isch ja Donnerstag statt Mittwoch!« Seine Schlagfertigkeit wirkte entwaffnend. Als Eugen Grimminger, Präsident des Tierschutzvereins Stuttgart, einmal seinem Unwillen mit der Bemerkung Luft machte: »Also wisset Se, Herr Oberbürgermeister – Anwesende ausgeschlossen –, unter de Jurischte gibt's ja scho Granadadackel«, erwiderte er: »Do hent Se recht! Aber's isch in andere Beruf au net besser!«[12]
In seiner Grundsatzrede im Gemeinderat am 22. November 1966 zum Haushaltsplan 1967 widersprach Oberbürgermeister Klett der in der Öffentlichkeit diskutierten Überlegung, durch ein »Strecken« der Mittel für die finanziell sehr aufwendigen Großbauvorhaben auf den Gebieten des Verkehrs und der Versorgung die Realisierung von Projekten in anderen Bereichen zu beschleunigen. Nachdrücklich vertrat er die Ansicht, dass die in Frage gestellten Investitionen für die Wasserversorgung, den Ausbau des Flughafens sowie den weiteren Ausbau der Ortsdurchfahrten unaufschiebbar seien. Er forderte eine Verbesserung der städtischen Haushaltslage durch höhere Finanzzuweisungen des Landes, so insbesondere für die Lösung der Schulraumprobleme Stuttgarts. Die Presse reagierte auf den Haushaltsentwurf der Stadt und noch mehr auf die Grundsatzrede des Oberbürgermeisters mit zum Teil heftiger Kritik. Die *Stuttgarter Zeitung* hielt den Haushaltsplan, »der keinerlei Alternativen offen ließ«, der den Bau neuer Schulen, Krankenhäuser und Altenheime ausschloss und auf

Jahre hinaus die Schuldenentwicklung aufzeichnete, für gänzlich unbefriedigend. Sie sprach von »einem Haushalt ohne Chance«. Die Rede des Oberbürgermeisters nannte sie »eine einzige Enttäuschung«. Dr. Klett, so schrieb sie, habe sich auf »die Pflege seiner liebsten Kinder« beschränkt, »die großen Rosinen auf höchster Ebene«, zum Haushalt selbst habe er sich nicht geäußert, obwohl dieser in seiner Ausweglosigkeit hinreichend Gesprächsstoff hätte liefern können.[13]

Auch im Gemeinderat hatte die Grundsatzrede des Oberbürgermeisters die Gemüter erregt. In der Sitzung am 1. Dezember 1966 wurde sie von Sprechern aller Fraktionen gerügt. Klett bekam den Vorwurf zu hören, er habe die eigentlichen Finanzprobleme und die dringenden Nöte der Stadt überhaupt nicht angesprochen. Die Fraktionen der CDU und der Unabhängigen Bürgerliste (UBL) hielten zur Beseitigung des Haushaltsdefizits die Verstaatlichung des Polizeivollzugsdienstes der Stadt und des Gesundheitsamts zum frühest möglichen Zeitpunkt, eine generelle Einstellungssperre für neue und für frei werdende Stellen in der Verwaltung sowie eine Begrenzung der Beförderung von städtischen Beamten für zwingend geboten. Die SPD-Fraktion befürwortete gleichfalls eine Verstaatlichung der Polizei sowie die im Haushaltsplanentwurf vorgesehenen Steuererhöhungen, die jedoch von der UBL-Fraktion generell abgelehnt und über die die anderen Fraktionen erst nach den sofort durchzuführenden Verstaatlichungs- und Sparmaßnahmen entscheiden wollten. Darüber hinaus benannten die Sprecher sämtlicher Fraktionen Einsparmöglichkeiten in Einzelbereichen mit dem Ziel, Gelder für den Bau von Schulen, Wohnungen, Krankenhäusern sowie von Straßen frei zu bekommen.[14]

In der Gemeinderatssitzung am 15. Dezember 1966 wurde der Oberbürgermeister beauftragt, mit dem Land Verhandlungen wegen der Verstaatlichung der städtischen Polizei zum nächst möglichen Zeitpunkt aufzunehmen.[15] Und am 22. Dezember 1966 verabschiedete dann der Gemeinderat mit einer Reihe der von ihm durchgesetzten Modifikationen den Haushalt. Oberbürgermeister Klett begrüßte die beschlossenen Steuererhöhungen, weil sie 1967 die Weiterführung wichtiger Bauten und die Inangriffnahme wenigstens einiger neuer Vorhaben ermöglichten.[16]

Bei der Beratung und der Verabschiedung der folgenden Haushaltspläne 1968, 1969 und 1970 ging es im Gemeinderat weniger turbulent zu. Die Haushaltsreden des Oberbürgermeisters wurden von der Mehrheit des Gremiums als sachlich begründet akzeptiert.[17] Übrigens erreichte der Haushalt 1970 mit einem Gesamtvolumen von 1,1 Milliarden DM eine Rekordmarke (1969 821 Millionen DM). Im Gemeinderat herrschte eine gedämpft optimistische Stimmung. Die Gemeindefinanzreform und höhere Gewerbesteuereinnahmen verschafften der Stadt 1970 erstmals seit Jahren wieder einen gewissen finanziellen Spielraum, so für Neuinvestitionen in der Größenordnung von über 230 Millionen DM.
Aufschlussreich war Kletts Grundsatzrede zum Haushaltsplan 1970, weil er hier Entwicklungsperspektiven für die siebziger Jahre, wie sie ihm vor Augen standen, aufzeigte: »Zu den großen Stuttgarter Zielprogrammen für das achte Jahrzehnt unseres Jahrhunderts gehört die Fortsetzung und Vervollständigung unserer Verkehrsbaumaßnahmen von der U-Straßenbahn bis zur S-Bahn, vom Tarifverbund bis zum funktionsgerechten Ausbau des Stuttgarter Flughafens. Es gehören dazu die umfassenden städtebaulichen Maßnahmen im Zusammenhang mit der Bundesgartenschau 1977 einschließlich eines die Stuttgarter und Bad Cannstatter Mineralquellen aktivierenden Bäder- und Rehabilitationszentrums ... Die großen Investitionen und Ausbaumaßnahmen auf dem Gebiet der Energie- und Wasserversorgung sind wichtige Voraussetzungen, um die Standortqualitäten und Standortvorteile Stuttgarts und seines Wirtschaftsraums in den nächsten Jahrzehnten behaupten zu können.«[18]
Oberbürgermeister Klett besaß Ende 1969 eine recht klare Vorstellung von dem Stuttgart der siebziger und achtziger Jahre, und vieles von dem, was ihm vor Augen stand, wurde auch realisiert. Freilich, sein Wunschziel, eine Stadt mit rund 780 000 Einwohnern, in der es sich auch im Jahr 2000 gut leben lasse,[19] wurde nicht erreicht. Vornehmlich durch Abwanderungen in die umliegenden Landkreise, die günstigere Wohnmöglichkeiten, zum Teil auch attraktive Arbeitsplätze boten, begann bereits in den sechziger Jahren die Einwohnerzahl der Stadt langsam zu schrumpfen. Ende 1974 lebten in Stuttgart, wie schon erwähnt, lediglich noch 612 296 Menschen.[20]

Im Dezember 1966 schien Oberbürgermeister Klett aus rein statistischen Gründen ein Festhalten an der Wohnungszwangsbewirtschaftung nicht mehr sinnvoll. Dennoch empfahl er vor allem mit Blick auf sozial schwache Wohnungssuchende, die Aufhebung der Wohnungszwangsbewirtschaftung noch um ein Jahr aufzuschieben, weil bis dahin eine Reihe von Großbauvorhaben verwirklicht sein werde. – Möglicherweise dachte er an den Wohnkomplex »Hannibal«. Seiner Ansicht nach war trotz großer Anstrengungen privater und öffentlicher Bauträger keine Entspannung auf dem Stuttgarter Wohnungsmarkt zu erwarten.[21] Der Gemeinderat sah die Situation ähnlich. Nachdem der baden-württembergische Innenminister Walter Krause am 17. Februar 1967 mitgeteilt hatte, dass die Wohnungszwangsbewirtschaftung für Stuttgart nicht, wie bisher vorgesehen, am 30. Juni 1967, sondern erst mit dem Schlusstermin für Baden-Württemberg am 31. Dezember 1967 aufgehoben werde, stimmte er am 2. März 1967 einem Vorschlag des Bürgermeisteramts zu, bei der Landesregierung eine Verschiebung des Endtermins für die Wohnungszwangsbewirtschaftung über den 31. Dezember 1967 hinaus zu beantragen.[22] Der Antrag wurde jedoch abgewiesen. Es blieb für Stuttgart wie für ganz Baden-Württemberg – die Stadt Freiburg allein ausgenommen – bei der Beendigung der Wohnungszwangsbewirtschaftung zum Jahresende 1967, d.h. ab 1. Januar 1968 entfielen das seit 1923 geltende Mieterschutzgesetz, die Preisbindung und die Wohnraumbewirtschaftung.[23]
Trotz verstärkter Wohnbautätigkeit nahm in den folgenden Jahren die »Stadtflucht« zu. 1973 allein bezifferte Oberbürgermeister Klett die Zahl der Abwanderer aus Stuttgart auf rund 7 000. Seiner Meinung nach war das hiesige Wohnungsangebot für den Durchschnittsverdiener zu teuer.[24]
Sorge bereitete der Stadtverwaltung die Abwanderung von Industriebetrieben. Die Hauptursache sah sie im Mangel an Baugelände und an Arbeitskräften. In den 19 Jahren seit der Währungsreform (1948) hatten bis Ende 1967 170 Betriebe ihren Standort ganz, 41 Betriebe ihren Standort teilweise aus Stuttgart wegverlegt. Im gleichen Zeitraum waren lediglich 16 volle und 17 Teilzuwanderungen sowie 48 Neugründungen erfolgt. Die meisten der abgewanderten Firmen

hatten sich in anderen Orten des Mittleren Neckarraums niedergelassen.[25] Den Mangel an deutschen Arbeitskräften glichen Ausländer aus. Am 24. März 1970 zählte Stuttgart nicht weniger als 75 000 Einwohner mit fremdem Pass, unter ihnen allein über 20 000 Jugoslawen, 18 000 Italiener und 10 000 Griechen.[26]

Nachdrücklich unterstützte Oberbürgermeister Klett weiterhin alle Bestrebungen einer engen Zusammenarbeit der Kommunen auf regionaler Ebene. Mit seiner Initiative war es zu verdanken, dass sich am 13. April 1967 die drei regionalen Planungsgemeinschaften Württemberg-Mitte, Neckar-Fils und Rems-Murr sowie die Stadt Stuttgart zum »Regionalen Planungsverband Mittlerer Neckarraum« zusammenschlossen.[27] Dass es am 8. März 1968 gelang, einen jahrelangen Streit mit der Nachbargemeinde Korntal wegen des Gewerbegebiets Nord beizulegen, nachdem sich beide Seiten über die Gestaltung der Fläche an der Gemarkungsgrenze einig geworden waren, wurde allgemein begrüßt. Oberbürgermeister Klett und sein Korntaler Kollege Bürgermeister Werner Thrum unterzeichneten eine Reihe von Vereinbarungen.[28]

Von großer zukunftsweisender Bedeutung für Stuttgart und den Mittleren Neckarraum war der Bau der S-Bahn. Bundesverkehrsminister Georg Leber gab am 2. Dezember 1968 dafür den Weg frei. Er erteilte dem Vorstand der Deutschen Bundesbahn die Genehmigung, dieses Verkehrsgroßprojekt in Angriff zu nehmen, wobei er eine Beteiligung des Bundes mit Zuschüssen bis zu 50 Prozent der Gesamtkosten zusicherte. Schon am Tag darauf, am 3. Dezember 1968, unterzeichneten der erste Präsident der Deutschen Bundesbahn Professor Dr. Oeftering, Innenminister Walter Krause und Finanzminister Robert Gleichauf ein entsprechendes Rahmenabkommen zwischen der Bundesbahn und dem Land Baden-Württemberg.[29] Am 24. März 1969 legte das Stadtplanungsamt eine Untersuchung über den öffentlichen Nahverkehr vor. Diese Untersuchung, an der Experten der Universität Stuttgart, der Bundesbahn, der Stuttgarter Straßenbahnen und der Arbeitsgruppe Straßenbahnverkehr mitgearbeitet hatten und die zum Teil auf dem Plan von 1961 über den Ausbau des öffentlichen Personenverkehrs basierte, erläuterte Baudirektor Dr.-Ing. Hans Dieter Künne dem Technischen Ausschuss des Gemeinderats und dem

Straßenbahnaufsichtsrat. Angestrebt werde, so Dr.-Ing. Künne, im Rahmen eines Tarifverbunds eine enge Verflechtung zwischen S- und U-Straßenbahnen sowie einer Reihe von Omnibuslinien. Das Straßenbahnnetz solle auf acht Schnellverbindungen von einem Außenbezirk zum anderen beschränkt und durch Omnibuszubringer ergänzt werden. Vorgesehen seien Verknüpfungspunkte zwischen S-, U-(Straßen-)Bahn und Omnibus.[30] Uneingeschränkte Zustimmung erlangte das S-Bahn-Projekt im Gemeinderat am 17. Juli 1969.[31] Am 10. November desselben Jahres rangen sich in einer längeren, kontrovers geführten Besprechung auf dem Stuttgarter Rathaus Oberbürgermeister Klett und die Landräte der Landkreise Böblingen, Esslingen, Leonberg, Ludwigsburg und Waiblingen zu einer Einigung in der Frage der Finanzierung der auf 575 Millionen DM geschätzten S-Bahn-Baukosten durch: Stuttgart war bereit, 16 Prozent dieser Kosten zu übernehmen, und jeder der fünf Landkreise 4 Prozent.[32]
In der öffentlichen Diskussion um den Flughafenausbau, der in der Bevölkerung zahlreiche Gegner hatte, nahm Oberbürgermeister Klett eine eindeutige Stellung ein. Am 6. Juni 1968 erklärte er im Gemeinderat, Stuttgart benötige einen leistungsfähigen Flughafen, der sämtlichen Anforderungen der Bürger wie der Wirtschaft genüge. Deshalb müsse nach sorgsamer Abwägung aller öffentlichen und privaten Interessen planerisch dafür Sorge getragen werden, dass weitere Entwicklungsmöglichkeiten nicht unwiderbringlich verbaut würden.[33]
Den Beschluss der Landesregierung vom November 1969 über den Ausbau des Flughafens begrüßte er sehr. Dieser Ausbau, äußerte er, liege im Interesse einer ungestörten Entwicklung des Mittleren Neckarraums und seiner Wirtschaft.[34] Als persönlichen Erfolg konnte er verbuchen, dass sich die US-Armee nach einer von ihm geleiteten vielstündigen Besprechung von Vertretern des Bundes, des Landes, der Stadt Stuttgart, der amerikanischen Botschaft und der US-Armee am 23. Januar 1969 bereit erklärte, das als Luftfrachthof dringend benötigte Baugelände im Nordteil des Flughafens frei zu geben.[35]
Am 6. Mai 1968 konnte der Stuttgarter »Air Terminal«, ein modernes Fluggastzentrum, Ecke Lautenschlager-/Kronenstraße, offiziell seiner Bestimmung übergeben werden.[36] Den Beifall des Oberbürgermeisters fand der Bau des viergeschossigen »Flughafen-Hotels Stutt-

gart« durch eine Schweizer Finanzgruppe. Er tat nicht nur den ersten Spatenstich für das 165-Betten-Hotel am 12. Juni 1967, sondern war auch bei der Einweihung des Gebäudes am 21. Februar 1969 anwesend.[37] Wenige Monate später, am 19. September 1969 öffnete das »Hotel Stuttgart International«, das in anderthalb Jahren erstellt worden war, dem Publikum seine Pforten: ein 19-geschossiges Haus mit 200 Gästezimmern und 350 Betten, dem eine Kongresshalle für tausend Personen angeschlossen war. Oberbürgermeister Klett zeigte sich von dem neuen Hotel sehr angetan. Dieses Hotel habe, so stellte er in seiner Ansprache fest, den in Stuttgart noch immer bestehenden Mangel an Hotelbetten, der große Tagungen erschwere, in wünschenswerter Weise vermindert.[38]

Wie schon früher machte sich das Stadtoberhaupt zum Anwalt der Bevölkerung, wo immer es ernstliche Probleme mit den US-Streitkräften gab. Heftige Proteste der Bewohner der Fildergemeinden gegen eine Verlegung des Landeplatzes der Hubschrauber des VII. US-Korps – bislang der Sportplatz im Westen der Kelley Barracks in Stuttgart-Vaihingen – veranlassten ihn im Herbst 1969, mit dem Stabschef des VII. Korps Kontakt aufzunehmen. Er erreichte, dass die Amerikaner ihren Antrag auf Verlegung des Landeplatzes zurückziehen wollten, wenn »gewisse zusätzliche Sicherheitsvorkehrungen« für das jetzt als Landeplatz dienende Gelände »in tunlicher Bälde« getroffen würden. Dies geschah.[39]

1966 befand sich die Gasversorgung Süddeutschland GmbH, die GVS, in finanziellen Schwierigkeiten. Oberbürgermeister Klett, Vorsitzender der GVS und zugleich der TWS AG, nahm in Gesprächen mit der *Stuttgarter Zeitung* und den *Stuttgarter Nachrichten* hierzu Stellung. Er rechtfertigte die im Zusammenhang mit der Umstellung auf Erdgas stehenden hohen Investitionen bei der GVS. Sie seien nicht zuletzt im Interesse des Verbrauchers notwendig gewesen, nachdem man sich mit Rücksicht auf die Reinhaltung der Luft vor einigen Jahren für das Gas und gegen das Öl entschieden habe. Für die akuten Finanzprobleme bei der GVS machte er den inzwischen beurlaubten Geschäftsführer der GVS verantwortlich. Dieser habe es nämlich versäumt, die Aufsichtsgremien und ihn persönlich über die ungünstige Geschäftslage zu informieren. Ihn selbst treffe keine Schuld. Dass es

Oberbürgermeister Dr. Klett setzt ein Wasserwerk in Betrieb.

zu den inzwischen überwundenen Schwierigkeiten gekommen sei, habe er nicht voraussehen können. Von einer mangelnden Aufsicht durch den Aufsichtsrat könne keine Rede sein.[40] Drei Jahre später war, ungeachtet weiterer Schwierigkeiten, die jedoch die nicht einfachen Verhandlungen mit Erdgas-Lieferfirmen betrafen, das von Klett angestrebte Ziel erreicht. Am 14. Oktober 1969 stellte die TWS die Gasversorgung auf Erdgas um.[41]

Der zunehmende Wasserbedarf im Mittleren Neckarraum machte eine Kapazitätserweiterung der Bodenseewasserversorgung erforderlich. Am 1. Februar 1967 schloss Oberbürgermeister Klett in seiner Eigenschaft als Vorsitzender des Zweckverbands Bodenseewasserversorgung mit einer Firmengemeinschaft einen Vertrag über den Bau des 24 km langen Albstollens für die zweite Bodenseewasserleitung. Die Kosten für die Rohbauarbeiten waren auf 57 Millionen DM veranschlagt.[42] Die Bodenseewasserversorgung erregte weltweit Aufsehen. Oberbürgermeister Klett, einer der Initiatoren dieses Großprojekts, nahm dies mit Genugtuung zur Kenntnis. Gern kam er deshalb auch im Februar 1967 während einer mehrtägigen Reise in Thailand auf einer Tagung des Internationalen Gemeindeverbands, zu der er als Präsident des Verbands kommunaler Unternehmen eingeladen worden war, dem Wunsch nach, über »das kommunale Werk der Bodenseewasserversorgung« zu referieren.[43]

Landwirtschaft und Weinbau fühlte sich der größte »Bauernschultes der Bundesrepublik« nach wie vor verbunden, wie seine alljährlichen originellen Auftritte bei der Eröffnung des Cannstatter Volksfestes bewiesen. Es machte ihm deshalb auch im Frühjahr 1968 sichtlich Freude, gemeinsam mit dem baden-württembergischen Landwirtschaftsminister Eugen Leibfried die letzten Reben im Rebflurbereinigungsgebiet »Klinge« in Bad Cannstatt zu pflanzen. Insgesamt waren dort nach anderthalbjährigen Planierungsarbeiten 4 700 neue Rebstöcke gepflanzt worden.[44]

Um der vom »Grünen Kreis« im April 1969 in Angriff genommenen Frühjahrsputzaktion, zu der sich an 42 Sammelpunkten rund 2 000 Teilnehmer trafen, den erforderlichen öffentlichen Nachdruck zu verleihen, fanden sich Oberbürgermeister Klett, der Naturfreund, und ebenso Georg Fahrbach, der Vorsitzende des Schwäbischen Albvereins, zu dem löblichen Werk ein. Auch amerikanische Pfadfinder von den Patch-Barracks waren mit von der Partie. Die Großaktion befreite übrigens die städtische Gemarkung von 50 Tonnen Unrat, darunter 80 Prozent Großmüll.[45] Auch später beteiligte sich Klett an dieser Flur-Großreinigung, heute durch Oberbürgermeister Dr. Schuster zur *Let's Putz-Aktion* hochstilisiert.

Am 4. Dezember 1968 weihte Oberbürgermeister Klett den 100 Millionen DM teuren, architektonisch wenig attraktiven und daher von vielen Stuttgartern von Anfang an abgelehnten Kleinen Schlossplatz ein. Gleichzeitig wurde die Nordröhre des Planiedurchbruchs für den Autoverkehr freigegeben.[46] Dass der Bau des 100 Millionen DM-Projekts »Hannibal«, gewissermaßen seines »Hannibal«, zügig vorankam, verfolgte der Oberbürgermeister mit regem Interesse. Zu der Präsentation eines Musterhauses mit drei vollmöblierten Wohnungen durch die Bauherrin, die »Neue Heimat«, am 15. September 1969 kam er gerne.[47] Am 31. Oktober 1969 unterzeichnete er die Verträge über den Bau der größten Tiefgarage in der Stadt, die unter der Kronprinzstraße gebaut wurde und in vier Untergeschossen mehr als tausend Fahrzeuge aufnehmen konnte. Die Bauträgerin war die BP in Hamburg.[48]

Mit dem im Februar 1968 fertig gestellten Gebäude der Städtischen Spar- und Girokasse auf dem ehemaligen Marstallgelände, dem im März 1969 bezogenen Neubau der Württembergischen Hypothekenbank Ecke Büchsen-/Hospitalstraße und dem im Dezember 1969 in Gegenwart von vielen Ehrengästen eingeweihten, von der Städtischen Spar- und Girokasse und der Buchhandlungsfirma Konrad Wittwer gemeinsam erstellten Geschäftshochhaus erhielt die Innenstadt zusätzliche markante städtebauliche Akzente.[49]

Am 28. August 1969 wurde in Anwesenheit von Oberbürgermeister Klett, Minister Dr. Adalbert Seifriz sowie von Gästen aus dem europäischen Ausland und aus den USA das neue Neoplana-Omnibus-Werk Gottlieb Auwärter KG in Möhringen eingeweiht. Für Stuttgart war dies ein bedeutsames Ereignis, konnte doch mit diesem Neubau das renommierte Unternehmen seine Betriebskapazität fast verdoppeln.[50] Als ein »dem Gerstensaft wohlgesonnener Oberbürgermeister« nahm Arnulf Klett an der feierlichen Inbetriebnahme der neuen Flaschenabfüllanlage der Stuttgarter Hofbräu AG am 15. April 1970 teil. Diese Flaschenabfüllanlage, die größte der Welt, vermochte in der Minute tausend Flaschen Bier abzufüllen.[51]

Trotz seiner starken Arbeitsbelastung war Oberbürgermeister Klett bemüht, hundertjährigen und älteren Bürgerinnen und Bürgern persönlich zum Geburtstag zu gratulieren. Er wusste, welche Freude er solchen hochbetagten Menschen mit seinem Gratulationsbesuch bereitete. Deshalb sah er hierin eine ihm als demokratisch gewähltem Stadtoberhaupt obliegende wichtige Aufgabe. Als die früher in Weilimdorf wohnhaft gewesene Berta Schuon geb. Grübele am 10. Januar 1970 im Altersheim Steigacker bei Backnang ihren 101. Geburtstag feierte, fuhr er zur persönlichen Gratulation eigens dorthin.[52] Am 7. März 1970 feierte Emma Kretschmer geb. Heinrich im Kleinen Kursaal in Bad Cannstatt ihren hundertsten Geburtstag. Unter ihren Gästen befand sich Oberbürgermeister Klett.[53] Eine liebenswürdige landsmannschaftliche Geste war es, dass der Stuttgarter Rathauschef am 29. November 1969 zusammen mit Verkehrsdirektor Faerber in die ehemalige Reichshauptstadt fuhr, um dort am hundertsten Stiftungsfest der Württemberger in Berlin teilzunehmen.[54]

65. Geburtstag und silbernes Oberbürgermeisterjubiläum

Von seinem 65. Geburtstag am Mittwoch, dem 8. April 1970 wollte Arnulf Klett kein Aufhebens machen, zumal er ihn wie fünf Jahre zuvor seinen 60. Geburtstag zusammen mit seinem silbernen Dienstjubiläum zwei Wochen später feiern wollte. Doch aus dem »normalen Büroalltag« wurde nichts. Schon am frühen Vormittag gaben sich die Gratulanten die Türklinke in die Hand. Erster Bürgermeister Hahn würdigte im Kreis der Bürgermeister, Referenten und Vorstände der Beteiligungsunternehmen Persönlichkeit und Arbeit des Stadtoberhaupts.[55] Als Geburtstagsgeschenk überreichte er ihm ein Fernglas. Dieses – so Hahn – solle dem Oberbürgermeister auf seinen Wanderungen im Schwarzwald und auf der Schwäbischen Alb ermöglichen, zu sehen, was andere nicht sehen könnten. Der »Chef« dankte freundlich, bemerkte dann aber verschmitzt, eigentlich fehle es ihm ja nicht an Weitblick. Die Herren Bürgermeister und Referenten schmunzelten verständnisvoll. Die engeren Mitarbeiter schenkten dem Freund klassischer Musik eine Kassette mit Mozartsinfonien sowie eine Schallplatte mit älteren Reden von ihm (Einweihung des Fernsehturms und der Liederhalle, Eröffnung der Funkausstellung usw.).[56] Der Stuttgarter Liederkranz brachte seinem Mitglied ein Ständchen. Kurz vor 11 Uhr entfloh der Oberbürgermeister auf den

Killesberg, um dort die »Intherm 70« zu eröffnen. Anschließend fuhr er mit seiner Familie »über Land«.
Im Amtszimmer stapelten sich derweil die Glückwunschtelegramme und -schreiben. Bundespräsident Dr. Gustav Heinemann, Bundeskanzler Willy Brandt, Bundesminister der Verteidigung Dr. Helmut Schmidt, Fraktionsvorsitzender der SPD im Bundestag Herbert Wehner, Ministerpräsident Dr. Hans Filbinger, Präsident des Bundesverfassungsgerichts Dr. Gebhard Müller, Bundesinnenminister Hans-Dietrich Genscher und Bundesfinanzminister Dr. Alex Möller, Propst Heinrich Grüber (Berlin) und viele andere Persönlichkeiten des öffentlichen Lebens gratulierten auf diese Weise.[57] Etwas Besonderes ließ sich der Fremdenverkehrsverband Württemberg einfallen. Er ernannte Arnulf Klett zum Ehrenmitglied.[58]
In der Presse fand der 65-Jährige eine überwiegend positive Würdigung. Freilich waren es kaum irgendwo überschwängliche Lobeshymnen, kritische Untertöne fehlten nicht. Die *Stuttgarter Nachrichten* nannten Arnulf Klett einen »Schdugarder mit Leib und Seele«, hinter dessen Amtsmiene sich verschmitzter Humor verberge. Wenn aus der einst idyllischen Stadt am Nesenbach die pulsierende Hauptstadt eines »Musterländles« geworden sei, so habe Klett daran einen erklecklichen Anteil. Nach eigener Aussage könne er sich für seine Person heute keinen anderen Beruf mehr als den des Oberbürgermeisters vorstellen. Zu dem, was er sich einmal vorgenommen habe, stehe er. »Da kann er die Ärmel hochkrempeln und sich wie ein Junger hineinstürzen in die Arbeit, seine Ziele auch gegen noch so großen Widerstand durchboxen. Das bekannte ›Klett'sche Instrumentarium‹ steht ihm dabei zur Verfügung: Wissen und Kniffe des gelernten Juristen und gewiegten Kommunalpolitikers, Gesten, die mehr sagen als Worte. Da kann er ganz unbeteiligt Unterschriften kritzeln, während sich in der Vollversammlung des Gemeinderats die Gemüter erhitzen. Da kann er aufstehen, ›geschwind‹ mit den Schultern rucken, als ob ihm der ›Kittel‹ zu klein wäre und dann drohend den Arm mit ausgestrecktem Zeigefinger schwingen, um seiner Meinung Nachdruck zu verleihen. Wer so in der Öffentlichkeit steht wie Arnulf Klett, der hat auch Gegner. Aber auch sie schätzen an ihm die Energie und Beharrlichkeit ...«[59]

Arnulf Klett nimmt an seinem 65. Geburtstag die Glückwünsche seines Sohnes Roderich und seiner Schwiegertochter Lieselotte entgegen. Der Jubilar freut sich über seinen Enkel Alexander.

Die *Stuttgarter Zeitung* attestierte dem 65-Jährigen, er habe an jugendlichem Temperament nichts eingebüßt, aber Etliches an weiser Zurückhaltung gewonnen. Seine Begeisterung für sein Amt und für seine Aufgaben, so schrieb die Zeitung, sei gleich geblieben, und sie werde sich auch nicht verändern. Einer seiner hervorstechendsten Charakterzüge sei sein Humor: »Jeder von uns kennt ja seine Volksfestansprachen, seine Sinnsprüche und Knittelverse, und auch die trübste Versammlung wird vorübergehend lebendig, wenn in der Rednerfolge der Dr. Klett verzeichnet ist.« Doch er könne nicht nur knitz und humorvoll sein, er könne, wenn es sein müsse, auch eine scharfe Klinge schlagen, und seine Hiebe und Seitenhiebe hätten schon hart getroffen. Nie gelegen habe dem Stuttgarter OB die Kirchturmpolitik. Ihn zeichne ein weiträumiges Denken und ein »Planen Jahre voraus« aus. Daher muteten seine Projekte für die Versorgungseinrichtungen der Stadt manchmal phantastisch an.[60]

Der Spiegel stand seit vielen Jahren mit dem Stuttgarter Oberbürgermeister publizistisch auf Kriegsfuß. Dennoch konnte auch er dem 65-Jährigen den Respekt nicht ganz versagen. In seiner Ausgabe vom 20. April 1970 war über ihn zu lesen: »Er ist der dienstälteste und sesshafteste aller deutschen Großstadt-Chefs. Er hat die meisten Nebenämter inne, die meisten Skandale überstanden und präsentiert trotz alledem ›so ein richtig schönes schwäbisches Oberbürgermeistergesicht: heiter, wetterfest, ruhig‹ (*Stuttgarter Nachrichten*) ... Klett war von Anfang an populär. Er gab sich urig und unbürokratisch, zeigte Verhandlungsgeschick und Dynamik. Über 9 131 OB-Tage hinweg verstand er sich – so Klett über Klett – als ›Stuttgarts Motor mit Humor‹, der mitunter zu hochtourig lief ...« Genüsslich kramte die Zeitschrift sodann wieder einmal die »Skandale« sowie vermeintliche oder auch echte Fehlleistungen bzw. Versäumnisse des Stuttgarter Rathauschefs hervor, um schließlich nochmals auf die Person des »erfolgreichen und dickfelligen« Kommunalpolitikers zurückzukommen: »Leutselig wie ein Bauernschultheiß, forsch gegen die NDP, immer wieder Knittelverse ersinnend, die er für lustig hält, beim Karneval keine Kostümierung und vor Fotografen keine Pose scheuend, auf schwäbische Spätzle gleichermaßen erpicht wie auf schwäbischen Rotwein – so will Stuttgarts Klett noch abermals acht weitere Amtsjahre oberbürgermeistern, bis er 72 und seine Wahlzeit abgelaufen ist. Längst hat sich auch die SPD, die Klett einst zum Amtsverzicht bewegen wollte, mit dem unermüdlichen OB versöhnt. SPD-Gewerkschaftler Heinz Kluncker, dem Klett häufig als Verhandlungsführer aller kommunalen Arbeitgeber bei Lohngesprächen gegenübersitzt, schätzt ihn als ›Anwalt sozialer Gerechtigkeit‹. SPD-Kanzler Willy Brandt, der 1963 seinen Städtetags-Präsidentenposten an Klett abgetreten hatte, bescheinigte ihm vorletzte Woche ›einen Ruf als erfolgreicher Kommunalpolitiker ...‹«[61]

Die Vielzahl der Glückwunschschreiben, die Oberbürgermeister Klett aus dem In- und Ausland, darunter von zahlreichen Privatpersonen, zuging, bekundete dem 65-Jährigen Dank und hohen Respekt. Der frühere evangelische Landesbischof D. Martin Haug schrieb: »Mit

Respekt blicke ich auf die großen Leistungen, die Sie in diesen 25 Jahren trotz aller Schwierigkeiten des Anfangs und des Fortgangs vollbracht haben.« Stadtdekan i.R. Prälat Ißler dankte dem Oberbürgermeister für die tatkräftige Unterstützung beim Wiederaufbau kirchlicher Gebäude, so bei der Stifts- und der Hospitalkirche sowie dem Hospitalhof. Er riet dem Mittsechziger auch, doch etwas kürzer zu treten und seine Kräfte nicht zu überfordern, »damit unsere gute Stadt ihren derzeitigen Oberbürgermeister auch in kommenden Jahren noch behalten darf«. Von Kurt Heinkele, Landesvorsitzendem der ÖTV, bekam er zu hören: »Sie hend so viel und so guet gschafft, dass mr gar net drom nom kommt, Ihne Glück z'wünsche.« Der frühere kommunistische Stadtrat Willi Bohn bezeugte Arnulf Klett »eine erfolgreiche Aufbau- und Neugestaltungsarbeit«. »Unsere politisch unterschiedlichen Meinungen und sachlichen Auseinandersetzungen«, schrieb er, »haben uns nie gehindert, in persönlicher Achtung zum Wohl unserer Stadt zu wirken.«

Dr. Joachim Zahn von der Daimler-Benz AG hob »die weit über die Grenzen unseres Landes hinaus anerkannten Erfolge« Kletts hervor. Bürgermeister Bloch von der mit der baden-württembergischen Landeshauptstadt freundschaftlich verbundenen schwäbisch-jüdischen Siedlung Shavei Zion in Israel wünschte dem Stuttgarter Amtskollegen »noch viele Jahre ein in Gesundheit segensreiches Wirken«. »Wie sehr dieses Wirken«, schrieb er, »weit über Stuttgarts Grenzen hinausreicht, haben wir hier in Shavei Zion eindrücklich erfahren, und wir weisen mit Stolz auf das hin, was wir mit Ihrer und Stuttgarts Hilfe aufbauen konnten.« Dr. Hans Rhotert, Leiter des Lindenmuseums, schrieb: »Ich erinnere mich noch ganz genau an den trostlosen Eindruck, den die zerstörte Stadt mir machte, als ich 1946 aus der Kriegsgefangenschaft zurückkehrte. Heute ist sie unter Ihrer optimistischen Leitung als schönerer Phönix aus der Asche hervorgegangen. Nur selten ist es einem Menschen beschert, so aus dem Chaos einen Kosmos zu gestalten ...« Ein ehemaliger Mitarbeiter der ersten Nachkriegszeit, Heinrich Bender aus Echterdingen, schätzte sich glücklich, dass er unmittelbar habe erleben dürfen, mit welcher Energie und bewundernswerter Tatkraft und mit welch beispielloser Hingabe sich Oberbürgermeister Klett »mit Herz und Verstand Tag um

Tag, jahraus, jahrein um das allgemeine Wohl sorge und sich dafür, alle Schwierigkeiten und persönlichen Unannehmlichkeiten nicht achtend oder auf sich nehmend, einsetze«. Sein Fazit: »Es war und ist ein Glück für uns alle, dass Sie anno 1945 angesichts des Chaos Ihre Lebensberufung erkannten und sie trotz Not, Zerstörung und lähmender Hoffnungslosigkeit angenommen und seitdem in die Tat umgesetzt haben. Wir sind stolz auf Sie als unseren Oberbürgermeister ...« Der Freie Architekt Willi Beck bewunderte nicht nur die nach dem Krieg geleistete Pionierarbeit und Energie Dr. Kletts beim Wiederaufbau Stuttgarts, sondern vor allem, dass er Stuttgarts Stil und Charakter und damit Stuttgarts Ruf in der Weise beeinflusst habe, »dass unsere Stadt, weit über die bundesrepublikanischen Grenzen hinaus, als liebens- und bewundernswerte, seriöse Stadt gilt ...« Beck war darüber hinaus sehr angetan von »dem nie versiegenden Humor des Oberbürgermeisters in allen Situationen«. Dipl.-Ing. Otto Biesenberger in Leonberg lobte: »Ällerhand Sach, was er so nabrocht hot für d'Schtuogarter ond ihr Heft.«[62]
Der 23. April 1970 stand ganz im Zeichen des 25-jährigen Dienstjubiläums und des nachgefeierten 65. Geburtstags von Oberbürgermeister Klett. Im Rathaus herrschte Festtagsstimmung. An die große Gratulationscour am Vormittag schloss sich um 11 Uhr der Festakt im Großen Sitzungssaal des Rathauses an. Ministerpräsident Filbinger, der Ulmer Oberbürgermeister Dr. Theodor Pfizer und andere Redner würdigten die Verdienste des Stuttgarter Stadtoberhaupts. General David D. Burchinal, stellvertretender Oberbefehlshaber der US-Streitkräfte in Europa, verlieh Klett den »Orden für hervorragende Leistungen im öffentlichen Dienst«, eine hohe zivile Auszeichnung der USA. Nach dem Festakt gab der Oberbürgermeister einen Empfang und ein Mittagessen für geladene Gäste. Am Abend lud er zu einem Konzert des von Professor Münchinger geleiteten Kammerorchesters in die Liederhalle ein.[63] Auf eine 25-jährige Dienstzeit bei der Stadt hatte Arnulf Klett allerdings schon Anfang November 1969 zurückblicken können. Er war, wie schon erwähnt, 1944 zur Feststellungsbehörde der Stadt für Kriegsschäden zwangsverpflichtet worden. Am 6. November 1969 hatte ihm deshalb Erster Bürgermeister Hahn eine Urkunde und einen Blumenstrauß als Anerkennung

für seine Leistungen zum Wohl der Stadt überreicht. Auf den ihm zustehenden Jubiläumsurlaub hatte der Oberbürgermeister verzichtet.[64]

Auch wenn die mit dem 50. Geburtstag Arnulf Kletts zusammenhängende Teppich-Affäre schließlich wie das Hornberger Schießen ausgegangen war, hatte sie dennoch das Ansehen des Stuttgarter Stadtoberhaupts zeitweilig arg beschädigt, und dieser hatte daraus seine Lehre gezogen: Im Vorfeld seines 65. Geburtstags und seines 25-jährigen Dienstjubiläums bat Oberbürgermeister Klett alle Gratulanten, von Geburtstags- und Jubiläumsgeschenken abzusehen und an ihrer Stelle Geldspenden auf das Konto OB-Kinderhilfe bei der Städtischen Girokasse zu überweisen. Mit dem so zusammenkommenden Geld sollte geistig und körperlich behinderten Kindern geholfen werden.[65] Bereits am 8. April, dem 65. Geburtstag Kletts, betrug der Kontostand 20 000 DM. Anfang August 1970 konnte der Oberbürgermeister 32 950 DM aus der Geburtstags- und Dienstjubiläumsspende an verschiedene karitative Organisationen verteilen.[66]

1971 brachte das Stadtarchiv eine Veröffentlichung heraus: »Fünfundzwanzig Jahre Oberbürgermeister. Festschrift für Arnulf Klett«. In ihr waren vor allem die Reden vereinigt, die während der Jubiläumsfeierlichkeiten im April 1970 gehalten worden waren. Sie enthielt außerdem eine Chronik der Ereignisse 1945 bis 1970. Auch war sie mit Bildern aus dem Wirken des Oberbürgermeisters reich illustriert. In unserem Zusammenhang interessiert das einfühlsame Porträt des Menschen und Kommunalpolitikers Arnulf Klett, das Hermann G. Haufler zu dieser Publikation beigesteuert hatte. Oberbürgermeister Klett, so stellte Haufler fest, habe sich während seiner 25-jährigen Amtszeit seinen unkonventionellen Schwung bewahrt. Auch sein Idealismus habe der komplizierter werdenden Kommunalpolitik standgehalten. Allerdings zeige er nach harten Erfahrungen und parteiischen Kontroversen einen kantigen Schliff. Widrigkeiten und Enttäuschungen, Misshelligkeiten und Missgriffe seien aus einem Leben so vielseitiger Aktivität nicht auszuschalten. Präzise Meinungen erzeugten ebenso präzise Gegenmeinungen. Randvoll ausgefüllt sei der Alltag des Oberbürgermeisters: »Jeden Morgen Punkt 8 Uhr Kraftfahrerhof, drei Treppen auf einmal, schnelles Arbeiten bis in die Nacht, au-

Unterwegs mit der Polizei.

ßerordentlich produktiv im Diktieren, kürzeste Termine, sozusagen zu drei Veranstaltungen auf einmal oder kurz hintereinander, Tempo, das die ganze Verwaltung in Atem hält.« Auf der anderen Seite gebe sich Dr. Klett »gemütlich, no net hudle, sodele, jetzedle, immer Zeit haben, immer Zeit lassen, auf den ersten Anhieb nie nein sagen«. Seiner Wesensart nach sei er ganz und gar unmilitärisch, doch habe er eine besondere Vorliebe für seine uniformierten Mitarbeiter, »Feuer-

wehr, Polizei, Raureiter, Polizeikapelle, Meldungen entgegennehmen, Stuttgart zu Pferde«. Als Freund der schönen Künste liebe er das Klavierspiel, das Stuttgarter Ballett, schätze er Professor Schäfer, den Intendanten der Württembergischen Staatstheater sehr hoch, ebenso den Hymnuschor und Professor Münchinger. Deutliche Zurückhaltung aber übe er gegenüber dem engagierten Gegenwartstheater, gegenüber protestierenden Studenten, gegenüber Pop und Beat, moderner Kunst, linken Buchhändlern und Büchern.
Das Einerseits – Andererseits sei für sein ganzes öffentliches Wirken charakteristisch. Beispielsweise nenne er sich mit Stolz den größten Bauernschultes der Republik, bemühe sich aber gleichzeitig in umsichtiger Weise um die Ansiedlung von Industrie. Er liebe die Technik vor allem dann, wenn sie von komplizierter Perfektion sei. Sein leidenschaftliches Interesse gelte Verkehrsproblemen, aber auch der Versorgungswirtschaft. Gleichzeitig habe er jedoch entscheidend dazu beigetragen, dass Stuttgart durch die Ansiedlung neuer Verlage und graphischer Betriebe als Verlagsstadt weiter an Bedeutung gewonnen habe. Frappierend sei, dass er den ganzen Zitatenschatz der klassischen Literatur im Kopf habe. Seine Gesprächspartner bestaunten seine Schlagfertigkeit. Die Beratungen des Gemeinderats bereite er meisterhaft vor. Bei den Sitzungen sei es oft zu heißen Debatten zwischen dem Gemeinderat und seinem Vorsitzenden, manchmal zu wahren Redeschlachten, gekommen. Nicht immer habe er sich der Harmonie und eines ausgleichenden Tones befleißigt. Dr. Klett sage »sei Sach uffrichtig und gradraus«, kenne aber Abstufungen in der Ausdrucksweise. Er sei ein biederer Schwabe unter Schwaben, beherrsche aber in Teheran oder Bombay »die Courtoisie eines diplomatischen Vertreters«. Wochenlang verharre er »arbeitswütig hinter seinem Schreibtisch, um dann plötzlich nach allen Himmelsrichtungen zu entschweben«. Er verkörpere überzeugend die schwäbische Behaglichkeit der Stadt zwischen Wald und Reben, aber er vertrete zugleich selbstbewusst die Überzeugung, dass sie ihr Gesicht nicht zu verstecken brauche, wenn von Kultur die Rede sei. Was er in fruchtbarer, verständnisvoller Zusammenarbeit mit Generalintendant Professor Schäfer für das Stuttgarter Theater und im Besonderen für den »meteorhaften Aufstieg« des Balletts bewirkt habe, stehe in den Spal-

ten der Weltpresse. Wesentlichen Anteil habe er auch an dem von Moskau und Tokio bis nach Südamerika reichenden Ruhm des von ihm intensiv geförderten Stuttgarter Kammerorchesters von Professor Münchinger. Zum Auftakt des deutsch-sowjetischen Kulturaustausches habe er es nach Moskau begleitet.
Als Fazit des »Phänomens Klett«, das seine inneren Widersprüche, die andere Menschen heillos zerklüften würden, zu einer »energiegeladenen Spannung« auflade, hielt Haufler fest: »Keine vergleichbare Stadt im bundesdeutschen Umkreis kann einen solchen Schaffer, Wuhler, Tüftler, Pfiffikus, Brettlesbohrer, Hemds-Ärmel-Aufkrempler und Dem-Volk-aufs-Maul-Schauer an ihrer Spitze aufweisen.«[67]

Unablässig um die weitere Entwicklung der Stadt bemüht

Gesundheitlich zeigte sich Oberbürgermeister Klett auch nach dem 65. Geburtstag den Anforderungen seines Amtes gewachsen. Zwar musste er sich im Frühherbst 1970 einer Nierensteinoperation unterziehen, doch er erholte sich von diesem chirurgischen Eingriff erstaunlich rasch. Schon während der Rekonvaleszenzzeit, die er zum Teil im Schwarzwald zubrachte, nahm er ihm besonders wichtig erscheinende Termine wahr, und auch sonst tauchte er immer wieder im Rathaus auf.[68] Das Wohl seiner Stadt und ihrer Bürger beschäftigte ihn unentwegt. Als Stuttgart am 15. August 1972 von einer Unwetterkatastrophe betroffen wurde, brach er sofort seinen Urlaub ab und kehrte an seinen Schreibtisch zurück.[69] Am 10. November 1971 verunglückte er auf der Fahrt zur Aufsichtsratssitzung der Stuttgarter Straßenbahnen auf der Neuen Weinsteige, als er mit seinem Dienst-Porsche auf der regennassen kopfsteingepflasterten Straße auf die Gegenfahrbahn geriet. Er selbst blieb unverletzt. Auch andere Personen kamen nicht zu Schaden. Es entstand aber Sachschaden in Höhe von etwa 12 000 DM.[70]
Am 9. Juli 1970 wurde der langjährige Persönliche Referent des Oberbürgermeisters, Dr. Rolf Thieringer, zum Sozial- und Gesundheitsreferenten der Stadt gewählt. Zum Nachfolger Thieringers im Amt des Persönlichen Referenten bestimmte der Gemeinderat zwei Wo-

chen später den 33-jährigen Juristen und Verwaltungsfachmann Dr. Walter Gehring.[71]

Der weitere Ausbau der Bodenseewasserversorgung blieb eines der wichtigsten Anliegen Arnulf Kletts, und dies nicht nur, weil er Vorsitzender der Bodenseewasserversorgung war. Am 29. September 1970 setzte er in Sipplingen die vierte und letzte der dort installierten Förderpumpen in Betrieb, von denen jede in der Sekunde 2 000 Liter Wasser aus dem Bodensee auf den Sipplinger Berg beförderte. Am Nachmittag desselben Tages flutete er am Einlaufbehälter Büttnau bei Veringendorf den 24 km langen Albstollen.[72] Zehn Monate später, am 13. Juli 1971, wurde nach vierjähriger Bauzeit die zweite, 111 km lange Bodensee-Fernleitung, deren Kernstück der soeben erwähnte 24 km lange Albstollen bildete, zwischen Sipplingen und Stuttgart-Rohr offiziell in Konstanz in Betrieb genommen.[73] Für Oberbürgermeister Klett reichte indes die Kapazität der Bodenseewasserversorgung noch nicht aus. Am 6. September 1972 appellierte er an die Landesregierung, die Entscheidung über den Bau des 74 km langen Bodensee-Neckar-Stollens bis in die Gegend von Rottenburg und als Trinkwasserleitung bis in den Stuttgarter Bereich nicht länger aufzuschieben. Seiner Ansicht nach musste mit dem Bau der neuen Leitung umgehend begonnen werden, wenn man die Wasserversorgung des Mittleren Neckarraums auch noch 1980 sichern wolle.[74] Als Vorsitzender des Zweckverbands Landeswasserversorgung lag ihm verständlicherweise auch am weiteren Ausbau und an der Modernisierung der Landeswasserversorgung. Am 26. Januar 1971 nahm er den 50 000 Kubikmeter fassenden Scheitelbehälter Amstetten an der dritten Hauptleitung der Landeswasserversorgung von Langenau nach Göppingen in Betrieb.[75]

Von der Kernenergie versprach sich Oberbürgermeister Klett eine preiswerte Form der Stromerzeugung. Die mit ihrer Nutzung verbundenen hohen Risiken sah er noch nicht. Bei der Jahresversammlung der TWS in der Liederhalle am 14. Januar 1971 stellte er sich Wirtschaftsminister Dr. Hans-Otto Schwarz zur Seite, der im Zusammenhang mit dem bei Neckarwestheim geplanten Gemeinschafts-Kernkraftwerk der TWS, der Neckarwerke und der Bundesbahn »die Panik- und Stimmungsmache im Unterland« kritisierte. Für Klett stand

Auf einem erholsamen Spaziergang durch die Stuttgarter Innenstadt.

fest, dass ein Atomkraftwerk für die Umgebung eine wesentlich geringere Belastung bedeutete als eine konventionelle Anlage. Deshalb kam seiner Meinung nach der Bau eines solchen Werks den Bestrebungen des Umweltschutzes entgegen.[76]
Die Notwendigkeit eines wirksamen Umweltschutzes hatte der Stuttgarter Oberbürgermeister schon früh erkannt. Auf einer Pressekon-

ferenz am 17. Februar 1971 betonte er, die Stadt werde zur Durchsetzung ihres Umweltschutzprogramms notfalls auch zu unpopulären Maßnahmen greifen. Die Gründung eines eigenen städtischen Umweltamtes lehnte er jedoch ab. Seiner Auffassung nach war eine Zusammenarbeit aller Behörden und Dienststellen erheblich erfolgreicher, so beispielsweise bei der Luftreinhaltung und bei der Lärmbekämpfung. Bürgermeister Farenholtz hob die Förderung des öffentlichen Nahverkehrs durch die Stadt hervor, um »eine Belastung der Innenstadt durch die Autos weitestgehend einzuschränken«, ferner die Schaffung von Grünanlagen sowie Bauverbote auf solchen Grünflächen. Er erwähnte außerdem, dass die Stadt der Industrie als der Hauptluftverschmutzerin die Umstellung von Kohle und Öl auf die sauberen Energieträger Gas, Strom und Fernwärme empfehle. Im Bereich Müllbeseitigung habe Stuttgart mit der Errichtung der Müllverbrennungsanlage Münster viele kleine Anlagen überflüssig gemacht. Die gewerblichen Abwässer würden ständig kontrolliert, ebenso die Funktionsweise der städtischen Klärwerke, die Wasserqualität von Neckar, Körsch und Glems sowie kleinerer Bäche. Oberbürgermeister Klett versicherte abschließend, die Stadt werde alles tun, um einen wirksamen Umweltschutz zu gewährleisten, und die städtischen Behörden würden hier mit gutem Beispiel vorangehen. Erstmals in der Bundesrepublik solle im Frühsommer 1972 eine Ausstellung über Probleme des Umweltschutzes informieren.[77]

Freilich hielt sich die Stadt selbst nicht immer an ihre strengen Umweltschutzauflagen. So erlaubte sie im Juli 1972 der Firma Auwärter, für ihre Werkhallenerweiterung zum Teil auch Landschaftsschutzgebiet in Anspruch zu nehmen. Oberbürgermeister Klett erklärte, es gehe bei diesem Beschluss nicht um ein paar Meter Gelände, sondern darum, dass ein bedeutendes Unternehmen die notwendige Rationalisierung vornehmen könne.[78]

Im Juni 1973 stellten die Stuttgarter Straßenbahnen dem Oberbürgermeister den ersten »umweltfreundlichen Bus« vor: ein geräuscharmes Fahrzeug. 14 solcher Busse, deren Geräuschdämmung Zusatzkosten von jeweils 2 000 DM verursachte, sollten im Herbst zum Einsatz kommen.[79]

In der Förderung der Landwirtschaft und in der Landschaftspflege

Der Oberbürgermeister bei der Weinlese am Rotenberg.

sah die Stadtverwaltung zu Recht einen wichtigen Beitrag zum Umweltschutz. Mit Genugtuung nahm man im Oktober 1970 auf dem Rathaus zur Kenntnis, dass Stuttgart die Großstadt in der Bundesrepublik mit dem größten Baumbestand war. Oberforstrat Oechßler stellte fest, dass 4 798 Hektar oder 23,2 Prozent der städtischen Gemarkung mit Bäumen bestanden waren.[80] Im Juni 1972 konnte nach drei Jahren die Rebflurbereinigung in Ober- und Untertürkheim abgeschlossen werden. Oberbürgermeister Klett und der baden-württembergische Landwirtschaftsminister Friedrich Brünner pflanzten eigenhändig die letzten Reben an der Aussichtsplatte auf dem Felsen der früheren »Dautenklinge«.[81] Vehement und mit Erfolg setzte sich der Oberbürgermeister ein Jahr darauf im Gemeinderat dafür ein, dass das städtische Weingut in der Eigenbewirtschaftung der Stadt verblieb. Das bislang vom Gartenbauamt betriebene Lehr- und Versuchsgut hatte der Stadt in den letzten Jahren beträchtliche Verluste gebracht.[82] Sehr verärgert zeigte sich Klett über den Beschluss der Landesregierung vom Herbst 1973, das Landwirtschaftsamt Stuttgart aufzulösen und die Betreuung der Stuttgarter Landwirte, Weingärtner und Obstbauern künftig dem Landwirtschaftsamt Leonberg zu übertragen.[83] Der »größte Bauernschultes der Republik« hatte für eine solche zu Lasten der Stadt zwischen Wald und Reben gehende Entscheidung kein Verständnis.

Bestürzt war der Oberbürgermeister wie viele Stuttgarter Bürger über die Feststellung des Gartenbauamts im November 1973, wonach 4 500 Bäume an Stuttgarts Straßen stark gefährdet und etwa 1 500 von diesen bereits in einem Maß geschädigt seien, dass sie nicht mehr gerettet werden könnten. Um wenigstens die noch einigermaßen lebensfähigen Bäume durch aufwendige und kostspielige Schutz- und Pflegemaßnahmen zu erhalten, rief das Stadtoberhaupt die Bürger zur Übernahme von Baumpatenschaften auf.[84]

Am 6. April 1973 unterzeichneten Oberbürgermeister Klett und der Esslinger Oberbürgermeister Dr. Eberhard Klapproth einen Abwasser-Anschluss-Vertrag. Dieser Vertrag gestand der Stadt Esslingen zu, Abwasser in das Stuttgarter Entwässerungsnetz zu leiten.[85] Solche Vereinbarungen zwischen zwei oder auch mehreren Kommunen erwiesen sich in zunehmendem Maß als unerlässlich.

Im Herbst 1973 bildete sich eine Bürgerinitiative »Stuttgart gegen Müllverbrennung«. Sie übte harte Kritik an Oberbürgermeister Klett, weil dieser die Müllverbrennung für umweltschonender hielt als die Errichtung von Deponien. Doch selbst eine Unterschriftenaktion der Bürgerinitiative, die mit Unterstützung der Jungsozialisten und der Jungen Union 10 000 Unterschriften gegen den Bau einer zweiten

Müllverbrennungsanlage in Stuttgart gesammelt hatte, vermochte den Rathauschef nicht umzustimmen.[86] Erfolg hatten dagegen Vogelschützer, die durch die geplante Umbauung den Probstsee in Möhringen gefährdet sahen. Als sie im Januar 1974 dem Oberbürgermeister eine Sammlung von 17 000 Unterschriften übergaben, schlug dieser eine Kompromisslösung für die Bebauung vor: die Fläche des Sees sollte lediglich von 2,7 auf 2,2 Hektar verkleinert werden. Der Gemeinderat stimmte zu.[87]

Mit dem Rammstoß für das Verkehrsbauwerk Hauptbahnhof am 5. Juli 1971 begann für Stuttgart der Bau der S-Bahn. Nach der Ankündigung von Dr.-Ing. Hermann Ziller, dem Präsidenten der Bundesbahndirektion Stuttgart, vom Februar jenes Jahres sollte als Erstes ein S-Bahnhof unter dem Hauptbahnhof errichtet werden.[88] Der U-Bahn-Bau – die Bezeichnung U-Straßenbahnen war inzwischen durch die Bezeichnung U-Bahn verdrängt worden – kam rasch voran. Am 7. September 1971 übergaben Ministerpräsident Filbinger und Oberbürgermeister Klett den 2,5 km langen U-Bahn-Streckenabschnitt Marienplatz-Charlottenplatz seiner Bestimmung. Damit verfügte die Straßenbahn über 3,6 km U-Bahn-Tunnel.[89] Klett hatte inzwischen die Bedeutung des öffentlichen Nahverkehrs für die Großstadt der Zukunft erkannt. Bei der Eröffnung des »Deutschen Straßentags 1971« am 28. September jenes Jahres in der Liederhalle befürwortete er nachdrücklich den vorrangigen Ausbau der Nahverkehrsmittel. Dagegen wies Bundesverkehrsminister Leber dem Ausbau des Straßennetzes mindestens dieselbe Dringlichkeit zu.[90]

Am 9. Mai 1972 wurde als dritter U-Bahn-Abschnitt die Strecke Stöckach-Charlottenplatz mit Anschluss an die Schillerstraße eröffnet. Damit konnte die Straßenbahn die so genannte Tallängslinie auf 5 km Länge unterirdisch befahren.[91]

Der Verkehr auf dem Flughafen Echterdingen nahm von Jahr zu Jahr zu. Am 12. Juli 1970 landete auf ihm die erste Boeing 747 »Jumbo Jet«, das bislang größte Zivilflugzeug. Für Stuttgart eine Sensation: 70 000 Menschen bestaunten den »Riesenvogel«.[92] Landesregierung und Stadtverwaltung hielten einen Ausbau des Flughafens für dringend geboten. Zu dem von der Flughafen Stuttgart GmbH ausgearbeiteten und von der Landesregierung im Herbst 1973 gebilligten

Oberbürgermeister Dr. Klett und seine Frau Yvonne treten im April 1968 eine Flugreise an.

Konzept legte Oberbürgermeister Klett am 5. Juni 1974, wenige Wochen vor seinem plötzlichen Tod, eine »Planungsalternative« vor. Klett vertrat den Standpunkt, den vom baden-württembergischen Kabinett gutgeheißenen Plänen könne wegen des größeren Flächenbedarfs für die Flughafenerweiterung, der Autobahnverlegung und der Südumgehung Plieningens noch nicht zugestimmt werden. Seine Variante sah eine Einsparung von 38 Hektar landwirtschaftlich genutzter Fläche auf der Gemarkung Plieningen vor. Insgesamt aber wollte er an dem Flughafenerweiterungsprojekt festhalten.[93]
Mit Stolz registrierte Oberbürgermeister Klett, dass am 5. Oktober 1971 die 50 000. Sozialwohnung in Stuttgart seit Kriegsende fertig gestellt und bezogen wurde. Es handelte sich um eine Wohnung in Neugereut, die in Anwesenheit von Bundeswohnungsbauminister Lauritzen einer siebenköpfigen Familie übergeben wurde.[94] Wenige Monate zuvor hatte der Oberbürgermeister allerdings Fehlbelegungen von Sozialwohnungen anprangern müssen, zumal diese in der Öffentlichkeit für unliebsames Aufsehen gesorgt hatten. In einem in scharfem Ton gehaltenen Brief forderte er die in gehobenen Stellungen befindlichen städtischen Beamten auf, die billige Sozialwohnungen innehatten, diese Wohnungen für einkommensschwache Bürger frei zu machen.[95] Der zunächst in der Öffentlichkeit stark umstrittene und vielgerügte Riesenwohnkomplex »Hannibal«, eine Art Lieblingskind des Oberbürgermeisters, wurde bis 1972 fertig gestellt und vollständig bezogen.[96] Kritische Stimmen gab es weiterhin, doch ihre Zahl hielt sich sehr in Grenzen.
In den beginnenden siebziger Jahren hatte Oberbürgermeister Klett gegenüber dem Gemeinderat nicht immer einen leichten Stand. Am 11. März 1971 tadelten ihn sämtliche Fraktionen, weil er während eines Vortrags von Bürgermeister Farenholtz wegen vier oder fünf Demonstranten, die Transparente entrollten, die gesamte Besuchertribüne räumen ließ. Die Gemeinderäte sahen darin eine Überreaktion des Rathauschefs, die bei den interessierten Sitzungsbesuchern viel böses Blut verursacht hatte.[97] Möglicherweise war es diese Maßregelung, die den Oberbürgermeister bei der Gemeinderatssitzung am 16. Dezember 1971 bewog, unbeirrt durch die Störung von etwa 150 jungen Leuten, die von der Zuhörertribüne aus eine Diskussion über die

Erhöhung der Straßenbahntarife erzwingen wollten, in der Tagesordnung fortzufahren. Er erreichte auf solche Weise im Übrigen, dass die Jugendlichen am Ende der Sitzung ohne weitere Zwischenfälle den Saal räumten.[98] Im Mai 1971 warfen sechs Bürger aus dem Stuttgarter Westen Oberbürgermeister Klett in einem offenen Brief vor, er habe sich bei einer Bürgerversammlung sehr unbeherrscht und autoritär verhalten, die Verhandlungsführung mit großer Schärfe gehandhabt und Wortmeldungen von Bürgern unbeachtet gelassen.[99]
Am 15. Juli 1971 drängten alle vier Fraktionen des Gemeinderats den Oberbürgermeister, sich von seinem zweiten Dienstwagen, einem Porsche, zu trennen und so zu den angekündigten Sparmaßnahmen der Stadt beizutragen.[100] Diesem Druck musste der Rathauschef nachgeben. Schon vier Tage danach verfügte er, dass zur »weiteren Verbesserung und Rationalisierung des Kraftfahrzeugbetriebs« ab 1. Oktober 1971 »Dienstkraftwagen des Bürgermeisteramts und den Ämtern zugewiesene Wagen ... in eine Fahrbereitschaft des Stadtreinigungsamts eingeordnet« würden. Hierunter fielen auch die beiden Dienstfahrzeuge des Oberbürgermeisters.[101] Am 21. September 1971 wurde jedoch diese Verfügung vor allem zu Gunsten des Oberbürgermeisters modifiziert und zugleich präzisiert. Danach durften künftig nur noch Bürgermeister, Amtsleiter und Beauftragte Wagen aus dem »Städtischen Dienstwagen-Pool« beim Stadtreinigungsamt anfordern. Die Fahrzeuge des Bürgermeisteramts wurden bloß dann der Fahrbereitschaft zugeordnet, wenn man sie im Rathaus nicht benötigte. Fahrten zur Wohnung waren ab 1. Oktober 1971 untersagt. Oberbürgermeister Klett stellte seinen Mercedes 200 dem »Pool« zur Verfügung, bestand aber darauf, über seinen Porsche, den zweiten Dienstwagen, auch künftig frei verfügen zu dürfen.[102]
Repräsentativen Pflichten, die mit seinem Amt verbunden waren, kam Oberbürgermeister Klett weiterhin gerne nach. Am 2. Februar 1972 empfing er eine 20 Mann starke Abordnung der Besatzung des Lenkwaffenzerstörers »Rommel«. Baden-Württemberg war das Patenland dieses Zerstörers.[103] Erstmals seit Kriegsende begrüßte der Stuttgarter Oberbürgermeister am 3. Mai 1972 60 Arbeitnehmer-Vertreter von Gewerkschaften und von Unternehmen der Landeshauptstadt im Rathaus. Mit diesem Empfang wollten Stadtverwaltung und Gemein-

derat ihren Dank für die zum Wohl der Stadt und ihrer Bürger geleistete Arbeit der knapp 450 000 Beschäftigten in den 26 500 Stuttgarter Unternehmen zum Ausdruck bringen.[104]
Die angespannte Haushaltslage veranlasste Klett im November 1972, den Austritt der Stadt aus dem Fremdenverkehrsverband Württemberg zum Jahresende 1972 zu erklären. Den Austritt begründete er folgendermaßen: Die Stadt erhalte trotz eines Mitgliedsbeitrags von 40 000 DM im Jahr keine reale Gegenleistung.[105] Im Dezember 1972 bei der Vorlage des Haushaltsplanentwurfs 1973 appellierte der Oberbürgermeister an Bund und Land, die Finanzkraft der Gemeinden zu stärken. Die mittelfristige Finanzplanung bereite der Stadt, äußerte er, erhebliche Sorgen. Zwar sei der Etat für das kommende Jahr mit 1,5 Milliarden DM in Einnahmen und Ausgaben ausgeglichen, sein Volumen habe sich aber gegenüber 1972 um 6,2 Prozent erhöht, und es müssten 142 Millionen DM Schulden aufgenommen werden. Das Investitionsprogramm sehe u.a. zehn neue Schulen und Turnhallen, die Bezirkshallenbäder Vaihingen und Zuffenhausen sowie Einrichtungen für die Jugend- und Altenpflege vor.[106]
Bereits Anfang 1966 hatten die im Gemeinderat vertretenen Parteien mit Ausnahme der FDP/DVP die Verstaatlichung der Polizei gefordert, um die städtischen Finanzen zu entlasten. Oberbürgermeister Klett hatte sich jedoch entschieden gegen die Entkommunalisierung der Polizei ausgesprochen, und dies nicht zuletzt deshalb, weil er gerade zu ihr ein besonders enges Verhältnis besaß.[107] Um ihm entgegenzukommen, hatte ihn daher der Verwaltungsausschuss des Gemeinderats beauftragt, gemeinsam mit den Oberbürgermeistern von Mannheim und Karlsruhe mit der Landesregierung über eine Erhöhung des Zuschusses für die Polizei zu verhandeln.[108] Die Aussicht auf eine solche Erhöhung erschien zunächst nicht ungünstig,[109] doch dann änderte das Land seine Haltung. Am 1. Juni 1971 erklärte Innenminister Walter Krause, Stuttgart könne mit keinen höheren Zuschüssen – das Land bezahlte bereits 75 Prozent der Kosten – rechnen, wenn es seine kommunale Polizei behalten wolle.[110] Oberbürgermeister Klett widersetzte sich weiterhin einer Verstaatlichung. Am 30. Januar 1972 stellte er bei einer Versammlung des Personalrats des Polizeipräsidiums fest: »Ein solch wertvolles Stück« der kommuna-

len Selbstverwaltung, das sich 27 Jahre lang bewährt habe, könne man nicht einfach an den Staat verschenken, »nur weil es uns gerade schlecht geht«.[111]
Indes führte kein Weg an der Verstaatlichung vorbei; sie wurde zum 1. Januar 1973 vollzogen. Am 15. Januar jenes Jahres verabschiedeten Stadtverwaltung und Gemeinderat die Stuttgarter Polizei aus städtischen Diensten. Oberbürgermeister Klett bescheinigte den scheidenden Polizisten und deren Präsidenten Paul Rau, die seit Jahresbeginn Angehörige der Landespolizeidirektion II waren, sich in vielen Situationen bewährt und sich um die Stadt verdient gemacht zu haben.[112]
In harte Bedrängnis geriet Oberbürgermeister Klett im März 1973 im Zusammenhang mit der schriftlichen Erklärung von Bürgermeister Professor Dr. Farenholtz gegenüber den Vorsitzenden der Rathausfraktionen, dass er seine Wiederbewerbung um das Amt des Beigeordneten für die Bauverwaltung zurückziehe. Dieser Aufsehen erregende Verzicht von Professor Farenholtz auf eine Wiederbewerbung wurde dem Oberbürgermeister angelastet. Klett hatte in einem Brief den Baubürgermeister davon unterrichtet, dass voraussichtlich nicht nur der Technische Referent zum Bürgermeister ernannt, sondern dass diesem auch die Verkehrsplanung, bisher ein Bestandteil der Stadtplanung, übertragen werden solle. Eine solche Aufteilung seines bisherigen Geschäftsbereichs war für Farenholtz nicht hinnehmbar. Die SPD machte Front gegen den Oberbürgermeister. Der SPD-Kreisvorsitzende Peter Conradi hielt es für unzumutbar, dass Klett seine noch vier Jahre dauernde Amtszeit absitze. Die SPD-Fraktion beantragte eine Sondersitzung des Gemeinderats. Dies lehnte das Bürgermeisteramt jedoch unter Hinweis auf entsprechende Vorschriften ab.[113]
Daraufhin forderte die SPD-Fraktion den Oberbürgermeister zum Rücktritt auf. Ihr Ansinnen begründete sie auch damit, dass »eine ganze Kette von Vorfällen im Verhalten [Kletts] gegenüber Gemeinderat und engsten Mitarbeitern« dies nahe lege.[114] Noch massiver als die SPD-Fraktion verlangte der Kreisverband der Jungsozialisten den Rücktritt des Oberbürgermeisters. Die Amtsführung von Dr. Klett, so hieß es in einer Pressemeldung, werde von einer »ununterbrochenen Kette von Skandalen« begleitet. Der Oberbürgermeister habe mehrfach »über den Kopf zuständiger Ämter hinweg zugunsten ka-

pitalkräftiger Gruppen persönlich eingegriffen«.[115] Auf der Jahresversammlung der Stuttgarter SPD am 24. März 1973 wurde die Ansicht vertreten, »dass wir uns weiter diese Art des Intrigierens und des Ausspielens der Referenten im Rathaus ... nicht länger bieten lassen können«. Die Sozialdemokraten warfen Klett nicht nur eine »autoritäre Amtsführung« vor, sondern auch eine »unkritische Wachstumspolitik«. Er sei einseitig »industrieorientiert«. Deshalb müssten alle Anstrengungen unternommen werden, dass die SPD bei den Gemeinderatswahlen 1974 die Mehrheit im Stadtparlament erlange und dass 1978 der Klett-Nachfolger ein Sozialdemokrat sei.[116]

Mit ihren Attacken auf Oberbürgermeister Klett hatte die SPD den Bogen überspannt. In der Gemeinderatssitzung am 29. März 1973 herrschte ein insgesamt sachlicher und konzilianter Ton. Das Gremium beschloss, nach dem Bewerbungsverzicht von Professor Farenholtz die Stelle des Baubürgermeisters neu auszuschreiben. Der Oberbürgermeister wies die gegen ihn in der Angelegenheit Farenholtz erhobenen Vorwürfe zurück, betonte aber gleichzeitig, ihm liege nach wie vor an einer guten Zusammenarbeit mit dem Gemeinderat. Die SPD-Fraktion ließ durch ihren Sprecher erklären, sie verzichte auf einen Antrag, der den Oberbürgermeister zum Rücktritt auffordere.[117] Die SPD-Kreiskonferenz tadelte die sozialdemokratischen Stadträte wegen ihres »Rückziehers« scharf. Doch dabei blieb es auch.[118] Die SPD sägte nicht länger am Stuhl des Oberbürgermeisters.

Die Verabschiedung von Professor Farenholtz am 9. Mai 1973 im Kuppelsaal des Kunstgebäudes durch Oberbürgermeister Klett erfolgte in sehr ehrenvoller Form. Von gegenseitiger Verstimmung war kaum noch etwas zu merken. Klett dankte dem nach Hamburg zurückkehrenden seitherigen Chef der Bauverwaltung Stuttgarts und bezog in seinen Dank auch Frau Farenholtz ein, die sich im sozialen Bereich sehr engagiert hatte. Zum Nachfolger wurde im Juli 1973 zunächst der Stuttgarter Architekt Professor Max Bächer gewählt, und als dieser die Stelle aufsagte, weil die Stadt nicht bereit war, seine Rahmenbedingungen zu erfüllen, im Oktober 1973 Professor Hansmartin Bruckmann von der Technischen Hochschule Braunschweig.[119]

Dass Oberbürgermeister Klett nach wie vor das Heft im Stuttgarter Rathaus in der Hand hatte und einen eindeutig überparteilichen kommunalpolitischen Kurs steuerte, machte er am 26. Juni 1973 in einer schriftlichen Erklärung dem Gemeinderat unmissverständlich klar. Er sei, stellte er fest, im Zusammenhang mit der Neuwahl des Beigeordneten für die Bauverwaltung nicht gewillt, den Wunsch von SPD und CDU auf weitere Bürgermeistersessel zu erfüllen. – Diese viel diskutierte Angelegenheit war in der Öffentlichkeit wiederholt als übler »Kuhhandel« bezeichnet worden. Klett ließ keinen Zweifel, dass bei der Wahl des Baubürgermeisters das alleinige Kriterium die fachliche Qualifikation sei, nicht aber der Parteienproporz. CDU und SPD hatten in den letzten Wochen vereinbart, dass der neue Baubürgermeister der SPD anzugehören habe und dass dafür die CDU einen zweiten Mann auf die Bürgermeisterbank schicken dürfe. Oberbürgermeister Klett hatte u.a. den Vorsitzenden der Gemeinderatsfraktionen geschrieben: »Jede organisatorische Änderung muss eine Verbesserung bringen und dazu dienen, dass die zum Wohl der Bürgerschaft zu erfüllenden Aufgaben rationell erledigt werden. Eine Neuabgrenzung der Geschäftskreise der Beigeordneten unter Vermehrung der Stellen für Beigeordnete bedarf des Einvernehmens zwischen Oberbürgermeister und Gemeinderat. Eine solche Änderung der Innenorganisation unserer Gemeindeverwaltung würde nach meiner Auffassung voraussetzen, dass sie vom gemeinsamen Willen mindestens aller Fraktionen getragen ist. Diese Voraussetzung ist nicht gegeben«.[120]

Im Juli 1973 protestierte die Stuttgarter Ärzteschaft gegen die Entscheidung des Gemeinderats, die Thorax-Klinik auf der Schillerhöhe nicht in städtische Regie zu übernehmen; sie bezeichnete sie als »Skandal« und als »echten Schwabenstreich«. Oberbürgermeister Klett erhob gegen den so heftig kritisierten Gemeinderatsbeschluss gemäß der Gemeindeordnung Widerspruch, weil dieser Beschluss »Nachteile für die Bevölkerung« bringe. Schon in seiner nächsten Sitzung revidierte der Gemeinderat seine Entscheidung im Sinn der Ärzteschaft.[121]

Beschwerden aus der Bürgerschaft nahm Oberbürgermeister Klett stets ernst. Er ging ihnen nach, und wenn sie berechtigt waren, bemühte er sich um rasche Abhilfe. Im März 1973 beispielsweise protestierten 2 000 Feuerbacher in einer Unterschriftenaktion gegen die vom

Amt für öffentliche Ordnung verfügte Aufhebung des Zebrastreifens an der Kreuzung Wiener und Linzer Straße. Der Oberbürgermeister hielt den Protest für begründet. Er wies das Tiefbauamt an, in der Salzburger Straße nahe bei dem aufgehobenen Zebrastreifen einen vollsignalisierten Fußgängerüberweg anzulegen. Der Unterschriftenaktion von 5 000 Bürgern im März 1974, die den Bau einer Fußgängerunterführung am Wangener Marktplatz und damit vor allem für die Kinder einen sicheren Schulweg durchsetzen wollte, versprach er seine Unterstützung.[122] Kaum abzuhelfen hingegen war dem Protest einer Bürgerinitiative in Stuttgart-Nord-Prag gegen den Bau von Betonklötzen und überdimensionierten Straßen im Stuttgarter Norden. Hier standen Planungen der Stadt mit Bürgerinteressen im Widerspruch. Doch einfach vom Tisch wischen konnte man eine Aktion mit 4 000 Unterschriften auch nicht.[123]
Die Ölkrise im November 1973 war für die Kommunen wie für die Bürger ein Schock. Ein Krisenstab der baden-württembergischen Landesregierung traf Energiesparmaßnahmen. Oberbürgermeister Klett appellierte umgehend an die Bediensteten der Stadtverwaltung, mit Heizöl, Gas, Strom und Kraftstoff sparsam umzugehen.[124]

Aktivitäten im kulturellen, wissenschaftlichen und sportlichen Bereich sowie auf anderen Lebensgebieten

Wie durch ein Wunder hatte das Geburtshaus des Philosophen Georg Friedrich Hegel (1770 – 1831), Eberhardstraße 53, den Bombenkrieg einigermaßen unversehrt überstanden. In der Aufbauphase nach 1945 war es aber lange von der Spitzhacke bedroht gewesen, weil die Stadtplaner in ihm ein Verkehrshindernis sahen. Oberbürgermeister Klett erkannte den hervorragenden geistesgeschichtlichen Denkmalcharakter dieses bescheidenen Hauses. Am 8. August 1967 erklärte er auf Anfrage im Gemeinderat, dass die künftige Verkehrsführung im Bereich der Einmündung der Tor- in die Eberhardstraße die Erhaltung des Hauses erlauben werde.[125] Zwei Monate zuvor hatte der Gemeinderat die Stiftung eines geisteswissenschaftlichen Preises »in Würdigung der Bedeutung des größten Sohnes der Stadt Stuttgart« in

Höhe von 15 000 DM beschlossen. Der Hegel-Preis der Stadt Stuttgart sollte alle drei Jahre verliehen werden, erstmals aus Anlass des 200. Geburtstags des Philosophen im Jahr 1970.[126] Erster Träger des Hegel-Preises war der Hamburger Altphilologe Professor Dr. Bruno Snell. Ihm wurde der Preis während der Jubiläumstage, 12. bis 15. Juli 1970, vom Oberbürgermeister überreicht.

Die Hegel-Jubiläumstage fanden weltweite Beachtung durch den von der Heidelberger Akademie der Wissenschaften, der Internationalen Vereinigung zur Förderung des Studiums der Hegel'schen Philosophie und der Stadt Stuttgart veranstalteten Kongress, der von zahlreichen Wissenschaftlern des In- und Auslandes besucht wurde. Im Wilhelmspalais war eine vom Stadtarchiv gestaltete Ausstellung »Hegel – Leben, Werk und Wirkung« zu sehen.[127]

Am 20. Januar 1974 verlieh Oberbürgermeister Klett den Hegel-Preis zum zweiten Mal. Preisträger war der Frankfurter Soziologe und Philosoph Professor Dr. Jürgen Habermas.[128]

Um Persönlichkeiten zu ehren, die sich besondere Verdienste um die Stadt Stuttgart erworben hatten, entschied sich der Gemeinderat am 5. Februar 1970 für die Stiftung einer Bürgermedaille. Sie wurde zum ersten Mal an den Philosophen und Soziologen Professor Dr. Max Horkheimer, den Sohn des Zuffenhäuser Ehrenbürgers Moritz Horkheimer, verliehen. Horkheimer hatte zusammen mit Theodor Adorno die »Kritische Theorie« begründet. Die feierliche Überreichung der Medaille durch Oberbürgermeister Klett erfolgte am 1. Juli 1970.[129]

Die Württembergischen Staatstheater besaßen unter ihrem Generalintendanten Professor Dr. Walter Erich Schäfer einen ausgezeichneten Ruf. Dennoch fanden sie mit ihrem Repertoire nicht immer den Beifall des Publikums. Im November 1966 erregte das Stück »Leben und leben lassen« des englischen Dramatikers John Arden unliebsames Aufsehen. Es wurde als jugendgefährdend im höchsten Grad bezeichnet. Oberbürgermeister Klett hatte eine Aufführung des Stücks vorzeitig verlassen, weil er die vulgären Ausdrücke auf der Bühne als unerträglich empfand. Veranlasst durch einige CDU-Gemeinderäte, kam es im Gemeinderat zu einer heftigen Debatte über die Gestaltung des Spielplans der Württembergischen Staatstheater. Diesen wurde vorgeworfen, sie rührten, statt aufbauend und erzieherisch zu wirken, in übler Weise im Kot herum. Der Theaterbeirat ließ sich allerdings von der Schelte der CDU-Gemeinderäte und von dem ungünstigen Urteil des Oberbürgermeisters nicht beeinflussen; er entschied, dass das Stück auf dem Spielplan blieb.[130]

Weltweite Triumphe feierte das seit 1961 von John Cranko geleitete Ballett der Württembergischen Staatstheater. Auf dem fünften Internationalen Ballettfestival in Paris im Dezember 1967 erhielt das Stuttgarter Opernballett zwei der insgesamt fünf großen Preise, die Primaballerina Marcia Haydée eine Auszeichnung als beste Tänzerin des Festivals und Choreograph John Cranko einen Ehrenpreis.[131] Im Juni und Oktober/November 1969 begeisterte das Ballett auf zwei Amerikatourneen die große Zahl seiner Zuschauer. Im Oktober/November 1970 gastierte es in Israel.[132] Bei der Rückkehr von einer überaus erfolgreichen Gastspielreise durch die Sowjetunion am 27. Februar 1972 begrüßten es Oberbürgermeister Klett sowie weitere Freunde und Fans auf dem Flugplatz. Einen ähnlich herzlichen Empfang hatte übrigens der Oberbürgermeister 1969 dem Ballett bei der Rückkehr aus den USA bereitet.[133] Groß waren Bestürzung und Trauer auf dem Rathaus, als am 26. Juni 1973 Ballettdirektor und Choreograph John Cranko auf dem Heimflug von einer sechswöchigen USA-Tournee im 46. Lebensjahr eines jähen Todes starb: für Stuttgart ein unersetzlicher Verlust.[134]

Ein knappes Jahr zuvor war Generalintendant Professor Dr. Walter Erich Schäfer im 72. Lebensjahr von der Leitung der Württembergischen Staatstheater zurückgetreten. Mit seinem Namen verband sich eine der glänzendsten Epochen des Stuttgarter Theaters. In einem Festakt am 18. Juli 1972 im Großen Haus der Staatstheater hatte Oberbürgermeister Klett ihn offiziell verabschiedet und mit der Bürgermedaille der Stadt ausgezeichnet. Zusammen mit Professor Schäfer hatten auch Generalmusikdirektor Vaclav Neumann und Schauspieldirektor Peter Palitzsch sowie seine besten Schauspieler das Theater verlassen.[135]

Unter den Einrichtungen, die für Oberbürgermeister Klett auf kulturellem Gebiet Botschafter im besten Sinn des Wortes waren, kam, wie schon erwähnt, dem Stuttgarter Kammerorchester Karl Münchingers ein besonderer Rang zu. Am 18. September 1970 feierte dieses renommierte Orchester sein 25-jähriges Bestehen.[136]

Der 70. Geburtstag des beliebten Volksschauspielers Willy Reichert wurde am 23. Juli 1966 in der Liederhalle mit vielen Gästen gefeiert. Auch Ministerpräsident Kiesinger und Oberbürgermeister Klett gaben dem Jubilar die Ehre. Die Bürgergemeinschaft »Stuttgart soll attraktiver werden« stiftete eine Willy-Reichert-Plakette; sie wurde am 26. Februar 1973 Arnulf Klett verliehen. Willy Reichert starb am 8. Dezember 1973.[137]

Am 8. März 1967 gedachte Stuttgart des 50. Todestags seines Ehrenbürgers, des Luftschiffbauers Ferdinand Graf von Zeppelin, mit einer Ausstellung im Wilhelmspalais und einer Gedenkfeier auf dem Pragfriedhof.[138] Jutta von Graevenitz eröffnete am 18. Juli 1971 im Beisein von Ministerpräsident Filbinger, Oberbürgermeister Klett, Professor Dr. Walter Erich Schäfer, Professor Dr. Carl Friedrich von Weizsäcker und Robert Bosch dem Jüngeren mit einer ersten Ausstellung von Plastiken, Ölbildern und Aquarellen ihres 1959 verstorbenen Mannes Fritz von Graevenitz in dessen ehemaligem Atelier auf der Solitude eine Gedächtnisausstellung für den bedeutenden Künstler.[139]

Während des 16. Deutschen Sängerbundfests (27. Juni bis 1. Juli 1968) beherbergte Stuttgart mehr als 100 000 Sänger aus der Bundesrepublik und aus vielen anderen Ländern Europas, Afrikas und Asiens. Am Eröffnungskonzert im Beethovensaal der Liederhalle nahmen Ministerpräsident Filbinger, Oberbürgermeister Klett und der Präsident des Deutschen Sängerbunds Dr. Willi Engels teil, an anderen Veranstaltungen auch Bundesaußenminister Willy Brandt, Bundespräsident Heinrich Lübke und Bundeskanzler Kurt Georg Kiesinger.[140]

Ein Jahr später stand Stuttgart wiederum im Mittelpunkt des Medieninteresses. Vom 16. bis 20. Juli 1969 fand hier der 14. Deutsche Evangelische Kirchentag statt, dessen zentrale Losung lautete: »Hungern nach Gerechtigkeit.« Die Stadt veranstaltete zu Ehren der vielen kirchlichen Würdenträger und Repräsentanten einen Empfang.[141]

Starke Beachtung fand die Konferenz über den Drogen- und Rauschmittelmissbrauch vom 9. bis 12. November 1971 im Hospitalhof, an

der rund tausend Ärzte und Wissenschaftler aus dem In- und Ausland teilnahmen. Bei der Eröffnung der Konferenz waren Bundespräsident Dr. Gustav Heinemann und seine Frau, die Bundesministerin für Jugend, Familien und Gesundheit Käte Strobel, Innenminister Walter Krause und Oberbürgermeister Klett anwesend.[142]
Ein Großereignis war die »Intervitis 72«, Europas bedeutendste Weinbaufachausstellung, auf dem Killesberg, auf der etwa 320 deutsche und 80 ausländische Firmen ihre Erzeugnisse präsentierten. Gleichzeitig tagte in Stuttgart der 48. Deutsche Weinbaukongress.[143]
Eine mehrjährige Vorbereitungszeit benötigte das vom 12. bis 17. Juni 1973 in der baden-württembergischen Landeshauptstadt abgehaltene Deutsche Turnfest. Die vertragliche Vereinbarung schloss nach Billigung des Gemeinderats Oberbürgermeister Klett mit dem Vorsitzenden des Deutschen Turnerbunds, Oberbürgermeister Kurt Scherzer in Fürth, schon am 3. Juli 1970.[144] Nach fast vier Jahren Planung und Umbauarbeiten konnte das neugestaltete Neckarstadion durch Oberbürgermeister Klett, den der Turnverein Cannstatt 1836 anlässlich seines 125-jährigen Bestehens im Juli 1971 zum Ehrenmitglied ernannt hatte,[145] Ende Mai 1973 seiner Bestimmung übergeben werden. Bei 20 071 Sitz- und 1 500 Stehplätzen, die jeweils überdacht waren, fasste das Stadion jetzt insgesamt 73 605 Besucher. Zuschüsse von Land und Bund sowie aus der »Glücksspirale« erleichterten der Stadt die Finanzierung der Baukosten in Höhe von 22,1 Millionen DM.[146]
Bei der Eröffnungsfeier am 12. Juni vor dem Neuen Schloss sprachen Bundesinnenminister Hans-Dietrich Genscher, der Bundesvorsitzende des Deutschen Turnerbunds Erich Götze (Kassel), Ministerpräsident Filbinger, der Berliner Regierende Bürgermeister Klaus Schütz – Berlin war die gastgebende Stadt des Deutschen Turnfests 1968 gewesen – sowie Oberbürgermeister Klett. Das Turnfest war mit rund 55 000 Turnern und vielen Tausenden von Zuschauern eine Mammutveranstaltung. 180 Wettkämpfe wurden ausgetragen. Alle irgendwie tauglichen Sportplätze und Turnhallen, Schwimmbäder und Schwimmhallen waren belegt. Im Rahmen der Wettkämpfe um 70 Meistertitel errang Eberhard Gienger den Deutschen Meister im Zwölfkampf. Uta Schorn verteidigte erfolgreich die deutsche Kunstturnmeisterschaft. Cathy Rigby (USA) zeigte beim internationalen

Schauturnen die herausragendsten Leistungen. Redner bei der feierlichen Abschlussveranstaltung im Neckarstadion am 17. Juni war Bundespräsident Dr. Gustav Heinemann. Für seine Verdienste um die Vorbereitung und Durchführung dieser größten europäischen Sportveranstaltung 1973 erhielt Erster Bürgermeister Hahn die Georgii-Medaille in Gold.[147]

Bereits am 30. Juli 1968 hatte Oberbürgermeister Klett den Hauptvertrag über die Bundesgartenschau 1977 unterzeichnet.[148] Er freute sich auf dieses für Stuttgart bedeutsame Ereignis. Leider sollte er es nicht mehr erleben.

Ein Anliegen war Arnulf Klett der Neubau des Planetariums. Im Januar 1972 wurde der Förderverein, der sich dies zum Ziel gesetzt hatte, auf seine Initiative amtlich eingetragen. Neben dem Oberbürgermeister gehörten dem Verein namhafte Stuttgarter Bürger und Geschäftsleute an. An Spenden standen, wie Klett feststellte, schon mehrere 100 000 DM zur Verfügung. Als Baugelände war ein Platz in den staatlichen Anlagen Ecke Schiller-/Neckarstraße vorgesehen. Der Grobentwurf für das Projekt lag vor. Die technische Ausstattung des Planetariums hatte die Firma Zeiss gestiftet.[149] Im April 1974, wenige Monate vor seinem Tod, konnte Oberbürgermeister Klett im Gemeinderat den Neubau des Planetariums auf den Weg bringen.[150]

Arnulf Klett war vor allem in jüngeren Jahren ein leidenschaftlicher Wanderer. Es machte ihm deshalb Freude, dass er am 30. Oktober 1973 gemeinsam mit Regierungspräsident Friedrich Römer und dem Esslinger Oberbürgermeister Eberhard Klapproth sieben Rundwanderwege im Gebiet der Katharinenlinde zwischen Rüdern und Uhlbach einweihen und der Öffentlichkeit übergeben konnte.[151]

Als evangelischer Altwürttemberger und Pfarrerssohn fing Oberbürgermeister Klett mit dem Karneval wenig an. Karnevalsveranstaltungen mied er, soweit ihm dies möglich war. Im Februar 1970 sprang er jedoch über seinen Schatten. Anlässlich des 60-jährigen Bestehens der »Gesellschaft Zigeunerinsel« stellte er sich zu einer Prunksitzung der Gesellschaft ein, und er fand an dem närrischen Treiben offenbar sogar Gefallen.[152]

Im Schulhausbau leistete die Stadt Stuttgart in der Zeit von Oberbürgermeister Klett Vorbildliches. Am 10. November 1967 konnte der

hundertste Schulhausbau seit Kriegsende, die Gewerbliche Berufs- und Höhere Fachschule für das Malerhandwerk in Feuerbach, eingeweiht werden.[153] Der Oberbürgermeister machte hier manches zur Chefsache, so beispielsweise Ende 1966 den ihm sehr am Herzen liegenden Bau einer Körperbehindertenschule auf den Hengstäckern.[154] Im November 1971 mahnte er einen angemessenen Beitrag des Landes zum Schulhausneubau an. Das Land, so kritisierte er, habe in den letzten Jahren seine Zuschüsse reduziert, gleichzeitig aber die Schulumlage der Gemeinden für die Lehrerbesoldung verdoppelt.[155]
Die 150-Jahrfeier der Universität Hohenheim im Juni 1968 erschien ihm zu Recht als ein stadtgeschichtlich bedeutsames Ereignis. Stuttgart profitierte in vielerlei Hinsicht von dieser hervorragenden wissenschaftlichen Lehr- und Forschungsstätte. Dem Rektor der Universität, Professor Dr. Helmut Röhm, übergab er beim Festakt eine Jubiläumsspende der Stadt in Höhe von 200 000 DM.[156] Die Universität ehrte ihn durch die Ernennung zum Ehrensenator.[157]
In gleicher Weise wie zu Hohenheim war er auch um ein gutes Verhältnis zur Universität Stuttgart bemüht. Als dort am 12. Februar 1970 das erste deutsche Institut für Biomedizinische Technik offiziell eröffnet wurde, bekundete er durch seine Anwesenheit sein besonderes Interesse für das neue Institut, an dem Ärzte, Naturwissenschaftler und Ingenieure über die Fakultätsgrenzen hinweg in Forschung und Entwicklung eng zusammenarbeiteten.[158] Im April 1970 unterzeichnete er gemeinsam mit dem Rektor der Universität und den beiden Studentenpfarrern einen Aufruf an die Bürgerschaft, wohnungssuchenden Studenten bei der Zimmerbeschaffung behilflich zu sein.[159]
Im März 1970 eskalierte ein seit längerem zwischen der Stadt und der Landesregierung herrschender Streit wegen der Errichtung einer Medizinischen Fakultät in Stuttgart. In einer Gemeinderatssitzung warf Oberbürgermeister Klett der Landesregierung vor, sie unterbinde durch überhöhte Kostenschätzungen die Errichtung einer Medizinischen Fakultät in der Stadt. So könne man, erklärte er, mit der Landeshauptstadt und mit dem Mittleren Neckarraum nicht umgehen. Die Landesregierung halte Investitionen von 106,7 Millionen DM und laufende Kosten von 14,9 Millionen DM im Jahr für erforderlich, um die Stuttgarter Krankenhäuser zu einer Medizinischen Fakultät aus-

zubauen. Nach den vorläufigen Schätzungen der Stadt beliefen sich diese laufenden Kosten aber lediglich auf 6 bis 8 Millionen DM. Kultusminister Professor Dr. Wilhelm Hahn wies in einer Stellungnahme Kletts Vorwürfe zurück. Die von der Landesregierung genannten Zahlen seien realistisch. Die Stadt sei bis jetzt trotz Aufforderung den konkreten Gegenbeweis schuldig geblieben. Die Landesregierung sei entschlossen, die hervorragend ausgestatteten Stuttgarter Kliniken im Rahmen der Ärzteausbildung zu nutzen. Der Oberbürgermeister solle doch endlich die jahrelangen Auseinandersetzungen in der Öffentlichkeit zu Gunsten einer nüchternen gemeinsamen Untersuchung der finanziellen Möglichkeiten aufgeben.[160]

Schützenhilfe bekam die Stadt von Professor Dr. Joachim Schröder, Mitglied des Landtags und Chefarzt der Medizinischen Klinik II am Bürgerhospital. Schröder nannte die von der Landesregierung vorgelegten Kostenschätzungen überhöht. Kultusminister Hahn griff er scharf an, weil er sich einer medizinischen Ausbildungsstätte in Stuttgart verschließe. Hahn, so Schröder, schlage für den Mittleren Neckarraum eine bildungspolitische Pferdebahn vor, obwohl bereits ein U-Bahn- und ein S-Bahn-Netz vorhanden seien.[161]

Am 16. April 1970 legte Oberbürgermeister Klett einen hundertseitigen Bericht über den Stand der Verhandlungen mit dem Land über die Errichtung einer Medizinischen Fakultät vor. Danach betrugen die laufenden Kosten nach der Berechnung der Stadt 10 Millionen DM, nach der des Landes 15 Millionen DM.[162] Indes blieb eine einvernehmliche Lösung in weiter Ferne. Im Januar 1975, fünf Monate nach dem Tod von Arnulf Klett, forderte der Landtagsabgeordnete Professor Dr. Joachim Schröder die Landesregierung auf, schnellstens mit der Stadt Stuttgart Verhandlungen über die Errichtung einer Medizinischen Akademie in den Stuttgarter Kliniken aufzunehmen.[163]

Der Wiederaufbau der im Krieg zerstörten städtischen Krankenhäuser und ihre Anpassung an die in raschem Fortschritt begriffene medizinische Wissenschaft stellten an die Stadt hohe Anforderungen. Gemeinderat, Oberbürgermeister und Stadtverwaltung waren bemüht, diesen Anforderungen im Rahmen der finanziellen Möglichkeiten der Stadt Rechnung zu tragen, und die Bilanz konnte sich sehen lassen. Im Mai 1959 hatte mit der Inbetriebnahme der Inneren Klinik und der Strahlenklinik der Wiederaufbau des Bürgerhospitals abgeschlossen werden können.[164] Wesentlich länger zog sich der Wiederaufbau des Katharinenhospitals hin. Erst am 19. Februar 1968 wurde der Hauptbau eingeweiht. Damit war der Klinische Bereich dieses großen Krankenhauses vollständig wiederhergestellt. Einige Monate früher, am 2. Oktober 1967, war die erste Psychotherapeutische Klinik in der Bundesrepublik in Sonnenberg eröffnet worden.[165] Am 9. Mai 1969 fand die Einweihung des ersten Bauabschnitts des Olgahospital-Neubaus statt, fünf Jahre später, am 14. Mai 1974, die des zweiten Bauabschnitts. Damit war nach neunjähriger Bauzeit der Wiederaufbau des ältesten Kinderkrankenhauses in Württemberg abgeschlossen.[166] Am 1. Oktober 1973 übernahm die Stadt die Thoraxchirurgische Abteilung der Fachklinik Schillerhöhe von der Landesversicherungsanstalt Württemberg.[167] Dass der Gemeinderat dies zunächst verhindern wollte, wurde schon erwähnt.

Im demokratischen Staat fest verwurzelt

Nach den Erfahrungen in der Zeit der Weimarer Republik und des Dritten Reiches trat Arnulf Klett stets für einen starken demokratischen Staat ein. Die föderale Struktur der Bundesrepublik entsprach seinen Vorstellungen. Den Männern und Frauen, die in Land und Bund – und er zählte als herausragender Kommunalpolitiker dazu – die Grundlagen für die freiheitlich-demokratische Staats- und Gesellschaftsordnung gelegt hatten, fühlte er sich eng verbunden. Hatte er schon den ersten Bundespräsidenten Professor Dr. Theodor Heuss, wie wir gehört haben, hoch geehrt, so tat er dies, unterstützt vom Gemeinderat, auch bei anderen Persönlichkeiten der so genannten ersten Stunde, die in Stuttgart lebten. Am 15. Oktober 1969 verlieh er Dr. Reinhold Maier, ehemals Ministerpräsident des US-Besatzungslands Württemberg-Baden und erster Ministerpräsident unseres heutigen Bundeslandes Baden-Württemberg, das Ehrenbürgerrecht der Stadt. Dies geschah am Vorabend des 80. Geburtstags von Dr. Maier.[168] Am 19. Oktober 1972 zeichnete er den 84-jährigen früheren Landtagsvizepräsidenten und SPD-Altstadtrat Rudolf Gehring mit der Bürgermedaille aus.[169] Gehring hatte in den ersten Nachkriegsjahren in der Stadt und im Land eine bedeutsame politische Rolle gespielt. Dass er 1946 Kletts Gegenkandidat bei der ersten Stuttgarter Oberbürgermeisterwahl der Nachkriegszeit gewesen war, hatte das Verhältnis zwischen beiden Männern nie belastet.

Bei offiziellen Besuchen des Bundespräsidenten in Baden-Württemberg war stets auch der Besuch im Stuttgarter Rathaus selbstverständlich. Oberbürgermeister Klett nutzte solche Gelegenheiten, um den obersten Repräsentanten der Bundesrepublik kurz über die Verhältnisse der Stadt zu informieren, zugleich aber um ihm besondere Anliegen vorzutragen. Als am 3. und 4. November 1969 Bundespräsident Heinemann seinen Antrittsbesuch in Baden-Württemberg machte, schloss sich an die Teilnahme an einer Landtagssitzung und den Empfang im Neuen Schloss ein Empfang der Stadt im Rathaus an. Hierbei trug sich der Bundespräsident ins Goldene Buch der Stadt ein. Oberbürgermeister Klett überreichte ihm einen Faksimiledruck der württembergischen Lutherbibel von 1545.[170] Als Bundespräsident Heinemann am 8. November 1971 wiederum nach Baden-Württemberg kam, begrüßten ihn der Oberbürgermeister und ein prominentes Empfangskomitee auf dem Hauptbahnhof.[171]

Beunruhigt zeigte sich Oberbürgermeister Klett über die der extremen politischen Rechten zuzurechnende Nationaldemokratische Partei (NDP), die bei den Landtagswahlen in Hessen und Bayern im November 1966 auf Anhieb 7,9 und 7,4 Prozent der abgegebenen gültigen Stimmen erlangt hatte und damit die eigentliche Gewinnerin dieser Wahlen war.[172] Sie bedeutete ohne Zweifel eine Gefahr für die freiheitlich-demokratische Staats- und Gesellschaftsordnung in der Bundesrepublik. Oberbürgermeister Klett verweigerte ihr für eine am 14. Januar 1967 geplante Versammlung den Großen Saal des Gustav-Siegle-Hauses. Die Partei fand sich aber damit nicht ab und setzte mit Hilfe des Verwaltungsgerichts Stuttgart und des Verwaltungsgerichtshofs Mannheim durch, dass ihr der Saal überlassen werden musste. Beide Gerichte vertraten den Standpunkt, die NDP sei eine anerkannte politische Partei, ihre Forderung auf Überlassung eines Saals sei daher rechtens. Diese Gerichtsentscheidung löste empörte öffentliche Reaktionen bei Gewerkschaften und bei Stadträten aller Parteien aus.

Oberbürgermeister Klett erhielt für seine Haltung nachdrückliche Unterstützung.[173]

Bei der baden-württembergischen Landtagswahl am 28. April 1968 gewann die NDP sogar 9,8 Prozent der abgegebenen gültigen Stimmen.[174] Doch hatte sie bereits stark an Anziehungskraft eingebüßt. Am 30. Oktober jenes Jahres entfielen bei der Gemeinderatswahl in Stuttgart auf sie 4 Prozent der abgegebenen gültigen Stimmen; sie konnte lediglich einen Platz im Stadtparlament besetzen.[175] Bei der Bundestagswahl 1969 verfehlte sie die 5 Prozent-Marke, und bereits 1972 war sie zur Bedeutungslosigkeit abgesunken.[176] Am 10. und 11. Mai 1969 hielt sie auf dem Killesberg ihren Bundesparteitag ab, an dem etwa 800 Delegierte teilnahmen. Auch diesmal bemühte sich die Stadt vergeblich, die Versammlung in städtischen Gebäuden zu verhindern. Demonstrationen verschiedener Gruppierungen gegen die Rechtsradikalen führten zu Rangeleien und Handgreiflichkeiten. Größere Ausschreitungen verhinderte die Polizei. Dies tadelte der Verband der Kriegsdienstverweigerer scharf. Er erregte sich über den »unverhältnismäßigen Einsatz der Polizei« und verlangte von Oberbürgermeister Klett die Entlassung des Polizeipräsidenten, was dieser allerdings nicht tat.[177] Während des Bundeswahlkampfes 1969 wurden Wahlplakate der NDP abgerissen oder beschädigt. In einem Brief an Oberbürgermeister Klett forderte der NDP-Stadtrat Gerhard Blattner, die Polizei solle die systematische Beschädigung der NDP-Plakate zur Bundestagswahl unterbinden. Geschehe dies nicht, werde seine Partei mit dem »wilden Plakatieren« beginnen. Der Oberbürgermeister verurteilte in seinem Antwortschreiben die »Schmierereien« aufs schärfste, wies aber die NDP darauf hin, dass er »wildes Plakatieren« als »groben einseitigen Verstoß« gegen das zwischen den Parteien getroffene Wahlabkommen betrachten würde, im Übrigen seien auch Wahlplakate anderer Parteien verunstaltet worden.[178]

Am 14. Juli 1971 hielt das 1946 gegründete baden-württembergische Frauenparlament in Stuttgart seine 200. Sitzung ab. Oberbürgermeister Klett dankte den Mitgliedern des Parlaments für die von ihnen während der letzten 25 Jahren geleistete Arbeit. Dabei hob er auch anerkennend hervor, dass das Frauenparlament 1948 die ersten Hilfslieferungen für das blockierte Berlin zusammengestellt und auf den Weg gebracht habe.[179]

Aus Anlass des 50-jährigen Bestehens des Volksbunds Deutscher Kriegsgräberfürsorge e.V. fand am 16. November 1969 im Kleinen Haus der Württembergischen Staatstheater ein Festakt statt. Oberbürgermeister Klett und Arbeits- und Sozialminister Hirrlinger würdigten in Ansprachen die dem Frieden und der Völkerverständigung dienende Arbeit des Volksbunds.[180]

Am 9. November 1970, dem 32. Jahrestag der so genannten Reichskristallnacht, während der in Deutschland Hunderte von Synagogen in verbrecherischer Zerstörungswut niedergebrannt, Tausende von jüdischen Geschäften und Wohnungen demoliert, jüdische Bürger in großer Zahl verhaftet, misshandelt und nicht wenige von ihnen getötet worden waren, empfing Oberbürgermeister Klett erstmals zwanzig ehemalige Widerstandskämpfer, rassisch Verfolgte sowie Angehörige von Opfern der nationalsozialistischen Gewaltherrschaft offiziell im Festsaal des Rathauses.[181]

Leider kam es immer wieder vor, dass Menschen dunkler Hautfarbe in Stuttgart diskriminiert oder benachteiligt wurden. Am 6. März 1972 sah sich der Oberbürgermeister veranlasst, in einem Brief an fünf Nachtklubbesitzer zu appellieren, auch Gästen mit dunkler Hautfarbe den ungehinderten Zugang zu ihren Etablissements zu ermöglichen. Eine Diskriminierung, wie sie bislang von ihnen praktiziert worden sei, lasse sich mit dem Grundgesetz der Bundesrepublik nicht vereinbaren. Das Verkehrsamt wolle künftig Uneinsichtige öffentlich anprangern.[182]

Der Terroranschlag gegen die israelische Olympiamannschaft in München Anfang September 1972 rief in der Bevölkerung Empörung und Entsetzen hervor. Am 7. September zogen 200 Mitglieder der Stuttgarter Israelitischen Gemeinde von der Synagoge zum Marktplatz. Sie trugen Schilder mit den Namen der Ermordeten. Oberbürgermeister Klett empfing die Teilnehmer des Schweigemarsches vor dem Rathaus und bekundete ihnen seine Anteilnahme.[183]

Die Bürde zusätzlicher Ämter und Funktionen

Die Zahl der Nebenämter und zusätzlichen Funktionen, die der über Sechzigjährige innehatte, war gegenüber früher eher noch größer geworden. Doch er ließ es sich nicht anmerken, dass die Belastung längst die Grenzen seiner physischen und psychischen Belastbarkeit erreicht, ja überschritten hatte. 1966 kam ein neues Amt hinzu, das des Präsidenten des Vorstands der kommunalen Unternehmen in der Bundesrepublik,[184] und erstmals zog er sich in demselben Jahr von einer Funktion zurück, die ihm 1957 übertragen worden war: vom Vorsitz des Fremdenverkehrsverbands Württemberg. Er begründete dies mit der ihn stark belastenden kommunalpolitischen Arbeit und der Beanspruchung durch verschiedene interkommunale versorgungswirtschaftliche Verbände und Institutionen, in denen er leitende Aufgaben wahrnahm.[185] Nicht ganz leicht tat sich der Gemeinderat 1966, den Oberbürgermeister als Vorsitzenden der Aufsichtsräte der städtischen Aktiengesellschaften zu bestätigen. Nach zweimaliger Vertagung beschloss das Gremium gegen 13 Stimmen aus den Fraktionen der CDU und der FWV/UBL (Freiwillige Wählervereinigung/Unabhängige Bürgerliste) schließlich diese Bestätigung. Die 13 Stadträte, die den Beschluss ablehnten, vertraten die Ansicht, der Oberbürgermeister sei überlastet und verliere den Überblick.[186] Am 28. Oktober 1968 übernahm Oberbürgermeister Klett das Protektorat über die kurz zuvor gegründete deutsche Sektion der Internationalen Hugo Wolf Society mit Sitz in New York.[187]

Mit bemerkenswertem Eifer wirkte Arnulf Klett weiterhin im Amt des Ersten Vorsitzenden der Vereinigung der Kommunalen Arbeitgeber. Anlässlich seines 25-jährigen Dienstjubiläums bezeugte ihm Heinz Kluncker, der Vorsitzende der Gewerkschaft ÖTV, dass sie sehr oft unterschiedliche Auffassungen ausgetauscht und in Teilfragen oft harte, aber immer sachliche Auseinandersetzungen zu führen gehabt hätten. Zwei Grundhaltungen, so stellte er fest, zeichneten Dr. Klett aus: erstens sein »inneres Verhältnis zur Sozialstaatlichkeit als Verfassungsauftrag« und zweitens sein »bei unzähligen Beispielen bewiesenes Gespür für soziale Notwendigkeiten«. Aus dieser Grundhaltung heraus ergebe sich die Bejahung der Tarifautonomie als ein

Wesensmerkmal einer freiheitlichen Verfassungswirklichkeit. »Und Sie haben sich gemeinsam mit uns bei vielen Gelegenheiten um die Bewahrung dieser Tarifautonomie eingesetzt.«[188] Im Februar 1972 erhielt Oberbürgermeister Klett für seine 25-jährige Mitgliedschaft die Silberne Ehrennadel der ÖTV.[189] Der FDP-Politiker Hans-Dietrich Genscher, von 1969 bis 1974 Bundesinnenminister, nahm mehrere Jahre zusammen mit Oberbürgermeister Klett auf der Seite der öffentlichen Arbeitgeber an den Tarifverhandlungen in Stuttgart teil. Klett beeindruckte ihn sehr. In gleicher Weise, erinnert sich Genscher, wie dieser sein Amt als Stuttgarter Oberbürgermeister mit großer Volkstümlichkeit ausgeübt habe, so sei dies auch bei den Tarifverhandlungen geschehen. Geschickt habe er die räumliche Nähe zu dem in Stuttgart wohnenden ÖTV-Vorsitzenden Kluncker zu nutzen gewusst,[190] d.h. er habe mit Kluncker in intensiven Vieraugen- bzw. Telefongesprächen brisante Streitfragen entschärft und Kompromisslösungen vorbereitet.

»Stuttgart – Partner der Welt«

Anfang der siebziger Jahre suchte die Stadt Stuttgart nach einem neuen Werbeslogan. In dem Wettbewerb, den sie ausschrieb, gewann der wissenschaftliche Assistent Dr. Rainer Kussmaul aus Heumaden am 27. April 1971 den ersten Preis, einen Mercedes 200. Der Slogan »Stuttgart – Partner der Welt«, den Dr. Kussmaul formuliert habe, werde, so Oberbürgermeister Klett, den heutigen Gegebenheiten am ehesten gerecht. Er weise auf die weltweiten und vielfältigen Beziehungen Stuttgarts in wirtschaftlicher und kultureller Hinsicht hin und mache auch auf die Aufgeschlossenheit des modernen Stuttgart aufmerksam.[191] Dem Amtsverständnis des Oberbürgermeisters entsprach »Stuttgart Partner der Welt«. Er setzte alles daran, um Stuttgart zu einer weltoffenen Stadt mit intensiven Kontakten zu allen Kontinenten zu machen. Besonders dankbar und zugleich stolz war er, dass die Internationale Bürgermeisterunion entscheidend dabei mitgewirkt hatte, eine stabile Brücke der Verständigung zwischen Deutschland und Frankreich zu schlagen. Auf einer Kundgebung in Hildesheim

Oberbürgermeister Dr. Klett und Heinz Kluncker, Vorsitzender der Gewerkschaft Öffentliche Dienste, Transport und Verkehr (ÖTV), bei schwierigen Tarifverhandlungen 1973/74.

1966 erklärte er vor 200 Kommunalvertretern aus der Bundesrepublik, aus Frankreich, Österreich und der Schweiz: »Die Bürger unserer Städte und Gemeinden sind die Ersten gewesen, die die verschütteten Wege zwischen Frankreich und Deutschland freigelegt haben. Ohne diese Vorarbeit in den Gemeinden hätten sich unsere Regierungen offiziell die Hand zur Versöhnung nicht reichen können.«[192]
Auch während seiner letzten Amtsjahre galt sein stetiges Bemühen der weiteren Festigung der deutsch-französischen Freundschaft. Am 22. April 1970 eröffnete er in Anwesenheit des Straßburger Oberbürgermeisters Pierre Pflimlin im Rathaus die von der Stadt Straßburg gestaltete Ausstellung »Strasbourg – Partnerstadt Stuttgarts«.[193] Am 15. Februar 1971 informierten sich acht Mitglieder der Französischen Nationalversammlung im Stuttgarter Rathaus über die aktuellen fi-

nanzpolitischen Probleme einer deutschen Großstadt. Ihre deutschen Gesprächspartner waren Oberbürgermeister Klett, Erster Bürgermeister Hahn und Stadtkämmerer Sander. Am 5. Dezember 1963 ernannte der Französische Wirtschaftsminister Oberbürgermeister Klett zum Ritter, am 29. November 1965 zum Kommandeur des Ordens der französischen Wirtschaft. Am 25. Mai 1964 wurde ihm die Silbermedaille des Generalrats des Departements Seine im Pariser Rathaus verliehen.[194]

Indes sah sich Arnulf Klett als Brückenbauer zwischen Frankreich und Deutschland nicht auf die Politik beschränkt, sondern in gleicher Weise lag ihm ein reger Austausch in Kultur und Geistesleben am Herzen, zumal ein solcher Austausch beiden Völkern zugute kam. Nur am Rande sei bemerkt, dass Klett auch ein großer Freund der französischen Küche war, und wenn er im September 1968 bei einem Treffen des Bundes »La Chaîne des Rotisseurs«, einer internationalen Vereinigung der Freunde kultivierten Essens, in der Liederhalle den Ritterschlag und die Insignien eines »Chevalier d'Honneur« erhielt, so wurde damit zugleich der deutsch-französischen Freundschaft Tribut gezollt.[195] Niemand und auch er selbst nicht ahnten, dass der Besuch einer von ihm geleiteten Delegation des Stuttgarter Gemeinderats am 17. Juni 1974 in die Partnerstadt Straßburg seine letzte Auslandsreise war.[196]

Für eine unerlässliche Verpflichtung des deutschen Volkes hielt er es, den Staat Israel zu unterstützen und bei den dort ansässig gewordenen Überlebenden des Holocaust Vertrauen für das neue demokratische Deutschland zu gewinnen. Enge Beziehungen knüpfte er zu der von Juden aus Württemberg, vornehmlich aus Rexingen bei Horb, gegründeten Siedlung Shavei Zion bei Akko. Schon 1963 hatte er der Gemeinde einen Besuch abgestattet.[197] Vom 17. bis 23. Mai 1969 veranstaltete die Stadt Stuttgart eine Israel-Woche, die erste in der Bundesrepublik. Die feierliche Eröffnung fand im Großen Sitzungssaal des Rathauses durch den israelischen Botschafter Asher Ben Nathan, Oberbürgermeister Klett, Bundesminister Dr. Ernst Benda und Ministerpräsident Filbinger statt. Eine große Zahl von Ausstellungen, so »Israel-Porträt eines Landes« im Rathaus, »Farbradierungen zur Genesis« von Tuvia Beeri in der Universitätsbibliothek oder »Kinderzeichnungen aus Israel« im Jugendhaus Mitte, von Filmen und Vorträgen, darunter einen Vortrag von Asher Ben Nathan über 21 Jahre Israel, von Konzerten und Theateraufführungen vermittelten einen Überblick über Geschichte und Gegenwart Israels. Erstmals besuchte eine offizielle Delegation der Knesset, des Israelischen Parlaments, im Rahmen eines Stuttgart-Aufenthalts Deutschland.[198]

Den durch die Israel-Woche verstärkt aufgenommenen Kontakten war es zu verdanken, dass einige Monate später, am 4. Juli 1969, 16 israelische Kommunalpolitiker, Bürgermeister, Stadtkämmerer und Stadtdirektoren, nach Stuttgart kamen und sich hier drei Tage aufhielten. Oberbürgermeister Klett begrüßte die Gäste.[199] Am 11. November desselben Jahres überbrachte Pastor Immanuel Götze von der Martin-Luther-King-Kirche in Zuffenhausen, Leiter des Arbeitskreises »Dienst in Israel«, eine Urkunde, in der der Jerusalemer Bürgermeister Teddy Kollek eine seltene Begebenheit besiegelt hatte. Zum ersten Mal war in Israel einem Olivenhain der Name einer deutschen Stadt beigelegt worden: Die Bewohner von Shavei Zion hatten einen mit tausend Bäumen neu bepflanzten Hain Stuttgart genannt. Mit dieser Geste wollten sie sich für die überaus herzliche Aufnahme in der baden-württembergischen Landeshauptstadt während der Israel-Woche bedanken.[200] Am 28. November 1969 bewilligte der Gemeinderat für Shavei Zion eine Finanzhilfe, die 1969 10 000 DM und 1970 20 000 DM betragen sollte.[201]

Wie schon bisher besaßen die Pflege der bestehenden Städtepartnerschaften und das Eingehen neuer Partnerschaften für Oberbürgermeister Klett einen hohen Stellenwert. Große Freude machte es ihm, dass die amerikanische Stadt St. Louis, zu der Stuttgart seit längerem enge freundschaftliche Beziehungen unterhielt, die Idee hatte, alljährlich am 3. Mai den Stuttgart-Tag zu feiern. Am 3. Mai 1966 übergab eine Delegation aus St. Louis beim Empfang im Rathaus eine entsprechende Proklamation.[202]

Am 24. März 1971 machte Oberbürgermeister T. E. Merrells von Cardiff in Begleitung seiner Frau und seines Sekretärs der Partnerstadt Stuttgart einen Freundschaftsbesuch. Oberbürgermeister Klett empfing die Gäste im Rathaus, und er begrüßte sie in einer Sitzung des Technischen Ausschusses des Gemeinderats.[203]

1968 wurde die westindische Hafenstadt Bombay Partnerstadt von Stuttgart. Bereits am 21. März stimmte der Gemeinderat der Partnerschaft zu, am 10. Juni unterzeichnete Oberbürgermeister Klett in Anwesenheit des Bombayer Oberbürgermeisters Dr. Ravindranath N. Kulkarni im Rathaus die Partnerschaftsurkunde, und am 22. November schließlich reiste Arnulf Klett, nachdem er wiederholt eingeladen worden war, nach Bombay, um dort eine Fotoausstellung über Stuttgart zu eröffnen.[204] Große Beachtung in der Öffentlichkeit fand der unter der Schirmherrschaft von Oberbürgermeister Klett stehende erste Deutsch-Indische Monat im Mai/Juni 1970 mit seinem vielfältigen Veranstaltungsprogramm: Vorträgen, Konzerten, Ballettvorführungen, Ausstellungen usw.[205]

1969 wurde eine weitere Städtepartnerschaft auf den Weg gebracht: Am 3. Juli jenes Jahres billigte der Gemeinderat den vom Bürgermeisteramt unterbreiteten Vorschlag, mit der tunesischen Stadt Menzel-Bourgiba in der Region Bizerta in freundschaftliche Verbindung zu treten.[206] Doch bis zur offiziellen »Besiegelung« der Städtepartnerschaft Stuttgart-Bourgiba dauerte es noch beinahe zwei Jahre. Am 30. April 1971 flogen Oberbürgermeister Klett und eine kleine städtische Delegation zu diesem Zweck nach Tunesien.[207] Bei einem Informationsbesuch in Stuttgart äußerte der Bürgermeister von Menzel-Bourgiba den Wunsch, 500 ungelernten männlichen Arbeitskräften aus seiner Stadt eine Ausbildungsmöglichkeit in deutschen Betrieben zu verschaffen. Oberbürgermeister Klett und Arbeitsamtsdirektor Helmut Pauli appellierten in einer Pressekonferenz am 14. Juni 1971 an die Wirtschaft im Stuttgarter Raum, die erforderlichen Ausbildungsplätze zur Verfügung zu stellen.[208]

Großen Wert legte Oberbürgermeister Klett auf ein gutes Verhältnis zu den USA und insbesondere zu den amerikanischen Streitkräften in der Bundesrepublik. Nie vergaß er, dass es vor allem die Amerikaner gewesen waren, die den Deutschen großzügig Hilfe bei der Überwindung von Not und Elend der unmittelbaren Nachkriegszeit geleistet und die Schaffung einer freiheitlich-demokratischen Staats- und Gesellschaftsordnung in der Bundesrepublik entscheidend gefördert hatten. Am 12. März 1968 gaben er und seine Frau Yvonne dem Kommandeur der US-Truppen in Europa, Viersternegeneral David A.

Burchinal, und dessen Stab nach einem Empfang im Rathaus ein Abendessen.[209] Am 2. Dezember 1969 stattete der US-Botschafter Kenneth Rush Stuttgart einen offiziellen Besuch ab und trug sich in das Goldene Buch der Stadt ein.[210] Im Februar 1970 hielt sich Coretta King, die Witwe des im April 1968 ermordeten Führers der schwarzen Bevölkerung und Baptistenpfarrers Martin Luther King, anlässlich der Vorstellung ihres Buches *Mein Leben mit Martin Luther King* mehrere Tage in Stuttgart auf. Oberbürgermeister Klett ehrte sie durch einen Empfang im Rathaus.[211] Die für die US-Streitkräfte in Stuttgart zuständigen Befehlshaber versäumten nie, dem Oberbürgermeister Antritts- und Abschiedsbesuche zu machen. So stellte sich am 9. März 1971 der neue Kommandeur des VII. US-Korps, Generalleutnant Fillmore K. Mearns, im Rathaus vor.[212] Am 23. Februar 1973 verabschiedete sich General David A. Burchinal, und am 16. Mai 1973 konnte Oberbürgermeister Klett den Nachfolger Burchinals, General Georg G. Eade, im Rathaus begrüßen.[213] Höchst ehrenvoll für die Stadt war es, dass die Amerikaner einem Sikorsky CH-54-Hubschrauber den Namen Stuttgart beilegten. Die Taufzeremonie auf dem Flugplatz in Echterdingen nahm am 5. Oktober 1973 Oberbürgermeister Klett vor.[214] Am 10. Dezember 1973 wurde in den Kelley-Barracks in Möhringen ein deutsch-amerikanischer Beratungsausschuss zur Intensivierung der Kooperation und der Koordination gegründet. Ihm gehörten Vertreter des VII. Korps und des Bürgermeisteramts Stuttgart an. Die Spitzenfunktionen in dem neuen Gremium, das über beiderseitige Probleme beraten sowie Grundsätze und Richtlinien für ein gedeihliches Miteinander erarbeiten sollte, hatten General M. Blanchard und Oberbürgermeister Klett inne.[215] Das Engagement Arnulf Kletts für eine Festigung und Vertiefung der freundschaftlichen deutsch-amerikanischen Beziehungen hatte die US-Regierung bereits im Juni 1971 mit der Verleihung der »Outstanding Civilian Service Award« anerkannt; sie wurde ihm vom amerikanischen Heeresminister überreicht.[216]

Die Tradition der jeweils einem ausländischen Staat gewidmeten Kulturwochen, die in der Bürgerschaft große Zustimmung gefunden hatten, setzte Oberbürgermeister Klett auch nach seiner letzten Wiederwahl 1966 fort. Die Israel-Woche im März 1969 wurde schon er-

wähnt. Im Mai 1967 veranstaltete die Stadt eine Italienische Woche und im Mai 1970 eine Rumänische Woche.[217] Die italienische Regierung honorierte den Beitrag von Oberbürgermeister Klett zur Vertiefung der deutsch-italienischen Beziehungen und das Verständnis, das er den Anliegen der italienischen Gastarbeiter entgegenbrachte, 1967 durch die Verleihung des Großkreuzes der Republik Italien.[218]
Das Stuttgarter Rathaus blieb ein Ort der internationalen Begegnungen und der Völkerverständigung. Oberbürgermeister Klett empfing am 17. März 1966 eine Gewerkschaftsdelegation aus der Tschechoslowakei. Am 27. Mai 1969 kamen Studentinnen und Studenten aus Biafra auf einer »Goodwill-Tour« durch Deutschland auch nach Stuttgart. Sie baten bei ihrem Besuch im Rathaus um ausreichende Unterstützung für das Überleben ihres Volkes, und Oberbürgermeister Klett versprach ihnen weitere Hilfe.[219] Vom 14. bis 20. November 1969 hielt sich die bisher größte sowjetische Delegation in Stuttgart auf. Der Delegation, die von der Gesellschaft zur Förderung der Beziehungen zwischen der Bundesrepublik und der Sowjetunion in die Bundesrepublik eingeladen und für die ein vielseitiges und anspruchsvolles Besuchsprogramm erarbeitet worden war, gehörten namhafte Vertreter des Städtebaus, des Gesundheitswesens, der Wirtschaft, der Landwirtschaft und der Sprachwissenschaften sowie Künstler und Fachleute für europäische Sicherheitsfragen an. Bei ihrem Empfang im Rathaus konnte der Oberbürgermeister auch den sowjetischen Botschafter Semjon K. Zarapkin sowie mehrere baden-württembergische Minister begrüßen.[220] Im September 1972 besuchte die zehnköpfige Delegation einer sowjetischen Lebensmittelarbeitergewerkschaft Stuttgart, um sich während ihres fünftägigen Aufenthalts ein Bild von den hiesigen sozialen und wirtschaftlichen Verhältnissen zu verschaffen. Die Gewerkschaftler aus Moskau und aus Leningrad wurden von Oberbürgermeister Klett im Rathaus willkommen geheißen.[221]
Im August 1968 war Stuttgart Tagungsort des Internationalen Germanistenkongresses.[222] Auf Einladung von Oberbürgermeister Klett fand am 5./6. November 1970 der siebte fachkollegiale Erfahrungsaustausch der deutschen und der österreichischen Großstädte auf dem Gebiet der Stadtentwässerung im Ratskeller statt. Das Interesse an der Tagung war groß: Delegierte aus 32 europäischen Staaten nah-

men an ihr teil.[223] Der Präsident der Republik Senegal ernannte am 16. Mai 1969 den Stuttgarter Oberbürgermeister zum Kommandeur des Nationalen Ordens Senegals. Im Juli 1971 folgte Staatsminister G. K. Bonsu aus Ghana, der sich auf einer Deutschlandreise befand, einer Einladung von Oberbürgermeister Klett zu einem mehrtägigen Besuch in Stuttgart, um sich hier mit alten Freunden und Bekannten zu treffen. Der Minister war 1954 ein Jahr lang Leiter des Stuttgarter Büros zur Betreuung ghanaischer Studenten gewesen. Am 25. Januar 1972 gab Oberbürgermeister Klett einen Empfang für den Leiter der finnischen Handelsvertretung in Bonn, Generalkonsul Dr. Yrjö Väänänen.[224]

Ein bedeutendes Ereignis für die in Stuttgart und Umgebung lebenden Ungarn war Ende Juni 1974 der Besuch des 82-jährigen Primas von Ungarn, Kardinal Joseph Mindszenty, eines unbeugsamen Kirchenfürsten, der schon unter den nationalsozialistischen Pfeilkreuzlern im Zweiten Weltkrieg, danach aber auch unter den Kommunisten schrecklich zu leiden gehabt hatte. Er feierte am 30. Juni mit 2 000 Gläubigen in der St. Eberhardskirche einen Pontifikalgottesdienst, in dem er seine in Baden-Württemberg lebenden ungarischen Landsleute aufrief, sich dankbar der freundlichen Aufnahme in diesem Land zu erinnern, darüber aber die alte Heimat nicht zu vergessen. Am Tag darauf empfing ihn Oberbürgermeister Klett im Rathaus.[224] Die Begegnung mit dem greisen Kardinal dürfte das letzte Zusammentreffen Arnulf Kletts mit einem prominenten Repräsentanten des europäischen Auslands gewesen sein, raffte ihn doch schon wenige Wochen später der Tod hinweg.

Durch Auslandsreisen, nicht nur in Partnerstädte, knüpfte der Stuttgarter Oberbürgermeister viele freundschaftliche Kontakte: Vom 21. bis 23. Mai 1966 nahmen seine Frau und er an den Wiener Festwochen teil.[225] Unmittelbar danach stattete er dem Lord Mayor von London, Sir Lionel Denny, einen Besuch ab. Vom 28. Juni bis 3. Juli desselben Jahres weilte er mit einer Delegation des Deutschen Städtetags in Finnland, um sich dort über die kommunalen und städtebaulichen Besonderheiten zu informieren.[226] Auf einem vom 6. bis 10. Februar 1967 in Bangkok stattfindenden Kongress des Internationalen Gemeindeverbands hielt er ein Referat über die Bedeutung der inter-

kontinentalen Zusammenarbeit auf den Gebieten der Energie- und Wasserversorgung sowie des Verkehrs.[227]
Aus Anlass seines 49. Geburtstags und der ersten Wiederkehr seines Krönungstags sowie der erstmals veranstalteten persischen Festspiele lud Schah Mohammed Rezza Pahlawi von Persien im Oktober 1968 Professor Karl Münchinger und die Klassische Philharmonie Stuttgart zu zwei Galakonzerten nach Teheran ein. Als Gast des Schahs wohnte auch Oberbürgermeister Klett den Feierlichkeiten bei.[228]

Die letzten Lebenswochen und der Tod Arnulf Kletts

Ein Bürger schrieb Arnulf Klett zum 69. und letzten Geburtstag am 8. April 1974: »Wenn es die größte Anstrengung des Lebens ist, sich ans Alter zu gewöhnen, so hatten Sie wahrlich Besseres zu tun. Sie werden heute 69. Na und, möchte man da beinahe fragen. Die Politik, die Sie auf kommunaler, regionaler und überregionaler Ebene gepackt hat, wie keinen zweiten in dieser Stadt, ist mit dem kräftezehrenden Engagement geradezu verheiratet. 69 Jahre Mensch zu sein, stellt für Sie keine Bürde dar. Solche belastet nur denjenigen, der nach Erreichen des Schwabenalters mit jedem Jahr ein Stückchen mehr Weisheit erwartet. Bei Ihnen hat sie sich ganz sanft dazu gesellt. Betrachten Sie Ihren Geburtstag als kleine Verschnaufpause: Diese Stadt braucht Sie als ›Streiter‹, und zwar in bestem Sinne ...«[229]
Bei seiner letzten Begegnung mit Arnulf Klett am 1. Juli 1974 äußerte Regionaldekan Anton Bauer seine Bewunderung darüber, dass der 69-jährige Oberbürgermeister nach wie vor in der Lage sei, so viel Dynamik und Unternehmungsgeist zu entfalten. Die Antwort Kletts war knapp und präzise: »Ich tu's einfach aus Begeisterung.«[230]
Indes hatte der unermüdlich Tätige allzu lange seine Kräfte überfordert, seine Gesundheit vernachlässigt. Am 3. Juli wurde er mit Anzeichen von Kreislaufschwäche in das Robert-Bosch-Krankenhaus eingeliefert. Dass er stark überarbeitet war, hatte er zuvor nicht wahrhaben wollen. Dabei hatte er unlängst einige Besprechungen absagen, bei der täglichen Rathausarbeit mehrmals Ruhepausen einlegen und ärztlichen Rat in Anspruch nehmen müssen.[231]

Konfirmation von Volker Arnulf Klett am 8. März 1970: Arnulf und Yvonne Klett mit ihren Kindern Nicole Suzanne, Volker Arnulf und Corinne Yvonne.

Sein langjähriger Baubürgermeister Professor Walther Hoss zeigte sich sehr besorgt. Er schrieb ihm ins Krankenhaus: »Vielleicht sehe ich Ihren Gesundheitszustand ... zu schwarz. Aber Sie kenne ich. Ihren Optimismus in Ehren! Nehmen Sie im Interesse Ihrer höchsten Lebensaufgaben bei Erhaltung Ihres Optimismus diesen ›Mahner‹ ernst! Und denken Sie etwas mehr an Frau und Kinder! Und versöhnen Sie sich mit dem Gedanken, dass Sie das Menschenmögliche zum Wohl unserer Stadt, wenn auch nicht zu unserer Zufriedenheit, beitragen durften. Werden Sie gesund ...« Bereits am nächsten Tag dankte Arnulf Klett dem alten Weggefährten für »die so wichtige Mahnung«. »Aber«, so ließ er ihn wissen, »mit Einem müssen Sie rechnen: dass ich also ganz bestimmt die wichtigen vier Jahre vollends schaffe, damit auch noch einige Dinge, die eben mit Klett'scher Energie durchgeführt werden müssen, vollends klappen. Dazu gehört der Flughafen-Ausbau, und dazu gehört auch der Bodensee-Neckar-Stollen, natürlich auch noch manches andere. Jedenfalls nehme ich auch Ihre

Mahnung ernst, mindestens in dem Sinne, dass ich mich in manchen Abend- und Feiertagsstunden etwas zurückzuhalten beabsichtige …« Die 15-jährige Tochter Corinne und der 17-jährige Sohn Volker von Arnulf Klett befanden sich übrigens um diese Zeit in England, um während der Ferien ihre englischen Sprachkenntnisse zu vertiefen. Doch waren die durch den plötzlichen gesundheitlichen Zusammenbruch ihres Mannes äußerst beunruhigte Ehefrau Yvonne und das zwölfjährige Töchterchen Nicole in Stuttgart und damit in der Nähe des Kranken.[232]

In einem Brief an Severin Kern, Oberbürgermeister a.D. in Villingen-Schwenningen, gab Arnulf Klett zu, dass er sich in den vergangenen Monaten »noch mehr als sonst übernommen« habe und »deshalb etwas zusammengebrochen« sei, aber, so fügte er hinzu, er befinde sich nun »wieder sehr auf dem Wege der Genesung« und hoffe zuversichtlich, seine Arbeit Ende August oder Anfang September wieder aufnehmen zu können.[233] In gleicher Weise äußerte er sich in einem Brief vom 12. Juli an Stadtrat Eugen Betzler.[234]

Am 20. Juli unterzeichneten der baden-württembergische Finanzminister Robert Gleichauf und er einen Vorvertrag über die Bundesgartenschau 1977 in Stuttgart. Für das ihm sehr am Herzen liegende Projekt standen 25 Millionen DM zur Verfügung, die Land und Stadt je zur Hälfte aufbringen sollten.[235] Sehr wahrscheinlich erfolgte die Unterzeichnung des Vorvertrags im Krankenhaus, denn am 25. Juli befand er sich noch dort. Nach ärztlicher Mitteilung war er auf dem »langsamen Weg der Besserung«.[236] Am 26. Juli schrieb er dem befreundeten Justizminister a.D. Dr. Wolfgang Haußmann: »Ich hoffe, dass ich in einigen Wochen wieder in alter Frische an die Arbeit gehen kann.« In einem Brief vom 2. August an Maria Greiner, Rathauskellerwirtin, und an ihre Familie präzisierte er diese Zeitangabe: »Anfang September.«[237]

Am 2. August verließ er das Robert-Bosch-Krankenhaus, um sich auf der Bühler Höhe im Schwarzwald einer Kur zu unterziehen.[238] Für Professor Dr. W. A. Müller, Chefarzt am Zentrum für Innere Medizin des Robert-Bosch-Krankenhauses, war Oberbürgermeister Klett noch keineswegs über dem Berg. In einem Brief vom 5. August an Frau Yvonne Klett diagnostizierte er eine starke Minderung der

Leistungsfähigkeit des Herz- und Kreislaufsystems und schloss plötzliche Komplikationen wie Herzrhythmusstörungen oder Lungenembolien nicht aus. Er hielt deshalb eine konsequente klinische Weiterbehandlung für erforderlich und meinte, dass das Sanatorium Bühlerhöhe auch wegen seiner Höhenlage dafür günstige Voraussetzungen biete.[239]

Am 12. August gab die Geschäftsleitung der Stuttgarter Firma Hahn & Kolb in einem Brief ihrer Dankbarkeit über das vieljährige Wirken von Oberbürgermeister Klett zum Wohl Stuttgarts Ausdruck, und sie schloss den Wunsch auf eine rasche vollständige Genesung des Stadtoberhaupts an. »Keine Epoche in der Geschichte unserer Stadt«, so hieß es in dem Brief, »dürfte gleich turbulent gewesen sein, wobei wir nicht nur an die Jahre nach dem Zusammenbruch, sondern auch an die Folgezeit denken. Noch gut erinnern wir uns an die ersten Nachkriegsjahre, in denen die Stadt Stuttgart dank Ihrer fortgesetzten Initiativen und manchmal sicher riskanten Großzügigkeit, mit der Sie der Beschaffung von Baumaterialien und vielem anderen Ihr Plazet gaben, eine Spitzenposition im Wiederaufbau einnehmen konnte. Die nach der Währungsreform eintretende stürmische Entwicklung und ihre Bewältigung im wirtschaftlichen, technischen und sozialen Bereich, Zu- und Abwanderungen mit all ihren Problemen, die Lösung der Verkehrsmisere im engen Stuttgarter Talkessel, die Inangriffnahme von Tief- und Hochbauprojekten größten Ausmaßes, die den Weg in die Zukunft öffnen sollten, die Förderung des Gesundheitswesens sind nur einige Stationen, auf dem Weg, den Sie gegangen sind, ohne an sich selbst zu denken. Die Bürde der Arbeit, die mit all dem zusammenhing, war dabei vielleicht noch weniger belastend als die Schwierigkeiten, im Widerstreit der sicher oft recht subjektiv gebildeten und vorgetragenen Meinungen zu ausgewogenen Ergebnissen zu gelangen. Bedenkt man dies mit Blick auf die Vergangenheit, wird klar, dass auch die stärkste Konstitution eines Tages den Tribut zahlen muss. Gerne benutzen wir deshalb die Gelegenheit, Ihnen für all das zu danken, was durch Ihre aufopferungsvolle Tätigkeit allen Stuttgarter Unternehmen und damit auch uns direkt und indirekt zugute kam. Wir verbinden diesen Dank mit dem nochmaligen Wunsch auf baldige völlige Wiederherstellung Ihrer Gesundheit.«[240]

Dieser Brief hätte Oberbürgermeister Klett sicher große Freude bereitet. Aller Wahrscheinlichkeit nach traf er aber erst nach seinem Tod auf der Bühler Höhe ein. Am 14. August war Arnulf Klett dort unerwartet einem plötzlichen Herzversagen und einer Lungenembolie erlegen. Nachdem er sich auch nach dem Urteil der behandelnden Ärzte von seiner Überarbeitung verhältnismäßig gut erholt zu haben schien, hatte kaum jemand mit einem solch jähen Tod gerechnet. In Stuttgart und weit darüber hinaus, auch im westlichen Ausland, waren Bestürzung und Trauer groß. Am 16. August wurde er auf dem Waldfriedhof im engsten Familienkreis beigesetzt.[241]
Für Yvonne Klett war der Tod ihres Mannes ein harter Schlag. Von heut auf morgen stand sie mit ihren Kindern Volker Arnulf, Corinne Yvonne und Nicole Suzanne allein da. Alle Drei gingen noch zur Schule. Der Abschluss ihrer Schul- und Berufsausbildung lag in weiter Ferne. Sie hätten also weiterhin dringend des Vaters bedurft. Um Arnulf Klett trauerten auch der Sohn Roderich aus erster Ehe, seine Frau Lieselotte und seine Kinder Alexander und Bettina. Die erste Frau Arnulf Kletts, Gertrud Melanie, geb. Mebold, war acht Monate vorher, am 18. Dezember 1973 gestorben.[242]
Am 21. August wurde in der Liederhalle des Verstorbenen gedacht. Außer zahlreichen Persönlichkeiten des öffentlichen Lebens waren auch die Stuttgarter Bürger zu der Trauerfeier eingeladen. Zunächst würdigte Erster Bürgermeister Dr. Jürgen Hahn Persönlichkeit, Leben und Werk von Arnulf Klett. Ihm folgten als Redner Stadtrat Otto Palmer, Ministerpräsident Dr. Hans Filbinger, Bürgermeister Hans Koschnick, Präsident des Deutschen Städtetags, Pierre Pflimlin, Oberbürgermeister der Stadt Straßburg, und Professor Dr. Walter Erich Schäfer, Generalintendant a.D. der Württembergischen Staatstheater.[243] Auf diese Reden wird noch näher einzugehen sein. Der Stadt Stuttgart und der Gattin des Verstorbenen gingen eine große Zahl von Beileidsbekundungen zu: u.a. vom Präsidenten des Senats der Französischen Republik, von Bundestagspräsidentin Annemarie Renger, Bundeskanzler Dr. Helmut Schmidt, vom Vorsitzenden der Gewerkschaft ÖTV Heinz Kluncker, vom Kommandeur des VII. US-Armeekorps General George S. Blanchard, vom Stadtrat von Zürich, von Bürgermeister Bloch von Shavei Zion, von Regierungspräsident Fried-

rich Römer, von Bundesjustizminister Dr. Jochen Vogel, vom Vizepräsidenten des Bundesverfassungsgerichts W. Seuffert.[244]
Der für den 1. September 1974 vorgesehene »Schwäbische Sonntag« fiel wegen des Todes von Oberbürgermeister Klett aus. Ebenso wurde bei der Auftaktveranstaltung des Cannstatter Volksfests am 28. September 1974 auf jegliches Zeremoniell verzichtet.[245]
Am 5. September 1974 gedachte der Stuttgarter Gemeinderat seines verstorbenen Vorsitzenden.[246] Kurze Zeit später erklärte er das Grab Arnulf Kletts zum Ehrengrab und übernahm es in die Obhut der Stadt.[247]
Zum ersten Jahrestag des Todes von Arnulf Klett, am 14. August 1975, brachte die Landessparkasse-Girokasse Gedenkmedaillen in Gold und Silber heraus. Sie zeigten auf der Vorderseite das Bildnis Kletts, darunter die Jahreszahlen 1945 – 1975. Auf der Rückseite war das Rathaus sowie das Stadtwappen und die Umschrift »Stuttgart Landeshauptstadt« zu sehen.[248]
Am 17. September 1975 ließ die Stadt auf dem Grab von Oberbürgermeister Klett einen Grabstein aufstellen. Das von dem Stuttgarter Bildhauer Erich Glauner aus Muschelkalk gehauene, fast zwei Meter hohe Grabmal erhielt die Inschrift: »Arnulf Klett 8. 4. 1905 – 14. 8. 1974. Oberbürgermeister 1945 – 1974.«[249]
Mit dem am 1. Dezember 1974 im zweiten Wahlgang gewählten Staatssekretär im baden-württembergischen Finanzministerium Manfred Rommel[250] erhielt Stuttgart wieder einen Oberbürgermeister, der, von hohem Pflicht- und Verantwortungsbewusstsein geleitet, in gleicher Weise wie sein Vorgänger der Stadt Bestes suchte und dies in den folgenden 22 Jahren durch sein kluges Handeln auch bewies.

Arnulf Klett – ein Glücksfall für Stuttgart

Die Presse weit über Stuttgart und Baden-Württemberg hinaus würdigte in Nachrufen im August 1974 den Menschen Arnulf Klett und seine herausragende Lebensleistung. Einige dieser Nachrufe sind in ihrer Aussage besonders gewichtig; sie werden deshalb im Folgenden auszugsweise wiedergegeben.[1]

Stuttgarter Zeitung (Gerhard Eigel): »Die Stadt hat den weit blickenden, unermüdlichen Chef ihrer Verwaltung verloren – der gleichzeitig ein glänzender und humorvoller Repräsentant schwäbischer Lebensart war –, der Gemeinderat seinen energischen und zielstrebigen Vorsitzenden und die Bürgerschaft ihren Oberbürgermeister, der dem Volk mit bodenständigem Witz aufs Maul zu schauen pflegte ... Arnulf Klett war eine Kämpfernatur, zäh, ausdauernd und unbeirrbar, und er war kompromissbereit, wenn es galt, eine drohende Niederlage noch in einen Teilerfolg zu verwandeln. Und es ist selbstverständlich, dass Klett in seiner langen Laufbahn nicht nur Siege, dass er neben vielen Stärken auch Schwächen aufzuweisen hatte. Ein Mann wie Klett, der sein Ziel nie aus den Augen verlor, konnte nicht nur Freunde haben. Er hatte auch Feinde, die Achtung hat ihm aber niemand versagt«.

Stuttgarter Nachrichten (Gert Fach): »Arnulf Klett war weder in Stuttgart noch im Land noch in Bonn ein bequemer Mann. Er kämpfte mit einer Verbissenheit um die Verwirklichung seiner Ideen und das Wohl seiner Mitbürger, die ihm stets zu hoher Achtung beim politischen Gegner verhalf. Ungeteilt ist der Respekt vor seinem bedeutendsten Werk, dem Wiederaufbau von Stuttgart, das mit am schwers-

ten unter den Kriegsereignissen zu leiden gehabt hatte. Unauffällig, aber umso wirkungsvoller war auch sein Einsatz für das Zusammenrücken Europas.
Er parierte Angriffe auf seine Person mit viel Eleganz, und wenn es darauf ankam, auch mit so entschiedener Härte, dass ihn seine Mitbürger immer ein wenig mehr bewunderten als kritisierten. Der Mann, von dem das Gerücht ging, dass er selbst zum Schlafanzug Fliege getragen hat, hatte wie kaum ein anderer Bürgermeister einen schier unerschütterlichen Rückhalt in der Bevölkerung.«

Stuttgarter Wochenblatt (Hans-Frieder Willmann): »Mit wenigen Männern, unglaublicher Schaffenskraft und nie nachlassendem Optimismus hat es Dr. Klett verstanden, in kürzester Zeit in das Chaos nach dem Kriege Ordnung zu bringen und die Stadt zu neuer Blüte zu führen. Bewundernswert sein Gedächtnis, seine Sachkenntnis und die Freundlichkeit, mit der er auch dem geringsten Bürger entgegenkam, bewundernswert aber auch sein Stehvermögen ...«

Schwäbische Zeitung (Chrysostomus Zodel): »Arnulf Klett war kein kleinlicher Mann, im Planen nicht und auch nicht in der politischen Auseinandersetzung, die nicht ausbleiben kann, wenn einer fast drei Jahrzehnte regiert. Und regiert hat er, stets mit der adretten Fliege um den Hals, in der Jackentasche das Manuskript einer der tausendundeins Reden oder eines pointierten Gedichts, ein Meister der Taktik, ein knitzer Schwabe und ein kühler Manager im selben Moment, wobei nur die Augen manchmal verrieten, wer er gerade war. Wie ein Fürst ist er den Bürgern dieser Stadt, die so viel auf ihr republikanisches Gemüt geben, zuweilen erschienen. Aber: Unser Klett, das haben sie immer gesagt, auch wenn sie im brutteligen Unterton über ihn sprachen ...«

Reutlinger General-Anzeiger: »Wo Klett sich engagierte, spielte er auch die erste Geige, und zwar mit Erfolg. Die Ämterhäufung, die er sich aufbürdete und die mit einem ungeheuren Arbeitsanfall gekoppelt war, ließ selbst den fleißigen Schwaben den emsigen Fleiß ihres Hauptstadt-Obersten unheimlich werden. D'r Klett, dessen perlenbestickte Fliege unterm Kinn eine Art Stuttgarter Wahrzeichen wurde, stand mit seiner ganzen Person für den obsiegenden Optimismus, für Unruhe stiftenden Ideenreichtum. Kletts Hemdsärmeligkeit kam bei den Leuten an, denn sie verbürgte Erfolg. Stuttgart war Deutschlands erste Stadt, die nach dem Kriege wieder Freundschaftskontakte zum Ausland knüpfen und als erste ›trümmerfrei‹ vermelden konnte. Manches, was aus der großen Stadt Stuttgart seit Kriegsende eine Großstadt gemacht hat, kam auf das persönliche Konto des Oberbürgermeisters. Das wussten die Bürger, und sie erkannten vor allem das warme Herz unter der ›dicken Haut‹, die man Klett nachsagte ...«

Frankfurter Allgemeine: »Fast dreißig Jahre hat er [Arnulf Klett] gleichsam gegen den kommunalpolitischen Zug der Zeit, die Machtübernahme der Parteien und Technokraten auf den Rathäusern, geführt: parteilos, getragen in erster Linie von seiner Popularität, Unentbehrlichkeit und Erfahrung, ein energischer, die Entwicklung Stuttgarts mit dem Blick auf die Gewerbesteuer vorantreibender Verwaltungsmann, aber eben auch ein schwäbischer Bürgermeister im traditionellen Sinn. Ihm waren die mit mancherlei landsmannschaftlichen Eigenheiten gepflegten Beziehungen zur Bevölkerung genauso wichtig wie die Kontakte zu den etablierten politischen Kräften ...«

Dernières Nouvelles d'Alsace: »Dr. Klett repräsentierte das nach dem Kriege völlig neuerstandene Stuttgart. Er war der ›Trümmerbürgermeister‹, der beim Aufräumen in der völlig zerbombten Stadt allen voranging. Er sprach unerschrocken mit den Alliierten, als diese noch die Besetzer der ersten Tage waren.«

Süddeutsche Zeitung (Hans Heigert): »Dr. Klett war, wie es sich für einen schwäbischen Oberbürgermeister gehört, ein höchst eigenwilliger Mann. An Selbstbewusstsein gebrach es ihm ebenso wenig wie an Sachverstand, und seine kommunalpolitische Leidenschaft wurde nie von anderen Plänen oder weiteren politischen Zielen abgelenkt. Man hat diesen hurtigen, auch den schönen Dingen des Lebens zugetanen Mann nie müde oder resigniert gesehen. Klett war zweifellos einer der bedeutendsten Oberbürgermeister des Aufbaus und der

Erneuerung. Obgleich es ihn nie von Stuttgart wegdrängte und er stets als vehementer Lokalpatriot auftrat, hat er doch erheblich und häufig federführend an der Reorganisation der überregionalen Institutionen der Selbstverwaltung mitgewirkt ... Dass er trotz seines gewaltigen Arbeitspensums nie abgehetzt erschien, mag wohl auch mit jenem eigenartig schwäbischen Humor zu erklären sein, der den Alltagskram letztlich doch nicht ganz ernst nehmen kann ...«

Die Welt (DW): »Im Stuttgarter Gemeinderat regierte der parteilose Klett manchmal eigenwillig, jedoch stets souverän. Auch gelegentliche Anfeindungen konnten seine Position nicht erschüttern, zu populär war das Stuttgarter Stadtoberhaupt in seiner Landeshauptstadt.«

Südwestpresse (gf): »Dr. Klett war ein Mann, wie Stuttgart ihn brauchte, wie die Schwaben ihn haben wollten. Er war dabei, als die Stuttgarter Steine klopften, als die ersten Häuser aus dem Meer der Trümmer wuchsen, als die ersten Firmen ihre Arbeit aufnahmen. Dr. Klett hatte die Fäden in der Hand, das Gefühl dafür, was für die Stadt das Beste ist, und den unerbittlichen Willen, es auch durchzusetzen. Niemand kann sich heute vorstellen, welche Entwicklung die Stadt zwischen Wald und Reben genommen hätte, wäre er nicht an der Spitze gestanden und hätte seinen Mitbürgern [nicht] zugerufen: ›Des wär ja g'lacht, wenn mir des net nahkriege tätet‹ ...«

Bei der Trauerfeier am 21. August 1974 entwarf Erster Bürgermeister Dr. Jürgen Hahn ein beeindruckendes Bild von der Persönlichkeit und dem Lebenswerk Arnulf Kletts. Das Wirken von Oberbürgermeister Klett, so sein engster Mitarbeiter während der letzten zehn Jahre, »war immer auf kurz- oder langfristig angestrebte Ziele gerichtet. Es gab in seinem Bewusstsein nur Erfolge und Höhepunkte, keine Tiefen und Misserfolge – zum mindesten wurden sie nicht registriert und deshalb schnell vergessen. Keine Pausen, kein Nachlassen der Energie, auch kein Wunsch nach Ruhe und Besinnung, keine Entspannung, kein Privatleben, zu wenig Zeit für die Familie, keine Freizeit und Muße. Und er war der Motor, der alles bewegte, dessen Antrieb bis in die letzte Amtsstube des Rathauses zu spüren war. Dieser rastlose Oberbürgermeister schätzte Mitarbeiter, die ebenso wie er unentwegt arbeiteten. Es war eine Freude, mit und unter einem solchen Chef sich für eine Aufgabe einzusetzen. Wenn er sich für eine Sache entschieden hatte, dann konnte man seiner Unterstützung sicher sein ... Soviel Dr. Klett von seinen Mitarbeitern forderte, soviel Freiheit ließ er ihnen ... Die Wandlungen im Stil der öffentlichen Verwaltung, die Erschwerung schneller Entscheidungen durch Bürgerinitiativen und breite Diskussionen in der Öffentlichkeit wurden von ihm, dem Mann der schnellen Entschlüsse und des schnellen Handelns, zunehmend skeptisch beurteilt. Dem großen Demokraten aus Überzeugung, dem aufrechten Nazigegner aus bitterer Lebenserfahrung erschien die Demokratisierung aller Lebensbereiche als Erschwerung tatkräftiger Verwaltungsarbeit.

Als Oberbürgermeister dieser Stadt hatte er ein klares Konzept mit weitgesteckten Plänen. Die Hartnäckigkeit, mit der er diese Pläne verwirklichte, die persönlichen Initiativen ... waren bewundernswert. Sein Arbeitspensum, das er sich setzte, war übermenschlich ... 30 Jahre Geschichte dieser Stadt waren 30 Jahre Oberbürgermeister Klett. Dass etwas geschah, wie es geschah und wann es geschah, war mehr oder weniger von ihm beeinflusst ... In den Kondolenzschreiben ... kommt zum Ausdruck, wie sehr die Bürger ... Dr. Klett als ihren Oberbürgermeister geachtet und geschätzt haben, ihren OB, von dem sie wussten, dass man sich immer an ihn wenden kann, dass er für sie da ist, und dass er sich auch der Sorgen des kleinen Mannes annimmt. Jedes Schreiben wurde von ihm beantwortet, Jubilare wurden besucht, Jubiläen mitgefeiert, jede Bürgerversammlung war ihm wichtig. Das ... geschah, weil er diese persönliche Ansprache und Aussprache mit den Bürgern im Interesse des Kontaktes der Stadtverwaltung zur Bevölkerung für notwendig und wichtig hielt.

Da war das Volksfest einmal im Jahr, die Eröffnung ohne Kletts zündende, humorvolle, mit mancher Anspielung auf Ereignisse und Persönlichkeiten gespickte Rede nicht denkbar. Hier hatte der echte Schwabe das Wort, knitz und derb manchmal, aber immer versöhnlich und voll menschlicher Wärme. Der Fassanstich, der Taktstock, mit dem er die Kapelle im Zelt dirigierte, gehörten in diese einmalige Atmosphäre wie zu seinem Wesen. Aber auch kleinere Feste wie die

Der Oberbürgermeister begrüßt eine Marktfrau.

Kirbe in Untertürkheim oder Uhlbach, das Spargelessen mit dem Konsularischen Korps oder die Eröffnungen und Einweihungen, die Ausstellungen auf dem Killesberg, die Kinderfeste in Vaihingen und Rot, die Heslacher Hocketse, der Schwäbische Sonntag und schließlich die herzliche Gastfreundschaft gegenüber Besuchern unserer Stadt.

Immer nahm er sich dafür Zeit, eine freundliche Ansprache, sachlich fundiert, aber nie förmlich oder formell, ein kleines Gedicht, Weisheiten aus seiner unerschöpflichen Spruchsammlung, alles war ihm eine gern übernommene Pflicht.
Das besondere Interesse unseres Oberbürgermeisters galt den großen infrastrukturellen Projekten, der Wasserversorgung, dem Ausbau des Nahverkehrs, der U-Bahn, der S-Bahn, der Versorgung mit Gas und Strom, den Straßenbauvorhaben, der Entwicklung des Flugverkehrs, dem Neckarhafen und dem Ausstellungsgelände Killesberg. Durch den Bau der Liederhalle und den von der Stadt mitgetragenen Bau des Kleinen Hauses der Staatstheater wurden die Voraussetzungen für die Entwicklung eines reichen kulturellen Lebens geschaffen. Seine ganze Liebe galt dem Musikleben unserer Stadt, dem Stuttgarter Kammerorchester, den Philharmonikern, der Musikhochschule, dem Ballett der Staatstheater und dem Staatstheater überhaupt.«
Dr. Hahn attestierte dem verstorbenen Oberbürgermeister, dass ihm besonders an der Förderung der wirtschaftlichen Unternehmen gelegen gewesen sei. Durch die Ansiedlung neuer Betriebe der Elektroindustrie und vor allem des Buch- und Verlagswesens habe Dr. Klett die Stuttgarter Wirtschaftsstruktur gestärkt und gestützt. Die Schaffung neuer Arbeitsplätze sei ihm wichtig gewesen, damit sich in den verschiedenen Wirtschaftsbereichen ein pulsierendes städtisches Leben entwickle. Seit geraumer Zeit freilich seien die Verhältnisse in starkem Wandel begriffen. Unternehmen, Einrichtungen und eine große Zahl von Einwohnern wanderten ab. Das wirtschaftliche Wachstum verlagere sich zunehmend ins Umland, die Einwohnerzahl der Stadt stagniere. Stuttgart wüchsen indes andere Funktionen zu: »als Mittelpunkt kulturellen und geistigen Lebens, als politisches Zentrum des Landes, als Standort für Dienstleistungsbetriebe eines weiteren Umlandes. Der Gründung des Regionalverbands und den Vorarbeiten für die Bildung eines Nachbarschaftsverbands galten die kommunalpolitischen Bemühungen des Verstorbenen im letzten Jahr – wie wir wissen – mit halbem Herzen. Denn er spürte, dass kommunalpolitisches Leben und kommunalpolitische Vorstellungen, wie sie 25 Jahre Geltung hatten, nun in neuer, noch ungesicherter Form Gestalt gewinnen müssen.«[2]

Stadtrat Otto Palmer hob in seiner Ansprache bei der Trauerfeier hervor, dass die Dinge im Lauf der Jahre immer vielschichtiger, durch die Vorbereitung und Bearbeitung zeitaufwendiger geworden seien und im Übermaß an den Kräften des Oberbürgermeisters gezehrt hätten. Aber sein Optimismus habe Dr. Klett nie verlassen, ebenso wenig sein unerhörter Fleiß und sein ausgezeichnetes Gedächtnis. Nichts sei ihm zu viel gewesen. Neben seinen vielfältigen Amtsgeschäften sei er den Bürgern bei allen möglichen Anlässen zur Verfügung gestanden. »Er hatte ein ausgeprägtes Gespür für das Empfinden derer, die eben ihn, den Oberbürgermeister, erwarteten und ihn und keinen anderen haben und vor allem hören wollten. Sein Humor, sein reicher Schatz an heiteren und besinnlichen Geschichten und Sprüchen und seine Schlagfertigkeit haben ihn weit über die Grenzen dieser Stadt hinaus bekannt und liebenswert gemacht. Er hat auch keine Auseinandersetzungen gescheut. Er hat sich auch da gestellt, wo die Chancen, Argumente vorzutragen und zu überzeugen, gering waren.« Nur ganz wenige Sitzungen des Gemeinderats habe er nicht selbst geleitet. »Seine zielstrebige Art, Tagesordnungen abzuwickeln und Diskussionen nicht herauszufordern, ist nicht nur im Gemeinderat bekannt. Er konnte aber auch zuhören und ausreden lassen und versuchte dann, in Entscheidungsfragen Kompromisse zu formulieren, die nach seiner Meinung vertretbar waren. Und er hatte in allen wichtigen Fragen seine eigene Meinung und eine konkrete Zielvorstellung. Er war nicht ein Mann, der getrieben werden musste. Er war ein Marschall vorwärts. Hatte er einmal eine Sache als richtig erkannt, dann verfocht er sie mit aller Energie und hat in den meisten Fällen Erfolg gehabt.« Während seiner Amtszeit habe er viele Höhepunkte seines Schaffens erlebt und vielseitige Anerkennung erfahren. Wenn nicht alles nach seinen Vorstellungen gelaufen sei, so mindere dies in keiner Weise seine Leistungen. »Er war ein Demokrat, und seine freiheitliche Grundeinstellung kam aus innerster Überzeugung. Sein Widerstand im Dritten Reich ist ebenso bekannt wie sein Eintreten für die Opfer dieser Gewaltherrschaft. Sein Engagement für soziale Gerechtigkeit ist unbestreitbar. Diese Gesinnung hat sein Handeln bestimmt.«[3]

Der Vorsitzende des Gesamtpersonalrats bei der Stadtverwaltung, Karl

Schneider, nannte Oberbürgermeister Klett einen »unermüdlichen, hilfsbereiten und selbstlosen Chef«. Trotz »seiner unglaublichen Fülle von Aufgaben« habe er noch Zeit gefunden, sich in verständnisvoller Weise mit den persönlichen Anliegen der einzelnen Mitarbeiterinnen und Mitarbeiter zu befassen. Er habe gegenüber dem Personal keine unnötigen Spannungen aufkommen lassen und sei stets bestrebt gewesen, Probleme in gemeinsamer Aussprache zu lösen. Besonderen Dank schuldeten ihm die Bediensteten dafür, dass er als Vorsitzender der Vereinigung kommunaler Arbeitgeber unentwegt für die sozialen Belange der Arbeitnehmer im öffentlichen Dienst und für die Tarifautonomie eingetreten sei.[4]
Ministerpräsident Dr. Hans Filbinger beklagte in seiner Traueransprache die unausfüllbare Lücke, die der Oberbürgermeister, der Politiker, der Mensch Arnulf Klett hinterlassen habe. Dr. Klett, so der Regierungschef, habe sich »unvergessliche, unauslöschliche Verdienste« um die Stadt Stuttgart und das Land Baden-Württemberg erworben. Er sei ein Meister des Wortes, vor allem aber ein Mann der Tat gewesen. Hinter aller Liebenswürdigkeit und aller Jovialität des ersten Bürgers Stuttgarts hätten ein unbeugsamer Wille, hätten Entschlusskraft, Zähigkeit und eine gute Portion schwäbischen Eigensinns gestanden. Unter der Verantwortung von Dr. Klett sei Stuttgart zu einer echten Hauptstadt Baden-Württembergs geworden. Er habe die Bedeutung der Landeshauptstadt als wirtschaftliches und soziales Zentrum des Landes gesehen. Er sei sich aber auch der Verantwortung dieser Stadt als geistiger und kultureller Mittelpunkt des Landes bewusst gewesen und habe danach gehandelt. Stuttgart sei in vielfacher Hinsicht Modell und Muster für andere Städte Baden-Württembergs geworden, »Modell und Muster auch für Energie, Tüchtigkeit, Zielstrebigkeit«. Es habe den verhältnismäßig höchsten Anteil der Beschäftigten an der Gesamtbevölkerung in der ganzen Bundesrepublik, und diese geballte Energie und Arbeitsleistung hätten es mit den Erfolgen in der Produktivität und im Einkommen der Bevölkerung an die Spitze im Bundesgebiet gebracht. Stuttgart habe viele Superlative erlangt. Dr. Klett habe auch schon sehr früh erkannt, dass gerade für eine Landeshauptstadt eine enge Zusammenarbeit mit den Gemeinden ihres Umlands, so namentlich gemeinsame Planungen in den

verschiedensten Bereichen, unerlässlich seien. Deshalb habe er sich schon früh für die Errichtung eines Regionalverbands Mittlerer Neckar und für die vorgesehene Schaffung eines Nachbarschaftsverbands eingesetzt und in verantwortlicher Position bei vielen überörtlichen, landespolitisch bedeutsamen Aufgaben mitgewirkt.
Der Ministerpräsident hatte den ihm typisch schwäbisch erscheinenden Humor, »jene heitere und gelassene Art, die sich in Witz und Schlagfertigkeit, aber auch in Geist und Lebensweisheit niederschlägt«, bei Arnulf Klett besonders geschätzt. Für Dr. Filbinger war der Stuttgarter Oberbürgermeister ein Urschwabe gewesen, »dessen Humor nicht an der Oberfläche bleibt, sondern tiefer geht und nicht selten zur Lebensphilosophie wird«. Im Kreativen seines Wesens lag der eigentliche Impetus für sein so überaus erfolgreiches öffentliches Wirken.[5]
Bürgermeister Hans Koschnick (Bremen), der Präsident des Deutschen Städtetags, brachte in seiner Rede bei der Trauerfeier Dank und Anerkennung dafür zum Ausdruck, dass Arnulf Klett durch viele Jahre »sein reiches Wissen, seine schier unerschöpfliche Schaffenskraft zahlreichen kommunalen Gremien und Verbänden« geliehen hatte. »Wer ihn kannte, wusste seinen hintergründigen Humor, seine Sachkenntnis, seinen kämpferischen Einsatz und seine beharrliche Zähigkeit, mit der er die von ihm für richtig erkannten Ziele verfolgte, zu schätzen ... Es zeichnete ihn hier seine schwäbische Eigenheit aus, bei der ihm meist auch der Schalk im Nacken saß, aber ihn stets davor bewahrte, verletzend zu werden, wenn die Auseinandersetzungen mit seinen Gesprächspartnern gelegentlich in der Sache hart, in der Form aber stets verbindlich waren. Sein Handeln war von Menschlichkeit, von Güte und Verantwortungsgefühl getragen sowie durch sein ausgleichendes Wesen bestimmt. Er strahlte – besonders in den letzten Jahren – souveräne Würde aus.«[6]
Pierre Pflimlin, Oberbürgermeister von Stuttgarts Partnerstadt Straßburg, fand Worte tiefen Danks für den verstorbenen Freund. Arnulf Klett, so Pflimlin, sei einer der ersten Vorkämpfer für die deutsch-französische Verständigung und für die Einigung Europas gewesen. Er habe nach dem Krieg die Chance für die Begründung einer dauerhaften Freundschaft zwischen Deutschland und Frankreich erkannt,

und er habe sich in diesem Glauben nicht irre machen lassen. Von ihm sei der Gedanke einer Partnerschaft zwischen Straßburg und Stuttgart ausgegangen, und in ihm, Pflimlin, habe er einen Gleichgesinnten gefunden. Klett sei davon überzeugt gewesen, dass die Verständigung und Einigung Europas am ehesten gelinge, wenn man sie »von unten herauf« aufbaue, also bei den Kommunen beginne. Dieser Gedanke habe sich als richtig erwiesen, auch wenn Rückschläge nicht ausgeblieben seien. Für Pflimlin hatten vor allem die nahe an der Grenze lebenden Deutschen und Franzosen, also die Straßburger und die Stuttgarter, die Verpflichtung, im Sinne von Arnulf Klett alles zu tun, damit die Freundschaft zwischen beiden Völkern ein solides Fundament erhielt.[7]

Professor Dr. Walter Erich Schäfer, der langjährige Generalintendant der Württembergischen Staatstheater, der als Letzter bei der Trauerfeier am 21. August 1974 sprach, rühmte die großzügige Förderung des kulturellen und geistigen Lebens in Stuttgart durch Oberbürgermeister Klett: »Für die Kultur war ihm [Klett] buchstäblich nichts zu viel. Immer war er da, wenn man ihn brauchte. Ich habe das in beinahe 25 Jahren im Staatstheater erlebt, wo er nicht nur Mitglied des Verwaltungsrats gewesen ist, sondern stellvertretender Vorsitzender, Vertreter der Stadt Stuttgart in diesem aus Staat und Stadt zusammengesetzten Gremium. Sehr häufig – fast immer – ist dort die Initiative von ihm ausgegangen. Er war immer der, der vorwärts trieb, er war der, der jedes zunächst vielleicht zu kühn scheinende Projekt verteidigte und durchsetzte. Seiner Initiative und seinem tätigen Vorwärtsstreben war es zu danken, dass sehr viel geschah, was ohne ihn nicht geschehen wäre. Eine bevorzugte schwäbische Eigenschaft, nämlich die Sparsamkeit, konnte er dabei vergessen und beiseite stellen. Die Kultur seiner Stadt sollte nicht – in einem doppelten Sinne – billig sein.«[8]

In seiner Erinnerung »Bühne meines Lebens« zog Professor Schäfer das ergänzende Fazit: »Wenn die Stadt Stuttgart hinausstrahlte in die Welt, wenn der Name dieser Stadt bekannt wurde durch zahlreiche künstlerische Leistungen, dann war es Arnulf Klett in erster Linie zu verdanken. Sein Tod hat das Theater eines seiner mächtigsten Fürsprecher beraubt.«[9]

In dem im Stadtarchiv Stuttgart verwahrten Nachlass Arnulf Kletts befindet sich eine Vielzahl von Kondolenzbriefen. Einige dieser Schreiben charakterisieren den Menschen und Politiker Arnulf Klett besonders treffend. Der Präsident des Senats der Französischen Republik nannte ihn einen der Pioniere der deutsch-französischen Verständigung.[10] Der bekannte Journalist Dr. Helmut Cron schrieb an Frau Klett: »Was hatte Stuttgart für ein Glück, gerade diesen ›ungelernten‹ Mann ins Rathaus zu bekommen! Kein anderer hätte damals in dem Kuddelmuddel der trostlosen Zustände so unbürokratisch, dafür aber aus der Situation heraus praktisch und brauchbar handeln können wie er. Sie haben es miterlebt, wie er oft unlösbare Schwierigkeiten aus dem Weg geräumt hat. Als dann der Kriegsschutt beseitigt war und wieder Kommunalpolitik gemacht werden konnte, blühte Ihr Mann erst richtig auf. Da kamen Begabungen und Weitsichten zum Vorschein, die ihn zu einer Art Wundermann machten.«[11]

Der Esslinger Verleger Otto Bechtle schrieb Frau Klett: »Das so weit gespannte Weltverständnis Ihres lieben Mannes wurzelte in einer Herzensgüte und in einem seltenen Verstehen der Menschen und Dinge. Dazu als eine Selbstverständlichkeit seines Wesens die Verantwortlichkeit, in der er sich verbrauchte – in serviendo consumor –. Er hatte keine Feinde; die ihm entgegentraten, respektierten ihn und liebten ihn doch. In allem ein großer Mann, der sich mit seinem Wirken und Leben ein Denkmal setzte, das die Zeiten überdauern wird. Als ein Vorbild bleibt er der Allgemeinheit erhalten.«[12]

In den *Stuttgarter Nachrichten* widmete »Knitz« (Hermann Freudenberger) Arnulf Klett einen Nachruf, wie er respekt- und ehrenvoller kaum hätte sein können: »Klett war das Beispiel eines volksnahen Mannes ... Wir haben von ihm, er hat von seinen Bürgern gelernt. Er gehörte keiner Partei an und musste mit den Parteien regieren. Auch das prägt. Man lernt Taktik und Selbstverantwortung. Dazu kam der Schwabe in ihm: ruhig, fest, besonnen. Und mit einem Hauch von Eigensinn, der jeden Schwaben ehrt. Wenn er eigensinnig zu sein schien, war es für seine Stadt, die er liebte ... Knitz kennt höchstens noch einen Mann, der im Amt so uneitel und natürlich war wie Dr. Klett: der Bremer Senatspräsident Kaisen. Es sind die Vaterfiguren, die immer seltener werden. Dr. Klett bleibt unverkennbar: Sein Gesicht, das jede Kopfbedeckung, die man ihm bei Ehrungen aufdrängte, wundersam freundlich über sich ergehen ließ, sein Gang und sein Witz. Und dass er über sich selbst lachen konnte. Es war der Hang zur Selbstverspottung, an dem man bei einem Schwaben die Qualität messen kann ... Er strahlte aus. Sein Amt hat ihm Spaß gemacht, und es hat ihn Kraft gekostet. Mehr kann ein Mann in seinem Beruf nicht wollen. Und das wird ihm so schnell und so harmonisch keiner nachmachen.«[13]

Stadtrat Eugen Eberle, ein linksdemokratisches Urgestein, verstand sich mit Oberbürgermeister Klett bestens, obwohl er im Gemeinderat häufig hart an ihn geriet. Beide wussten aber das Persönliche streng von sachlichen Differenzen zu trennen. »Wer«, äußerte Eberle nach dem Tod Arnulf Kletts, »dem Oberbürgermeister die Meinung sagen wollte, musste das richtig auf Schwäbisch tun. Wir haben uns trefflich streiten können.«[14]

Arnulf Klett unterhielt Kontakte zu Künstlern. Befreundet war er mit Walter Erich Schäfer, Marcia Haydée, Wolfgang Windgassen, Herbert Otto Hajek und Thaddäus Troll. Eine besondere Auszeichnung sah er darin, einem Künstler das Attribut »schwäbisch« beilegen zu können. Durchaus nichts gegen diese »Einbürgerung« hatte der aus Südböhmen stammende Herbert Otto Hajek einzuwenden, und er sagte dies dem Oberbürgermeister auch, nachdem dieser ihn bei einem Empfang des südafrikanischen Ministerpräsidenten im Rathaus als »schwäbischen Künstler« vorgestellt hatte. Klett zeigte sich darüber sehr befriedigt, und er meinte: »Ha ja, wir Schwaben sind damit auch sonst sehr vorsichtig.«[15]

Vorgesetztenallüren kannte Arnulf Klett nicht. Landespolizeipräsident Paul Rau erinnerte sich, dass er mit dem Oberbürgermeister nach einer Rundfahrt zu einem Empfang auf den Killesberg kam. Alle Gäste hatten furchtbar schmutzige Schuhe. Der Oberbürgermeister nahm eine der vor dem Restaurant bereitliegenden Bürsten, putzte sich seine Schuhe und wandte sich dann zu Rau um und sagte lachend: »Jetzt kommen Sie dran. Warum soll ich nicht unserem Polizeipräsidenten die Schuhe putzen!« Und er putzte Rau die Schuhe.[16] Zehn Jahre nach dem Tod Arnulf Kletts war dieser für den inzwischen im Ruhestand befindlichen Polizeipräsidenten nach wie vor »in fast allem sein Vorbild«. Rau gab damals eine beeindruckende Charakterskizze von dem verstorbenen Stadtoberhaupt: »Akribie und Fleiß zeichneten ihn vor allem aus. Für den Mitarbeiter, der zum Vortrag in sein Dienstzimmer gerufen wurde, war das nicht einfach. Man musste bis ins Letzte präpariert sein. Sein Gedächtnis war phänomenal. Seine Arbeitsfreude ging bis an die Grenze der Arbeitswut. In jedem Menschen, dem er begegnete, sah er zunächst den Gentleman, und alle hat er bis zum Beweis des Gegenteils so behandelt. Für seine Stadt hat er sich aufgeopfert. Und doch, selbst in schwierigen Situationen, bewahrte er seinen Humor, konnte er auch über sich selbst lachen.«[17]

Klaus Dieterle, der Leiter des Presseamts der Stadt Stuttgart, schrieb 1984, Oberbürgermeister Klett habe stets die Chancen einer Aufgabe vor ihren Schwierigkeiten gesehen. Ein charakteristischer Satz von ihm sei gewesen: »Es gibt Leut', die schütteln über einem Suppenteller so lange den Kopf, bis sie ein Haar darin finden.« Und Maria Greiner, die Ratskeller-Wirtin, erinnerte sich 1984: »Als fröhlichen Familienvater sonntags mit den Kindern auf dem Killesberg habe ich Dr. Klett kennen gelernt, und dann auch als meist späten Gast im Ratskeller, wenn er sich nach einem langen Arbeitstag oft noch kurz nach Mitternacht stärkte. G'schmelzte Maultaschen gehörten zu den bevorzugten Stärkungen bei der späten Einkehr. Dr. Klett war immer ein gesprächiger und leutseliger Gast. Aus dem Rathaus wusste ich, dass er es verstand, seinen Kopf durchzusetzen. Und auch als Gast hat der OB ganz genau gewusst, was er will. Und sein verschmitztes Lächeln zeigte mir immer wieder, wenn er mit seinem Vesper und mit seinen Tischgenossen besonders zufrieden war.«[18]

Sein langjähriger Persönlicher Referent und nachmaliger Erster Bürgermeister Dr. Rolf Thieringer nannte Arnulf Klett in einem Zeitungsinterview 1984 »einen humorvollen, menschlichen und nie ungerechten Chef«. Der Arbeitsstil Kletts beeindruckte Thieringer tief: »präzis, detailbesessen und entscheidungsfreudig.« Er bezeichnete ihn als »das Musterbild schwäbischen Preußentums, ein Vorbild an Fleiß und Pflichtbewusstsein«. Keine Aufgabe habe er mit Verdrossenheit angegangen. »Menschen und Themen war er stets voll zugewandt. Energie konnte er wie wenige freisetzen, über Erfolge hat er sich von Herzen gefreut.«[19]

Und in noch größerem zeitlichem Abstand – im August 1994 – beschrieb Thieringer seinen ehemaligen Chef als dynamisch und mutig, als einen außerordentlichen und präzisen Schaffer, der immer genau informiert war, weil er neben seinem Amt viel mit den Leuten gesprochen, mit ihnen regelmäßige Interviews geführt und ständig Akten gelesen habe. Morgens sei er im Rathaus der Erste und abends der Letzte gewesen. Er habe sich um alles gekümmert. Doch habe er gerne delegiert, wollte nur immer informiert sein. Er habe einen Blick für das Wesentliche besessen. Bei Auseinandersetzungen habe er richtig losdonnern können, doch sei er nicht nachtragend gewesen.[20]

Im August 1994 anlässlich des 20. Todestags seines früheren Chefs, hat Rolf Thieringer in der *Stuttgarter Zeitung* Persönlichkeit und Lebenswerk Arnulf Kletts einfühlsam geschildert. Dieses wohlproportionierte, scharf konturierte Porträt wird in gleicher Weise dem Menschen wie dem Kommunalpolitiker gerecht. Es wird im Folgenden auszugsweise wiedergegeben: »Unabhängigkeit im Urteil und aufrechte Haltung prägten ihn als Bürger und machten ihn in der historischen Stunde Null der Stadt zum rechten Mann in unvergleichlich schwieriger Situation. Arnulf Klett ... hatte Mut, das Herz auf dem rechten Fleck, nüchterne Vernunft, Energie und Vertrauen zu sich und zu seinen Stuttgartern. Mut nicht vor Königsthronen, wohl aber vor Kommandanten und Militärregierungen war gefragt. Klett war kluger und engagierter Treuhänder und Repräsentant, Anwalt seiner Mitbürger. Er packte selbst mit an ... Er hat der leidgeprüften Stadt wieder Perspektiven eröffnet, ihr Struktur und Profil gegeben. Stuttgart trug die Handschrift Arnulf Kletts, und dies auf Jahrzehnte hinaus – bis heute. (...)

Arnulf Klett war ein Schaffer. Er konnte gut zuhören, aber auch wie Zieten aus dem Busch die zielstrebige Konsequenz ziehen. Mit den meinungsbildenden Gemeinderäten führte er vor wichtigen und entscheidenden Verhandlungen und Sitzungen intensive Telefongespräche; er hörte auf die Meinung seiner Stadträte. Diese Methode war Grundsatz, schon deshalb, weil Arnulf Klett keine politische, keine parteipolitische Hausmacht hatte. Er war nie Mitglied einer Partei ... Das gab ihm die Unabhängigkeit und Freiheit. Bis in die sechziger Jahre hinein war diese parteipolitische Ungebundenheit vielfach ein taktischer Vorteil. Aber im Zuge der demokratischen Entwicklung und der zunehmenden Politisierung öffentlicher Entscheidungen wurde es oftmals zum Problem, nicht zu wissen, wohin er parteipolitisch gehört. Klett betrieb keine Schaukelpolitik. Gelegentlich waren die Grenzen selbst noch so geschickter Taktik und aus Überzeugung kommender Argumentation spürbar. Die aufmüpfige Haltung der 68er Generation und der damit verbundene politische Stilwandel schwappten ins Rathaus über; gelegentlich war um den parteilosen OB der Hauch politischer Vereinsamung zu spüren.

Klett war ein Initiator. Er mochte das Wort ›Wiederaufbau‹ nicht – ›Neuaufbau‹ war sein Anliegen, das er sich mit Energie und mitreißendem Temperament zum Ziel machte. Er hielt sein Stuttgart für unschlagbar. Auch für so groß, wirtschaftlich und finanziell stark, dass er eine Flächenvergrößerung oder Konsolidierung nicht für notwendig hielt. Er setzte auf Zweckverbände, wo sich andere Kommunen in der wachsenden Region um Flächenzuwachs sowie Industrie- und Gewerbeansiedlung bemühten. Klett vertraute auf die Wachstumsbotschaften des Anfang der sechziger Jahre eingeholten Prognos-Gutachtens. Er bezahlte sogar an umliegende Städte Wohnungsbauförderung, damit Stuttgarter dorthin wegziehen und ›Umländer‹ werden konnten!

Gelegentliche kommunalpolitische Naivität aus mitunter allzu vertrauensvollem Glauben an partnerschaftliche Beteiligung nicht nur am Erfolg, sondern auch an den Kosten zentraler Funktionen für die gesamte Region – das hat auch Enttäuschungen verursacht. Stuttgart blieb die einzige große Stadt im Land, ja in der Bundesrepublik, die Anfang der siebziger Jahre bei der Kreis- und Verwaltungsreform beim Status quo blieb, mit Absicht und zum Wohl der übrigen Region! Keinen Quadratmeter zugelegt, sich aber immer mehr und immer teureren Aufgaben gestellt.

Stuttgarts Oberbürgermeister galt etwas im In- und Ausland. Viele Organisationen und Institutionen wussten seine Verhandlungsqualitäten und die Integrationskraft zu nutzen. Exzellent war beispielsweise seine Initiative für den Ausbau der Landeswasser- und Bodenseewasser-Versorgung in kommunaler Trägerschaft.

Sportlich kam er ins Rathaus. Vor acht Uhr morgens. Im Innenhof stieg er aus, nahm auf der schmalen Freitreppe immer zwei Stufen auf einmal in vergnügten Sprüngen, um im geliebten Paternoster in seinen Residenzstock hinaufzuschweben. Manchmal hat er dort gefrühstückt, nie ohne hart gekochtes Frühstücksei, das er unbarmherzig mit einem gekonnten Messerhieb köpfte und die Eierhaube mitsamt der Kalkschale krachig wie in einer Steinmühle verspeiste. Er hielt dies für gesund, weil er die Sympathie zur Homöopathie von seinem Vater geerbt hatte ...

Arnulf Klett war ein geschätzter Redner. Seine Begriffe waren präzise, sein Wortschatz groß, sein Stil niveauvoll, literarisch fundiert. Er war ein Manuskriptredner. Seine Reden waren sorgfältig vorbereitet, in den Formulierungen zurechtgeschliffen. In Sitzungen des Gemeinderats und Gremien verschiedenster Art fand er das rechte Wort und den rechten Ton; er konnte leidenschaftlich und doch geistig ganz kontrolliert argumentieren, in kritischen Situationen Meinungen formen und Stimmen gewinnen. Bildungsbürger und Jurist, schwäbische Mentalität, Kenntnis der Zusammenhänge und des Details, Blick fürs Ganze und für wichtige Einzelheiten, Bereitschaft und Fähigkeit zum Ausgleich machten ihn in Rede und Verhandlung zum respektierten Partner.

Zu den für ihn wichtigsten und schwierigsten Reden gehörte die alljährliche Rede zur Eröffnung des Cannstatter Volksfestes ... Für das Volksfest waren ihm keine Anstrengung und kein Preis zu hoch. Selbst die humorlose Reaktion eines großen Unternehmens, das seinen Sitz aus Stuttgart wegverlegte, nicht zuletzt, weil Arnulf Klett die Eröffnungsrede auf dem Volksfest der Teilnahme an der Hauptversammlung des Unternehmens vorzog, nahm er in schwäbischem Pflichtbewusstsein und traditionsbewusster Dickschädligkeit in Kauf.

Und doch war dieser Arnulf Klett ganz und stets Oberbürgermeister. Mit ganzer Person stand er in seinem hohen Amt und in seiner Würde. Für Besucher und Gäste, für seine Mitbürger und für seine Mitarbeiter war er der Oberbürgermeister nach Statur und Habitus, nach Autorität und Ausstrahlungskraft. Und dieser Oberbürgermeister war volkstümlich, in bestem Sinn populär. Ob er bei dem unvergesslichen Solituderennen seine schnellen Ehrenrunden fuhr, ob er im Sommer zusammen mit Stadträtinnen und Stadträten seine Waldheimbesuche

machte und sich dann als wirklicher Stadtvater in die fröhlichen Spiele der Kinder einfügte; ob er getreulich zur diamantenen und eisernen Hochzeit oder zum hundertsten Geburtstag persönlich gratulierte; ob er bei seiner städtischen Polizei oder Feuerwehr war; ob er über den Wochenmarkt ging und als ›größter Bauernschultes‹ der Bundesrepublik fachkundigen Meinungsaustausch in unverfälschtem Schwäbisch pflegte; ob er Ibn Saud oder Konrad Adenauer, Queen Elizabeth oder Charles de Gaulle begrüßte – immer war er der selbstsichere, würdige Repräsentant seiner Bürger und seiner Stadt ...
Es ist sicher, dass er im 19. und 20. Jahrhundert die längste Amtszeit aller Vorgänger gehabt hat: im 30. Amtsjahr, im 70. Lebensjahr, ist er auf der Bühler Höhe an Herzversagen und Lungenembolie am 14. August 1974 gestorben. Er hat seine Epoche geprägt. Es war und bleibt seine Ära – die Ära Klett.
Dieser Mann hatte klare Ziele vor Augen. So auch für die siebziger Jahre. Seine Amtszeit wollte er 1977 mit der dritten Bundesgartenschau und einem funktionierenden öffentlichen Nahverkehr abschließen. Gefreut hat er sich auf eine Weltreise Ende der siebziger Jahre. Bei seinen Stuttgartern ist er unvergessen. Klett bleibt ein herausragendes Kapitel Stadtgeschichte.«[21]

Auch heute, mehr als ein Vierteljahrhundert nach seinem Tod, hat Oberbürgermeister Klett in der Erinnerung der Menschen einen festen Platz. Die Stuttgarter, doch auch viele andere Baden-Württemberger verbinden mit seinem Namen die Überwindung des Chaos nach dem Ende des Zweiten Weltkriegs, den langwierigen und schließlich erfolgreich bestandenen Kampf gegen Not und Elend sowie den rasanten Wiederaufbau nach der Währungsreform von 1948. Arnulf Klett hat unendlich viel für Stuttgart, das er liebte, und für unser Land getan. Sein Mut, sein immenser Fleiß, seine schier unerschöpfliche Schaffenskraft und sein unverwüstlicher Optimismus strahlten aus, wirkten ansteckend, anspornend. Lethargie und lähmender Pessimismus hatten hier keinen Platz. Menschen wie er haben unser Land aus dem Sumpf und der Hoffnungslosigkeit der Niederlage gerettet; sie haben neue Wege gewiesen, das Wunder des Wiederaufstiegs unseres Volkes bewirkt. Gewiss hat der unermüdlich tätige, unglaublich agile

Mann auch Fehler gemacht, so die gänzliche Missachtung des Historisch-Gewordenen beim Wiederaufbau oder, wie er es aus seiner Sicht zutreffend nannte, beim Neuaufbau Stuttgarts. Viele irreparable Bausünden gehen auf sein Konto und auf das seiner Mitarbeiter. Doch alle diese Fehler und Versäumnisse wiegen gering im Vergleich zu der materiellen, vor allem auch zu der geistig-moralischen und kulturellen Wiederaufbauleistung, die in der Geschichte unseres Landes ihresgleichen sucht. Arnulf Klett gebührt unser dankbares Gedenken, unser Respekt. Menschen wie er sind Glücksfälle für eine Stadt, für ein Land. Und der »Trümmeroberbürgermeister« hat uns auch heute noch sehr viel zu sagen. Wir neigen zum Pessimismus, sind von Zukunftsängsten beherrscht. Sicher, manches scheint politisch, gesellschaftlich und wirtschaftlich in unserer Zeit aus dem Ruder zu laufen, die Menschen zu überfordern. Indes, wir sollten nicht so dunkel sehen. Noch sind wir durchaus in der Lage, die Probleme zu meistern, die Schwierigkeiten zu überwinden, wenn wir uns nach Kräften bemühen, wenn wir die Verantwortung gegenüber unserem Nächsten, gegenüber der Gemeinschaft ernst nehmen. Die Frauen und Männer der Nachkriegszeit haben das Unmögliche möglich gemacht, sie haben die Hand an den Pflug gelegt und nach vorne geschaut. Und ganz besonders hilfreich für uns ist es, wenn wir den Blick auf Arnulf Klett und auf seine Lebensleistung richten. Hier wird deutlich, dass ein Mensch, der sich mit Mut, Tatkraft und gleichzeitig mit Optimismus für die Gemeinschaft engagiert, zwar keine Berge zu versetzen, doch – in einem übertragenen Sinn – nicht viel weniger zu bewirken vermag.

Anmerkungen

Elternhaus, Kinder–, Jugend- und Studienjahre

1 Südwestdeutsche Blätter für Familien- und Wappenkunde Bd. 12 Heft 1 (1965) S. 7 f.; Das Evangelische Württemberg. 2. Hauptteil. Generalregister. Bearbeitet von Christian Sigel, Pfarrer in Gebersheim. o.J. (um 1930 mit Nachträgen) Exemplar des Hauptstaatsarchivs Stuttgart.
2 LKA: Personalakten K/163.
3 Ebd.
4 Das Königreich Württemberg Bd. I (1904) S. 502.
5 Ebd. S. 482; Beschreibung des Oberamts Maulbronn (1870) S. 302 f.
6 Für das Folgende, soweit nichts anderes angemerkt ist: LKA: Personalakten K/163.
7 SAS: Nachlass Theodor Klett Nr. 4/ 3.
8 SAS: Personalakten Arnulf Klett, Blatt 72; Fünfundzwanzig Jahre Oberbürgermeister Klett (Haufler, Porträt) S. 87 f.
9 LKA: Personalakten K/163.
10 Das Königreich Württemberg Bd. II (1905) S. 638, 646 und 658.
11 LKA: Personalakten K/163.
12 Ebd.; Das Evangelische Württemberg, Zweiter Hauptteil; Unterlagen von Frau Lieselotte Klett, Stuttgart-Neugereut.
13 Würdigungen von Maria Auguste Klett nach ihrem Tod am 18. März 1922 (Unterlagen im Besitz von Frau Dr. Corinne Klett, Kirchheim unter Teck).
14 SAS: NL 2112 Bü 8 (Brief von Elsbeth Gussmann / Kirchheim unter Teck vom 23. August 1970 an OB Klett); Unterlagen von Frau Lieselotte Klett, Stuttgart-Neugereut.
15 LKA: Personalakten K/163; SAS: Personalakten Arnulf Klett, Blatt 72; Unterlagen Frau Dr. Corinne Klett, Kirchheim unter Teck.
16 Fünfundzwanzig Jahre Oberbürgermeister Klett (Haufler, Porträt) S. 87; SAS: NL 2112 Bü 8 (Brief von Elsbeth Gussmann vom 23. April 1970); Unterlagen von Frau Lieselotte Klett, Stuttgart-Neugereut.
17 Briefe von Maria Auguste Klett an ihren Mann vom 23. und 25. März sowie vom 4. April 1905 (Unterlagen von Frau Dr. Corinne Klett, Kirchheim unter Teck).

18 LKA: Personalakten K/163.

19 Zitiert nach dem Bericht der *Stuttgarter Zeitung* vom 8. April 1995 zum 90. Geburtstag Arnulf Kletts.

20 Das Königreich Württemberg Bd. II (1905) S. 286 f., 291 ff. und 305 f.; Schwenkel, Heimatbuch des Kreises Nürtingen Bd. II S. 226.

21 Das Königreich Württemberg Bd. II (1905) S. 287, 294 und 316.

22 LKA: Personalakten K/163; Das Evangelische Württemberg. Zweiter Hauptteil.

23 SAS: Personalakten Arnulf Klett.

24 Briefe von Maria Auguste Klett an ihren Mann vom 7. Oktober 1906 und 20. August 1907 (Unterlagen von Frau Dr. Corinne Klett, Kirchheim unter Teck).

25 Karten von Maria Auguste Klett an ihren Mann vom 6., 7. und 9. Oktober 1909 (Unterlagen von Frau Dr. Corinne Klett, Kirchheim unter Teck).

26 Fünfundzwanzig Jahre Oberbürgermeister Klett (Haufler, Porträt) S. 87; Personalakten Arnulf Klett, Blatt 72.

27 Ebd.

28 Unterlagen von Frau Dr. Corinne Klett, Kirchheim unter Teck.

29 Ebd.

30 Unterlagen von Frau Lieselotte Klett, Stuttgart-Neugereut.

31 SAS: NL 2112 Bü 8.

32 SAS: Zeitungsausschnittssammlung Arnulf Klett (*Stuttgarter Nachrichten* vom 16. August 1974).

33 Unterlagen von Frau Lieselotte Klett, Stuttgart-Neugereut.

34 LKA: Personalakten K/163; Fotoalbum im Besitz von Frau Dr. Corinne Klett, Kirchheim unter Teck.

35 Briefe von Maria Auguste Klett an ihren Mann 1919 (Unterlagen von Frau Dr. Corinne Klett, Kirchheim unter Teck).

36 SAS: Personalakten Arnulf Klett.

37 Dillmann-Gymnasium, Festschrift 1958 S. 225 f., 248 - 254 und 341.

38 Briefe von Maria August Klett vom 2. und 3. Mai 1921 an ihren Mann (Unterlagen von Frau Dr. Corinne Klett, Kirchheim unter Teck).

39 Abschiedsworte am Sarge von Frau Pfarrer Maria Auguste Klett (Unterlagen von Frau Dr. Corinne Klett, Kirchheim unter Teck).

40 Rede bei der Beerdigung von Frau Pfarrer Klett am 22. März 1922 auf dem Pragfriedhof (Unterlagen von Frau Dr. Corinne Klett, Kirchheim unter Teck).

41 SAS: NL 2112 Bü 19.

42 SAS: Personalakten Arnulf Klett; NL 2112 Bü 17; Unterlagen von Frau Lieselotte Klett, Stuttgart-Neugereut.

43 Fotoalbum im Besitz von Frau Dr. Corinne Klett, Kirchheim unter Teck.

44 SAS: NL 2112 Bü 17 (»Igel-Nachruf« auf Oberbürgermeister Klett 1974) und Bü 3.

[45] SAS: Personalakten Arnulf Klett, Blatt 47; *Amtsblatt* vom 23. August 1974; *Gäubote* vom 19. August 1974 (Unterlagen von Frau Lieselotte Klett, Stuttgart-Neugereut).

Ein mutiger Rechtsanwalt

[1] SAS: Zeitungsausschnittssammlung Arnulf Klett (*Cannstatter Zeitung* vom 13./14. September 1994).
[2] SAS: NL 2112 Bü 3; Personalakten Arnulf Klett.
[3] Mit Arnulf Klett nicht verwandt.
[4] Von der Pressfreiheit zur Pressefreiheit S. 157 und 160.
[5] SAS: Zeitungsausschnittssammlung Arnulf Klett (*Stuttgarter Zeitung* vom 8. April 1995).
[6] SAS: 208 Bü 1.
[7] Ebd.
[8] SAS: Zeitungsausschnittssammlung Arnulf Klett (*Stuttgarter Nachrichten* vom 16. August 1974).
[9] Gustav Köllreutter wurde wohl schon 1933 wegen seines Widerstands gegen NS-Gewaltmaßnahmen aus der Partei ausgeschlossen.
[10] SAS: 208 Bü 1.
[11] Unterlagen von Frau Lieselotte Klett, Stuttgart-Neugereut.
[12] SAS: NL 2112 Bü 8 (Brief von Elfriede Fritz vom 9. April 1970).
[13] SAS: 208 Bü 1 (Arnulf Klett im Entnazifizierungsfragebogen).
[14] Ebd.
[15] SAS: Zeitungsausschnittssammlung Arnulf Klett (Interpress / Archiv Nr. 94/ 5. April 1965); Chronik 1933 bis 1945 S. 443.
[16] SAS: Zeitungsausschnittssammlung Arnulf Klett (*Stuttgarter Nachrichten* vom 16. August 1974).
[17] Akten der Rechtsanwaltskanzlei Klett 1944/45 im Besitz von Frau Nicole Klett-Stoll, Alpirsbach.
[18] SAS: NL 2112 Bü 13 (Brief von Landesbischof i.R. Erich Eichele vom 19. August 1974).
[19] SAS: 208 Bü 1.
[20] SAS: Zeitungsausschnittssammlung Arnulf Klett (*Stuttgarter Zeitung* vom 8. April 1970).
[21] SAS: Kc 248.
[22] Ebd.
[23] Briefe im Besitz von Frau Lieselotte Klett, Stuttgart-Neugereut.
[24] Heidemann, Der Bruder S. 57 - 70, 72 - 77.
[25] Ebd. S. 78.
[26] Ebd. S. 82 - 84.
[27] Ebd. S. 92 f.
[28] Ebd. S. 114 - 117.

[29] Ebd. S. 142 - 167, 171 f. und 193 ff.

[30] Nach der Mitteilung von Frau Dr. Leni Heidemann an den Verfasser vom 9. April 1988 beruht ihr Roman »Der Bruder« zu hundert Prozent auf Tatsachen. Der Bleicher Verlag hat dem Erlebnisbericht, in dem lediglich die Namen geändert wurden (Rechtsanwalt Dr. Klett beispielsweise ist Dr. Klatt, der Gestapobeamte Henning hieß in Wirklichkeit Österle), sonst aber bis in die letzten Einzelheiten den wahren Begebenheiten entspricht, das Etikett »Roman« gegeben.

[31] SAS: NL 2112 Bü 17 (»Igel-Nachruf« auf OB Klett von 1974).

[32] Für das Folgende: Unterlagen der Rechtsanwaltskanzlei Klett, die von Frau Nicole Klett-Stoll, Alpirsbach, zur Verfügung gestellt wurden.

[33] Mitteilung des Stadtarchivs Balingen am 12. Oktober 1999.

Hoffnungsträger im Chaos der Niederlage 1945

[1] Chronik 1945 bis 1948 S. 19; Bayer, Das Kriegsende S. 19.

[2] SAS: NL Dr. Karl Strölin Bü 22 (Strölin: »Meine Beziehungen zu Oberbürgermeister Dr. Klett); Chronik 1933 bis 1945 S. 1021; Roland Müller, Stuttgart S. 532; Fünfundzwanzig Jahre Oberbürgermeister Klett (Haufler) S. 29 f.

[3] Nachtmann, Strölin S. 343; Roland Müller S. 532.

[4] Bayer S. 20 f.

[5] Roland Müller S. 534.

[6] Ebd. S. 534 f.; Bayer S. 21.

[7] Chronik 1945 bis 1948 S. 25.

[8] Ebd. S. 27 f.

[9] Roland Müller S. 538; Nachtmann S. 345.

[10] Strölin, Stuttgart im Endstadium des Krieges S. 64; Roland Müller S. 538; Nachtmann S. 345.

[11] SAS: Kc 248 S. 27 - 34.

[12] Ebd.; Chronik 1945 bis 1948 S. 30 f.; Bayer S. 25 f.

[13] Ebd. S. 26.

[14] SAS: NL 2112 Bü 7 (Brief von Paul Meyle vom 8. April 1970); *Stuttgarter Nachrichten* vom 6. April 1995.

[15] Baden-Württembergische Biographien Bd. II (Stuttgart 1999) S. 450.

[16] SAS: *Stuttgarter Zeitung* vom 22. April 1970 (Oberbürgermeister Dr. Klett, Der 23. April 1945).

[17] Bayer S. 27; Sauer, Demokratisierung S. 8.

[18] SAS: Nachlass Strölin Bü 22.

[19] Ebd.

[20] SAS: *Stuttgarter Zeitung* vom 22. April 1970 (Faksimile des Aufrufs).

[21] Sauer, Kriegsende S. 27 f.

[22] Bayer S. 28; Chronik 1945 bis 1948 S. 39 f.

[23] Ebd. S. 39; Lincoln, Auf Befehl der Militärregierung S. 57 f.
[24] SAS: NL 2112 Bü 8.
[25] Sauer, Kriegsende S. 30.
[26] Bayer S. 30.
[27] Chronik 1945 bis 1948 S. 201; Keil, Erlebnisse Bd. II S. 677 f.; Sauer, Demokratischer Neubeginn S. 37 f.
[28] Ebd.; Keil, Erlebnisse Bd. II S. 678; Carlo Schmid, Erinnerungen S. 229 ff.
[29] Bausch, Kulturpolitik S. 20.
[30] Sauer, Demokratisierung S. 11.
[31] Ebd. S. 11 ff.
[32] *Stuttgarter Zeitung* vom 8. April 1970 (65. Geburtstag Kletts); Neidiger, Entnazifizierung S. 142 f.
[33] SAS: Zeitungsausschnittssammlung Arnulf Klett (*Stuttgarter Nachrichten* vom 14. August 1984).
[34] Fünfundzwanzig Jahre Oberbürgermeister Klett (Haufler, Berufung) S. 50.
[35] Chronik 1933 bis 1945 S. 1024.
[36] Ebd.; Fünfundzwanzig Jahre Oberbürgermeister Klett (Haufler, »Ebbes me ...«) S. 14.
[37] Chronik 1945 bis 1948 S. 361.
[38] Bayer S. 29.
[39] Chronik 1945 bis 1948 S. 625 f.
[40] Fünfundzwanzig Jahre Oberbürgermeister Klett (Haufler, Porträt) S. 96.
[41] *Amtsblatt* vom 2. April 1970.
[42] Enssle, Versorgungsalltag S. 353.
[43] Poker, Wiederaufbauplanung S. 252.
[44] Ebd. S. 253 und 258 f.
[45] Sauer, Demokratischer Neubeginn S. 240.
[46] Poker S. 260.
[47] Chronik 1945 bis 1948 S. 94.
[48] Ebd. S. 298.
[49] SAS: NL 2112 Bü 8.
[50] Schmid, Schwarzmarkt S. 343.
[51] Sterra, Stadtzentrum S. 46 und 53 f.
[52] Klett, Bürger. Gemeinde. Staat S. 35.
[53] SAS: NL 2112 Bü 7 (Brief von Eugen Boxler an Oberbürgermeister Klett vom 22. April 1970).
[54] Drollinger, Wiederaufbau S. 111.
[55] Chronik 1945 bis 1948 S. 91; Neidiger S. 136 f.
[56] Drollinger S. 112 und 116.
[57] Ebd. S. 113.
[58] Chronik 1945 bis 1948 S. 361 f.
[59] SAS: NL 2112 Bü 7 (Glückwünsche von Dr. Helmut Cron zum 25-jährigen Dienstjubiläum von Oberbürgermeister Klett vom 21. April 1970).
[60] Chronik 1945 bis 1948 S. 69 f.; Neidiger S. 137: Sauer, Demokratisierung S. 15.

[61] Ebd. S. 15 und 17.
[62] Ebd. S. 17.
[63] Bausch, Kulturpolitik S. 57 f.
[64] SAS: NL 2112 Bü 7.
[65] Chronik 1945 bis 1948 S. 523.
[66] Ebd. S. 486.
[67] Fünfundzwanzig Jahre Oberbürgermeister Klett (Haufler, »Ebbes me ...«) S. 21.
[68] Chronik 1945 bis 1948 S. 543.
[69] SAS: NL 2112 Bü 8 und 13.
[70] Chronik 1945 bis 1948 S. 22 und 626.
[71] Ebd. S. 247.
[72] Ebd. S. 331.
[73] Sauer, Demokratischer Neubeginn S. 325.
[74] Chronik 1945 bis 1948 S. 201.
[75] Ebd. S. 63.
[76] Sauer, Demokratisierung S. 8 f. und 11.
[77] Ebd. S. 17.
[78] Bayer S. 41; Fichter, Kommunalverwaltung S. 80.
[79] Ebd.
[80] Sauer, Demokratischer Neubeginn S. 99.
[81] Sauer, Demokratisierung S. 21 - 25.

Schwere und doch hoffnungsvolle Jahre (1946 bis 1948)

[1] Sauer, Demokratisierung S. 26 f.
[2] Klett, Bürger. Gemeinde. Staat S. 104 - 138.
[3] Sauer, Demokratisierung S. 27 f.
[4] Ebd. S. 33; Fichter S. 88 ff.
[5] Sauer, Demokratisierung S. 35 f.
[6] Chronik 1945 bis 1948 S. 164.
[7] SAS: Personalakten Arnulf Klett.
[8] Fünfundzwanzig Jahre Oberbürgermeister Klett (Haufler, Berufung) S. 51.
[9] SAS: Personalakten Arnulf Klett; Sauer, Demokratisierung S. 37 f.
[10] SAS: Personalakten Arnulf Klett.
[11] Sauer, Demokratisierung S. 36 f.
[12] Klett 139 - 174.
[13] Fünfundzwanzig Jahre Oberbürgermeister Klett (Chronik) S. 160.
[14] Klett S. 21, 24 f., 27 - 34.
[15] Ebd. S. 38 f.
[16] Ebd. S. 47.
[17] Ebd. S. 175 - 197.
[18] Fünfundzwanzig Jahre Oberbürgermeister Klett (Haufler, Porträt) S. 73 f.

19 Chronik 1945 bis 1948 S. 173 f.
20 Ebd. S. 177 f.
21 Ebd. S. 183; Pfizer, Im Schatten der Zeit S. 178 f.
22 *Der Spiegel* 3. Jg. Nr. 22 (26. Mai 1949) S. 11.
23 Chronik 1945 bis 1948 S. 72 und 183 ff.
24 Ebd. S. 108 f.; Nachtmann S. 362.
25 *Der Spiegel* 3. Jg. Nr. 22 (26. Mai 1949) S. 11.
26 Lincoln S. 189 f., 195 und 240 f.
27 SAS: NL 2112 Bü 20.
28 John Boxer im Gespräch mit Günther Willmann am 21. April 1999 in Stuttgart.
29 Chronik 1945 bis 1948 S. 101.
30 Neidiger S. 149.
31 Schmid S. 348.
32 Sauer, Demokratischer Neubeginn S. 65 ff.
33 Chronik 1945 bis 1948 S. 83.
34 Klett S. 83 f.
35 Chronik 1945 bis 1948 S. 236.
36 Ebd. S. 56.
37 Ebd. S. 59.
38 Ebd. S. 310 f.
39 Ebd. S. 335 f.
40 Sauer, Demokratischer Neubeginn S. 244; Ulrich Müller, Soziale Probleme S. 306 f.
41 Ebd. S. 308 f.
42 Klett S. 30.
43 Fünfundzwanzig Jahre Oberbürgermeister Klett (Chronik) S. 160; Stuttgart in den ersten Nachkriegsjahren S. 368 f.
44 Fünfundzwanzig Jahre Oberbürgermeister Klett (Chronik) S. 160.
45 Klett S. 91 - 94.
46 Sterra S. 94 ff.
47 Poker S. 246.
48 Mack, Hauptstadt der Kultur? S. 481 - 484.
49 Ebd. S. 487 ff.
50 Ebd. S. 486.
51 Ebd. S. 491.
52 Chronik 1945 bis 1948 S. 494.
53 Ebd. S. 495.
54 Sauer, Demokratischer Neubeginn S. 411.
55 SAS: NL 2112 Bü 13.
56 Chronik 1945 bis 1948 S. 503.
57 Ebd. S. 502.
58 Ebd. S. 509.
59 Enssle S. 386 f.
60 Sauer, Kleine Geschichte Stuttgarts S. 101.

61 Sauer, Demokratischer Neubeginn S. 397; Fünfundzwanzig Jahre Oberbürgermeister Klett (Haufler, Berufung) S. 48 f.
62 Ebd. S. 49.
63 Chronik 1945 bis 1948 S. 394 f.
64 Fünfundzwanzig Jahre Oberbürgermeister Klett (Chronik) S. 159.
65 Chronik 1945 bis 1948 S. 436.
66 Ebd. S. 395.
67 Ebd. S. 454.
68 Sauer, Demokratischer Neubeginn S. 347.
69 Maier, Ein Grundstein S. 248; Chronik 1945 bis 1948 S. 203.
70 Fünfundzwanzig Jahre Oberbürgermeister Klett (Chronik) S. 160; Arnulf Klett 1905 – 1974 S. 46.
71 Fünfundzwanzig Jahre Oberbürgermeister Klett (Chronik) S. 161; Chronik 1945 bis 1948 S. 337 und 448.
72 Klett S. 77; Enssle S. 370.
73 Chronik 1945 bis 1948 S. 84 f. und 247.
74 Fünfundzwanzig Jahre Oberbürgermeister Klett (Chronik) S. 161 und 163.
75 SAS: Zeitungsausschnittssammlung Arnulf Klett (*Stuttgarter Nachrichten* vom 16. August 1974).
76 Chronik 1945 bis 1948 S. 191.

Mit Elan beim Wiederaufbau Stuttgarts (1949 bis 1953)

1 Sauer, Demokratischer Neubeginn S. 455 – 458.
2 Sauer, Kleine Geschichte Stuttgarts S. 101.
3 Chronik 1949 bis 1953 S. 25 f.
4 Ebd. S. 26 f.
5 Ebd. S. 27 - 35; Maier, Erinnerungen S. 151; Sauer, Demokratischer Neubeginn S. 456 f.
6 Chronik 1949 bis 1953 S. 4.
7 SAS: Zeitungsausschnittssammlung Arnulf Klett (*Stuttgarter Zeitung* vom 29. Januar 1970).
8 Sauer, Kleine Geschichte Stuttgarts S. 102.
9 Chronik 1961 bis 1965 S. 38.
10 Chronik 1949 bis 1953 S. 21.
11 SAS: Personalakten Arnulf Klett, Blatt 80.
12 SAS: Zeitungsausschnittssammlung Arnulf Klett (*Der Spiegel* vom 26. Mai 1949).
13 Chronik 1949 bis 1953 S. 37 f.
14 Ebd. S. 38.
15 Neidiger S. 170.
16 Enssle S. 393.
17 Fünfundzwanzig Jahre Oberbürgermeister Klett (Haufler, »Ebbes me ...«) S. 16.

[18] Chronik 1949 bis 1953 S. 300.
[19] Drollinger S. 122.
[20] Chronik 1949 bis 1953 S. 16.
[21] Ebd. S. 70 (*Stuttgarter Zeitung* vom 23. März 1953).
[22] SAS: Personalakten Arnulf Klett.
[23] Chronik 1949 bis 1953 S. 398.
[24] Klett S. 49.
[25] Ulrich Müller S. 330 f.
[26] SAS: NL 2112 Bü 16.
[27] Chronik 1949 bis 1953 S. 114.
[28] Ebd. S. 83.
[29] Ebd. S. 278.
[30] Ebd. S. 293; Sauer, Kleine Geschichte Stuttgarts S. 102.
[31] SAS: Personalakten Arnulf Klett.
[32] Ebd.
[33] Unterlagen im Besitz von Frau Liselotte Klett, Stuttgart-Neugereut.
[34] Mündliche Mitteilung von Frau Lieselotte Klett, Stuttgart-Neugereut.
[35] SAS: Zeitungsausschnittssammlung Roderich Klett; Chronik 1973 bis 1975 S. 378 f. und Chronik 1984 bis 1987 S. 375.
[36] SAS: NL 2112 Bü 3.
[37] SAS: Zeitungsausschnittssammlung Arnulf Klett; Personalakten Arnulf Klett.
[38] Chronik 1949 bis 1953 S. 141 f.
[39] Fünfundzwanzig Jahre Oberbürgermeister Klett (Chronik) S. 161 ff.; Chronik 1949 bis 1953 S. 188.
[40] Fünfundzwanzig Jahre Oberbürgermeister Klett (Chronik) S. 161 ff.; Chronik 1949 bis 1953 S. 180.
[41] Pfizer S. 172 f.
[42] Chronik 1949 bis 1953 S. 172.
[43] Ebd. S. 138.
[44] Ebd.
[45] Ebd. S. 139.
[46] Ebd. S. 144.
[47] Sauer, Württemberg in der Zeit des Nationalsozialismus S. 301 - 303 und 314 – 324.
[48] Chronik 1949 bis 1953 S. 55 ff.
[49] Sauer, Demokratischer Neubeginn S. 346 f.
[50] Arnulf Klett 1905 - 1974 S. 56.
[51] Sauer, Demokratischer Neubeginn S. 354.
[52] Fünfundzwanzig Jahre Oberbürgermeister Klett S. 89.
[53] Chronik 1949 bis 1953 S. 108 f.
[54] Ebd. S. 257 f.
[55] Ebd. S. 130.
[56] Sterra S. 61, 261 und 302.
[57] Chronik 1949 bis 1953 S. 130 - 137.

[58] Fünfundzwanzig Jahre Oberbürgermeister Klett (Chronik) S. 165.
[59] Sterra S. 302.
[60] Chronik 1954 bis 1960 S. 329.
[61] Ebd. S. 150 und 155; Sterra S. 61.
[62] Chronik 1954 bis 1960 S. 149 - 156; Sterra S. 180 f.
[63] Chronik 1949 bis 1953 S. 159 f.
[64] Ebd. S. 160 - 166.
[65] Schäfer, Bühne meines Lebens S. 108 f.
[66] Fünfundzwanzig Jahre Oberbürgermeister Klett (Chronik) S. 162.
[67] Ebd. S. 161 ff.
[68] Ebd. S. 162.
[69] Chronik 1949 bis 1953 S. 253.
[70] Ebd. S. 369 - Bei der Addition der Einzelposten fehlen zu den 9 119,20 Hektar 84, 79 Hektar.
[71] Ebd.
[72] Fünfundzwanzig Jahre Oberbürgermeister Klett (Chronik) S. 161.
[73] Sauer, Demokratischer Neubeginn S. 426.
[74] Fünfundzwanzig Jahre Oberbürgermeister Klett (Chronik) S. 161 und 163.
[75] Ebd. S. 163; Chronik 1949 bis 1953 S. 390 f.
[76] Ebd. S. 370.
[77] Fünfundzwanzig Jahre Oberbürgermeister Klett (Chronik) S. 163.
[78] Chronik 1949 bis 1953 S. 385 und 388 f.
[79] Fünfundzwanzig Jahre Oberbürgermeister Klett (Chronik) S. 162 f.
[80] Ebd. S. 164; Chronik 1949 bis 1953 S. 396.
[81] Ebd. S. 356.
[82] Fünfundzwanzig Jahre Oberbürgermeister Klett (Chronik) S. 162.
[83] Ebd. S. 126; SAS: Zeitungsausschnittssammlung Arnulf Klett (*Amtsblatt* vom 2. August 1951); Chronik 1949 bis 1953 S. 50.
[84] SAS: Zeitungsausschnittssammlung Arnulf Klett (Munzinger-Archiv vom 24. April 1971).
[85] Chronik 1949 bis 1953 S. 72 und 272 f.
[86] Ebd. S. 76 - 80.
[87] Die Schlacht bei Solferino in Norditalien (südlich des Gardasees) am 24. Juni 1859, in der das vereinigte französisch-sardinische Heer das österreichische besiegte, veranlasste Henri Dunant beim Anblick der vielen auf dem Schlachtfeld liegenden hilflosen Verwundeten zur Gründung des Roten Kreuzes.
[88] SAS: NL 2112 Bü 13.
[89] Chronik 1949 bis 1953 S. 302 f.
[90] Ebd. S. 197.
[91] Ebd. S. 95 f.
[92] Maier, Erinnerungen S. 113.
[93] SAS: Zeitungsausschnittssammlung Arnulf Klett.
[94] Maier, Erinnerungen S. 113.
[95] Chronik 1949 bis 1953 S. 297.

Eine schwierige und doch erfolgreiche zwölfjährige Amtszeit nach der Wiederwahl 1954

[1] Chronik 1954 bis 1960 S. 1.
[2] SAS: Zeitungsausschnittssammlung Arnulf Klett.
[3] Nachtmann S. 380 - 384.
[4] Ebd. S. 384 f.
[5] Ebd. S. 384.
[6] Ebd. S. 385 ff.
[7] Chronik 1954 bis 1960 S. 24 f.
[8] Chronik 1949 bis 1953 S. 51 f.
[9] Chronik 1954 bis 1960 S. 12.
[10] Ebd. S. 26.
[11] *Amtsblatt* vom 1. April 1954.
[12] Chronik 1954 bis 1960 S. 204; *Der Spiegel* vom 28. Mai 1958 und 20. April 1970.
[13] Chronik 1954 bis 1960 S. 233.
[14] Ebd. S. 242.
[15] Ebd. S. 250.
[16] Für das Folgende, soweit nichts anderes angegeben: SAS: Personalakten Arnulf Klett, Blatt 72.
[17] SAS: NL 2112 Bü 6.
[18] Ebd.: *Stuttgarter Zeitung* am 10. Mai 1960 an A. Rentsch / Stuttgart: »Wir haben zu dem Fall Dr. Klett eine ganze Reihe von Zuschriften erhalten, die sich ausnahmsweise [richtig: ausnahmslos] kritisch gegenüber dem Herrn OB Dr. Klett ausgesprochen haben. Nun haben wir zwei Zuschriften zu seinen Gunsten erhalten, die eine stammt von Ihnen ...«
[19] SAS: NL 2112 Bü 6.
[20] Für das Folgende, soweit nichts anderes angegeben: SAS: Personalakten Arnulf Klett, Blatt 72.
[21] SAS: Zeitungsausschnittssammlung Arnulf Klett.
[22] Chronik 1949 bis 1953 S. 21; Sterra S. 240.
[23] Chronik 1954 bis 1960 S. 6 f.
[24] Ebd. S. 11 f.
[25] Ebd. S. 13 f.
[26] Sterra S. 240.
[27] Chronik 1954 bis 1960 S. 20.
[28] Chronik 1961 bis 1965 S. 312.
[29] Chronik 1954 bis 1960 S. 7.
[30] Chronik 1961 bis 1965 S. 163.
[31] Sterra S. 301.
[32] Chronik 1954 bis 1960 S. 131.
[33] Ebd. S. 132.
[34] Ebd. S. 58.

[35] Ebd. S. 78.
[36] Ebd. S. 95.
[37] Chronik 1961 bis 1965 S. 275.
[38] Chronik 1954 bis 1960 S. 57, 110, 113 und 120.
[39] Fünfundzwanzig Jahre Oberbürgermeister Klett (Chronik) S. 164 f.
[40] Chronik 1954 bis 1960 S. 169.
[41] Ebd. S. 175.
[42] Ebd. S. 202.
[43] Chronik 1961 bis 1965 S. 321 und 462.
[44] Chronik 1954 bis 1960 S. 207 und 209 f.; Fünfundzwanzig Jahre Oberbürgermeister Klett (Chronik) S. 165 f.
[45] Ebd. S. 166; Chronik 1954 bis 1960 S. 231.
[46] Chronik 1961 bis 1965 S. 24.
[47] Chronik 1954 bis 1960 S. 54.
[48] Ebd. S. 230.
[49] Ebd. S. 244 f.
[50] Ebd. S. 254 f.
[51] Chronik 1961 bis 1965 S. 105.
[52] Ebd. S. 263 und 278.
[53] Ebd. S. 293.
[54] Ebd. S. 46.
[55] Chronik 1966 bis 1969 S. 66.
[56] Ebd. S. 105.
[57] Chronik 1961 bis 1965 S. 278; Fünfundzwanzig Jahre Oberbürgermeister Klett (Chronik) S. 168.
[58] Chronik 1954 bis 1960 S. 296.
[59] Ebd. S. 323.
[60] Sauer, Kleine Geschichte Stuttgarts S. 119.
[61] Chronik 1961 bis 1965 S. 33.
[62] Ebd. S. 35.
[63] Ebd. S. 80.
[64] Ebd. S. 129.
[65] Ebd. S. 352.
[66] Chronik 1966 bis 1969 S. 13.
[67] Sauer, Kleine Geschichte Stuttgarts S. 125.
[68] Fünfundzwanzig Jahre Oberbürgermeister Klett (Chronik) S. 167 und 169.
[69] Ebd. S. 167; Chronik 1954 bis 1960 S. 149, 206 und 208 f.
[70] Ebd. S. 269.
[71] Fünfundzwanzig Jahre Oberbürgermeister Klett (Chronik) S. 166 und 168 f.
[72] Ebd. S. 172.
[73] Ebd. S. 165 und 169.
[74] Chronik 1954 bis 1960 S. 121.
[75] Chronik 1961 bis 1965 S. 144.
[76] Ebd. S. 192.

[77] Ebd. S. 107; *Amtsblatt* vom 1. Februar 1962.
[78] Chronik 1954 bis 1960 S. 71.
[79] Arnulf Klett 1905 - 1974 S. 96.
[80] Chronik 1954 bis 1960 S. 125 f.
[81] Professor Dr. Fritz Leonhardt in einem Rundfunk-Interview der neunziger Jahre.
[82] Chronik 1954 bis 1960 S. 85; Fünfundzwanzig Jahre Oberbürgermeister Klett (Chronik) S. 164.
[83] Ebd. S. 165.
[84] Chronik 1954 bis 1960 S. 112.
[85] Ebd. S. 143 f.
[86] Stuttgart-Handbuch S. 248.
[87] Fünfundzwanzig Jahre Oberbürgermeister Klett (Chronik) S. 167 ff.
[88] Chronik 1954 bis 1960 S. 170 und 208.
[89] Dillmann-Gymnasium, Festschrift 1958 S. 13.
[90] Fünfundzwanzig Jahre Oberbürgermeister Klett (Chronik) S. 168.
[91] SAS: Personalakten Arnulf Klett, Blatt 77; *Amtsblatt* vom 21. Februar 1963.
[92] Chronik 1954 bis 1960 S. 76.
[93] Chronik 1961 bis 1965 S. 83.
[94] Chronik 1954 bis 1960 S. 106 f.
[95] Ebd. S. 218 ff, 296 und 327.
[96] Chronik 1961 bis 1965 S. 352.
[97] Ebd. S. 73.
[98] *Amtsblatt* vom 23. August 1974.
[99] SAS: NL 2112 Bü 13.
[100] SAS: Personalakten Arnulf Klett, Blatt 93; Chronik 1966 bis 1969 S. 20.
[101] Chronik 1954 bis 1960 S. 40.
[102] Ebd. S. 236.
[103] Ebd. S. 83.
[104] Chronik 1961 bis 1965 S. 451.
[105] Ebd. S. 451 und 457; Chronik 1966 bis 1969 S. 1 und 186.
[106] Ebd. S. 378 und 524; Chronik 1970 bis 1972 S. 162; Arnulf Klett 1905 - 1974 S. 72.
[107] Chronik 1961 bis 1965 S. 51 und 140.
[108] Fünfundzwanzig Jahre Oberbürgermeister Klett S. 143 f.
[109] Chronik 1954 bis 1960 S. 266.
[110] Chronik 1961 bis 1965 S. 26.
[111] Ebd. S. 289.
[112] Chronik 1954 bis 1960 S. 90.
[113] Ebd. S. 286.
[114] Ebd. S. 311.
[115] Chronik 1961 bis 1965 S. 43.
[116] Ebd. S. 44; Arnulf Klett 1905 – 1974 S. 80 f.
[117] Chronik 1961 bis 1965 S. 26, 46 und 79.
[118] Chronik 1954 bis 1960 S. 44; Ulrich Müller S. 303.

[119] Chronik 1954 bis 1960 S. 101.
[120] Ebd. S. 217.
[121] Ebd. S. 178.
[122] *Amtsblatt* vom 23. August 1974.
[123] Fünfundzwanzig Jahre Oberbürgermeister Klett (Chronik) S. 164-168.
[124] Chronik 1954 bis 1960 S. 172 und 215.
[125] Ebd. S. 283.
[126] Chronik 1961 bis 1965 S. 4.
[127] Ebd. S. 133 f.; Fünfundzwanzig Jahre Oberbürgermeister Klett S. 61; Arnulf Klett 1905 - 1974 S. 91.
[128] SAS: Personalakten Arnulf Klett, Blatt 75; Chronik 1961 bis 1965 S. 157; *Amtsblatt* vom 6. April 1995.
[129] Chronik 1961 bis 1965 S. 363 und 377.
[130] Chronik 1954 bis 1960 S. 139.
[131] Ebd. S. 186.
[132] Chronik 1966 bis 1969 S. 10 und 12.
[133] Chronik 1961 bis 1965 S. 422.
[134] Ebd. S. 447.
[135] SAS: Personalakten Arnulf Klett; *Amtsblatt* vom 23. August 1974.
[136] Chronik 1961 bis 1965 S. 422.
[137] SAS: Personalakten Arnulf Klett, Blatt 79; *Amtsblatt* vom 25. April 1965; Chronik 1961 bis 1965 S. 226.
[138] Fünfundzwanzig Jahre Oberbürgermeister Klett (Chronik) S. 167.
[139] Chronik 1961 bis 1965 S. 417.
[140] *Amtsblatt* vom 2. November 1961 und 23. August 1974; Chronik 1961 bis 1965 S. 84 und 319.
[141] Ebd. S. 416 f.
[142] SAS: NL 2112 Bü 13.
[143] Chronik 1961 bis 1965 S. 251.
[144] Chronik 1954 bis 1960 S. 124 f.
[145] Chronik 1961 bis 1965 S. 19, 23 und 41; *Amtsblatt* vom 23. August 1974; SAS: Zeitungsausschnittssammlung Arnulf Klett.
[146] SAS: NL 2112 Bü 6.
[147] SAS: Zeitungsausschnittssammlung Arnulf Klett; Chronik 1961 bis 1965 S. 237 und 246; *Amtsblatt* vom 30. Mai 1963.
[148] *Amtsblatt* vom 1. April 1965; Chronik 1961 bis 1965 S. 402.
[149] SAS: Zeitungsausschnittssammlung Arnulf Klett (*Stuttgarter Nachrichten* vom 7. April 1955).
[150] *Amtsblatt* vom 7. April 1955.
[151] Chronik 1961 bis 1965 S. 266 f.
[152] Ebd. S. 298 und 319.
[153] Ebd. S. 395.
[154] Ebd. S. 396.
[155] Ebd. S. 408; *Amtsblatt* vom 29. April 1965; Fünfundzwanzig Jahre Arnulf Klett (Haufler, Porträt) S. 71.

[156] SAS: Zeitungsausschnittssammlung Arnulf Klett (*Stuttgarter Zeitung* vom 12. Mai 1965).
[157] Ebd. (*Stuttgarter Nachrichten* vom 7. April 1965).
[158] Ebd. (*Stuttgarter Zeitung* vom 24. April 1965).
[159] Ebd.

Ein unermüdlicher Schaffer. Die letzten acht Amtsjahre 1966 bis 1974

[1] Chronik 1966 bis 1969 S. 5.
[2] Ebd. S. 5 ff.
[3] Ebd. S. 8.
[4] Ebd. S. 11.
[5] *Amtsblatt* vom 23. August 1974.
[6] Chronik 1966 bis 1969 S. 24.
[7] Ebd. S. 53; Arnulf Klett 1905 - 1974 S. 70.
[8] Fünfundzwanzig Jahre Oberbürgermeister Klett (Chronik) S. 170.
[9] Chronik 1966 bis 1969 S. 534.
[10] Ebd. S. 197.
[11] SAS: Zeitungsausschnittssammlung Arnulf Klett (*Stuttgarter Zeitung* vom 8. April 1995).
[12] Thieringer, Guter Rat ist heiter S. 22, 26, 75 und 79.
[13] Chronik 1966 bis 1969 S. 126 f.
[14] Ebd. S. 130.
[15] Ebd. S. 136.
[16] Ebd. S. 138 f.
[17] Ebd. vor allem S. 237, 351 f. und 536.
[18] Fünfundzwanzig Jahre Oberbürgermeister Klett (Haufler, Porträt) S. 80.
[19] Ebd.
[20] Sauer, Kleine Geschichte Stuttgarts S. 125.
[21] Chronik 1966 bis 1969 S. 135.
[22] Ebd. S. 154 f. und 159.
[23] Ebd. S. 241.
[24] Chronik 1973 bis 1975 S. 199.
[25] Chronik 1966 bis 1969 S. 357.
[26] Chronik 1970 bis 1972 S. 56.
[27] Fünfundzwanzig Jahre Oberbürgermeister Klett (Chronik) S. 170.
[28] Chronik 1966 bis 1969 S. 261 f.
[29] Ebd. S. 345.
[30] Ebd. S. 392.
[31] Ebd. S. 453.
[32] Ebd. S. 516.
[33] Ebd. S. 292.

34 Ebd. S. 512.
35 Ebd. S. 361.
36 Fünfundzwanzig Jahre Oberbürgermeister Klett (Chronik) S. 171.
37 Chronik 1966 bis 1969 S. 188 und 374.
38 Ebd. S. 478.
39 Ebd. S. 510.
40 Ebd. S. 100 f.
41 Ebd. S. 141; Fünfundzwanzig Jahre Oberbürgermeister Klett (Chronik) S. 171.
42 Chronik 1966 bis 1969 S. 150.
43 Ebd. S. 155.
44 Ebd. S. 281.
45 Ebd. S. 411.
46 Ebd. S. 345 f.; Fünfundzwanzig Jahre Oberbürgermeister Klett (Chronik) S. 171.
47 Chronik 1966 bis 1969 S. 475.
48 Ebd. S. 508
49 Fünfundzwanzig Jahre Oberbürgermeister Klett (Chronik) S. 170 f.; Chronik 1966 bis 1969 S. 534.
50 Ebd. S. 466.
51 Chronik 1970 bis 1972 S. 70.
52 Ebd. S. 4.
53 Ebd. S. 39.
54 Chronik 1966 bis 1969 S. 530.
55 *Amtsblatt* vom 9. April 1970.
56 SAS: Zeitungsausschnittssammlung Arnulf Klett (*Stuttgarter Nachrichten* vom 9. April 1970).
57 *Amtsblatt* vom 9. April 1970; Chronik 1970 bis 1972 S. 63.
58 SAS: NL 2112 Bü 7.
59 SAS: Zeitungsausschnittssammlung Arnulf Klett (*Stuttgarter Nachrichten* vom 4. April 1970).
60 Ebd. (*Stuttgarter Zeitung* vom 8. April 1970).
61 Ebd. (*Der Spiegel* vom 20. April 1970 Nr. 17).
62 SAS: NL 2112 Bü 7 und 8.
63 Chronik 1970 bis 1972 S. 76.
64 Chronik 1966 bis 1969 S. 513.
65 SAS: NL 2112 Bü 7; Chronik 1970 bis 1972 S. 55 f.
66 Ebd. S. 63 und 129.
67 Fünfundzwanzig Jahre Oberbürgermeister Klett (Haufler, Porträt) S. 76-88.
68 SAS: NL 2112 Bü 7; Chronik 1970 bis 1972 S. 152.
69 Ebd. S. 434.
70 Ebd. S. 320.
71 Ebd. S. 116 und 125.
72 Ebd. S. 147.
73 Ebd. S. 275.

[74] Ebd. S. 438 f.
[75] Ebd. S. 194.
[76] Ebd. S. 187.
[77] Ebd. S. 206 f.
[78] Ebd. S. 419.
[79] Chronik 1973 bis 1975 S. 93.
[80] Chronik 1970 bis 1972 S. 152.
[81] Ebd. S. 410.
[82] Chronik 1973 bis 1975 S. 91.
[83] Ebd. S. 159.
[84] Ebd. S. 169.
[85] Ebd. S. 51.
[86] Ebd. S. 156.
[87] Ebd. S. 187.
[88] Chronik 1970 bis 1972 S. 206 - 272.
[89] Ebd. S. 293.
[90] Ebd. S. 300.
[91] Ebd. S. 390.
[92] Ebd. S. 118.
[93] Chronik 1973 bis 1975 S. 228.
[94] Chronik 1970 bis 1972 S. 305.
[95] Ebd. S. 268.
[96] Ebd. S. 336, 449, 457 und 486.
[97] Ebd. S. 219.
[98] Ebd. S. 338.
[99] Ebd. S. 251.
[100] Ebd. S. 277.
[101] Ebd. S. 279.
[102] Ebd. S. 298.
[103] Ebd. S. 353.
[104] Ebd. S. 387.
[105] Ebd. S. 473.
[106] Ebd. S. 483.
[107] Chronik 1966 bis 1969 S. 12.
[108] Ebd. S. 23.
[109] Ebd. S. 153, 165 und 171.
[110] Chronik 1970 bis 1972 S. 259.
[111] Ebd. S. 380.
[112] Chronik 1973 bis 1975 S. 7 f.
[113] Ebd. S. 36 ff.
[114] Ebd. S. 38 f.
[115] Ebd. S. 40.
[116] Ebd. S. 42.
[117] Ebd. S. 45.
[118] Ebd. S. 67.

[119] Ebd. S. 68, 112 und 153.
[120] Ebd. S. 97 f.
[121] Ebd. S. 113 und 115.
[122] Ebd. S. 46, 51 und 207.
[123] Ebd. S. 113.
[124] Ebd. S. 163.
[125] Chronik 1966 bis 1969 S. 200.
[126] Ebd. S. 186.
[127] Chronik 1970 bis 1972 S. 119.
[128] Chronik 1973 bis 1975 S. 156 und 189.
[129] Chronik 1970 bis 1972 S. 23 und 110.
[130] Chronik 1966 bis 1969 S. 125.
[131] Ebd. S. 233.
[132] Fünfundzwanzig Jahre Oberbürgermeister Klett (Chronik) S. 171.
[133] Chronik 1966 bis 1969 S. 443 f.; Chronik 1970 bis 1972 S. 360.
[134] Chronik 1973 bis 1975 S. 97.
[135] Chronik 1970 bis 1972 S. 424.
[136] Fünfundzwanzig Jahre Oberbürgermeister Klett (Chronik) S. 172.
[137] Chronik 1966 bis 1969 S. 87; Arnulf Klett 1905 - 1974 S. 49.
[138] Fünfundzwanzig Jahre Oberbürgermeister Klett (Chronik) S. 170.
[139] Chronik 1970 bis 1972 S. 278.
[140] Chronik 1966 bis 1969 S. 299.
[141] Ebd. S. 452.
[142] Chronik 1970 bis 1972 S. 319.
[143] Ebd. S. 435.
[144] Ebd. S. 113.
[145] Ebd. S. 282.
[146] Chronik 1973 bis 1975 S. 77.
[147] Ebd. S. 90.
[148] Chronik 1966 bis 1969 S. 308 f.
[149] Chronik 1970 bis 1972 S. 347.
[150] Chronik 1973 bis 1975 S. 213.
[151] Ebd. S. 154.
[152] Chronik 1970 bis 1972 S. 25.
[153] Fünfundzwanzig Jahre Oberbürgermeister Klett (Chronik) S. 170.
[154] Chronik 1966 bis 1969 S. 132.
[155] Chronik 1970 bis 1972 S. 322.
[156] Chronik 1966 bis 1969 S. 296.
[157] Arnulf Klett 1905 - 1974 S. 49.
[158] Ebd. S. 49; Chronik 1970 bis 1972 S. 27.
[159] Ebd. S. 63 f.
[160] Ebd. S. 50 f.
[161] Ebd. S. 55.
[162] Ebd. S. 71.
[163] Chronik 1973 bis 1975 S. 283.

[164] Fünfundzwanzig Jahre Oberbürgermeister Klett (Chronik) S. 166.
[165] Ebd. S. 170.
[166] Ebd. S. 171; Chronik 1973 bis 1975 S. 223.
[167] Ebd. S. 141.
[168] Fünfundzwanzig Jahre Oberbürgermeister Klett (Chronik) S. 171.
[169] Chronik 1970 bis 1972 S. 455.
[170] Chronik 1966 bis 1969 S. 511.
[171] Chronik 1970 bis 1972 S. 319.
[172] Thränhardt, Geschichte der Bundesrepublik S. 161.
[173] Chronik 1966 bis 1969 S. 143.
[174] Von der Ständeversammlung zum demokratischen Parlament S. 308.
[175] Chronik 1966 bis 1969 S. 331 f.
[176] Thränhardt S. 227.
[177] Chronik 1966 bis 1969 S. 420.
[178] Ebd. S. 471 f.
[179] Chronik 1970 bis 1972 S. 275.
[180] Chronik 1966 bis 1969 S. 522.
[181] Chronik 1970 bis 1972 S. 163.
[182] Ebd. S. 364.
[183] Ebd. S. 438 f.
[184] Fünfundzwanzig Jahre Oberbürgermeister Klett S. 138.
[185] Chronik 1966 bis 1969 S. 84.
[186] Ebd. S. 119.
[187] Ebd. S. 334 f.
[188] Fünfundzwanzig Jahre Oberbürgermeister Klett S. 126.
[189] SAS: Personalakten Arnulf Klett, Blatt 126.
[190] Genscher, Erinnerungen S. 117.
[191] Chronik 1970 bis 1972 S. 244.
[192] Fünfundzwanzig Jahre Oberbürgermeister Klett (Haufler, Partnerschaft) S. 60.
[193] Chronik 1970 bis 1972 S. 75.
[194] *Amtsblatt* vom 23. August 1974.
[195] Chronik 1966 bis 1969 S. 317.
[196] Chronik 1973 bis 1975 S. 231.
[197] SAS: NL 2112 Bü 19.
[198] Chronik 1966 bis 1969 S. 388.
[199] Ebd. S. 446.
[200] Ebd. S. 517.
[201] Ebd. S. 529.
[202] Ebd. S. 48 f.
[203] Chronik 1970 bis 1972 S. 226.
[204] Chronik 1966 bis 1969 S. 266, 293 und 341.
[205] Chronik 1970 bis 1972 S. 91.
[206] Chronik 1966 bis 1969 S. 446.
[207] Chronik 1970 bis 1972 S. 245.

[208] Ebd. S. 264.
[209] Chronik 1966 bis 1969 S. 263.
[210] Ebd. S. 532.
[211] Chronik 1970 bis 1972 S. 28.
[212] Ebd. S. 217.
[213] Chronik 1973 bis 1975 S. 27 und 73.
[214] Ebd. S. 143.
[215] Ebd. S. 175.
[216] Arnulf Klett 1905 - 1974 S. 49.
[217] Fünfundzwanzig Jahre Oberbürgermeister Klett (Chronik) S. 170 und 172.
[218] SAS: Personalakten Arnulf Klett, Blatt 99.
[219] Chronik 1966 bis 1969 S. 28 und 427.
[220] Ebd. S. 196.
[221] Chronik 1970 bis 1972 S. 445.
[222] Fünfundzwanzig Jahre Oberbürgermeister Klett (Chronik) S. 171.
[223] Chronik 1970 bis 1972 S. 161.
[224] Chronik 1973 bis 1975 S. 234.
[225] SAS: Personalakten Arnulf Klett, Blatt 97.
[226] Chronik 1966 bis 1969 S. 60 und 74.
[227] *Amtsblatt* vom 2. März 1967.
[228] Chronik 1966 bis 1969 S. 334.
[229] SAS: Zeitungsausschnittssammlung Arnulf Klett (*Cannstatter Zeitung* vom 15. August 1974).
[230] SAS: NL 2112 Bü 16.
[231] Chronik 1973 bis 1975 S. 236.
[232] SAS: NL 2112 Bü 12.
[233] Ebd.
[234] Ebd.
[235] Chronik 1973 bis 1975 S. 240.
[236] Ebd. S. 241.
[237] SAS: NL 2112 Bü 12.
[238] Chronik 1973 bis 1975 S. 242.
[239] SAS: NL 2112 Bü 18.
[240] SAS: NL 2112 Bü 12.
[241] Chronik 1973 bis 1975 S. 244.
[242] SAS: Zeitungsausschnittssammlung Arnulf Klett.
[243] Arnulf Klett 1905 - 1974 S. 9 - 37.
[244] Ebd. S. 41 ff; SAS: NL 2112 Bü 18.
[245] Chronik 1973 bis 1975 S. 247 und 254.
[246] Ebd. S. 248.
[247] SAS: Zeitungsausschnittssammlung Arnulf Klett (*Cannstatter Zeitung* vom 8. November 1974).
[248] Chronik 1973 bis 1975 S. 340 f.
[249] Ebd. S. 350.
[250] Ebd. S. 271 f.

Arnulf Klett ein Glücksfall für Stuttgart

1 SAS: Zeitungsausschnittssammlung Arnulf Klett (zitiert nach *Amtsblatt* vom 23. August 1974 S. 17).
2 Arnulf Klett 1905 - 1974 S. 9 - 15.
3 Ebd. S. 16 ff.
4 Ebd. S. 19 f.
5 Ebd. S. 21 - 26.
6 Ebd. S. 27 - 31.
7 Ebd. S. 32 ff.
8 Ebd. S. 35 ff.
9 Schäfer S. 230.
10 SAS: NL 2112 Bü 18.
11 Ebd. Bü 16.
12 Ebd.
13 SAS: Zeitungsausschnittssammlung Arnulf Klett (*Stuttgarter Nachrichten* vom 16. August 1974).
14 Ebd.
15 Ebd.
16 Ebd.
17 Ebd. (*Stuttgarter Nachrichten* vom 14. August 1984).
18 Ebd.
19 Ebd.
20 Ebd. (*Stuttgarter Nachrichten* vom 15. August 1994).
21 Ebd. (*Stuttgarter Zeitung* vom 13. August 1994).

Quellen und Literatur

Archivische Quellen

Landeskirchliches Archiv Stuttgart (LKA)
Personalakten K/ 163: Theodor Gottlieb Klett
Stadtarchiv Stuttgart (SAS)
208 Rechtsamt
NL 2112 Nachlass Arnulf Klett
Personalakten Arnulf Klett
Nachlass Theodor Gottlieb Klett
Nachlass Karl Strölin
Zeitungsausschnittssammlung, Personen
Kc 248 Eschwege, Heinz: Vom Niedergang und Aufstieg der Stadt Stuttgart. Dokumente und Aufzeichnungen 1944 - 1946. Maschinenschriftliches Manuskript

Gedruckte Quellen und Literatur

Amtsblatt der Stadt Stuttgart 1946 - 1974.

Arnulf Klett 1905 - 1974, Oberbürgermeister der Stadt Stuttgart 1945 - 1974. Gedenkschrift. Stuttgart 1974.

Bausch, Ulrich M.: Good bye Schwäbische Obrigkeit. In: Stuttgart in den ersten Nachkriegsjahren S. 423 - 442.

Bausch, Ulrich M.: Die Kulturpolitik der US-amerikanischen Information Control Division in Württemberg-Baden von 1945 bis 1949. Zwischen militärischem Funktionalismus und schwäbischem Obrigkeitsdenken (Veröffentlichungen des Archivs der Stadt Stuttgart, Bd. 55). Stuttgart 1992.

Bayer, Michael: Das Kriegsende und die Franzosenzeit. In: Stuttgart in den ersten Nachkriegsjahren S. 17 - 30.

Bayer, Michael: Die amerikanische Besatzungsregierung in Stuttgart. In: Stuttgart in den ersten Nachkriegsjahren S. 31 - 49.
Beschreibung des Oberamts Maulbronn. Stuttgart 1870.
Chronik der Stadt Stuttgart 1933 - 1945 (Veröffentlichungen des Archivs der Stadt Stuttgart, Bd. 30). Stuttgart 1982.
Chronik der Stadt Stuttgart 1945 - 1948. Bearbeitet von Hermann Vietzen (Veröffentlichungen des Archivs der Stadt Stuttgart, Bd. 25). Stuttgart 1972.
Chronik der Stadt Stuttgart 1949 - 1953. Bearbeitet von Kurt Leipner (Veröffentlichungen des Archivs der Stadt Stuttgart, Bd. 27). Stuttgart 1977.
Chronik der Stadt Stuttgart 1954 - 1960. Bearbeitet von Gerhard Raff (Veröffentlichungen des Archivs der Stadt Stuttgart, Bd. 28). Stuttgart 1978.
Chronik der Stadt Stuttgart 1961 - 1965. Bearbeitet von Heidrun Hofacker (Veröffentlichungen des Archivs der Stadt Stuttgart, Bd. 38). Stuttgart 1988.
Chronik der Stadt Stuttgart 1966 - 1969. Bearbeitet von Herbert Hoffmann und Heinz H. Poker (Veröffentlichungen des Archivs der Stadt Stuttgart, Bd. 39). Stuttgart 1988.
Chronik der Stadt Stuttgart 1970 - 1972. Bearbeitet von Heinz H. Poker (Veröffentlichungen des Archivs der Stadt Stuttgart, Bd. 42). Stuttgart 1989.
Chronik der Stadt Stuttgart 1973 - 1975. Bearbeitet von Heinz H. Poker (Veröffentlichungen des Archivs der Stadt Stuttgart, Bd. 43). Stuttgart 1989.
Chronik der Stadt Stuttgart 1984 - 1987. Bearbeitet von Heinz H. Poker (Veröffentlichungen des Archivs der Stadt Stuttgart, Bd. 51). Stuttgart 1991.
Dillmann Gymnasium Stuttgart. Festschrift zur Einweihung des neuen Schulgebäudes am 29. März 1958 und zur Feier des 90-jährigen Bestehens der Schule. Stuttgart 1958.
Drollinger, Kuno: Der Wiederaufbau der städtischen Verwaltung. In: Stuttgart in den ersten Nachkriegsjahren S. 103 - 126.
Enssle, Manfred J.: Der Versorgungsalltag Stuttgarts 1945 - 1949. In: Stuttgart in den ersten Nachkriegsjahren S. 353 - 397.
Eschwege, Heinz: Vom Niedergang und Aufstieg der Stadt Stuttgart s. Ungedruckte Quellen: Stadtarchiv Stuttgart.
Das Evangelische Württemberg. 2. Hauptteil. Generalregister. Bearbeitet von Christian Sigel, Pfarrer in Gebersheim o.J. (um 1930 mit Nachträgen): Exemplar des Hauptstaatsarchivs Stuttgart.

Fichter, Michael: Kommunalverwaltung und Demokratisierung des öffentlichen Lebens. In: Stuttgart in den ersten Nachkriegsjahren S. 73 - 88.
Fünfundzwanzig Jahre Oberbürgermeister. Festschrift für Dr. Arnulf Klett (Veröffentlichungen des Archivs der Stadt Stuttgart, 3. Sonderband). Stuttgart 1971.
Genscher, Hans-Dietrich: Erinnerungen. Taschenbuchausgabe. München 1997.
Heidemann, Leni: Der Bruder. Roman. Gerlingen 1988.
Keil, Wilhelm: Erlebnisse eines Sozialdemokraten, Bd. II. Stuttgart 1948.
Klett, Arnulf: Bürger. Gemeinde. Staat. Aus dem Wirken einer Stadtverwaltung in den Jahren nach dem Zusammenbruch. Stuttgart 1948.
Das Königreich Württemberg. Bd. I: Der Neckarkreis. Stuttgart 1904.
Das Königreich Württemberg. Bd. II: Der Schwarzwaldkreis. Stuttgart 1905.
Lincoln, Charles: Auf Befehl der Militärregierung. München 1965.
Mack, Christa: Hauptstadt der Kultur? Zur Musik- und Theaterpolitik des Stuttgarter Oberbürgermeisters Arnulf Klett. In: Stuttgart in den ersten Nachkriegsjahren S. 478 - 498.
Maier, Reinhold: Ein Grundstein wird gelegt. Die Jahre 1945 bis 1947. Tübingen 1964.
Maier, Reinhold: Erinnerungen 1948 - 1953. Tübingen 1966.
Mitteilungen bzw. Nachrichten(blatt) der Militärregierung für den Stadtkreis Stuttgart 1945.
Müller, Roland: Stuttgart zur Zeit des Nationalsozialismus. Stuttgart 1988.
Müller, Ulrich: Soziale Probleme. In: Stuttgart in den ersten Nachkriegsjahren S. 297 - 341.
Nachrichtenblatt s. Mitteilungen.
Nachtmann, Walter: Karl Strölin, Stuttgarter Oberbürgermeister im »Führerstaat«. Tübingen. Stuttgart 1995.
Neidiger, Bernhard: Entnazifizierung und Bevölkerungsstimmung aus der Sicht der Stuttgarter Stadtverwaltung. In: Stuttgart in den ersten Nachkriegsjahren S. 131 - 174.
Poker, Heinz H.: Wiederaufbauplanung und Wiederaufbau - Rahmenbedingungen. In: Stuttgart in den ersten Nachkriegsjahren S. 229 - 296.
Pfizer, Theodor: Im Schatten der Zeit 1904 - 1948 (Lebendige Vergangenheit. Zeugnisse und Erinnerungen. Schriftenreihe des Württ. Geschichts- und Altertumsvereins 7. Bd.). Stuttgart 1979.
Rommel, Manfred: Trotz allem heiter. Erinnerungen. Stuttgart 1998.
Sauer, Paul: Die Bildung und Konsolidierung des Besatzungslandes Württemberg-Baden. In: Stuttgart in den ersten Nachkriegsjahren S. 51 - 72.

Sauer, Paul: Demokratischer Neubeginn in Not und Elend. Das Land Württemberg-Baden von 1945 bis 1952. Ulm 1978.

Sauer, Paul: Die Demokratisierung des kommunalen Lebens nach 1945 in Stuttgart. Stuttgart 1996.

Sauer, Paul: Kleine Geschichte Stuttgarts. Stuttgart 1991.

Sauer, Paul: Kriegsende, Besatzungszeit, demokratischer Neubeginn. Stuttgart und Südwestdeutschland in den Jahren 1945 bis 1947. [Stuttgart 1995].

Sauer, Paul: Württemberg in der Zeit des Nationalsozialismus. Ulm 1975.

Schäfer, Walter Erich: Bühne eines Lebens. Erinnerungen. Stuttgart 1975.

Schmid, Carlo: Erinnerungen. Bern. München. Wien 1980.

Schmid, Manfred: Schwarzmarkt und Kriminalität. In: Stuttgart in den Ersten Nachkriegsjahren S. 342 - 352.

Schwenkel, Hans: Heimatbuch des Kreises Nürtingen. Bd. II. Würzburg 1953.

Sterra, Bernhard: Das Stuttgarter Stadtzentrum im Aufbau. Architektur und Stadtplanung 1945 bis 1960 (Stuttgarter Studien, Bd. 2). Stuttgart 1991.

Strölin, Karl: Stuttgart im Endstadium des Krieges. Stuttgart 1950.

Stuttgart-Handbuch. Hrsg. von Hans Schleuning. Stuttgart 1985.

Stuttgart in den ersten Nachkriegsjahren. Hrsg. von Edgar Lersch, Heinz H. Poker und Paul Sauer (Veröffentlichungen des Archivs der Stadt Stuttgart, Bd. 66). Stuttgart 1995.

Südwestdeutsche Blätter für Familien- und Wappenkunde Bd. 12 Heft 1 (1965) S. 7 f.: Vorfahren von Arnulf Klett (geb. 8. 4. 1905).

Thieringer, Rolf: Guter Rat ist heiter. Stuttgart 1984.

Thränhardt, Dietrich: Geschichte der Bundesrepublik Deutschland. Frankfurt am Main 1986.

Von der Pressfreiheit zur Pressefreiheit. Südwestdeutsche Zeitungsgeschichte von den Anfängen bis zur Gegenwart. Stuttgart 1983.

Von der Ständeversammlung zum demokratischen Parlament. Die Geschichte der Volksvertretungen in Baden-Württemberg. Hrsg. von der Landeszentrale für politische Bildung Baden-Württemberg. Stuttgart 1982.

Register

Abbildungsnachweis

Stadtarchiv Stuttgart, Foto: dpa – Deutsche Presse-Agentur GmbH, Stuttgart: Seite 195.
Stadtarchiv Stuttgart, Foto: Foto Assmann, Deizisau: Seite 263.
Stadtarchiv Stuttgart, Foto: Foto Eppler, Bildjournalismus, Stuttgart: Seiten 201, 204, 242.
Stadtarchiv Stuttgart, Foto: Foto Hoppe: Seite 87.
Stadtarchiv Stuttgart, Foto: Fotografie Burghard Hüdig, Stuttgart: Seiten 191, 206, 223, 233, 237, 239, 281.
Stadtarchiv Stuttgart, Foto: Foto Kesselbach, Sindelfingen: Seite 199.
Stadtarchiv Stuttgart, Foto: Fotograf Otto Maier, Stuttgart: Seite 75.
Stadtarchiv Stuttgart, Foto: Foto Meisinger, Stuttgart: Seite 107.
Stadtarchiv Stuttgart (Privataufnahme): Seite 79.
Familie Lieselotte Klett, Privatbesitz: Seiten 44, 49, 53, 99, 228.
Frau Dr. Corinne Klett, Privatbesitz: Seiten 20, 23, 31, 34, 37, 41.
Frau Nicole Klett-Stoll, Privatbesitz: Seite 271.

Wir danken dem Stadtarchiv Stuttgart für die freundliche Unterstützung bei Bildrecherche und Vorlagenbeschaffung.

Trotz intensiver Recherche konnten leider nicht in allen Fällen die Rechteinhaber der Abbildungen ermittelt werden. Bei berechtigten Ansprüchen wenden Sie sich bitte an den Verlag.